Hoffmann

KOMMANDO
OSTSEE

Theodor Hoffmann

KOMMANDO OSTSEE

Vom Matrosen zum Admiral

Schriftenreihe OFFENE WORTE

SEIT  1789

Verlag E. S. Mittler & Sohn · Berlin · Bonn · Hamburg

Inhaltsverzeichnis

Vorwort
7

Kindheit in Mecklenburg
(1935 bis 1952)
9

Vom Volkspolizeianwärter zum Seeoffiziersschüler
(1952 bis 1955)
16

Vom Wachoffizier zum Schulbootkommandanten
(1955 bis 1957)
31

Schnellbootfahrer in der Ostsee
(1957 bis 1960)
38

An der Seekriegsakademie in Leningrad
(1960 bis 1963)
51

In der Raketenschnellbootsbrigade
(1964 bis 1968)
69

In der Führung der 6. Flottille
(1968 bis 1974)
107

Im Kommando der Volksmarine
(1974 bis 1987)
150

Stellvertreter des Ministers und Chef der Volksmarine
(1987 bis 1989)
200

Anlagen
242

Bildnachweis:
Ernst Heinemann (5), Theodor Hoffmann (15), Günter Leithold (1), Werner Murzynowski (3),
Klaus Riedel (2), Joachim Schunke (4), Peter Seemann (8)

Schutzumschlag:
Vorderseite:
Vizeadmiral Hoffmann erläutert Armeegeneral Keßler die Aufgaben des Küstenraketenregiments
der Volksmarine
Rückseite: Matrose Theodor Hoffmann/
Torpedoschnellboote auf Gefechtskurs
Alle drei Abbildungen stammen aus dem Archiv des Autors

Unter Mitarbeit von Joachim Schunke

Die Deutsche Bibliothek – CIP-Einheitsaufnahme
Hoffmann, Theodor:
Kommando Ostsee: Vom Matrosen zum Admiral/
Theodor Hoffmann. – Hamburg: Mittler, 1995
(Schriftenreihe Offene Worte)
ISBN 3-8132-0471-5

ISBN 3 8132 0471 5; Warengruppe 63
© 1995 by Verlag E. S. Mittler & Sohn GmbH, Hamburg
Alle Rechte, insbesondere das der Übersetzung, vorbehalten
Schutzumschlag- und Innentitelgestaltung: T. Beaufort, Hamburg
Produktion: Heinz Kameier
Gesamtherstellung: Brühlsche Universitätsdruckerei, Gießen
Printed in Germany

Vorwort

Fünf Jahre sind vergangen, seitdem sich die Mehrheit der Bürger der DDR in den Volkskammerwahlen vom 18. März 1990 für eine schnelle Vereinigung beider deutscher Staaten entschied. Die Euphorie jener Wochen ist zwar verflogen, nicht alle Blütenträume reiften, manche Befürchtungen hinsichtlich der ökonomischen und sozialen Folgen des Beitritts wurden gar noch übertroffen.
Trotzdem geht es den meisten ehemaligen DDR-Bürgern nach ihren eigenen Aussagen besser als vor 1989. Auch jene, die als Berufssoldaten der NVA oder der anderen bewaffneten Kräfte mancherorts noch ausgegrenzt werden, wollen natürlich nicht zurück in die Verhältnisse des Kalten Krieges, der militärischen Konfrontation, der politischen Bevormundung und der zentralistischen Planwirtschaft.
Sie möchten aber auch, das weiß ich aus Gesprächen mit vielen ehemaligen DDR-Bürgern, nicht nur mit Angehörigen der Nationalen Volksarmee, ihre Vergangenheit nicht verleugnen. Dieser Teil des deutschen Vaterlandes, in dem sie aufgewachsen sind oder in den sie durch die Folgen des Zweiten Weltkrieges verschlagen wurden, mit seinen Menschen, seinen Städten und Dörfern, seinen landschaftlichen Schönheiten und seinem kulturellen Reichtum war ihnen vertraut geworden und, so kann ich auch von mir sagen, ans Herz gewachsen.
Die Staats- und Gesellschaftsordnung der DDR betrachtete ich wie viele andere Menschen diesseits und jenseits der deutschen Grenzen als eine Alternative zu der Politik des Deutschen Reiches, dessen Expansions- und Vormachtstreben zu zwei Weltkriegen mit verheerenden Folgen auch für das deutsche Volk geführt hatte.
Nicht alles behagte mir in der DDR. Ich hätte es gern gesehen, wenn das Leben dort für die Menschen leichter gewesen wäre und besonders den sogenannten einfachen Werktätigen mehr Freude gemacht hätte. Aber was die soziale Sicherheit und die Aufstiegschancen der wenig Begüterten, der Arbeiter- und Bauernkinder, der Umsiedler sowie der Mädchen und Frauen betraf, da hatten wir schon etwas vorzuweisen, sogar gegenüber der reicheren Bundesrepublik.
Ich sage das nicht aus der oft zitierten DDR-Nostalgie heraus, sondern weil es zur Erklärung meines Lebenslaufes gehört, zu der Tatsache, daß ich bis zum September 1990 diesem Staat und seinen Regierungen in den Streitkräften, zuletzt in ihrer Führung, gedient habe – aus Überzeugung und nicht aus Zwang.
Den Traum vieler Generationen von einem glücklichen, gleichberechtigten und freien Leben aller Bürger in einer sozial gerechten und wirtschaftlich gesunden Gesellschaftsordnung hat die DDR nicht erfüllt, aus vielerlei Gründen. Anteil am Scheitern dieses „Sozialismus in den Farben der DDR" tragen letztlich alle Funktionäre der SED, der anderen Parteien und Massenorganisationen, die Verantwortlichen des Staats- und Wirtschaftsapparates, natürlich auch der NVA und der anderen bewaffneten Organe. Von diesem letztlichen Versagen gegenüber den historischen Möglichkeiten können wir uns nicht freisprechen, wie klein oder groß die persönliche Schuld angesichts weltpolitischer Zusammenhänge sowie internationaler Ursachen des Schei-

terns des „realen Sozialismus" in der Sowjetunion und den anderen Staaten des „Rates für gegenseitige Wirtschaftshilfe" (RGW bzw. COMECON) immer auch gewesen sein mag.

Trotzdem schäme ich mich wegen meines militärischen Werdeganges nicht. Ich wurde Soldat in der festen Überzeugung, einer guten und gerechten Sache zu dienen, nämlich das friedliche Leben unseres Volkes und der Verbündeten im Warschauer Vertrag zu sichern, in Europa zur Bewahrung des Friedens und zu gedeihlicher Zusammenarbeit über die Grenzen von Staaten und Gesellschaftssystemen hinweg beizutragen.

Daraus ergab sich auch eine besonders enge Beziehung zu den Bürgern und den Soldaten der damaligen Sowjetunion, denen im Zweiten Weltkrieg von deutscher Seite so unsägliches Leid zugefügt wurde. Ich habe einen Großteil meiner militärwissenschaftlichen Bildung, meiner maritimen Kenntnisse und Erfahrungen sowjetischen Seeoffizieren, Lehreinrichtungen und später Beratern und Flottenführern zu verdanken.

Mehr als 38 Jahre habe ich in den Seestreitkräften der DDR gedient. Viele schöne, aber auch schwere Stunden in meinem Leben und dem meiner Familie sind mit der Volksmarine und ihren Standorten, ihren Angehörigen und deren Familien verbunden. Dort habe ich viele hervorragende Menschen kennengelernt – Vorgesetzte wie Unterstellte, Gleichgestellte wie Angehörige anderer Teilstreitkräfte, die alle ihren Dienst in dem Bewußtsein geleistet haben, zur Sicherung des Friedens beizutragen. Ihnen allen sei dieses Buch gewidmet.

Was hier geschrieben und beschrieben wurde, kann natürlich nicht den Anspruch erheben, eine wissenschaftlich fundierte Geschichte der Volksmarine zu ersetzen. Das kann schon deshalb nicht so sein, weil ich die erste Darstellung bereits nach meiner Entlassung aus dem aktiven Dienst aus der Erinnerung und ohne Einsicht in die Akten geschrieben habe.

Dargestellt werden aus meiner subjektiven Sicht die wichtigsten Stationen meiner militärischen Laufbahn sowie die Bedingungen, unter denen ich ausgebildet und erzogen wurde, unter denen ich geführt wurde und selbst andere Armeeangehörige, Kollektive, Einheiten und schließlich Verbände führen mußte.

Da ich jedoch fast alle Kommandeurs- und Stabschef-Dienststellungen vom Bootskommandanten bis zum Chef der Volksmarine durchlaufen habe, bietet sich schon ein recht detaillierter Einblick in die Entwicklung dieser kleinsten Teilstreitkraft der Nationalen Volksarmee. Zum besseren Verständnis der Entwicklung der Volksmarine sind Übersichtstabellen und eine Chronik beigefügt.

Viele Marineangehörige werden sich in dem Buch wiederfinden, vielleicht nicht immer umfassend und gerecht beurteilt. Das mögen sie mir nachsehen, aber auch mitteilen, wie überhaupt alle kritischen Bemerkungen und Richtigstellungen für Autor und Verlag gleichermaßen erwünscht und von Wert sind. Ich möchte mich bei allen bedanken, die mir bei der Erarbeitung des Manuskripts durch Materialien und Hinweise zur Seite standen, besonders bei Kapitän zur See a. D. Dieter Pietsch und Oberst a. D. Dr. Joachim Schunke.

Theodor Hoffmann
Admiral a. D.

Kindheit in Mecklenburg
(1935 bis 1952)

Mein Geburtshaus stand in Mecklenburg, ostwärts der Landeshauptstadt Schwerin, und zwar im Kreis Wismar, im Dorf Gustävel an der Warnow.
Ich habe Mecklenburg und seine wortkargen, etwas eigensinnigen, aber zuverlässigen Menschen sehr gern, deren Freundschaft, wenn man sie einmal errungen hat, allen Stürmen trotzt. Ich liebe die Landschaft, die Mundart und auch den trockenen Humor. So ist es verständlich, daß alle Beurteilungen, die ich in meiner langen Dienstzeit erhalten habe, mir bescheinigen, ich besäße die Grundeigenschaften der Mecklenburger.

Gustävel ist ein kleines Dorf. Es hatte wohl, als ich im Jahre 1935 geboren wurde, etwa 100 Einwohner. Im Sommer arbeiteten dort Schnitter und während des Krieges französische und sowjetische Kriegsgefangene, und zwar vor allem auf dem Pachtgut. Der Pächter stammte aus der Gegend um Waren an der Müritz, woher auch meine Eltern kamen, und dort wurde auch meine ältere Schwester Lieselotte 1932 geboren. In Gustävel gab es weder eine Kirche noch einen Kaufladen oder einen Dorfkrug. Es gab aber, wie auf vielen Gutsdörfern, eine Brennerei.

Die Schule in Gustävel hatte im Herbst 1939 – der Lehrer war zur Wehrmacht einberufen worden – ihre Pforten geschlossen und die Kinder gingen in den Nachbarort, nach Holzendorf, zur Schule. Der Bäcker und der Kaufmann kamen mit ihren Pferdewagen ins Dorf. Man konnte auch selber mit dem Milchwagen – ebenfalls ein Pferdefuhrwerk – in die 9 Kilometer entfernte Stadt Brüel zum Einkaufen fahren.

Mein Vater war Pferdeknecht. Er führte ein Stutengespann und bekam dafür etwas mehr Lohn als andere Knechte. Trotzdem gehörten wir zu den Armen im Dorfe. Meinen Söhnen habe ich später erzählt, wir wären so arm gewesen, daß meine 3 Jahre ältere Schwester und ich nicht einmal eine eigene Mutter hatten. Unsere Mutter war sehr früh, schon 1936 gestorben. Sie hatte als Magd auf dem Gut gearbeitet. Unsere soziale Lage war wohl auch ein Grund dafür, daß mein Vater, ein Mann mit 2 Kindern, erst nach 5 Jahren wieder heiratete.

Zwischenzeitlich führten verschiedene Tanten, meistens die Schwester meines Vaters, den Haushalt. Als mein Vater im November 1941 wieder heiratete, haben wir uns sehr gefreut. Allerdings war die Freude nicht von langer Dauer. Vater wurde Anfang 1942 als Soldat zur Wehrmacht eingezogen. Nun hielt ein strenges Regime Einzug. Unser Tagesablauf war randvoll mit Aufgaben und Arbeiten. Einige schienen uns nur festgelegt zu sein, um uns vom Spielplatz fernzuhalten.

Unsere neue Mutter hatte sehr schnell mitbekommen, daß ich nicht wirklich lesen konnte, sondern die Texte der Fibel aus dem Gedächtnis vortrug. Meine Schwester hatte bis dahin mit mir geübt. Wenn Sie mir den Text dreimal vorgelesen hatte, kannte ich ihn auswendig.

Die Gabe zum Auswendiglernen sollte mir später noch oft helfen. Nicht nur beim Erlernen von Gedichten, sondern auch im Konfirmandenunterricht, auf den meine Mutter großen Wert legte. Allerdings nahm sie das Lesenlernen erst einmal selbst in die Hand. In jeder freien Minute mußte ich üben. Es gab viele Backpfeifen und manchmal Tränen. Mit Grauen hörte ich besonders die Frage: »Theo, hast Du nichts zu tun?« Die Antwort war festgelegt. Sie lautete: »Ja, lesen.«

Die Folge war, daß ich gut lesen konnte und nicht mit den Schülern der 2. Klasse im gelben, sondern mit den Schülern der 8. Klasse im grünen oder blauen Lesebuch lesen durfte. Später machte es mir immer mehr Spaß, so daß ich eine »Leseratte« wurde. Da Lesen neben Rechnen und Geschichte ein Hauptfach war, bedeutete das schon die halbe Versetzung.

Unser Lehrer hieß Bahr. Man erzählte, er sei ein alter »Zwölfender«, d. h. ein ehemaliger Berufssoldat, und könnte aus gesundheitlichen Gründen nicht mehr in der Wehrmacht dienen. Oft erzählte der Lehrer Geschichten. Seine Lieblingsthemen waren: Napoleon, Friedrich der Große und Adolf Hitler. Auch die Führungshierarchie hat er uns sehr schnell klargemacht, nämlich: der liebe Gott, der Führer und unser Herr Lehrer. Herr Bahr war ebenfalls eingesessener Mecklenburger und sprach deshalb im Unterricht häufig Platt – für uns sehr bequem, denn wir sprachen zu Hause auch Plattdeutsch. Später hat sich das allerdings als Hemmnis erwiesen, denn nach Wiederaufnahme des Schulbetriebes im Jahre 1945 wurde von uns Hochdeutsch verlangt – sogar auf dem Niveau der 5. Klasse.

Die Schule, die 2 Kilometer von unserem Wohnort entfernt lag, war eben ein richtiges Mecklenburger »Holzpantoffelgymnasium«. Das war es für mich sogar im echten Sinne des Wortes. Durch das strenge Regime, welches meine neue Mutter eingeführt hatte, durfte ich den Weg zur Schule nicht mit den anderen Schülern des Dorfes gehen, die gewöhnlich eine Stunde vor Unterrichtsbeginn loszogen. Ich bekam für den Schulweg 35 Minuten und hatte im schnellen Schritt allein zu gehen. Wenn ich das Gefühl hatte, nicht pünktlich anzukommen, habe ich die Schule geschwänzt und mich im Wald aufgehalten, bis die anderen Kinder aus der Schule kamen. Dem Lehrer mußte dann meine Schwester Rede und Antwort stehen, deren Unterricht 2 Stunden früher begann. Mutter erfuhr nichts davon. Wir Geschwister haben uns nie gegenseitig verpetzt.

Neben der Schule und den Schularbeiten war der Tag mit den verschiedensten Tätigkeiten ausgefüllt. Wir hatten, wie auf dem Dorf üblich, eine Kuh, Schweine, Gänse, Enten, Hühner und viele Kaninchen. Diese mußten alle versorgt werden. Hinzu kam noch ein großer Garten, in dem ebenfalls immer zu tun war.

Aber das war noch nicht alles. Meine Mutter vertrat die Auffassung, daß derjenige, der seine Kleidung zerreißt, sie auch selbst zu flicken und zu stopfen hatte. Meine Schwester hätte es ja für mich getan, aber das kam gar nicht in Frage. So konnte ich auch bald

Putz- und Flickarbeiten recht ordentlich ausführen. Als Soldat war mir das später sehr nützlich.

Mit diesem strengen Regime war jedoch eine Isolierung von den Kindern des Dorfes verbunden. So wurde ich zu einem Einzelgänger erzogen, was sich auch in meinen ersten Beurteilungen niederschlug.

In den Ferien arbeiteten wir Kinder auf dem Gut. Ich konnte ein Gespann schon führen, bevor ich zur Schule kam. Folglich gab es für mich nur einen Berufswunsch, nämlich mit Pferden zu arbeiten.

Die Kampfhandlungen des Zweiten Weltkrieges haben unser Dorf nicht berührt. Wir konnten allerdings die Luftangriffe auf Rostock beobachten und haben bei einem Besuch von Bekannten in Rostock selbst Luftangriffe erlebt. Aber wir sahen, daß fast alle Männer des Dorfes zur Wehrmacht einberufen worden waren und daß viele Frauen in Schwarz gingen, weil jemand in der Familie gefallen war. Auch meine Mutter hat in kurzer Folge 2 Brüder verloren.

Auf dem Gut arbeitete eine wachsende Anzahl von Kriegsgefangenen, mit denen wir Kinder recht guten Kontakt hielten. Vom nahenden Ende des Krieges erfuhren wir in erster Linie durch Umsiedler, die in unser Dorf kamen oder durchzogen, und durch versprengte deutsche Soldaten.

Im Februar 1945 war ich 10 Jahre alt geworden und wurde ins »Deutsche Jungvolk« aufgenommen. Darauf war ich stolz und bin mit Begeisterung zum »Dienst« gegangen. Ich war für militärische Ausbildung und Geländespiele, obwohl ich zu den Kleineren und Schwächlichen gehörte, sehr zu haben. Als meine Mutter beim Nachbarn eine gebrauchte Uniform erstanden hatte, war das Dritte Reich aber schon am Ende, so daß ich sie nur noch auf dem Boden unseres Hauses anprobieren konnte.

Später habe ich mich darüber gewundert, daß meine Mutter die Uniform gekauft hatte. Denn weder mein Vater noch meine Mutter waren Anhänger der Nazipartei. Der Widerwille meiner Mutter gegen alles »Braune« war wesentlich geprägt durch ihren Bruder, der Mitglied der Kommunistischen Partei Deutschlands war und nach der Machtergreifung Hitlers zunächst im Zuchthaus gesessen und später in Strafeinheiten gedient hat. Über diesen Bruder meiner Mutter, der uns besuchte, nachdem er wegen einer Verwundung aus der Strafeinheit entlassen wurde, durften wir mit niemanden von den Dorfbewohnern sprechen.

Im April 1945 zog die Rote Armee auch in unser Dorf. Schon am Nachmittag hörten wir das Rattern der Panzer. Sie fuhren wahrscheinlich in Richtung Schwerin. Ausländische Zivilisten, verschleppte Zwangsarbeiter und Kriegsgefangene sammelten von den Einwohnern des Dorfes Wertgegenstände ein. Bei Familie Hoffmann war allerdings nichts zu holen.
Französische Kriegsgefangene trieben unter Schlägen einen Einwohner, der als Mitglied der NSDAP bekannt und Hilfsaufseher gewesen war, durch das Dorf. Das verstärkte unsere Angst vor den Russen noch mehr.

Nachts nahmen dann die Russen von unserer Wohnung Besitz. Die ganze Familie einschließlich zweier Tanten, die zu Besuch waren, hatte sich in die Schlafkammer verkrochen.
Immer, wenn die Russen die Tür öffneten, fingen meine Schwester und ich ein großes Geschrei an. Das hat geholfen, denn wir wurden nicht belästigt. Zuerst war bei uns ein kleiner Stab einquartiert, später eine Schneiderei.

Unsere Angst, zumindest die Angst der Kinder, war unbegründet. Wir wurden von den Soldaten mit dem roten Stern an der Mütze sehr gut behandelt. Damals wußten wir allerdings noch nichts von der sprichwörtlichen Kinderliebe der Russen. Später habe ich ausgiebig Gelegenheit gehabt, den russischen Charakter, die russische Seele kennen und schätzen zu lernen.

Wir hatten Glück. Unser Vater kehrte am Heiligabend 1945 zurück. Er war nach der Gefangennahme durch englische Truppen sofort entlassen worden und hatte bei einer Bäuerin in Schleswig-Holstein gearbeitet. Am ersten Weihnachtstag ging er mit uns Kindern ins Nachbardorf in die Kirche.

Sofort nach der Rückkehr erhielt er ein Angebot, bei der sowjetischen Kommandantur als Heizer zu arbeiten. Bei diesem Angebot spielte wahrscheinlich eine Rolle, daß er nicht Mitglied der NSDAP gewesen war. Mein Vater lehnte das Angebot ab. Er meinte: »Bei den Russen arbeite ich nicht.« Seine Einstellung zu den Russen hat sich erst später grundlegend geändert.

Da Gespannführer nicht gebraucht wurden, verdingte er sich als Waldarbeiter. Holz wurde damals in sehr großen Mengen eingeschlagen. Anfang 1946 übernahmen meine Eltern eine Siedlungsstelle in Diedrichshof im Kreis Güstrow.

Uns erging es nicht anders als vielen Neubauern. Land hatten wir erhalten, aber es fehlte an Maschinen und Geräten. Gegenseitige Hilfe war bei den Neubauern durchaus üblich, aber sie konnte die eigene harte Arbeit, auch von uns Kindern, nicht ersetzen. Als unser Pferd, welches wir im Frühjahr 1946 erstanden hatten, verendete, und Vater die Kuh vor den Pflug spannte, wurde das Leben noch schwerer. Denn nun waren wir noch mehr auf die Hilfe anderer angewiesen, die wiederum nur durch eigene Arbeit abgegolten werden konnte.

Es gab wohl keine Tätigkeit auf dem Feld, im Hof und im Haus, die wir Kinder nicht verrichtet hätten. Hinzu kam, daß meine Mutter oft krank war. Im Zeugnis für das Schuljahr 1946/47 waren bei mir 119 Fehltage eingetragen – alles Arbeitstage in der Landwirtschaft.

Oft haben meine Schwester und ich unseren Vater gebeten, doch wieder nach Gustävel zurückzukehren. Das war allerdings nicht so einfach, denn es mußte erst einmal jemand gefunden werden, der unsere Siedlungsstelle haben wollte. Außerdem benötigten wir in Gustävel wieder eine Wohnung.

Schließlich klappte es doch, und unser Leben begann in Gustävel wieder in den gewohnten Bahnen zu verlaufen. Vater hatte sogar ein Pferdegespann erhalten. Nachdem meine Schwester eine Stellung bekommen hatte, kamen noch mehr Aufgaben auf mich zu. Ich beneidete meine Schulkameraden, die über weit mehr Freizeit verfügten.

In den letzten Schuljahren hatte ich mich mit einem Mitschüler, Willi Leschitzki, angefreundet. Sein Vater war im Krieg geblieben und seine Mutter war mit 5 Kindern – 3 Mädchen und 2 Jungen – umgesiedelt worden. Sein ältester Bruder, der ebenfalls Soldat gewesen war, kehrte Ende der vierziger Jahre aus der Gefangenschaft zurück. Obwohl diese Familie ohne jegliche Habe in Gustävel begonnen hatte, war es erstaunlich, wie sie das Leben meisterte. Uns verband eine enge Freundschaft. Erst später, nach 1959, hatten wir uns aus den Augen verloren.

1983 erfuhr ich zufällig aus der Zeitung, daß Willi Leschitzki in Gägelow bei Wismar wohnte. Als ich kurz darauf dienstlich in die Gegend von Boltenhagen fahren mußte, sagte ich meinem Kraftfahrer, dem Maat Carsten Alt, daß ich auf dem Weg nach Boltenhagen in Gägelow einen Freund besuchen würde, den ich seit 24 Jahren nicht mehr gesehen habe. Ihm war es unbegreiflich, daß man so unangemeldet einen Freund besuchen kann, den man ein halbes Leben lang nicht gesehen hat – wie sollte er auch, war er selbst doch erst 21 Jahre alt.

Bis 1949 besuchte ich nun wieder die Schule in Holzendorf. Unser jetziger Lehrer hieß Lücke. Er war Neulehrer – also ohne gründliche Ausbildung – und unterrichtete in der 5. bis 8. Klasse. Alle 4 Klassen waren, wie bis 1945, in einem Klassenraum untergebracht, die 5. und 6. Klasse sowie die 7. und 8. Klasse behandelten jeweils den gleichen Stoff unter der Obhut dieses einen Lehrers. Wahrlich kein leichtes Brot für einen Neulehrer. Der Unterricht wurde trotzdem interessant gestaltet. Ich meine schon, daß Herr Lücke eine Respektsperson war. Denn wenn sich früher ältere Jahrgänge gegen den Lehrer Bahr aufgelehnt hatten, so hätten wir uns das gegenüber Herrn Lücke nie herausgenommen. Er lehrte uns auch gute Manieren und manche Bewohner des Ortes haben sich wahrscheinlich über unsere Höflichkeit gewundert.

Allerdings hat Herr Lücke uns auch echt enttäuscht. Er wurde nämlich nie krank. Somit fiel bei uns auch kein Unterricht aus. Als wir von seiner eisernen Gesundheit überzeugt waren, hofften wir, daß er wenigstens noch einmal Vater würde, aber auch das passierte nicht. So war es uns also jahrelang nicht vergönnt, einmal ein paar Tage schulfrei zu erhalten.

Ende 1948 oder Anfang 1949, jedenfalls gleich nach der Gründung, wurde ich Mitglied der »Jungen Pioniere«, der Kinderorganisation in der DDR. Im Sommer 1949 fuhr ich zusammen mit 6 Kindern unserer Schule in das Pionierlager »Max Reimann« auf der Insel Usedom. In Ahlbeck, an einem herrlichen breiten Sandstrand, verlebten wir wunderbare Tage an der Ostsee. Dort wurde ich auch mit Nikolai Ostrowskis Buch »Wie der Stahl gehärtet wurde« bekannt gemacht, dessen Inhalt – das Lebensschicksal eines kranken jungen Revolutionärs in den Stürmen der Oktoberrevolution und des Bürgerkrieges in Rußland – mich tief erschütterte.

Nach der Rückkehr wurde ich Gruppenrats- und später Freundschaftsratsvorsitzender an unserer Schule. Auch durfte ich als einziger unseres Dorfes im Winter 1949/50 an einem Sportlager teilnehmen. Dabei hatte ich schon beinahe vergessen, daß inzwischen die Konfirmation sowie der Schulabschluß fällig waren und ich nunmehr Geld verdienen mußte.

Mein Berufswunsch hatte sich geändert. Es sollten nicht mehr die Pferdegespanne sein. Ich wollte Schneider werden. Aber auch Friseur oder Stellmacher entsprachen meinen Vorstellungen. Meine Eltern hatten sich schon lange um eine Lehrstelle in den verschiedensten Nachbarorten bemüht. Jede Woche suchte ich das Arbeitsamt auf. Ergebnislos.

Meine Tante prophezeite mir: »Du wirst einmal die Schweine hüten.« Sie sollte mit ihrer Prophezeihung ins Schwarze treffen. Ich begann eine Lehre als Landwirtschaftsgehilfe auf dem Volkseigenen Gut Gustävel. Da mich besonders die Viehzucht interessierte, kam der Tag, an dem ich tatsächlich mit 256 Schweinen durch das Dorf zog, um sie auf den abgeernteten Feldern zu hüten. Der gute Wille allein reichte jedoch nicht aus. Ich verstand die Schweine nicht, und die Schweine verstanden mich nicht. Um so erstaunter war ich, daß ich bereits um 14.30 Uhr statt um 17.00 Uhr – wie normal üblich – alle Schweine wieder im Stall hatte. Der Schweinemeister hat mich am nächsten Tag nicht wieder mit den Schweinen losgeschickt, ich war ihm zu dumm zum Schweinehüten.

Insgesamt hat mir die Lehre viel Spaß gemacht, besonders die Arbeit mit den Tieren. Denn außer Schweinen hatte das Volkseigene Gut natürlich Kühe, Schafe, Pferde und auch Fohlen. Alle Ställe habe ich durchlaufen und besonders die Pferde hatten mir es angetan.

Meine Entwicklung schien vorprogrammiert: Abschluß der Lehre, Besuch der landwirtschaftlichen Fachschule, Beschäftigung mit der Pferdezucht und möglicherweise später ein Studium als Tierarzt.

Ich wurde Sieger im Berufswettbewerb landwirtschaftlicher Lehrlinge und durfte deshalb schon nach dem ersten Lehrjahr die Gehilfenprüfung ablegen. In allen Fächern, außer im Ackerbau, erreichte ich die volle Punktzahl. Der Platz an der landwirtschaftlichen Fachschule schien damit gesichert.

Es kam aber alles wieder einmal ganz anders.
Ich war Mitglied der FDJ geworden, der einzigen Jugendorganisation der DDR, hatte am Ende des Jahres 1950 einen Lehrgang für Zirkelleiter besucht und arbeitete danach ehrenamtlich in dieser Funktion. Anfang 1951 wurde ich durch die FDJ-Kreisleitung Wismar zum Studium an die Landespionierleiterschule »Oleg Koschewoi« nach Dömitz an der Elbe delegiert. Dort befaßten wir uns auch mit der Geschichte der deutschen Arbeiterbewegung und der Geschichte der Kommunistischen Partei der Sowjetunion. Außerdem war aus aktuellem Anlaß kurzfristig ein zusätzlicher Themenkomplex in das Programm des Lehrgangs aufgenommen worden: die Remilitarisierung Westdeutschlands. Die Behandlung dieses Themenkomplexes war mitentscheidend für die Tatsache, daß ich später zu den bewaffneten Kräften der DDR ging.

Zur Ausbildung an der Landespionierleiterschule gehörte auch die praktische Arbeit in der Pionierorganisation, dazu kamen Agitationseinsätze bei den Mittelbauern und Siedlern in der Umgebung von Dömitz. Wir sollten unsere Fähigkeiten entwickeln, Menschen zu überzeugen und sie für die Volksbefragung gegen die Remilitarisierung und für den Abschluß eines Friedensvertrages mit Deutschland gewinnen.
Wir waren zwar mit Eifer dabei, ich kann mir aber vorstellen, daß ich als 16jähriger auf die Bauern keinen großen Eindruck gemacht habe.

Obzwar die Schulleitung vorgeschlagen hatte, daß ich nicht als hauptamtlicher Pionierleiter eingesetzt werde, setzte mich die FDJ-Kreisleitung Wismar als Freundschaftspionierleiter an der Zentralschule Wendorf/Weberin ein. Die landwirtschaftliche Fachschule ließ ich daher sausen. Denn auch mein Vater war der Meinung, wenn ich als Pionierleiter mehr als 300,- Mark verdiene, brauche ich nicht zu studieren – ein verständliches Argument, wenn man bedenkt, daß mein Vater damals etwa 200,- Mark verdiente.

Mittlerweile waren die ersten jungen Burschen des Dorfes Angehörige der Volkspolizei geworden. Bei meiner Vorliebe für das Militärische spielte ich natürlich mit dem Gedanken, zur Volkspolizei zu gehen.

Auch mein Vater hatte mir die Frage gestellt, ob es nicht an der Zeit sei, daß ich anderen Jugendlichen ein Beispiel gebe und zu den bewaffneten Kräften gehe. Er selber war im Jahre 1949 Mitglied der SED geworden und arbeitete, nachdem er mehrere Lehrgänge der Partei und der Gewerkschaft absolviert hatte, auf dem Volkseigenen Gut Gustävel als hauptamtlicher Vorsitzender der Betriebsgewerkschaftsleitung. Später wurde er zum Mitglied der SED-Bezirksleitung Schwerin gewählt und nahm 1954 als Delegierter am IV. Parteitag der SED teil.

Meine Mutter wurde später Mitglied der SED. Sie kümmerte sich im Rahmen der Volkssolidarität und im Demokratischen Frauenbund um Alleinstehende, Ältere und sozial Schwächere. In den Sommermonaten arbeitete sie freiwillig und faktisch unentgeltlich in einer Erntebrigade des Frauenbundes.

Beide haben mir ohne viel Worte klargemacht, daß ich immer zu den mir anvertrauten Menschen zu stehen und niemals zu vergessen habe, wo ich herkomme: aus einer Mecklenburger Landarbeiterfamilie, die erst nach 1945 in der sowjetischen Besatzungszone und später in der DDR Bedingungen eines besseren Lebens erhielt.

Am 12. Mai 1952 begab ich mich am frühen Morgen mit meinem Schulkameraden Werner Lempicki, der schon Volkspolizist war, auf einen etwa 20 Kilometer langen Fußmarsch nach Crivitz, um von dort nach Stern-Buchholz zu fahren, wo eine Polizeibereitschaft stationiert war.

Vom Volkspolizeianwärter zum Seeoffiziersschüler
(1952 bis 1955)

Die Dienststelle Stern-Buchholz, südlich von Schwerin, war mir nicht unbekannt. Das 3. Kommando dieser Dienststelle und meine ehemalige Pionierfreundschaft hatten einen Patenschaftsvertrag abgeschlossen und ich war mit verschiedenen Angehörigen des Kommandos des öfteren zusammengekommen. Hierher wurde ich einberufen. Es ging nun nicht mehr um Sport und Spiel, sondern um ernstere Dinge, um ein Leben nach Dienstplan, zwischen Wecken und Zapfenstreich. Ich war erst 17 Jahre alt, somit nicht volljährig, und deswegen war eine gesonderte Entscheidung notwendig, damit ich überhaupt eingestellt werden konnte.

Der erste Tag verlief mit dem Ausfüllen von Fragebögen, mit medizinischer Untersuchung, dem Empfang der Bekleidung und der Unterbringung auf der Stube.

Wir jungen Burschen, alle aus der Umgebung, gingen den Dienst mit Begeisterung an. Der größte Teil hatte sich verpflichtet, solange zu dienen, wie es notwendig ist. Besonders die bevorstehende Unterzeichnung der »Pariser Verträge«, die eine schnelle Aufstellung regulärer Streitkräfte im Westen Deutschlands zum Ziele hatten, bestärkten uns in dieser Überzeugung.

Nach wenigen Tagen schon begann die Grundausbildung. Dann kam das erste Schießen, noch mit einem Kleinkaliber-Gewehr. Ich erfüllte zwar die später immer wieder gestellte Forderung, mit dem ersten Schuß zu treffen, nur mit dem zweiten und dritten Schuß hatte ich meine Schwierigkeiten, denn das waren »Fahrkarten«.

An den strengen Tagesablauf hatte ich mich schnell gewöhnt, mich unterzuordnen – das kannte ich ja aus meinem Elternhaus. Da die Verpflegung für die damaligen Verhältnisse recht reichlich war und wir auch noch über genügend Freizeit verfügten, war ich rundum zufrieden. Die FDJler der Kompanie hatten mich zum Sekretär gewählt und auch in der politischen Schulung arbeitete ich aktiv mit.

Nach etwa einer Woche kam für mein ganzes späteres Leben ein entscheidender Tag. Ich wurde zu einer Kommission gerufen. Die Hälfte der Kommission bestand aus Zivilisten, die andere aus VP-Angehörigen. Nachdem ich einige Fragen beantwortet hatte, wurde mir mitgeteilt, daß ich versetzt werde. Wohin ich versetzt würde, blieb erst einmal ein Geheimnis. Ich war davon überhaupt nicht begeistert und muß das wohl auch gesagt haben, denn mir wurde bedeutet, daß meine Stubenkameraden ebenfalls versetzt würden. Einige von uns wurden noch für zwei Tage in Urlaub geschickt, um Zivilkleidung zu holen. Zu diesen wenigen gehörte auch ich.
Am 29. Mai 1952 bestieg eine kleine Gruppe von VP-Angehörigen in Zivil in Schwerin einen Zug. Auf dem Bahnof standen andere Züge mit FDJlern, die zum IV. Parlament der FDJ nach Leipzig fuhren. In Bad Doberan wurden wir aus dem Zug gerufen.

Wir bestiegen den »Molli«, eine Kleinbahn, die seit hundert Jahren zwischen Bad Doberan und Kühlungsborn verkehrt.

Es begann schon zu dunkeln, als wir in Kühlungsborn ankamen. Das Licht reichte jedoch aus, um an den Uniformen der Männer, die uns empfingen, zu erkennen, daß wir bei der Seepolizei gelandet waren. Unsere Freude war groß. Weshalb aber hatte man uns das nicht vorher gesagt?

Die Seepolizei war nicht so sehr für maritime Polizeiaufgaben vorgesehen. Dafür gab es ja die Wasserschutzpolizei und auch die Grenzpolizei. Bei der Seepolizei handelte es sich um den Kaderstamm für künftige Seestreitkräfte der DDR.[1]

Nachdem wir das Objekt erreicht hatten, wurden wir in ein Zelt eingewiesen. Noch waren wir Mecklenburger unter uns, aber nachts kamen die Sachsen und es kam Leben in die Bude.

Die Vorgesetzten in unserer Kompanie waren ehemalige Angehörige der Kriegsmarine und junge Seepolizisten, die eine Ausbildung als Gruppenführer erhalten hatten. Es herrschte ein rauher, aber herzlicher Ton. Jeder zweite Satz, besonders unserer jungen Vorgesetzten, lautete: »Kommt Ihr erst einmal an Bord.«

Wir wußten zu diesem Zeitpunkt noch gar nicht, ob und was für Schiffe die Seepolizei hat. Erst später erfuhren wir, daß auch unsere Gruppenführer noch nie ein Schiff von innen gesehen hatten.

Die Erziehung zur Seekameradschaft wurde groß geschrieben. Wir mußten uns auch an eine ganz andere Sprache gewöhnen. Wir saßen nicht am Tisch, sondern an der Back. Es hieß auch nicht »essen«, sondern »backen und banken«. Morgens ertönte nicht mehr der Ruf: »Kompanie aufstehen«, sondern das schöne Lied: »Reise, Reise, Reise, nach Seemanns alter Weise, ein jeder weckt den Nebenmann, der letzte stößt sich selber an. Seemann komm hoch.«

Fünf Minuten vor dem »Reise, Reise« begann das Locken, wir hörten seltsame und derbe Sprüche, von der »Waschfrau von Laboe« und auch den von der »Pier voller nackter Weiber«, damit wir unsere »müden Leiber« erheben.

Auch auf unsere Körperteile wurde nun die Seemannssprache angewandt. Wir hatten keinen Kopf mehr, sondern einen Poller, wir mußten nicht die Augen offenhalten, sondern die Klüsen aufreißen.

Wir wohnten in Zelten, die wir selbst erst einmal errichten mußten. Auch die Mahlzeiten wurden in Zelten eingenommen. Überall hatten wir Sand: in der Koje, in der Seifendose und in der Erbsensuppe. Ich habe mir damals geschworen, nie mehr freiwillig zu zelten. Diesen Schwur habe ich bis heute gehalten.

---

[1] Siehe Anlage 1 über die Vorgeschichte der Seestreitkräfte der DDR bis 1953.

Nach etwa 3 Tagen wurden wir eingekleidet. Wir waren hingerissen vom Umfang und der Qualität der Bekleidung. Der Seesack reichte kaum aus, alles aufzunehmen. Später erfuhr ich dann von Konteradmiral Elchlepp, der führend am Aufbau der Seepolizei und dann der Seestreitkräfte beteiligt war, daß er diese Ausstattung auf der Grundlage von früheren Bekleidungsnormen aus alten Lagerbeständen der Kriegsmarine zusammenstellen ließ.

Dann begann die Ausbildung: Exerzierausbildung, Dienstkunde, Schießausbildung, Dienstsport und Politunterricht. Eine eigentliche Polizeiausbildung wurde nicht durchgeführt. Statt dessen wurde für später eine richtige Marineausbildung in Aussicht gestellt.

Bei der Seepolizei wurden hohe Forderungen gestellt – in der Ausbildung und auch im Tagesdienst. Und es war schon erstaunlich, was unsere Ausbilder alles vormachen konnten, ganz besonders im Dienstsport. Hocke über das lange Pferd oder Riesenfelge am Reck im Mantel, mit Mütze und Stiefeln waren für sie keine Probleme.

Aber auch beim Landgang waren die Ausbilder nicht von Pappe und wir jungen Seepolizeianwärter rechneten es uns als Ehre an, wenn wir ihnen eine Lage spendieren durften.

Ich wurde als Zug-PK eingesetzt, d. h. als »Polit-Kultur«-Verantwortlicher, nicht als »Polit-Kommissar«, wie manche diese Abkürzung auffaßten. Damit war ich zuständig für die politische Bildung sowie für die Kultur- und Sportarbeit im Zug. Auch den Politunterricht hatte ich durchzuführen. Kompanie-PK war ein Unterleutnant. Er war nicht viel älter als wir und hatte gerade erst seine Ausbildung abgeschlossen.

Vieles in der Polizei war Ehrendienst – auch das Wachestehen. Schon frühzeitig wurde uns mitgeteilt, daß nur die Besten auf Wache ziehen dürfen. Als die Kompanie zum erstenmal die Wache stellen mußte und ich nur zum Kartoffelschälen eingeteilt war, konnte ich das nicht verstehen und war tagelang gekränkt. Später habe ich dann begriffen, daß diese Art von »Ehrendienst« gar nicht so reizvoll ist.

Die Ausbildung näherte sich dem Ende und es gab erste Spekulationen über unsere weitere Verwendung und auch über den ersten Urlaub. Der Vorsitzende der Kommission, vor der ich zu erscheinen hatte, sagte mir etwa folgendes: «Genosse Hoffmann, Sie sind ein Landarbeitersohn mit einer guten Ausbildung. Sie müssen Offizier werden. Da Sie bereits Erfahrungen in der politischen Arbeit haben, ist es das Beste, wenn Sie Politoffizier werden.« Punktum!

Die Politoffiziersschule der Volkspolizei befand sich in Berlin-Treptow und der Ausbildungskurs sollte am Jahresende beginnen. Bis dahin war eine dreimonatige Fachausbildung auf einem Vorbereitungslehrgang vorgesehen, denn wir sollten ja Politoffiziere auf Schiffen und Booten werden. Der Vorbereitungslehrgang fand an der Seeoffizierslehranstalt in Stralsund statt. Leiter der Lehreinrichtung war VP-Kommandeur, dann Kapitän zur See Wilhelm Nordin.

Die Anwärter für den Besuch der Politschule waren in zwei Zügen zusammengefaßt, die zur 4. Kompanie gehörten. In der 4. Kompanie waren außerdem noch zwei Züge eines Sonderlehrganges mit Unteroffizieren aus den fahrenden Einheiten bzw. neu eingestellten Offizieren, die eine fachliche Ausbildung erhielten und diese, wie wir, im Dezember abzuschließen hatten. Die Kompanie war folglich eine gute Mischung von jungen und von erfahrenen Männern.

Während der Zeit des Lehrganges begann die Umbildung der Hauptverwaltung Ausbildung in die Kasernierte Volkspolizei und der Seepolizei in die Volkspolizei-See. Wilhelm Pieck hatte in seinem Diskussionsbeitrag auf der 2. Parteikonferenz der SED im Juli 1952 die Notwendigkeit der Schaffung nationaler Streitkräfte begründet. In der Delegation der Volkspolizei, die die 2. Parteikonferenz begrüßte, waren übrigens auch Angehörige meines Zuges. Zum 7. Oktober 1952 erhielten wir neue Rangabzeichen und militärische Dienstgrade. So wurde aus mir ein Matrose.

Besonders die seemännische Ausbildung hat uns begeistert. Obwohl sie täglich bis 21.30 Uhr dauerte, haben wir freiwillig die Sonnabende und Sonntage zum Studium und zu praktischen Übungen genutzt. Winkflaggen, Klappbuchs (d. h. die Handmorselampe) und ein Tampen (ein Tau oder Seil) gehörten auch in unserer Freizeit zu unserer persönlichen Ausrüstung.

Meine Begeisterung für den Seemannsberuf führte dazu, daß ich nun nicht mehr Politoffizier, sondern Seemann werden wollte. Einen entsprechenden Antrag habe ich auch schriftlich formuliert. Im Ergebnis einer ungewollten Urlaubsüberschreitung, nachdem ich sogar wegen angeblicher Fahnenflucht in Sternberg festgesetzt wurde, ist höheren Orts auch prompt entschieden worden, daß ich nicht zur Politoffiziersschule versetzt werde.

Die Umstände dieser »Fahnenflucht« konnten schnell geklärt werden. Ich saß schon im Zug, der mich wieder nach Stralsund bringen sollte, als ich bemerkte, daß ich meinen Dienstausweis zu Hause vergessen hatte. Also zurück. Da mein Heimatort jedoch 9 Kilometer von der Bahnstation entfernt war, habe ich den nächstfolgenden Zug nicht erreicht und damit auch nicht die Offizierslehranstalt zum Ablauf meines Urlaubs um 24.00 Uhr.

Bereits um 04.00 Uhr des folgenden Tages wurde ich durch die Volkspolizei festgenommen und dem Volkspolizeikreisamt Sternberg zugeführt. Vielleicht nahm man an, daß ich mich wegen meines Gesuches, nicht Politoffizier zu werden, aus dem Staub machen wollte.
Der Spieß unserer Kompanie hat mich dann in Sternberg abgeholt – sicherlich für beide eine peinliche Situation. Ich habe noch eine ganze Reihe von Befragungen über mich ergehen lassen müssen, wurde zwar nicht bestraft, dafür aber vom Vorbereitungslehrgang für die Politschule in die Kleiderkammer versetzt.

Der Dienst in der Kleiderkammer hat mir gut gefallen. Ich verspürte außerdem, daß auch ein niedriger Dienstgrad **hinter** der Barriere eine ganze Menge zu verantworten und zu sagen hat. Diese Arbeit brachte es mit sich, daß ich an der Einkleidung aller Kursanten beteiligt war, die am Ende des Jahres 1952 an der Seeoffizierslehranstalt zum Offizier ernannt wurden.

Ende 1952/Anfang 1953 mußte die Seeoffizierslehranstalt ihre Kapazität beträchtlich erweitern. Aus der Dienststelle Parow wurden zwei Offiziersschülerkompanien nach Stralsund zur Schwedenschanze überführt. In diesen beiden Kompanien befanden sich alte Bekannte aus der Zeit in Kühlungsborn. Sie hatten mir gegenüber in der Ausbildung zum Offizier schon einen Vorsprung von einem Semester.

Im Januar 1953 begannen zwei starke Kompanien, nämlich die 5. und 6. Kompanie, die Ausbildung, jede bestand aus 4 Zügen zu je 30 Mann.
Ein Teil von uns hatte nur die militärische Grundausbildung absolviert, und ein anderer, der kleinere Teil, war bereits zur See gefahren. Einige wenige hatten auch eine Fahrenszeit auf dem Segelschulschiff *Wilhelm Pieck* hinter sich. Fast alle Offiziersschüler hatten in Industrie- oder Landwirtschaftsbetrieben gearbeitet und nur ganz wenige eine Oberschule besucht.

Die Zug- und Gruppenführer wurden aus den Reihen der Offiziersschüler gestellt. Ich wurde erneut als Zug-PK eingesetzt. Täglich hatten wir 3 bis 4 Stunden Vorlesungen. Das Selbststudium dauerte bis 21.30 Uhr. Hinzu kam der normale Tagesdienst: Frühsport, 2mal Reinschiff, Musterungen und die Ronde. Jeweils zwei Züge bewohnten gemeinsam einen großen Schlafsaal.

Zum Landgang, 2- bis 3mal wöchentlich, konnte man sich eintragen lassen. Urlaub gab es dreimal im Jahr: Einmal Jahresurlaub und zweimal Kurzurlaub. Dem Landgang und dem Urlaub gingen strenge Musterungen und auch Belehrungen voraus. So mancher hat auf den Landgang, nachdem er bei den Musterungen nicht durchgekommen war, verzichten müssen. Es gab nicht wenige Offiziersschüler, die den ersten Zug, mit dem sie in den Urlaub fahren wollten, nicht schafften, weil sie die erste Kontrolle nicht überstanden hatten.

Manche Kompaniechefs verlangten den Offiziersschülern vor dem Landgang oder Urlaub eine bestimmte Anzahl Klimmzüge oder eine Hocke über das lange Pferd ab. Solche Einfälle hatte unser Kompaniechef nicht, obwohl er ein sehr sportbegeisterter Mann war.

Natürlich hatten wir als Offiziersschüler auch Wache zu stehen. Ein- bis zweimal im Monat war die Norm. Als Posten Stabsgebäude hatte man vor sich eine Uhr. Bei ihrem Ticken wurden zwei Stunden zu einer Ewigkeit. Als Offiziersschüler im 2. Lehrjahr gehörte ich dann zur Feuerwache der Kompanie. Feuerwache war ein guter Dienst. Dort habe ich das Skatspielen gelernt, obwohl es damals verboten war. Im 3. Lehrjahr wurden wir als Wachhabende, als Gehilfe des Offiziers vom Dienst oder in anderen Funktionen als Wachvorgesetzte eingesetzt.

Auch das Kartoffelschälen gehörte zu unseren Pflichten. Es erfolgte zugweise und dauerte manchmal bis nach Mitternacht. Damit sind meine unangenehmsten Erinnerungen an die Zeit als Offiziersschüler verbunden. Da ich jedoch auf dem Gebiet der inneren Ordnung positiv vorbelastet war, hatte mir der Hauptfeldwebel der Kompanie den Reinschiffgeräteraum anvertraut. Den Gerätekeller habe ich 3 Jahre verwaltet. In meiner Obhut befanden sich ständig **mehr** Geräte, als der Kompanie eigentlich zustanden. Ich habe nämlich alles, was in der Offiziersschule herrenlos herumlag, vereinnahmt. Vor einer Inventur waren es auch dem Hauptfeldwebel zu viele Geräte, so daß ich einen Teil versteckte. Ich versenkte sie zeitweilig im Strelasund.

Meinem Zugführer war es nicht recht, daß ich diesen schönen Posten – nach seiner Meinung eine Verholstation – hatte. So wurde ich für kurze Zeit abgelöst und mit einer Reinschiffstation betraut. Als der Geräteraum tüchtig durcheinander war, entsann man sich wieder des Offiziersschülers Hoffmann.

Meine damaligen Vorgesetzten habe ich in guter Erinnerung. Unser erster Kompaniechef war der Oberleutnant Kragl. Während des Zweiten Weltkrieges war er Staffelkapitän bei der Seefliegerei gewesen. Bei der Verleihung militärischer Dienstgrade hatte er keinen Marinedienstgrad, sondern einen Küstendienstgrad erhalten. Er war ein äußerst exakter Offizier und versuchte, diesen Stil auch uns jungen Burschen anzuerziehen. Während der Mittagspause wartete vor seinem Dienstzimmer immer eine Schlange Offiziersschüler, die er wegen irgendwelcher Mängel zum Rapport bestellt hatte.

Oberleutnant Kragl hatte eine besondere Vorliebe für Sportfeste. Alle 14 Tage fand in den Sommermonaten ein Sportfest statt. Alle Offiziersschüler, die gesund waren, hatten daran teilzunehmen. Der Kompaniechef beteiligte sich selbst an fast allen Disziplinen und errang nicht wenige Siege.

Ich wurde für einige Zeit von diesen Sportfesten befreit. Und das kam so: Als der Kompaniechef vor angetretener Kompanie wieder einmal erläuterte, an welchen Disziplinen wir uns beteiligen können, flüsterte ich meinem Nachbarn zu, daß der Kompaniechef sich auch einen Kringel an den Bauch lachen könne. Das löste eine Lachsalve in meiner Umgebung aus. Für meine freche Bemerkung erhielt ich 4mal Dienstverrichtung außer der Reihe, die jeweils an Sonntagen zu absolvieren war.

Die eigentliche Seele der Kompanie war der Spieß oder richtiger der Hauptfeldwebel. Unsere Hauptfeldwebel nahmen die großen und kleinen Probleme der Offiziersschüler entgegen und glätteten, wo notwendig, auch die Wogen. Ich erinnere mich vor allem an unseren ersten Spieß, den Oberfeldwebel Alfons Bethig. Mit seinem Organisationstalent, mit Konsequenz und Taktgefühl hatte er die Kompanie fest im Griff. Wohl kaum jemand hat von ihm ein lautes Wort gehört. Er klärte alles auf seine Weise, ruhig und bestimmt.

Wir haben es sehr bedauert, als er uns verließ, um auf einem Kurzlehrgang zum Offizier herangebildet zu werden. Danach wurde er Kompaniechef an der Offizierslehranstalt. Zuletzt war er im Kommando der Volksmarine für die Schießausbildung verantwortlich. Es ist auch sein Verdienst, daß die Matrosen in der Nationalen Volksarmee für ihre guten Ergebnisse in der Schießausbildung bekannt waren.

Den Unterricht an der Offiziersschule gestalteten damals noch keine Professoren oder Dozenten. Dazu reichte die wissenschaftliche Qualifikation der Volkspolizeioffiziere nicht aus. Unsere Lehrer waren gestandene Kapitäne der Handelsflotte, ehemalige Angehörige der Kriegsmarine und auch junge Offiziere der Volkspolizei-See, die gerade erst ernannt worden waren. Sie lehrten mit Begeisterung und widmeten sich auch in ihrer Freizeit den Offiziersschülern. Wir wiederum waren sehr aufnahmebereit für den dargebotenen Stoff und zweifelten nicht an dem, was die Lehrer uns erzählten.

Mit besonderer Dankbarkeit erinnere ich mich an Kapitänleutnant Rudi Vorsprach, mit dem ich auch später noch oft zu tun haben sollte. Er war von Beruf Fleischer, stammte aus Magdeburg, war bei der Kriegsmarine Obersteuermann und leitete den Lehrstuhl Navigation. Er war ein sehr einfühlsamer, hilfsbereiter und korrekter Vorgesetzter, der an die Offiziersschüler und natürlich auch an seine Lehrer hohe Forderungen stellte. Er war sportlich, spielte selbst Volleyball in der Auswahl der Lehranstalt und betreute auch noch die Handballmannschaft, in der vorwiegend Offiziersschüler spielten. Es spricht für sein herzliches Verhältnis zur Mannschaft, wenn alle von ihm als »Onkel« sprachen.

Nach unserer Ernennung zum Offizier wurde auch Kapitänleutnant Vorsprach in die Flotte versetzt. Er war Stabschef in der Schulflottille, der späteren 7. Flottille, in der auch ich meinen Dienst versah, und danach Stabschef der 3. Flottille. Nach einem Lehrgang für höhere Offiziere an der Seekriegsakademie in Leningrad war Kapitän Vorsprach in verschiedenen Dienststellungen an der Sektion Seestreitkräfte der Militärakademie »Friedrich Engels« tätig.

Sehr beliebt bei den Offiziersschülern vieler Generationen war Kapitänleutnant Hermann Örtel. Er unterrichtete im Fach Torpedo – war dort Lehrstuhlleiter. Seine Ausbildung als Torpedogast hatte er in der Kriegsmarine erhalten. Nach dem Krieg hatte er als Berufsschullehrer gearbeitet und war auch nach seinem Ausscheiden aus dem aktiven Dienst wieder als Berufsschullehrer in Rostock tätig. Örtel war ein Anhänger von Kurzarbeiten und überprüfte damit zu Beginn fast jeden Unterrichtes, wie wir den Stoff verarbeitet hatten. Er eröffnete die Kurzarbeiten mit den Worten: »Stichwort A4«. Nachdem er die Fragen formuliert hatte, verließ er den Unterrichtsraum. Bevor er den Unterrichtsraum wieder betrat, klopfte er an die Tür und sagte: »Spickzettel weg, Hermann kommt.« Er konnte davon überzeugt sein, daß niemand einen Spickzettel benutzte oder beim Nachbarn abschrieb. Wen man verehrt, den betrügt man nicht.

Ein besonderes Original war unser Seemannschaftslehrer Kapitänleutnant Döplepp. Er war sowohl auf Schiffen der Handelsflotte als auch der Kriegsmarine gefahren und beherrschte den Seemannsjargon bis zur Vollendung. Seine Begeisterung übertrug sich auf uns. Damals wurde dem Seemannshandwerk sowohl in der theoretischen als auch in der praktischen Ausbildung viel Raum und Zeit gewidmet.
Über Tauwerk, Fender, den Pinsel und das Pönen und sogar das Pfeifen hatten wir viele Stunden Unterricht. Hinzu kamen praktische seemännische Arbeiten sowie der Bootsdienst. Es ist schade, daß später andere Fächer das Fach Seemannschaft etwas verdrängt haben.

Der Unterricht bei Döplepp war interessant – und laut, denn er sprach mit donnernder Stimme. Zu Recht behauptete er von seinem Unterricht: »Bei mir schläft niemand.« Es gehörte sicherlich eine ganze Menge Geschick dazu, 4 Stunden über den Pinsel, seine Handhabung und Pflege zu sprechen, ohne daß ein Offiziersschüler nach einem Landgang in einen tiefen Schlaf verfiel. Noch heute höre ich seine Worte: »Genossen Offiziersschüler! Ich sage Ihnen, die Seemannschaft ist eine Kunst – ja sie grenzt sogar an die Wissenschaft.«

Mein erstes Bordpraktikum hatte ich unter seiner Leitung auf dem Schulschiff *Ernst Thälmann*. Es bereitete ihm ein großes Vergnügen, mir 4 Stunden Dienst in der Hitze des Kesselraumes zu verschaffen. Ich hatte mich nämlich nach dem Farbewaschen mit einem dazu bereitgestellten Schlauchboot zur Mole Saßnitz begeben und seine scharfen Seemannsaugen hatten das ausgemacht.

Zu den Lehrern, an die ich mich ebenfalls gerne erinnere, gehören Oberleutnant zur See Kleinschmidt, Leutnant zur See Prause und Unterleutnant zur See Metzschke. Unterleutnant Metzschke war noch ein sehr junger Offizier, gerade ernannt. Er hätte es wohl mit uns sehr schwer gehabt, wenn er sein Lehrfach, »Schießlehre der Artillerie«, nicht so interessant vermittelt hätte. Er war ein exakter Lehrer und wurde später auch ein ausgezeichneter Bordoffizier und Stabsarbeiter. Gemeinsam dienten wir in der 6. Flottille, wohnten in Dranske auf Rügen und wurden Freunde.

Nach dem Besuch der Militärakademie in Dresden wurde Metzschke Lehrer an der Sektion Seestreitkräfte und später Lehrstuhlleiter und Stellvertreter des Kommandeurs der Sektion. Seine Dissertation zu Fragen des Zusammenwirkens der Seestreitkräfte hatte ich schriftlich zu begutachten.

Wir kannten natürlich die kleinen Schwächen unserer Lehrer. So liebte es Oberleutnant Fichtler, über seine Fahrenszeit zu sprechen und in Erinnerungen zu schwelgen. Er war während des Zweiten Weltkrieges als Stückmeister auf der *Admiral Hipper* gefahren. Es reichte aus, eine Frage nach der *Bremen,* dem Kampf um das »Blaue Band« oder nach den Kalibern der *Hipper* zu stellen, und der Unterricht war gelaufen.

Es gab auch Lehrer, die es mit uns sehr schwer hatten und mit denen wir es schwer hatten. Das lag aber wohl mehr am Lehrfach, das sie vermittelten. Zu diesen Lehrern gehörte der Unterleutnant zur See Sohst. Er unterrichtete im Fach Minenräumgeräte – materielle Teile. Es ging um Räumstells und ihre Einzelteile: Ständer, Tragebojen, Scherdrachen, Sprenggreifer u.a.m. Ich habe kein Fach erlebt, das mir langweiliger erschien.

Wenn ich Sohst nicht später im Operativorgan des Kommandos der Volksmarine kennengelernt hätte, wäre wohl bei mir über diesen fähigen Offizier ein ganz falscher Eindruck entstanden. Im Operativorgan war er Oberoffizier für den Einsatz der Minenräumkräfte, ein wirklicher Spezialist auf seinem Gebiet und vielseitig einsetzbarer Stabsoffizier, den geistige Beweglichkeit, schnelles Arbeiten, Streitbarkeit und hohe Belastbarkeit auszeichneten.

Während meiner elfjährigen Dienstzeit als Stellvertreter des Chefs des Stabes war Sohst Parteisekretär der Grundorganisation des Operativorgans. Sowohl die Parteiorganisation des Operativorgans als auch der Parteisekretär Sohst haben oft genug auf die Schwierigkeiten aufmerksam gemacht, sich um die Probleme der Arbeit und der Menschen gesorgt und haben dafür keinen besonderen Ruhm bei den höheren Partei- und Politorganen geerntet.

Als Offiziersschüler absolvierten wir 3 Bordpraktika. Schon während des Praktikums zeigt sich zumeist, wer für eine Borddienststellung geeignet ist. Außerdem erhielt der junge Offizier die Möglichkeit, sich für einen bestimmten Schiffstyp oder auch für eine Landdienststellung zu entscheiden. Und es gab nicht wenige junge Offiziere, die eine Landdienststellung einer Borddienststellung vorzogen. Das ist nicht negativ zu bewerten, denn ohnehin konnte nur der geringere Teil der Angehörigen der Seestreitkräfte den Dienst auf Schiffen und Booten versehen.

Das erste Praktikum absolvierte der Offiziersschüler damals in einer Matrosendienststellung, das zweite in einer Unteroffiziersdienststellung und während des dritten Praktikums doublierte er einen Offizier. Dieses Prinzip hatte sich bewährt und wurde auch später unter den veränderten Bedingungen – wie der 4jährigen Ausbildung und dem Vorhandensein eines Schulschiffes – beibehalten.

Leider verließen damals die Schiffe der Volkspolizei-See kaum einmal das Küstenvorfeld und so kam auch die Küste der DDR nicht außer Sicht. Wie gut hatten es da ab 1977 die Offiziersschüler der Volksmarine, die mit dem Schulschiff *Wilhelm Pieck* Fahrten in das Nordmeer, ins Mittelmeer und ins Schwarze Meer unternehmen konnten, eine umfangreiche seemännische Praxis erhielten, fremde Länder kennenlernten und den Friedenswillen unseres Volkes in vielen Hafenstädten bekundeten.
Durch ihr diszipliniertes und höfliches Auftreten haben sie viel zum Ansehen der NVA beigetragen. Auch als die Volksmarine schon an allem sparen mußte, hat der Chef der Volksmarine, Admiral Ehm, seinen Entschluß, die »Großen Fahrten« durchzuführen, nicht geändert.

Ich erinnere mich besonders an mein zweites Bordpraktikum auf einem Minenleg- und Räumschiff. Wir waren insgesamt 6 Offiziersschüler an Bord: 4 künftige Seeoffiziere und zwei angehende Ingenieuroffiziere. Untergebracht waren wir im Kabelgatt (dem Raum zur Aufbewahrung von Minenräumausrüstung), Kommandant des Schiffes war Kapitänleutnant Förster und Gehilfe des Kommandanten – Oberleutnant zur See Dorn.

Fritz Dorn war für die Seeoffiziersschüler verantwortlich. Ich kannte ihn schon aus dem Jahre 1952, als er als Angehöriger eines Sonderlehrganges in der 4. Kompanie diente. Seine seemännische Praxis hatte er bereits in der Kriegsmarine erworben.

Oberleutnant Dorn empfing uns auf der Schanz des Schiffes und hielt uns, wie zu Beginn des Praktikums üblich, einen Vortrag über das Schiff, das Leben an Bord und über die Bedeutung des Praktikums. Am Schluß seines Vortrages fragte er uns, ob wir wüßten, worauf es im Leben besonders ankommt. Als er von uns auf seine Frage nicht die erwünschte Antwort erhielt, beantwortete er die Frage selbst, indem er sagte: »Es

kommt ganz besonders auf den Schuhputz an, denn daran erkennt man den Menschen.« Wir hatten alle etwas anderes, größeres erwartet – aber vermutlich war ihm das mit dem Schuhputz eine wichtige Lebenserfahrung.
Fritz Dorn war im Gespräch nicht klein zu kriegen. Nur einmal habe ich ihn sprachlos gesehen. Es war während eines Seetörns, er äußerte, daß er die Ostsee noch nie so ruhig gesehen habe. Darauf hin sagte der für die Ingenieuroffiziersschüler zuständige Ausbildungsoffizier, der keineswegs über die umfangreiche Seemannspraxis Dorns verfügte: »Dann sind Sie aber noch nicht viel zur See gefahren.« Auf der Brücke herrschte danach eisiges Schweigen, denn Dorn war durch und durch Seemann, auf dessen Rat kein Chef der 6. Flottille verzichtete.

Es sei hinzugefügt, daß Fritz Dorn auch einen unerschöpflichen Vorrat an Anekdoten auf Lager hatte und ein sehr festes Seemannsgarn spann. Während der Dienstzeit in der 6. Flottille wohnte er nicht in Dranske, sondern in Sagard. Den Weg zum und vom Dienst legte er im Bus zurück, auf seinem Stammplatz neben dem Busfahrer. Wie mir Augenzeugen berichteten, hat Dorn während jeder Fahrt ununterbrochen Anekdoten erzählt.

Ich vergesse das zweite Praktikum aber auch deshalb nicht, weil mich während eines Seetörns die Seekrankheit mächtig gepackt hatte. Wir hatten wohl See 6. Stundenlang wurden wir schon von den Wellen gebeutelt. Mit Offiziersschüler Adam versah ich noch Brückendienst, während die anderen Praktikanten schon seekrank im Kabelgatt lagen. Als unsere Wache beendet war, meldeten wir uns von der Brücke und standen vor dem Kabelgatt an der Reling. Wir spürten, auch wir hatten Neptun unseren Tribut zu zollen.

Nachdem wir die Fische ausgiebig gefüttert hatten und bis auf den »Braunen Ring«, den man unbedingt behalten muß, alles aus uns heraus war, lagen auch wir willenlos im Kabelgatt. Und wir erlebten, seekrank ist mehr als nur die Fische zu füttern. In der völligen Willenlosigkeit und dem dringenden Wunsch, es möchte doch alles schnell vorbei sein, liegt eine große Gefahr für unkontrolliertes Verhalten. Gerade diese verhängnisvollen Auswirkungen der Seekrankheit muß man bei der Vorbereitung von Sturmfahrten berücksichtigen.

Obwohl es sehr unangenehm war, bin ich froh, daß ich diese Erfahrung gemacht habe. Ich lernte später, daß man mit einem starken Willen, vor allem aber mit Arbeit, der Seekrankheit vorbeugen kann. Als Offizier hatte ich mit der Seekrankheit nie Sorgen. Die Besatzung meines TS-Bootes hatte meiner Seefestigkeit in einer Bordzeitung sogar einen schönen Reim gewidmet.

In das erste Jahr meiner Ausbildung an der Seeoffizierslehranstalt fällt auch der 17. Juni 1953. Heute wissen wir, daß es sich um einen durchaus legitimen politischen Aufstand handelte – bei allem, was dabei mit am Werke war. Damals jedoch war die Bewertung – die Konterrevolution marschiert, faschistische Putschisten wollen die Errungenschaften der Werktätigen zunichte machen. Wir verspürten wohl die Unzufriedenheit der Bevölkerung, vor allem der Arbeiter. Die volle Tragweite der Ereignisse und den Umfang der Streikbewegungen erfaßten wir in Stralsund allerdings nicht.

Auch an unserer Kompanie gingen die Proteste nicht spurlos vorbei. In unserem Schlafsaal – in dem zwei Züge untergebracht waren – war eine schwarze Flagge mit Knoten gehißt worden – das Zeichen der Meuterer. Ich wußte weder damals noch weiß ich heute, wer der oder die Täter waren. Da ich jedoch Zug-PK war, bedeutete dieses Ereignis meine Ablösung aus der Funktion. Auch der andere Zug-PK wurde abgelöst.

Später kam Bewegung in die Offiziersschule. Es wurde Alarm ausgelöst, wir empfingen Waffen und Munition. Unsere Kompanie wurde in eine Stralsunder Schule verlegt, wir wurden zum Streifendienst in der Stadt eingesetzt. So mancher von uns war von Zweifeln geplagt. Mein Streifenpartner war der Offiziersschüler Paul Falck, ein Mecklenburger Fischer, der aus der Flotte zu uns gestoßen war. Er war 4 Jahre älter als ich. Wir konnten, zum Glück, unseren Einsatz ohne Zwischenfälle beenden, bekamen weder Streikende noch Demonstranten zu sehen.

Nachdem wir wieder in die Lehranstalt zurückverlegt hatten, wurde mit vielen Offiziersschülern über die Fortsetzung der Ausbildung gesprochen. In einer Kompaniemusterung wurden etwa 30 Offiziersschüler verabschiedet – zum Dienst in der Flotte oder zur Entlassung aus der Volkspolizei-See. Unsere Reihen hatten sich gelichtet, eine Folge der nach dem 17. Juni verfügten Reduzierung der KVP. Aus 4 Zügen waren 2 Züge geworden.

Im Frühjahr 1954 gab es ein weiteres Ereignis, das unsere Entwicklung entscheidend beeinflußte. Unsere Ausbildung, die ursprünglich für 2 Jahre geplant war, wurde um 1 Jahr verlängert. Die Mitteilung hat uns nicht gerade mit Freude erfüllt, denn wir wußten damals noch nicht, daß die Zeit der Ausbildung an der Lehranstalt später einmal zu den besten Jahren der Dienstzeit gehören würde.

Aber die Nachricht hat uns auch nicht umgeworfen, obwohl die verheirateten Offiziersschüler und diejenigen, die sich vorgenommen hatten, mit der Ernennung zum Offizier zu heiraten, dieses Problem natürlich etwas anders sahen als wir ledigen Kerle. Etliche von ihnen brachen die Ausbildung ab. So wurde unser Lehrgang, der 4. Seeoffizierslehrgang, im Bestand der 5. und 6. Kompanie der erste Lehrgang, der in Stralsund eine 3jährige Ausbildung erhielt. Als das letzte Semester begann, zählte unsere Kompanie, die einmal mit 120 Offiziersschülern begonnen hatte, noch 50 Mann, der Lehrgang insgesamt noch etwa 100 Offiziersschüler.

Zu Beginn des letzten Semesters wurde mit vielen Offiziersschülern über ihre Leistungen gesprochen. Auch mit mir führte der Kompaniechef eine Aussprache. Er offenbarte mir, daß ich als leistungsstarker Offiziersschüler die Möglichkeit hätte, nach Abschluß der Ausbildung sofort zum Leutnant zur See ernannt zu werden (damals wurde man generell noch zum Unterleutnant ernannt). Voraussetzung dazu sei, alle Abschlußprüfungen mit der Note 5 – also sehr gut – abzulegen, woran es bei mir kaum Zweifel gäbe, und eine »entscheidende Verbesserung meiner Aktivität in der gesellschaftlichen Arbeit«.

Eigentlich bin ich immer aktiv gewesen. Ich war FDJ-Sekretär des Zuges, half leistungsschwächeren Offiziersschülern, beteiligte mich aktiv an der Sportarbeit. Aber ich war immer noch parteilos. Ich kann nicht sagen, ob meine Stubenkameraden, die alle der SED angehörten, Schwierigkeiten in ihrer Grundorganisation hatten, weil sie mich noch nicht überzeugt hatten, Kandidat der Partei zu werden – immerhin war ich der einzige Parteilose in der Kompanie. Meine Reaktion auf das Gespräch war die eines echten sturen Mecklenburgers: »Ich bleibe wie ich bin und werde ein guter Unterleutnant sein.«

Ich hatte zwar überhaupt nichts gegen die Partei, habe auch als Parteiloser die Politik der SED sehr aktiv vertreten. Es gab aber zwei Gründe, weshalb ich als Offiziersschüler keinen Aufnahmeantrag stellte.

Der erste Grund bestand in den etwas idealistischen Vorstellungen von einem Parteimitglied und den hohen Anforderungen, denen ein Parteimitglied meiner Meinung nach entsprechen mußte. Dazu, so dachte ich, besitze ich noch nicht die Reife. Und zweitens war ich der Auffassung, daß durchaus nicht alle Offiziersschüler, auch die weniger vorbildlichen, Mitglied der Partei werden müßten. Dazu kam meine ausgesprochene Sturheit und Eigenwilligkeit, die auch in den ersten Beurteilungen, die ich als Offizier erhielt, eine große Rolle spielte.

In den Abschlußprüfungen kam es, wie es kommen mußte. Ich erhielt nicht in allen Fächern das Prädikat »sehr gut«. Im Fach Parteipolitische Arbeit erhielt ich als einer der wenigen die Vorzensur 3. In der mündlichen Prüfung erhielt ich eine 5 und somit war die Endzensur 4, also »gut«, gesichert. Damit hatte ich gerechnet, nachdem ich die Vorzensuren zur Kenntnis genommen hatte.

Schockiert war ich allerdings, als ich in meinem Abschlußzeugnis in einem Fach, in dem ich der Beste des Zuges war, eine 3 hatte. In diesem Fach hatte keine Prüfung stattgefunden, sondern es waren die Arbeiten gewertet worden, und die hatte ich alle mit einer 5 absolviert.
Damit war ich überhaupt nicht einverstanden. Obwohl ich mehrfach darauf hinwies, konnte ich keine Änderung erreichen. Diese Zensur hatte allerdings auch für meine Entwicklung keine Bedeutung. Zensuren geraten ohnehin bald in Vergessenheit und es zählt letztlich nur das, was man im Leben leistet. Die Ungerechtigkeit hat mich trotzdem sehr geärgert, zumal es sich um elektronavigatorische Geräte, eines meiner Lieblingsfächer handelte.

Vor der Ernennung zum Offizier waren wir in Hochstimmung. Etwas Sorgen hatten wir mit der Einkleidung. Zu unserer Zeit trugen die Offiziersschüler noch Matrosenuniformen. So war für uns der Empfang der Offiziersausrüstung doch eine besondere Prozedur. Es gab Schwierigkeiten mit der Bereitstellung der entsprechenden Größen. Selbst meine damaligen guten Beziehungen zur Kleiderkammer verhalfen mir nicht zur passenden Uniform. Erst im letzten Augenblick konnte ich mit einem Offiziersschüler eines anderen Lehrganges die Uniform tauschen.

Einige von uns hatten auch noch etliche andere Prüfungen zu absolvieren. Wer Seeoffizier werden wollte, mußte 1955 im Besitz des »Abzeichens für gutes Wissen« der FDJ, des Sportabzeichens, eines Schwimmzeugnisses und des Segelscheines sein.

Auch ich habe erst Ende September 1955 das Fahrtenschwimmerzeugnis erworben. Im Strelasund war es schon ganz schön kalt.

Dann kam der Tag der Ernennung. Es war ein regnerischer Tag im Oktober. Das Wetter war richtig mausgrau. 350 junge Männer in Offiziersuniformen waren in der Sporthalle angetreten und warteten auf den amtierenden Chef der Volkspolizei-See. Dieser ließ auf sich warten und kam schließlich doch nicht.

Die Ernennung wurde dann mit Verspätung durch den Kommandeur der Lehranstalt, Kapitän zur See Walter Steffens, vorgenommen. Am Abend fand ein gemeinsames Abendessen und anschließend ein Ball statt.
Viele Offiziersschüler waren inzwischen verheiratet und hatten ihre Frauen eingeladen. Auch Verlobte und Freundinnen sowie einige wenige Eltern waren anwesend. Ich war erst 20 Jahre alt und hatte noch keine festen Bindungen zum schönen Geschlecht aufgenommen. Ich hatte mir vorgenommen, erst mit 30 Jahren zu heiraten.
Am Tag der Ernennung führte der Politstellvertreter des Lehrganges mit mir nochmals ein Gespräch. Auch er stellte die Frage, ob ich als Parteiloser ein guter Offizier sein könne und wie ich wohl ohne Hilfe der Partei meine Aufgabe erfüllen werde. Ich gab ihm zu verstehen, daß ich davon überzeugt bin, ein guter Offizier zu werden, der auch als Parteiloser auf die Hilfe der Partei rechnen könne.

Ich glaube allerdings, daß 2 Personalentscheidungen anders ausgefallen wären, wenn ich damals schon Kandidat oder Mitglied der SED gewesen wäre.

Mein erster Einsatz erfolgte als Lehrer im Lehrstuhl Navigation an der Lehranstalt zur Ausbildung von Ingenieuroffizieren für die VP-See in Kühlungsborn. Darüber habe ich mich sehr gefreut und mich intensiv auf meine erste Vorlesung vorbereitet. Die Prüfungsvorlesung vor den Lehroffizieren der Lehreinrichtung habe ich mit einer guten Einschätzung überstanden. Zur ersten Vorlesung vor Offiziersschülern ist es allerdings nie gekommen, ohne Begründung wurde ich abberufen.

Die zweite, für mich negative Entscheidung, fiel beim Zulassungsverfahren für den Besuch der Seekriegsakademie in Leningrad. Nach dem Gespräch in der Personalabteilung der Volkspolizei-See wurde mir mitgeteilt, daß ich nicht zum Studium an der Seekriegsakademie delegiert werde. Als vom Vorsitzenden der Zulassungskommission die Frage gestellt wurde, warum wohl die Ablehnung erfolgt, antwortete ich: »Weil ich nicht in der Partei bin«. Das wurde zwar nicht bestätigt, mir wurde aber gesagt, aus meiner Beurteilung gehe hervor, ich sei gesellschaftlich zu desinteressiert.

Nach der Wende hatte ich die Möglichkeit, meine Personalakte zu lesen. Die mir damals mitgeteilte Begründung befand sich tatsächlich in der Beurteilung, mit der ich zum Offizier ernannt wurde. Die sonstigen Bewertungen, die ich als Offiziersschüler erhielt, kann ich im wesentlichen akzeptieren, das gesellschaftliche Desinteresse allerdings nicht.

Im März 1956 stellte ich jedoch den Antrag, Kandidat der SED zu werden. Ich war damals Offizier im Stab der Schulflottille. Den Antrag stellte ich aus Überzeugung. Ich

war mit dem Programm und dem Statut der SED einverstanden und hatte in der kurzen Zeit meines Dienstes in der Schulflottille die praktische Parteiarbeit kennengelernt. Ich hatte begriffen, daß ich als Mitglied der Partei und mit Unterstützung der Parteiorganisation meine Aufgaben als Offizier besser erfüllen konnte.
Ich lernte Parteimitglieder kennen, die wie selbstverständlich Funktionen übernommen hatten, die ihnen mehr Ärger als Freude bereiteten, und die unabhängig von Rang und Namen ihre Meinung äußerten, die nicht überheblich waren und mir als parteilosem jungen Offizier kameradschaftlich begegneten. Ich habe seit meinem Eintritt in die SED auch fast ständig Wahlfunktionen innegehabt. Von 1960 bis 1988 war ich in Parteileitungen tätig und 19 Jahre lang Mitglied der Parteikontrollkommission bei der Politischen Verwaltung der Volksmarine. Ich war Delegierter des VIII. Parteitages 1971 und des Außerordentlichen Parteitages der SED 1989. Für viele junge Menschen habe ich bei ihrer Aufnahme in die Partei gebürgt und ihren Wunsch, die Bürgschaft zu übernehmen, als ein Zeichen des Vertrauens zur mir betrachtet.

Auf vielen Mitgliederversammlungen anderer Grundorganisationen habe ich die Politik der SED erläutert in dem guten Glauben, daß es eine gerechte Politik - eine Politik für den Menschen sei. Ich habe versucht, konsequent nach dem Statut der Partei zu leben, ohne zu ahnen, daß die Parteiführung das Statut durchaus nicht so ernst nahm. Am meisten hat mich enttäuscht, daß man uns – nach einem alten Spruch – Wasser gepredigt und selbst Wein getrunken hat.

Der Herbst 1989 veranlaßte auch mich, Bilanz zu ziehen. Nach dem Studium vieler Dokumente, die mir vor der Wende nicht zugänglich waren, kam auch ich zu der Einschätzung, daß die SED die Krebskrankheit des Stalinismus nicht überwunden hatte, daß der Zentralismus kein demokratischer und die Kritik und Selbstkritik schon lange nicht mehr das Entwicklungsgesetz der Partei waren. Selbstherrlichkeit und Lebensfremdheit hatten immer mehr um sich gegriffen. Das bezog sich besonders auf die Parteiführung und auch auf einen beträchtlichen Teil des Parteiapparates. Der Parteibasis kann man solche Vorwürfe nicht so einfach machen. In den Parteigruppen und Grundorganisationen haben viele Mitglieder und Funktionäre eine ehrliche, auf Verbesserung für die Menschen ausgerichtete Arbeit geleistet und die Lage im Lande und in der Partei realistischer und daher kritischer dargestellt als der Parteiapparat und die von diesem gesteuerten Massenmedien der DDR. Leider wurde so mancher Hinweis nicht akzeptiert, manche Kritik mißachtet und es gab auch bei der Volksmarine etliche Genossen, die für ihre ehrliche Meinungsäußerung gemaßregelt wurden.

Wenn heute die meisten ehemaligen SED-Mitglieder sagen, daß sie vieles nicht wußten – besonders was die tatsächliche ökonomische Lage, den überdimensionierten Sicherheitsapparat, die flächendeckende Überwachung und die doppelbödige Moral etlicher Angehöriger der höheren Führungsschicht betrifft – so habe ich dafür Verständnis. Ich muß mich in mancher Hinsicht auch zu den »Naiven im Lande« zählen, da ich die für Armeeangehörige bestehenden Verbote des Empfangs westlicher Rundfunk- und Fernsehsender konsequent befolgte.

Schlimmer jedoch war, daß uns – mich wie viele andere Mitglieder der SED in der NVA und anderwärts – die »eiserne« Parteidisziplin sowie das falsche Verständnis von

»Einheit und Geschlossenheit der marxistisch-leninistischen Kampfpartei« daran hinderten, erkennbare und erkannte Mängel in der Gesellschafts- und Wirtschaftspolitik der Partei- und Staatsführung offen anzusprechen und auf ihre Beseitigung hinzuwirken. Die Quittung dafür erhielten wir im Jahr 1989.

Es ist eine historische Tatsachen, daß es 1989 auch in den Reihen der SED zu gären begann. Die Enttäuschung über die »Sprachlosigkeit« der Parteiführung während der Ausreisewellen des Sommers und Herbstes, über die unsinnigen Aktionen gegen das »Neue Forum« und andere Bürgerbewegungen, über die von der Partei und Staatssicherheit befohlenen Einsätze gegen Demonstranten sowie schließlich über die aufgedeckten Fälle von Amtsmißbrauch und Korruption leitender Partei- und Staatsfunktionäre bewirkten den raschen Zerfall 2,5 Millionen zählenden Partei.

Vom Wachoffizier zum Schulbootkommandanten
(1955 bis 1957)

Nun war ich also Offizier – Unterleutnant zur See – und sollte mit meinen 20 Jahren Erzieher und Ausbilder von Matrosen und Maaten sein, die gleichaltrig waren.

Nach einem kurzen Urlaub, in welchem ich mich mit meiner neuen Heimat, der Stadt Sternberg und ihrer Umgebung, vertraut machte, landete ich in der Schulflottille in Parow. Es waren viele Offiziere ernannt worden, mehr als die Volkspolizei-See benötigte. So wurde ich Zusatzwachoffizier auf einem Räumboot Typ *R-218*.[2]

Als ich mit meiner Seekiste an Bord ging, bewegte mich vor allem die Frage: Wie gestalte ich mein Verhältnis zur Besatzung? Gibt es eine Kluft, werde ich nicht bestehen. Bin ich zu nachgiebig und kumpelhaft, dann werde ich als Vorgesetzter kaum ernstgenommen.

Also wollte ich mich bemühen, so aufzutreten, wie ich es von anderen gerne erlebt hätte und bei Lehrern der Offiziersschule auch kennengelernt habe: Handeln auf der Grundlage der Vorschriften und Befehle, korrekt und gerecht mit den Unterstellten verkehren, für die Belange der Menschen immer ein offenes Ohr haben und sich für sie einzusetzen, wo es nur möglich ist.

Die Schulflottille (ab Ende 1956 – 7. Flottille) setzte sich aus einer Räumbootsabteilung, einer Reedeschutzboot-Abteilung – mit Booten des Typs *Delphin*, zwei Schulbooten, der *Fürstenberg* und *Prenzlau* (auch Hochhäuser genannt), einem Flugsicherungsboot, dem Schullogger und Kräften der Rückwärtigen Sicherstellung. Die Aufzählung zeigt, daß es eine bunte Flottille war und so war wohl auch ihr Zustand.

Die Schulflottille hatte eine neue Führung erhalten. Flottillenchef war Kapitänleutnant Hollatz, ein erfahrener Seemann, Stabschef – Kapitänleutnant Vorsprach, ehemaliger Lehrstuhlleiter Navigation der Seeoffizierslehranstalt, und Politstellvertreter war Kapitänleutnant Diedrich. Die neue Führung der Flottille sollte und wollte mit aller Macht Ordnung schaffen.

Mein Schiff, das Räumboot *814* – Kommandant Oberleutnant zur See Schöne – bereitete sich auf die Werftliegezeit vor. Vor der Überfahrt in die Werft nach Gehlsdorf mußte die Besatzung die Aufgabe B-1 – die Organisation des Schiffes – und die Aufgabe B-2 – die Fahrt eines Einzelschiffes – ablegen.

---
[2] Siehe Anlage 2 über die Schiffs- und Bootstypen der DDR-Seestreitkräfte.

Wieder mußte gelernt werden. Der 1. und 2. Wachoffizier waren ebenfalls neu an Bord und sie hatten mit sich selbst zu tun. Also bemühte ich mich, bei den erfahrenen Unteroffizieren zu lernen. Das waren vor allem der Bootsmann Pallmann, der Funkmeister Schwing, der Sperrmaat Knaack und der Signalmaat Kallischke, die mir in der praktischen fachlichen Ausbildung und in der Organisation des Dienstes an Bord sehr halfen. Auch dadurch fühlte ich mich zu den Unteroffizieren mehr hingezogen als zu den Offizieren.

Nach der Überführung des Schiffes in die Werft wurde ich in eine Flottillenkommission zur Überprüfung der Verschlußsachen berufen. Diese Arbeit erstreckte sich über einen längeren Zeitraum, denn neben den Schiffen in Parow waren auch alle Werftlieger zu überprüfen und so fuhren wir von Werft zu Werft.

Aus dieser Tätigkeit heraus wurde ich überraschend zum Stabschef der Flottille gerufen. Bezugnehmend auf meine guten Zensuren im Sport fragte er mich, ob ich bis zum Jahresende die Dienststellung eines Sportoffiziers der Flottille einnehmen möchte. Der Sportoffizier, der mit mir zum Seeoffizier ernannt war, befand sich auf einem Lehrgang. Kapitänleutnant Vorsprach legte jedoch sogleich fest, daß ich am Jahresende wieder an Bord eingesetzt werde. Ich war einverstanden.

Ich hätte wohl nicht zugesagt, wenn ich zum Kommandanten des Schiffes ein besseres Verhältnis gefunden hätte. Ich vertrug den Umgangston von Oberleutnant zur See Schöne, der mir besonders rauh erschien, nicht besonders. Das lag allerdings auch an meiner Empfindlichkeit. Später haben wir gemeinsam in Leningrad studiert, wohnten sogar zeitweise in einem Zimmer und haben im Kommando der Volksmarine beide als Stellvertreter des Chefs des Stabes zusammengearbeitet. Soweit ich das beurteilen kann, sind wir später gut miteinander ausgekommen.

Neben dem Sport war ich auch noch für die Grund- und Schießausbildung verantwortlich. In dieser Zeit gehörten Dienstsport, Schieß- und Grundausbildung noch nicht zu den wichtigsten Ausbildungsfächern. Vieles hing von der Einstellung der Abteilungschefs und Kommandanten ab. Ich hatte das Glück, daß ich sehr sportbegeisterte Vorgesetzte hatte. Sie gingen mit gutem Beispiel voran und hielten mich dafür auch ständig in Trab. Neben dem Dienstsport organisierten wir Sportfeste, einzelne Wettkämpfe sowie die Abnahme des Sport- und Schießsportabzeichens. Die Fußballmannschaft hatten wir zur Teilnahme am Spielbetrieb der Kreisklasse Stralsund angemeldet. Mit ihr waren wir jede Woche unterwegs.

Besondere Sorgen hatte ich mit dem Frühsport. Der Politstellvertreter der Flottille machte jeden Morgen Frühsport. Folglich meinte er, daß auch der Sportoffizier jeden Morgen selbst am Frühsport teilnehmen und ihn auch bei den fahrenden Einheiten kontrollieren sollte. Nur einmal habe ich verschlafen. Mit einem großen Donnerwetter hat mich Kapitänleutnant Diedrich aus der Koje geholt und zur Kontrolle geschickt.

Meine Vorgesetzten müssen trotzdem mit meiner Arbeit zufrieden gewesen sein, denn am Jahresende erhielt ich vom Stabschef der Flottille eine Geldprämie. Ich hatte mir ja eigentlich »nur« das Ziel gestellt, das erste Jahr als Offizier ohne Strafe über die

Runden zu kommen – was nicht einfach war – denn dann konnte ich nach einem Jahr zum Leutnant zur See befördert werden.

Im Jahre 1956 gab es zwei Ereignisse, die für mein weiteres Leben von großer Bedeutung sein sollten. Am 22. Januar lernte ich Helga Qualo, meine spätere Frau kennen, die meine Absicht, erst mit 30 Jahren zu heiraten, durcheinanderbrachte, und noch im März wurde ich in die Nationale Volksarmee übernommen.

Am 18. Januar 1956 hatte die Volkskammer der DDR die Schaffung der NVA beschlossen, was auch in der Volkspolizei-See lebhafte Reaktionen auslöste. Entsprechend dem Befehl 1/56 des Ministers für Nationale Verteidigung waren der Stab der Seestreitkräfte bis zum 31. März und alle Einheiten der Seestreitkräfte bis zum 1. Juli 1956 aufzustellen.[3]

Die Schulflottille gehörte zu den Verbänden und Einrichtungen, die schon im März 1956 in die NVA übernommen wurden. Als für die Grundausbildung verantwortlicher Offizier hatte ich das militärische Zeremoniell mit vorzubereiten. Mit den Angehörigen der Volkspolizei-See wurden Aussprachen durchgeführt, damit sie eine neue Verpflichtung eingehen. Es gab einzelne Angehörige der Schulflottille, die nicht in die NVA übernommen werden wollten, die den Eid ablehnten. Außerdem waren noch kurz vor der Vereidigung einige Offiziere entlassen worden – warum, wußte eigentlich keiner von uns.

Durch die Übernahme in die Nationale Volksarmee hatte sich an meinem Dienst zunächst wenig geändert. Neben meiner eigentlichen Dienststellung war ich noch als Zugführer des Stabszuges eingesetzt, das heißt ich war Disziplinarvorgesetzter aller Matrosen und Unteroffiziere, die im Stab und seinen Einrichtungen Dienst taten. Da es damals noch keine strukturmäßigen Operativen Diensthabenden gab, hatte ich, wie alle anderen seemännischen Offiziere des Stabes, auch oft 24-Stunden-Dienst als Operativer Diensthabender zu leisten.

Kapitänleutnant Vorsprach hielt sein Versprechen. Am Jahresende wurde ich Kommandant auf einem Schulboot vom Typ *Delphin*, welches die Bordnummer 4-76 trug. Mein Vorgänger als Kommandant auf 4-76 war der Unterleutnant zur See Bartz. Die Übergabe war schnell vollzogen. Bartz wurde in eine andere Dienststellung versetzt. Wohin, das blieb für mich erst einmal ein Geheimnis. Ich sollte es jedoch bald erfahren.

Das Schulboot vom Typ *Delphin* war ein sehr kleines Boot. Als Bewaffnung verfügte es über ein 12,7-mm-MG auf der Back, hatte je eine Kurzwellen- und eine UKW-Station, einen Magnetkompaß und die weitere erforderliche seemännische und technische Ausrüstung. Zwei Junkersmotoren, welche gedrosselt gefahren wurden, verliehen dem Boot eine Geschwindigkeit von etwa 15 Knoten. Sie machten uns aber auch eine ganze Menge Sorgen.

---

[3] Siehe Anlage 3 über die Gliederung und Stellenbesetzung der DDR-Seestreitkräfte.

Das Boot hatte eine Stammbesatzung von 9 Mann und konnte außerdem noch etwa 6 Schüler aufnehmen. Die Besatzung bestand aus Kommandant, Bootsmann, leitendem Maschinisten, je einem Funker, Signaler, Artilleriegasten und Smut sowie 2 Maschinisten. Wir lebten in engen Decks auf kleinstem Raum, aber wir fühlten uns wohl.

Unsere Bootsabteilung bestand aus 6 Booten. Die anderen Kommandanten, die Unterleutnante zur See Rohloff, Städtke, Neumann, Krug und Gundlach, waren, wie ich, neu in der Dienststellung. Allerdings waren die Unterleutnante Städtke und Neumann im Unterschied zu den anderen erst 1956 zum Offizier ernannt worden. Die Atmosphäre in der Abteilung war durch Kameradschaft und Hilfsbereitschaft gekennzeichnet, woran der Chef der Abteilung, Leutnant zur See Gärtner, der Stabschef Leutnant zur See Stephan und der Politstellvertreter Oberleutnant zur See Baumgärtel erheblichen Anteil hatten.

Das Ausbildungsjahr begann mit dem Durcharbeiten der Aufgaben B-1 und B-2, damit erst einmal im Bestand der Abteilung zur See gefahren werden konnte. Wir Kommandanten hatten im Rahmen dieser Aufgaben die theoretische und praktische Kommandantenprüfung abzulegen.

Zur theoretischen Kommandantenprüfung gehörten Prüfungen zum Gefechtseinsatz des Bootes, zur Organisation des Dienstes, die Kenntnis der Gefechtsrolle und aller anderen Rollen, der Schiffssicherungsdienst, Schiffs- und Flugzeugerkennungsdienst, die Kenntnis der Einrichtungen des Seeschauplatzes und der Küste der DDR sowie das Beherrschen der Ausrüstung der Gefechtsabschnitte des Bootes.

Zur praktischen Kommandantenprüfung gehörten: das An- und Ablegen, Anker- und Schleppmanöver, die Durcharbeitung der Gefechts- und aller anderen Rollen, wobei die Schiffssicherungsrolle besonders ernst genommen wurde. Auch das Funken, Winken, Morsen und die Organisation des Signaldienstes gehörten zur Kommandantenprüfung, insgesamt ein umfangreiches Programm.

Um diese Prüfung zu bestehen, kam man nicht umhin, alle Mitglieder seiner Besatzung und ihre Erfahrungen geradezu »auszuquetschen«. Ich hatte eine gute Besatzung und das Leben an Bord war ein gegenseitiges Geben und Nehmen.

Die B-Aufgaben wurden vom Stab der Flottille abgenommen. Die Kontrolloffiziere hatten kein Nachsehen, sie krochen in jeden Winkel und wußten schon, wo etwas zu finden ist. Wir waren zwar gut vorbereitet, hatten aber trotzdem vor der Abnahme der Aufgabe B-1 rechte Beklemmungen. Boot und Besatzung mußten vor Sauberkeit und Ordnung strahlen, jeder sollte die Daten des Bootes und seines Abschnittes kennen und die Rollen beherrschen und auch die Dokumentation des Bootes mußte in einem einwandfreien Zustand sein.

Ich glaube, es war ganz selten, daß ein Boot oder ein Schiff in den Gründerjahren der Seestreitkräfte der NVA die Aufgabe B-1 mit »sehr gut« ablegte. Meine Besatzung und ich haben das jedenfalls nicht geschafft, brauchten allerdings auch nicht – wie etliche andere Boote und Schiffe – zum Wiederholungsanlauf starten.

Nach der Ablegung der Aufgabe B-1 fuhren wir zur See. Auch diesbezüglich herrschte bei den Seestreitkräften eine strenge Ordnung und wir lebten noch nicht unter ständigem Zeitdruck. Der Wochenablauf für eine Schiffsbesatzung der Schulflottille gestaltete sich wie folgt:

○ Am Montagvormittag war Politunterricht für die Besatzung. Auf einem *Delphin* führte diesen der Kommandant durch.
○ Am Montagnachmittag bereiteten sich Boot und Besatzung auf das Auslaufen vor. Dazu gehörte die entsprechende Ausbildung, aber auch der Empfang von materiellen Mitteln und von Munition.
○ Der Seetörn begann am Dienstag mit dem Auslaufen und endete am Freitagmittag mit dem Einlaufen.
○ Freitagnachmittag war Ausrüsten des Bootes und Beseitigung von Störungen, wenn welche aufgetreten waren.
○ Am Sonnabend war Großreinschiff mit großer Ronde.

Dieser Ablauf wiederholte sich fast Woche für Woche. Natürlich wurden auch Terminarbeiten, später Durchsichten bzw. Wartung durchgeführt, aber sie waren nicht so umfangreich, da die technische Ausrüstung relativ einfach war.

Am Tage des Auslaufens wurde mit dem Seeklarmachen so begonnen, daß der Kommandant dem Abteilungschef das Boot eine halbe Stunde vor dem Ablegen seeklar melden konnte. Während des Seeklarmachens waren die Offiziere des Stabes an Bord und meldeten ihrerseits ihre Kontrollergebnisse dem Stabschef der Abteilung. Wenn wir dem Abteilungschef meldeten, war er schon bestens informiert und wußte, wo es klemmte.

Der Hauptinhalt der Ausbildung in See bestand in der Durcharbeitung der Gefechtsrolle und der anderen Rollen, im Artillerieschießen, im Verbandsfahren, in seemännischen Manövern aller Art sowie in der Durchführung von Signal- und Funkübungen. Wenn ich später über diese Zeit gesprochen habe, sagte ich im Scherz, der Höhepunkt im Ausbildungsjahr sei eine Dwarslinie gewesen, die länger als 10 Minuten stand.

Wer Aufgaben in See nicht richtig oder verspätet erfüllte, erhielt das Signal »Schwarz« mit dem entsprechenden Buchstaben. »Schwarz P« untereinander und »E« an der anderen Signalleine bedeutete zum Beispiel: Rüge für den Kommandanten wegen schlechten Abstands. Wer während eines Seetörns dreimal das Signal oder Flagge »Schwarz« erhielt, hatte nach dem Einlaufen mit einem Verweis zu rechnen. Über die Rechtmäßigkeit des Signals »Schwarz« haben wir nach dem Einlaufen natürlich gestritten und hatten für ein Versäumnis auch diese und jene Ausrede zur Hand.

Auch nach dem Einlaufen gab es ein strenges Ritual. Etwa 10 Minuten nach dem Anlegen hatten sich alle Abschnittsverantwortlichen mit ihren Kladden bei dem Fachvorgesetzten auf der Pier zu melden. Dort erfolgte eine gründliche erste Auswertung der Ausbildung und ein Vergleich der Kladden. Auch erhaltene Signale »Schwarz« – sie mußten nicht nur die Kommandanten betreffen – wurden hier ausgewertet.

Im Sommer 1957 hatte unsere Abteilung Offiziersschüler und die zukünftigen Torpedoschnellbootsbesatzungen auszubilden. Zu den auszubildenden Kommandanten gehörte auch mein Vorgänger, jetzt Leutnant zur See Bartz. Auch andere Bekannte traf ich unter den Schnellbootsoffizieren.

Die zukünftigen Besatzungen der Torpedoschnellboote waren seit Beginn des Ausbildungsjahres zu Baubelehrungen zusammengezogen worden und hatten sich in theoretischer Ausbildung auf die Übernahme der Boote vorbereitet. Es handelte sich um ausgewähltes Personal, wobei politische Zuverlässigkeit und fachliche Eignung sicherlich die Hauptkriterien für die Auswahl waren. Es war schon eine besondere »Elite«. Allerdings hatte die Disziplin der zukünftigen Schnellbootsfahrer durch das Warten auf die Boote schon etwas gelitten. Damals ahnte ich noch nicht, daß auch ich einmal zu dieser »Elite« gehören sollte.

Während meiner Fahrenszeit als Kommandant des Schulbootes *4-76* habe ich alle Häfen – auch die kleinen –, alle Anleger und Fahrwasser der Küste der DDR kennengelernt. Ausgelaufen wurde bei jedem Wetter und oftmals zwangen uns Wind und Wellen, Nothäfen anzulaufen. An zwei Fahrten aus dieser Zeit erinnere ich mich ganz besonders.

Meine erste Fahrt als Kommandant führte mich in den Hafen Kloster auf der Insel Hiddensee. Der Stabschef der Flottille, Kapitänleutnant Vorsprach, unter dessen Obhut ich die Fahrt durchführte, hatte dort zu tun. Das Wetter war mausgrau – Wind mit Stärke 3 aus Nordwest. Die Fahrwasser nach Hiddensee sind eng und stark bewachsen. Es dauerte nicht lange und beide Filter der Hauptmaschine waren dicht. Erst ging die eine Maschine aus und kurz darauf die andere. Noch ehe ich einen Gedanken gefaßt hatte, stand der Bootsmann – Obermaat Wolfgang Rau – auf der Back und meldete: »Anker klar zum Fallen.« Prompt schaltete ich und gab das Kommando: »Fall Anker«. Hätte der Bootsmann nicht unverzüglich reagiert, hätte der Wind das Boot wohl sehr schnell auf den Fahrwasserrand gedrückt und meine allererste selbständige Seefahrt als Kommandant – noch ohne Kommandantenprüfung – hätte ein schlechtes Ende genommen. Rau hat mir auch sonst, besonders beim Anlegen, so manches richtige Kommando zum richtigen Zeitpunkt zugeflüstert!

Der zweite Seetörn, an den ich mich noch gut erinnere, fand im Sommer 1957 im Rahmen einer größeren Übung der Seestreitkräfte statt. Ich weiß heute nicht mehr, ob es eine Flottenübung oder nur eine Übung der »Flottenbasis-Ost« war. Die Schulboote hatten an dieser Übung teilzunehmen. Mein Boot war zur Minenbeobachtung vor der Ostküste Rügens im Landtief eingesetzt. Wir waren davon überzeugt, daß wir die wichtigste Aufgabe in der Übung zu erfüllen hatten. Die Beobachtung hatte ich so organisiert, daß im Wechsel die gesamte Besatzung teilnahm. Der Funker und ich hatten ständige Bereitschaft und somit 4 Tage keine Ruhe.

Es fehlte nicht nur der Schlaf. Auch die Verpflegung war uns inzwischen ausgegangen. Da es damals noch nicht verboten war, tauschten wir mit den Fischern ein Pütz Motorenöl gegen eine Pütz Schollen und Hering.

Nach 4 Tagen kam der Befehl zum Einlaufen. Nachts bei Sturm und Regen liefen das Boot *4-75* unter Leutnant zur See Krug und meine *4-76* in den Hafen Gager ein. Das Fahrwasser war damals noch nicht so eingerichtet wie heute und nachts bei Sturm und Regen schwer zu befahren. Enttäuscht stellten beide Kommandanten fest, daß wir ganz am Rande der Übung gehandelt hatten. Weder das eine noch das andere Boot hatte jemanden ausgemacht, der eine Mine abgeworfen oder gelegt hätte.

Sehr erfreut war ich allerdings, daß mein Funker, der Stabsmatrose Schlegel, für seine hohe Einsatzbereitschaft und vorbildliche Tätigkeit mit Sonderurlaub belobigt wurde. Der Leitungsstab der Übung war auf sein exaktes Funken aufmerksam geworden.

Das Jahr als Kommandant von *4-76* ist schnell vergangen und hat mir viel gegeben. Meine Besatzung habe ich nicht vergessen und mit den Kommandanten der Schulbootabteilung hat mich auch weiterhin eine echte Soldatenkameradschaft verbunden. Von den 6 Schulbootskommandanten wurden zwei später Admiral – Städtke und Hoffmann – und einer – Neumann – wurde Kapitän zur See. Die anderen drei – Gunlach, Rohloff und Krug – hatten als Stabsarbeiter einen guten Ruf erlangt und sind als Fregattenkapitäne 1990 aus dem aktiven Dienst ausgeschieden.

Im Herbst 1957 wurde uns mitgeteilt, daß die Schulboote der Grenzpolizei übergeben werden. Städtke und ich hatten uns entschlossen, auf unseren Booten zu bleiben und zur Grenzpolizei überzuwechseln. Städtke hat es getan. Er hat es bis zum Chef der 6. Grenzbrigade Küste gebracht.

Meine Entwicklung sollte anders verlaufen. Anfang Oktober 1957 begab ich mich in den Jahresurlaub. Nachdem ich meine Hochzeit schon zweimal verschoben hatte – einmal aus dienstlichen Gründen und einmal wegen Quarantäne – wollte ich endlich heiraten. In meiner näheren Umgebung und sicherlich auch auf dem Standesamt zweifelte man schon an der Ernsthaftigkeit meiner Absichten.

Ich war zwar erst 22 Jahre. Aber ich sagte mir entgegen meiner früheren Meinung, wenn man denkt, daß man die Richtige gefunden hat, soll man nicht mehr zögern. Meine Eltern waren nicht so ganz meiner Meinung. Ich habe aber wieder einmal meinen Kopf durchgesetzt und habe es auch niemals bereut.
Unsere Hochzeit wurde von zwei gewichtigen Ereignissen begleitet: Am Polterabend wurde der erste Sputnik der Sowjetunion in das Weltall gestartet und am Tage der Hochzeit erhielt ich anstelle eines Glückwunsches meiner Vorgesetzten ein Telegramm mit der Aufforderung, mich am 8. Oktober zum Dienst beim Chef der Torpedoschnellbootsabteilung zu melden. Urlaub, Hochzeitsreise und Flitterwochen – ade!

Am frühen Morgen des 7. Oktober machte ich mich mit meiner jungen Frau auf den Weg nach Stralsund. Im Hotel am Bahnhof erhielten wir ein Zimmer. Was waren das noch für gute Zeiten! In den letzten Jahren der DDR wäre es überhaupt nicht möglich gewesen, ohne längere Voranmeldung ein Zimmer zu erhalten! Am 8. Oktober zu Dienstbeginn meldete ich mich beim Chef der Torpedoschnellbootsabteilung, Oberleutnant zur See Walter Kutowski.

Schnellbootsfahrer in der Ostsee
(1957 bis 1960)

Die TS-Abteilung gehörte damals zur 6. Flottille, die im Jahre 1956 in Saßnitz gebildet worden war und zu deren Bestand außerdem die Küstenschutzschiffe Projekt 50 sowie Einheiten der rückwärtigen und technischen Sicherstellung gehörten. Das Führungsorgan der Flottille verlegte 1957 nach Parow, da die ehemalige Schulbootflottille, spätere 7. Flottille, aufgelöst worden war. Ende 1959 gab es auch in der 6. Flottille Veränderungen. Aus ihrem Bestand wurden die Küstenschutzschiffsabteilung (später zur Brigade erweitert) und die Torpedoschnellbootsbrigade gebildet, die sich beide in unmittelbarer Unterstellung des Chefs der Seestreitkräfte befanden.

Aus der Sowjetunion waren bereits 5 Torpedoschnellboote eingetroffen. Wie große Bügeleisen sahen sie aus, wenn man sie so an der Pier liegen sah. Ihr Anblick war allerdings viel schnittiger, wenn sie mit hoher Geschwindigkeit die See durchpflügten. Der kleine Hafen war abgesperrt und selbst der Kommandeur der Flottenschule, der Hausherr dieses Geländes, durfte den Hafen nicht betreten.

Die Kommandanten, die bereits ihre Boote übernommen hatten, hatten für meine neugierigen Fragen kein Ohr. Für sie war ich ein Außenstehender. Sie wußten noch nicht, daß ich der Kommandant des 8. Bootes der Abteilung sein würde. Ich wußte es ja bei meiner Ankunft in der TS-Abteilung selbst noch nicht.

Das Gespräch beim Abteilungschef war kurz. Er teilte mir mit, daß ich von Leutnant zur See Zschau die Besatzung und später das 8. Boot zu übernehmen habe. Ich machte darauf aufmerksam, daß ich noch Kommandant eines Schulbootes sei, welches sich in Gehlsdorf in der Werft befindet, und dieses noch an meinen Nachfolger zu übergeben habe.

Auf die Frage, wie lange ich zur Übergabe des Bootes benötige, antwortete ich, daß wohl 3 Tage ausreichend wären. Ich war daran gewöhnt, daß man nie die Zeit bekam, die man benötigte, und rechnete mit 2 Tagen. Oberleutnant zur See Kutowski gab mir 3 Tage. Er war eben zu gutmütig für die TS-Abteilung und sollte später über diese hervorragende menschliche Eigenschaft stolpern.

In der Werft in Gehlsdorf wurde ich schon erwartet. Boot und Ausrüstung waren bereits übernommen worden und ich hatte nur noch das Protokoll zu unterschreiben. Dann verabschiedete ich mich von meiner Besatzung und von den anderen Kommandanten. All das dauerte nur einen Tag. Einen Tag gönnte ich meiner Frau und mir noch, doch dann habe ich meinen Dienst früher als vereinbart in der 6. TS-Abteilung aufgenommen. Mein Boot war bereits von Baltisk nach Parow unterwegs.

Kurz darauf hatten auch die letzten TS-Boote der 6. TS-Abteilung in Parow festgemacht. Ich hatte es kaum geschafft, mich mit meiner Besatzung vertraut zu machen, als es hieß, das 8. Boot zu übernehmen. Das sowjetische Übergabekommando stand unter Leitung von Kapitänleutnant Jakowlew. Er und auch seine Besatzung waren erfahrene Seeleute. Sowohl vom Dienstgrad als auch an Lebenserfahrungen viel älter als ich, haben wir uns trotzdem ausgezeichnet verstanden. Seine seemännische Praxis und seine Hilfsbereitschaft, besonders aber seine Offenheit und Bescheidenheit, haben mich beeindruckt. Auch unsere beiden Besatzungen verstanden sich ausgezeichnet, obwohl keiner die Sprache des anderen richtig verstand.

Gleichzeitig mit mir übernahm Leutnant zur See Bartz das 7. und Leutnant zur See Jenjahn das 9. Boot. Wir bildeten gemeinsam die 3. TS-Bootsgruppe, Leutnant Bartz war unser Gruppenchef. Die Übernahme des Bootes dauerte 3 Tage und sie endete mit einer Probefahrt im Seegebiet westlich der Insel Hiddensee. Ich durfte das Boot auch schon einmal fahren und war begeistert von den Manövriereigenschaften und den 43 Knoten, die das Boot machte.

Das Torpedoschnellboot Projekt 183 war an Bewaffnung und Ausrüstung von ganz anderer Qualität als die Boote, die ich bisher kennengelernt hatte. Ein Gleitboot – der Bootskörper vollständig aus Holz – zwei Torpedorohre und zwei Doppellafetten 25 mm zur Bekämpfung von Luft- und Seezielen, dazu die Fähigkeit, Wasserbomben oder Minen mitzuführen sowie Nebelwände zu legen – das alles machte dieses TS-Boot zu einem wahren »Kraftpaket«. Wir alle, Kommandanten und Besatzungen, waren auf diese neue Technik stolz.

Dann wurde der Flaggenwechsel vollzogen. Die sowjetische Besatzung ging von Bord, die deutsche Besatzung von 15 Mann ging an Bord und unsere Wache zog auf. Am Abend der Übernahme hatten die Offiziere der 3. TS-Bootsgruppe ihre sowjetischen Partner in das Stralsunder Restaurant »Baltik« eingeladen. Es wurde eine denkwürdige Feier, je später der Abend wurde, um so besser haben wir uns auch ohne Dolmetscher verstanden.

Nach der Übernahme aller TS-Boote der Abteilung begann eine harte Arbeit. Zu unserer Unterstützung verblieben noch sowjetische Instrukteure. So waren die Oberleutnante Iwanow, Schingalin und Laletin besonders für die theoretische Ausbildung der Kommandanten und die praktische Ausbildung der gesamten Besatzungen zuständig. Um unsere Kommandantenprüfung und die Ablegung der Aufgaben B-1 und B-2 haben wohl die sowjetischen Instrukteure nicht weniger gebangt als wir selbst.

In den sechziger und siebziger Jahren sollte ich Laletin und Schingalin während des Raketenschießens in Baltisk erneut treffen. Laletin war inzwischen als Kapitän zweiten Ranges (Fregattenkapitän) Chef einer Gardeschnellbootsabteilung und stand kurz vor seiner Pensionierung. Schingalin war mit Einführung der Raketenbewaffnung in die Flotte ein anerkannter Raketenspezialist geworden. Seine Leistungen bei der Einführung von Raketenschnellbooten wurden zwar gepriesen, er war aber noch oder schon wieder Kapitänleutnant. Im dienstlichen und persönlichen Leben hatte es wohl einige Kollisionen gegeben.

Unsere Ausbildung stand 1957 unter großem Zeitdruck. Die Übernahme der TS-Boote war im Oktober erfolgt und noch vor der Eisperiode sollten die Boote in die Werft nach Gehlsdorf überführt und dort aufgeslipt werden.

Für die Kommandantenprüfung wurden umfangreiche Kenntnisse verlangt. An Bord gab es eine Menge Technik, die in den Seestreitkräften bis dahin nur auf den beiden Küstenschutzschiffen vorhanden war. Meine praktische Ausbildung nahm ich bei meiner Besatzung. Radargerät einschalten und Bild auswerten, KW- und UKW-Station abstimmen und bedienen, Kreiselkompaß einschwingen, Feuerlösch- und Nebelanlage einsetzen und vieles andere waren neu für uns und mußten beherrscht werden. Geduldig und nicht nur einmal erläuterte mir die Besatzung, die ihrerseits in Ausbildungsgruppen durch Offiziere des Abteilungsstabes ausgebildet wurde, den Aufbau, die Bedienung und den Einsatz der Waffen und Geräte. Ich glaube nicht, daß darunter meine Autorität gelitten hat.

Auch die Spezialisten des Flottillenstabes waren um uns besorgt. Sie erschienen nicht erst zu den Prüfungen, sondern bereits während der Vorbereitungszeit. Leutnant Bartz und ich bewohnten gemeinsam ein Zimmer in der Offiziersunterkunft. Alle anderen Kommandanten waren in Stralsund oder in der Nähe von Stralsund verheiratet oder verlobt und waren abends, wenn sie nicht gerade Dienst hatten, bei ihren Frauen – hatten folglich ihre Ruhe. In unser Zimmer aber kam jeden Abend jemand von den Flottillenspezialisten, um uns zu helfen. Meistens sprachen sie über fachliche Probleme.

Wir hörten zu oder stellten Fragen. Bei der Abnahme der Prüfungen haben die Kommissionen dann gestaunt über unsere Kenntnisse, auch über Details, die wir nicht hätten wissen müssen oder dürfen. Sie hatten wohl in ihrer Begeisterung gar nicht gemerkt, was sie uns alles »verraten« haben.

Ohnehin hatte ich von der Arbeit der Offiziere der Stäbe, der sogenannten Spezialisten, immer eine gute Meinung. Sie hatten wesentlichen Anteil am hohen Ausbildungsstand der Besatzungen und an dem guten Zustand der Technik und Bewaffnung in der Volksmarine. Leider haben wir später die Arbeit so »vervollkommnet«, daß die Hauptarbeit der Offiziere der Stäbe darin bestand, Papier zu beschreiben – vieles nur für den Reißwolf. Wenn die Truppe dann von der Arbeit der Stäbe nichts merkte, lag es nicht immer am Wollen der Stabsoffiziere.

Im Dezember 1957 war die Ausbildung soweit abgeschlossen, daß die Boote mit eigener Kraft in die Werft überführt werden konnten. Unsere Gruppe gehörte zur zweiten Staffel.

Der Winterslip war vom Stab der Abteilung gründlich vorbereitet und mit uns durchgearbeitet worden. Galt es doch, Waffen und Geräte auszubauen und einzulagern bzw. zu konservieren. Die Boote mußten entbunkert, entsorgt und die Dokumentation von Bord gegeben werden. Außerdem mußten die Unterbringung der Besatzungen und die Bewachung der Boote, aber auch die Intensivlehrgänge für die Besatzungen organisiert werden.

Wir hatten natürlich auch zu beachten, daß in Rostock-Gehlsdorf das Kommando der Seestreitkräfte lag und daß alles unter den strengen Augen der höchsten Marineoffiziere ablaufen würde. Daß diese die Disziplin und Ordnung, das Auftreten der Besatzungen mit Luchsaugen verfolgen würden, war zu erwarten – denn von Disziplin und Ordnung glaubte jeder Offizier der NVA etwas zu verstehen. Aber gerade mit den Fragen der Disziplin und Ordnung sollten wir unsere Schwierigkeiten bekommen.

Als die zweite Staffel der TS-Abteilung in Gehlsdorf anlegte, war es bereits passiert. Der Ruf der 6. TS-Abteilung war schon ruiniert und alle Dienstgradgruppen hatten daran Anteil. Und das kam so. Nach dem Anlegen der Boote der ersten Staffel im kleinen Hafen des Kommandos der Seestreitkräfte hatten die Offiziere sofort begonnen, das Objekt des Kommandos zu inspizieren. In der Lederjacke mit weißem Pelzkragen, Pistole am Riemen in den Kniekehlen hängend, bewegten sich die Kommandanten wie moderne Piraten um das Gelände. Die dienstgradhöheren Offiziere des Kommandos, die für Ordnung sorgen wollten, wurden mit dem Slogan »Ein Seemann grüßt kein Landei« ignoriert.

Die TS-Bootsbesatzungen haben dann schon am ersten Abend eine kleine Konsumverkaufsstelle, die für die Bauarbeiter gedacht war, vollkommen leer getrunken und anschließend randaliert.

Die Folge war eine Einladung zu einer Aussprache beim Chef des Stabes der Seestreitkräfte, Konteradmiral Neukirchen. Heinz Neukirchen war nicht nur von imposanter Statur, sondern genoß auch große Autorität. Alle hatten vor ihm mächtigen Respekt. Wir ahnten, was die Stunde geschlagen hat.

Der Abteilungschef, die Stellvertreter des Abteilungschefs, der Parteisekretär, die Kommandanten und die Gruppen-Ingenieure mußten sich eine Strafpredigt anhören, wie ich sie nie wieder erlebt habe. Dieser Tag liegt nunmehr 37 Jahre zurück, aber ich erinnere mich noch daran, daß Konteradmiral Neukirchen zum Abschluß sagte: »Soldaten mit Disziplin und ohne Bewußtsein sind Söldner. Soldaten ohne Disziplin und ohne Bewußtsein sind Räuber. Sie und Ihre Besatzungen sind Räuber.« Das saß.

Der Abteilungschef, Oberleutnant Kutowski, und der Politstellvertreter der Abteilung, Oberleutnant Kretzschmar, wurden von ihren Dienststellungen entbunden. Neuer Abteilungschef wurde Oberleutnant zur See Günter Schmidt und als Politstellvertreter wurde Oberleutnant zur See Adolf Leminski eingesetzt.

Oberleutnant Schmidt stammte aus dem Norden der DDR. Als junger Bursche war er in der Volkswerft Stralsund zum Facharbeiter ausgebildet worden. Ich habe ihn als Kommandant eines Schulbootes und später als Abteilungschef einer Schulbootsabteilung in Parow kennengelernt. Bis zu seinem Einsatz als Chef der 6. TS-Abteilung hatte er im Kommando der Seestreitkräfte Dienst getan.

Mit Verständnis für seine Unterstellten, mit Umsicht, Strenge und Konsequenz führte er die 6. TS-Abteilung aus der Talsohle. Er verstand es, die Menschen zu mobilisieren. Uns, die Kommandanten, konnte er sehr schnell für sich gewinnen. Etwa anderthalb

Jahre hat er auf meinem Boot seinen Stander geführt. Besonders im Umgang mit den Unterstellten und in der Organisation des Dienstes habe ich viel von ihm gelernt.

Oberleutnant Schmidt hatte allerdings auch eine große Schwäche, das Essen. Da er, genau wie andere Berufssoldaten, nicht am Standort der Einheit wohnte, lud er uns öfter ein, mit ihm in ein Restaurant oder in eine Gaststätte zu gehen. Als ich einmal an einem Wochenende Urlaub machen wollte, stellte er mir die Frage: »Genosse Hoffmann, haben Sie denn eine Familie?« Ich antwortete: »Ja, ich habe eine Frau und einen Sohn.« Darauf erwiderte er: »Das ist doch noch keine Familie. Sehen Sie einmal, ich habe eine Frau und 4 Kinder. Das ist schon eine Familie. Ich bleibe am Wochenende hier. Bleiben Sie man auch da. Wir gehen gemeinsam essen.« Obwohl ich wußte, daß es meiner Frau nicht gefiel, habe ich meinen Urlaub verschoben. Als Kommandant kam ich ohnehin im Monat nur einmal in Urlaub. An diesem Wochenende habe ich vermutlich einiges zugenommen.

Die Zeit des Winterslips war eine Zeit angestrengten Dienstes: Während ein Teil der Besatzungen zur Sicherung der Boote eingesetzt war, befand sich der größere Teil auf Intensivlehrgängen. Für die Kommandanten fanden diese Lehrgänge an der Offiziersschule der Seestreitkräfte in Stralsund statt. Für die im Frühjahr beginnende Fahrensperiode waren wir daher bestens gerüstet.

Nach Abschluß des Winterslips begann eine intensive praktische Ausbildung. Damals, Anfang 1958, gab es in Parow, wo die TS-Boote weiterhin stationiert waren, noch keine Lehrbasis. Es mußte viel improvisiert werden.

See- und Gefechtsklarmachen, Torpedo- und Minenübernahme, beschleunigtes Einschwingen des Kreiselkompasses, Leck- und Feuerbekämpfung sowie das Auslaufen der Abteilung und vieles andere – alles erfolgte nach Normen. Die Stoppuhr war unser ständiger Begleiter. Statistisch wurden die Werte erfaßt und keiner wollte der Schlechteste sein. Das schuf eine echte Wettbewerbsatmosphäre.

Dann kam das erste praktische Torpedoschießen. Auf dem Programm stand das Schießen am Bogenstrich, das heißt der Torpedoschuß auf einem festgelegten Kurs. Verhalten bei Versagen der Ausstoßpatrone, bei Kreisläufer und Grundgänger, Beobachtung der Torpedolaufbahn, die Verfolgung und Aufnahme des Torpedos waren durchgearbeitet worden. Wir fühlten uns fit. An sich konnte überhaupt nichts mehr passieren.

Das Schießgebiet war die Tromper Wiek. Das Schießen erfolgte einzelbootweise, zuerst hatten die Gruppenchefs zu schießen. Das erste Boot unter Leutnant zur See Klaus Hempel schoß ohne Vorkommnisse. Dann hatte Boot 4 unter Leutnant zur See Klaus Lorenz zu schießen.

Kurz nach dem Ausstoß des Torpedos ertönte das Signal für »Kreisläufer«. Die nichtschießenden Boote handelten laut Instruktion, d.h. sie liefen auf Gegenkurs auseinander. Wir stoben wie die Wilden durch die Tromper Wiek und man muß sich nur wundern, daß nichts passierte.

Es stellte sich dann heraus, daß der Torpedo kein Kreisläufer war. Nach Ablauf der Sperrstrecke hatte der Torpedo eine Kursänderung von 180° vollzogen. Die Ursache dafür war sehr schnell gefunden.

Leutnant zur See Lorenz hatte den Kreisel des Torpedos falsch eingekuppelt. Es war schon erstaunlich, daß gerade ihm das passieren mußte, denn er war einer der am besten ausgebildeten Kommandanten.

Nun wurde befohlen, auf allen Booten, die noch nicht geschossen hatten, die Torpedos nochmals zu ziehen, um zu überprüfen, ob auf den anderen Booten die Kreisel richtig eingekuppelt sind. Es erwies sich, daß alle anderen Torpedos richtig vorbereitet waren.

Als Kommandant und als Chef einer TS-Bootsgruppe habe ich in 2 Jahren etwa 10 Torpedos geschossen. Von diesen 10 Torpedos ging keiner daneben, und nur einer auf Grund am Ende der Laufstrecke, weil das Heckabteil des Torpedos undicht war.

Später habe ich als Stabchef und als Chef der 6. Flottille Tage und Nächte auf See beim Torpedoschießen verbracht. Dabei habe ich nicht wenige Überraschungen erlebt. In den sechziger Jahren gab es eine Periode, in der uns Torpedoverluste beim Übungsschießen sehr zu schaffen machten. Deshalb wurde beim Chef des Stabes der Volksmarine, damals Konteradmiral Johannes Streubel, eine spezielle Beratung durchgeführt, um Torpedoverluste durch Versager zu verhindern.

Ich nahm als Stabschef der 6. Flottille an der Beratung teil. Zu Beginn rief Konteradmiral Streubel seinen persönlichen Mitarbeiter, Korvettenkapitän Böttcher, in das Dienstzimmer. Uli Böttcher war im Zweiten Weltkrieg bei der Kriegsmarine Schnellboot gefahren. Streubel fragte ihn: »Uli, gab es bei der Kriegsmarine bei den Schnellbooten Torpedoverluste?« Böttcher antwortete: »Nein, Genosse Admiral.« Nun war also alles klar. Uli Böttcher konnte gehen und wir anderen haben gestritten. Viele Vorschläge wurden unterbreitet – sinnvolle und unsinnige. Ein namhafter Spezialist wollte alles erst über die Torpedosuche **nach** dem Schießen klären.

Der optimale Weg zur Verhinderung von Torpedoverlusten durch Versager konnte nur über die Verbesserung der Arbeit der Torpedoregelgruppen führen. Mit diesen wurde dann ganz intensiv gearbeitet. Schon bald gehörten Torpedoversager der Vergangenheit an.

Übrigens, nach Abschluß der Beratung beim Chef des Stabes habe ich Korvettenkapitän Böttcher auch eine Frage gestellt. Ich fragte ihn: »Uli, mußtet ihr die Torpedos nach dem Schießen auch wieder einfangen?« Er antwortete mit »Nein«. Als ich dann noch nachfragte, ob denn alle Torpedos, die sein Boot geschossen hat, Treffer waren, antwortete er ebenfalls mit »Nein«. Er hatte die Frage des Chefs des Stabes also doch etwas zu »einseitig« beantwortet. Uli Böttcher blieb auch, als ich Chef des Stabes der Volksmarine wurde, persönlicher Mitarbeiter. Über den Beginn der oben erwähnten Beratung haben wir noch oft gelacht.

Im Sommer 1958 stand uns Schnellbootsfahrern die erste Teilnahme an einer gemeinsamen Übung mit der Baltischen Rotbannerflotte und der Polnischen Seekriegsflotte bevor. Die Übung fand im Juli statt und wurde vom Chef der Baltischen Rotbannerflotte, Admiral Charlamow, geleitet. An ihr nahmen mehr als 100 Schiffe und Boote sowie Seefliegerkräfte und Küstenartillerie teil.

In Sassnitz bereiteten wir uns auf den Einsatz vor. Abends vor dem Auslaufen kam Sturmwarnung. Wir wurden pessimistisch, was unsere Teilnahme betraf. Nur die Tatsache, daß es eine gemeinsame Übung war, konnte bewirken, daß wir auslaufen würden. Auch am Morgen des folgenden Tages schien von der Reedesignalstelle noch die »Seemannssonne«. Die Kimm war wie eine Säge und es briste noch mehr auf. Das bedeutete erst einmal Warten. Dann kam doch der Befehl zum Auslaufen.

Es wurde eine Sturmfahrt, wie ich sie auf Schnellbooten nur im Jahre 1966 während der Übung »Baikal« noch einmal erlebt habe. Von den 9 Booten der 6. TS-Abteilung hatten während der Überfahrt in das Einsatzgebiet 4 Boote technische Schäden und konnten nicht eingesetzt werden.

Mein Boot kam zum Einsatz. Nach etwa 3 Stunden hatten wir die zwei Zerstörer ausgemacht, die den »Gegner« darstellten. Der Torpedoangriff erfolgte zügig, obwohl die stürmische See es nicht gestattete, den Gefechtskurs genau einzuhalten. Mal hatte ich die Zerstörer Steuerbord, mal Backbord voraus und auch das Führerboot habe ich wegen der starken Gischt nicht immer ausmachen können. Ob mein Torpedo getroffen hätte, darf ich also stark bezweifeln.

Wir handelten jedoch im Bestand einer Vereinten Torpedoschnellbootsbrigade aller drei verbündeten Ostseeflotten und aus der großen Anzahl der Torpedos hätten sicherlich etliche ihre Ziele getroffen. Erstmalig war so eine Brigade gebildet worden und wir waren stolz, an den Handlungen bis zum Ende teilgenommen zu haben. Trotzdem waren wir heilfroh, als wir bei achterlicher See von Kolberg die Rückfahrt nach Sassnitz antreten konnten.

Diese Übung werde ich auch aus einem anderen Grund nicht vergessen. Auf meinem Boot war als Instrukteur der Politabteilung der Flottille der Vorsitzende der Parteikontrollkommission, Kapitänleutnant Butzke, eingestiegen. Gemeinsam führten wir mit der Besatzung im Mannschaftsdeck eine Politinformation durch. Plötzlich stellte der 1. Maschinist, Stabsmatrose Wendt, die Frage, warum wir das Deutschlandlied nicht singen dürfen. Ich kann heute nicht mehr sagen, ob und wie die Frage beantwortet wurde. Noch weniger weiß ich, warum gerade Stabsmatrose Wendt die Frage gestellt hatte – er war Mitglied der Partei und kein grüner Junge. Es wurde eingeschätzt, daß die politische Arbeit an Bord nicht befriedigend war. Einige meiner bisherigen Freunde zogen sich erst einmal von mir zurück. Jetzt waren wir zunächst mal als »schwarzes Schaf« abgestempelt.

Die Praxis hat dann jedoch – wie auch später wiederholt – gezeigt, daß man solange »im Gespräch« bleibt, bis woanders etwas passiert. Und es passierte bald wieder etwas. Leutnant zur See Hempel, der Kommandant des 1. TS-Bootes, wurde aus der

6. Flottille versetzt. Ich glaube, er war unsachgemäß mit seinem VS-Arbeitsbuch umgegangen. Vielleicht eine Lappalie, aber immerhin ein Verstoß gegen die Geheimhaltungsbestimmungen und das war mit das Schlimmste, was einem NVA-Angehörigen passieren konnte.
Als Kommandant auf Boot 1 und Chef der 1. TS-Bootsgruppe wurde ich eingesetzt. Mein Boot übernahm Leutnant zur See Wolfgang Neumann. Boot 1 und seine Besatzung befanden sich in einem ausgzeichneten Zustand. Leutnant Hempel war ja ein fähiger Kommandant. Er hat danach in vielen anderen Dienststellungen der Volksmarine, besonders als Chef der Vermessungsschiffsabteilung (Aufklärungsschiffsabteilung) und im Kommando der Volksmarine sein Talent zur Führung von Menschen und Schiffen immer wieder bewiesen und alle übertragenen Aufgaben in hoher Qualität erfüllt. Als Kapitän zur See ist auch er am 30. September 1990 aus dem Dienst ausgeschieden.

Im Jahr 1958 erreichte die 6. TS-Abteilung einen recht hohen Ausbildungsstand. Der Einsatz des Bootes, der TS-Bootsgruppe und der TS-Abteilung auf freimanövrierende Ziele wurde beherrscht. Der gemeinsame Einsatz mit Küstenschutzschiffen bei der Vernichtung von Überwasserschiffen und U-Booten war durchgearbeitet, das Legen von Minenbänken, besonders aber von Manöverminensperren auf dem wahrscheinlichen Kurs des »Gegners«, oft geprobt worden. Unsere TS-Bootsgruppe, zu der noch die Boote der Leutnante zur See Festner und Thieme gehörten, war durch ihr exaktes Handeln und ihre schnellen Manöver bekannt.

Am Ende des Jahres 1958 konnte meine Besatzung durch den Chef der Seestreitkräfte als »Bestes TS-Boot« ausgezeichnet werden. Mir war natürlich bewußt, daß daran mein Vorgänger, Leutnant zur See Hempel, einen großen Anteil hatte. Aber auch ich hatte meiner Besatzung immer wieder eingehämmert, daß wir nicht irgendwer, sondern Boot 1 sind und daß dieses Boot nicht nur das Führerboot der Abteilung ist, sondern auch in allen anderen Belangen vorn liegen muß.

Wir haben auch in der Freizeit viel unternommen. Obwohl unsere Besatzung nur aus 15 Seeleuten bestand, hatten wir an Bord eine kleine Kapelle. Wo wir auftauchten, ertönte in der Freizeit Musik. Bei gutem Wetter musizierten der Leitende Ingenieur, Leutnant Horst Wittek, der Bootsmann, Obermeister Rolf Schubert, und die beiden Maschinisten, Stabsmatrose Heinz Schuhmann und Obermatrose Siegfried Frahs auf der Back des TS-Bootes. Bordfeste, an denen auch die Ehefrauen der Besatzungsangehörigen teilnahmen und die Freundinnen eingeladen wurden, fanden jedes Jahr statt. Diese gute Tradition hat sich bis zum Ende der Volksmarine gehalten.

Während eines Aufenthaltes in Parow zum Maschinenwechsel hat die gesamte Besatzung abends den Gehilfen des Kommandanten, Leutnant zur See Tietze, in seiner Stralsunder Wohnung besucht. Es wurde erzählt, gesungen und auch so viel getanzt, daß der Fußboden darunter gelitten hatte. Am nächsten Tag haben zwei Besatzungsmitglieder den Steinholzpastefußboden neu gepönt.

Mit der Übernahme der Torpedoschnellboote tauchten erhebliche Probleme ihrer Sicherstellung auf. Da ging es u. a. um den Verpflegungssatz, das zusätzliche Verpflegungspäckchen, das Schnellbootsfahrer am Tage der Seefahrt erhielten, und auch um die Spezialbekleidung der Schnellbootsfahrer.

Das waren aber sicherlich noch die leichtesten Fragen. Schwieriger war es schon im Bereich der technischen Sicherstellung. So hatte zum Beispiel die Übergabe des Motoröls an die TS-Boote im angewärmten Zustand zu erfolgen. Im Stützpunkt Parow gab es damals dafür keine Vorrichtungen. Der rührige Leiter des Werkstattbereiches, Kapitänleutnant Schmidt, kam auf die Idee, dafür einen Kartoffeldämpfer zu nutzen. Die Landwirtschaft war gerne bereit, die Schnellbootsfahrer zu unterstützen.

Mit der Zeit tauchten auch die ersten Ausfälle an Hauptmaschinen auf. Groß war die Enttäuschung, wenn die Maschine gewechselt werden mußte. Bedeutete das doch Werftliegezeit, Ausfall von Ausbildung, einen hohen finanziellen und materiellen Aufwand und viele andere Nachteile. Also kam man zum Entschluß, den Maschinenwechsel durch den Werkstattbereich in Parow unter Teilnahme der TS-Bootsbesatzungen durchzuführen. Die Technologie wurde ausgearbeitet, bestimmte materielle Voraussetzungen konnten geschaffen werden. Doch gab es in der Flottille keinen entsprechenden leistungsfähigen Kran. So wurden dann Kran und Traverse bei der Deutschen Reichsbahn ausgeliehen. Dauerte der erste Maschinenwechsel noch 3 bis 4 Tage, so wurde das später in 24 Stunden geschafft. Eine Werftliegezeit hätte etwa 14 Tage in Anspruch genommen und noch eine Menge Geld gekostet. Die mit den TS-Booten des Typs *183* gesammelten Erfahrungen konnten später bei den Booten der Projekte *205* und *206* gut genutzt werden.

Die Angehörigen der Rückwärtigen Dienste wurden für solche Leistungen von den Besatzungen meist schon an Ort und Stelle gelobt. Es gab allerdings auch kleinere Reibereien. Besonders auf Kontrollen reagierten wir anfänglich sehr empfindlich, namentlich bei kritischen Bemerkungen. Später haben wir dann begriffen, daß am Torpedotreffer die Torpedoregelstelle genauso beteiligt ist, wie die Besatzung und daß die Waffenwerkstatt auch am erfolgreichen Artillerieschießen ihren Anteil hat.

Am Ende des Jahres 1958 hatten die Schnellbootsfahrer ein freudiges Erlebnis. Wir erhielten ein Wohnschiff – unseren Grobian. Ein altes Werkstattschiff war zu einem Wohnschiff umgebaut worden. Nun waren wir etwas beweglicher und nicht mehr auf Unterkünfte an Land angewiesen. Das Wohnschiff sollte sich besonders im Jahre 1959 beim Liegen im kleinen Fischerhafen Gager auf der Insel Rügen und während der Winter- und Sommerslipzeit der TS-Boote bewähren.

Die Unterkünfte waren zwar eng und das Wohnschiff war ohne eigenen Antrieb, aber wir konnten damit besser leben als vorher.

Später erhielten die Schnellboote modernere Wohnschiffe oder schwimmende Stützpunkte, wie sie genannt wurden. Die in den sechziger Jahren gebauten Wohnschiffe waren noch ohne eigenen Antrieb. Die in den siebziger Jahren gebauten Wohnschiffe hatten Antrieb und waren mit den wichtigsten Werkstätten und Einrichtungen für die Versorgung der Besatzungen bis hin zur Sauna ausgerüstet.

Auch personell waren in den Jahren 1958/59 bessere Bedingungen entstanden. Weitere Absolventen von sowjetischen Lehreinrichtungen waren in die Flotte zurückgekehrt. In unseren Abteilungsstab war der Oberleutnant zur See Pötsch versetzt worden, der in Leningrad einen Lehrgang für TS-Bootskommandanten absolviert hatte. Er wurde als Stabschef der Abteilung eingesetzt. Das wirkte sich positiv auf unsere taktische Ausbildung aus. Auch der Chef der damaligen 6. Flottille, Fregattenkapitän Elmenhorst, hatte an einem Lehrgang für höhere Offiziere an der Akademie in Leningrad teilgenommen.

Unter seiner Leitung fand im Stab der 6. Flottille ein mehrstufiges Spiel auf Karten statt, an dem ich mit den anderen Gruppenchefs unserer TS-Abteilung teilnahm. Erstmalig erhielt ich einen konzentrierten Einblick in die Aufgaben unserer Flottille und auch unserer Abteilung bei Handlungen von Flottenkräften in der südwestlichen Ostsee.

Im Verlaufe des Jahres 1959 ergaben sich auch in unserer TS-Abteilung weitere Personalveränderungen. Sie waren bedingt durch die Indienststellung weiterer TS-Boote. Der Anfang der Aufstellung der 4. TS-Abteilung war bereits vollzogen. Mit fast allen Offizieren wurde der weitere Einsatz besprochen.

Im Frühjahr 1959 war mit mir ein Gespräch über den Besuch der Militärakademie in Leningrad geführt worden und etwas später wurde mir mitgeteilt, daß ich Stabschef einer TS-Abteilung werden sollte. Den Besuch der Militärakademie habe ich mit meiner Frau besprochen. Sie hatte nichts dagegen. Da ich bereits im Jahre 1955 als Kandidat für den Besuch der Militärakademie abgelehnt worden war, dachte ich mir: »Es wird ohnehin nichts werden.« Ich bereitete mich deshalb auf meinen Einsatz als Stabschef einer TS-Abteilung vor. Deshalb übernahm ich auch die Urlaubsvertretung des Stabschefs der Abteilung.

Dann wurde ich jedoch als Kandidat für den Besuch der Seekriegsakademie bestätigt. Ein Zurück gab es nicht. Aber noch befanden wir uns mitten im Ausbildungsjahr. Es gab viele Wettstreite in der Abteilung: zwischen den Booten, den Gefechtsabschnitten und sogar zwischen Angehörigen größerer Gefechtsabschnitte. Diese Wettstreite fanden auf den verschiedensten Fachgebieten statt. So etwa zur Minen- und Torpedoübernahme, zur militärischen Navigation in der Karte oder auf der Manöverspinne, ja sogar im Querslipen der Boote zum Sommer- und Winterslip.

Das »Beste Boot« führte beim Liegen im Hafen an der Gösch (Flaggstock am Bug) einen Wimpel und für die besten Gefechtsabschnitte gab es Embleme, die an der Brücke geführt wurden. Meine Besatzung hatte den Wimpel für das »Beste Boot« und viele Embleme erkämpft. Das Boot Thieme, ein Boot meiner Gruppe, hatte 1959 zum Kampf um den Titel »Kollektiv junger Sozialisten« aufgerufen und dafür ein Programm erarbeitet. Alle anderen Boote der Abteilung schlossen sich dem Aufruf an. Die Besatzungen der Boote 1 und 2 haben einiges getan, damit das Boot Thieme die eingegangene Verpflichtung erfüllen konnte.

Rechtzeitig war unsere Ablösung eingetroffen. Es waren junge Offiziere, die die Offiziersschule im Herbst 1958 beendet hatten. Sie waren vom Soldatenschicksal etwas gezaust worden. Erst hat man ihre Ausbildung von 3 auf 4 Jahre verlängert und dann mußten sie nach der Ernennung zum Offizier noch ein Jahr in Betrieben arbeiten – ein Ergebnis der Übernahme chinesischer Erziehungsmethoden durch die NVA während des Aufenthalts einer Militärdelegation unter dem damaligen Verteidigungsminister, Generaloberst Stoph, in der Volksrepublik China. Diese Delegation war von den dort angewandten Methoden zur »Festigung der Verbindung der Offiziere mit den Werktätigen und der Produktion« so angetan, daß die Partei- und Staatsführung diesem Experiment zustimmte, obwohl es von den sowjetischen Beratern und von der Sowjetarmee generell abgelehnt wurde.

Das Jahr in der Produktion haben dennoch alle gut überstanden und was sie dort erlebt hatten, war zu vorgerückter Stunde oft Gesprächsstoff. Aber nicht nur junge Offiziere waren in der Produktion eingesetzt, sondern auch Offiziere mit höheren Dienstgraden, die über Schule oder Hochschule zu den bewaffneten Kräften gekommen waren. Einige Offiziere mußten über eine begrenzte Zeit Dienst als Soldat oder Matrose tun. Zu diesen Offizieren gehörte auch der Konteradmiral Felix Scheffler, Stellvertreter des Chefs der Seestreitkräfte.

Scheffler war ein anerkannter Vorgesetzter, einfach, bescheiden und hilfsbereit. Er diente auf einem Küstenschutzschiff des Projektes 50 und hat sich allen Aufgaben, die ein Matrose zu erfüllen hat, gestellt. Öfter als andere versah er in Sassnitz den Streifendienst. Ob es den dortigen Offizieren ganz geheuer war, daß Admiral Scheffler an Bord als Matrose Dienst tat, weiß ich nicht. Den Matrosen, bei denen er im Deck lebte, hat das nicht das mindeste ausgemacht. Sie hatten nichts von ihm zu befürchten, und bürdeten ihm eher noch manche zusätzliche Aufgabe auf.

Auch in der 6. TS-Abteilung diente im Sommer 1959 ein Kapitänleutnant der Politabteilung der Seestreitkräfte als Maschinist auf dem Boot 5. Der Matrose (Kapitänleutnant) Peter Bart, war über diese Zeit ein vorbildlicher Matrose und in der Besatzung sehr beliebt. Deshalb hat er auch den Angehörigen des Maschinengefechtsabschnittes des Bootes und einigen anderen Angehörigen der Besatzung in einer Gaststätte in Gager einen zünftigen Ausstand gegeben. Dort ist er zu später Stunde mit dem Kommandanten des Bootes, Leutnant zur See Lorenz »kollidiert«. Und am letzten Tag seines Dienstes, als er eigentlich belobigt werden sollte, wurde er zur Verantwortung gezogen, was, wie ich später hörte, ein Nachspiel hatte. Ich habe diesen Abschluß bedauert.

Insgesamt hat sich diese chinesische Erfahrung in der NVA wohl nicht bewährt. Auch die Kommandeure, die damals in der Verantwortung standen, hatten zu dieser Praxis meist eine skeptische Meinung.

Ich übergab mein Boot an Leutnant zur See Hans Fischer. Auch der größte Teil meiner alten Besatzung musterte ab – ein Teil wurde in andere Abteilungen versetzt, ein anderer wurde auf Lehrgänge geschickt und der Rest beendete seinen Dienst in den Seestreitkräften. Einigen bin ich später wieder begegnet. Mit meinem Gehilfen Hans Tietze, dem leitenden Ingenieur Horst Wittek, dem Bootsmann Rolf Schubert, dem Maschinisten Erwin Peßler, der inzwischen Offizier geworden war, sollte ich später gemeinsam in der Raketenschnellbootsbrigade dienen.

Als ich 1974 ins Kommando der Volksmarine versetzt wurde, traf ich dort meinen ehemaligen Funker Klaus Ludwig. Er war inzwischen Fregattenkapitän und Leiter des Führungspunktes Nachrichten auf dem täglichen Gefechtsstand der Volksmarine. Auch der ehemalige Artilleriemaat meines Bootes, Rolf Wöllner, hat die Offizierslaufbahn eingeschlagen. Er war in den Rückwärtigen Diensten der 1. Flottille und später im Ministerium für Nationale Verteidigung tätig. Als Fregattenkapitän wurde er in die Reserve versetzt und hat danach als Zivilbeschäftigter der NVA weitergearbeitet. Er war es, der im November 1989 den Auftrag erhielt, die Uniform eines Generalobersten für mich anzufertigen. Auch er hat sich gefreut, wie er mir später sagte, daß sein ehemaliger Kommandant die Uniform nicht gewechselt hat, sondern als Admiral Minister wurde.

Der E-Nautiker Johannes Horstmann besuchte mich 1961 in Leningrad. Er war inzwischen Offizier bei der Deutschen Seereederei und ist später als Kapitän gefahren. Der ehemalige Maschinist meines Bootes, Heinz Schuhmann, konnte von den Schnellbooten nicht lassen. Er war im Motorenwerk verantwortlich für die Betreuung der Schnellbootsmotoren der Volksmarine. Später wurde er Technischer Direktor des Werkes.

Die Zeit als Schnellbootsfahrer in der 6. TS-Abteilung gehört zu den schönsten Erinnerungen meiner Dienstzeit. Wir hatten damals Neuland beschritten und alle unsere Erfolgserlebnisse bei der Aufstellung und Entwicklung der Schnellbootskräfte gehabt. Nicht nur die Offiziere, sondern auch die Matrosen und Unteroffiziere hatten Pionierarbeit geleistet.

Übrigens: Ich hatte das Boot übernommen, weil mein Vorgänger gegen die Geheimhaltungsbestimmungen verstoßen hatte. Aber auch ich geriet damit noch in Kollision. Als ich mich schon auf dem Vorbereitungslehrgang für den Besuch der Militärakademie befand, wurden bei einer Kontrolle der Verschlußsachen die Quarze für die UKW-Station nicht gefunden. Für die Verschlußsachen des Bootes trug der Gehilfe des Kommandanten die unmittelbare Verantwortung. Mein Gehilfe, Leutnant zur See Wupperfeld, hatte mir die ordnungsgemäße Übergabe der Verschlußsachen gemeldet und war ebenfalls versetzt worden.

Die Quarze wurden dann schnell gefunden. Sie befanden sich an ihrem ständigen Aufbewahrungsort an Bord. Ich wurde trotzdem zum Chef der Torpedoschnellbootsbrigade zum Rapport befohlen, und war natürlich beunruhigt. Der Chef der Brigade, der gerade die Seekriegsakademie abgeschlossen hatte, hielt mir jedoch keine Standpauke, sondern führte mit mir ein angeregtes Gespräch, auch über das künftige Studium.

Damit endete meine Tätigkeit als Kommandant, die mir sehr viel abverlangte, aber auch sehr viel gegeben hat. Der Dienst als Kommandant war die Grundlage für meine weitere Entwicklung in der Volksmarine, in vielem auch für Denk- und Verhaltensweisen, für Lebensprinzipien und sogar für manche Angewohnheiten.

Deshalb seien an dieser Stelle einige Gedanken zur Funktion der Kommandanten von Kampfschiffen und -booten gestattet, nehmen sie doch in jeder Flotte eine zentrale Stellung ein, bündeln sich in dieser Funktion eigentlich alle Anforderungen an einen Marineoffizier.

In allererster Linie ist der Kommandant ein Führer von Menschen, ist verantwortlich für ihre Ausbildung und Erziehung, für ihren Einsatz in See und im Gefecht, falls es dazu kommen sollte. Deshalb sollte er hohe Forderungen stellen, aber auch unbestechlich und gerecht gegen jedermann sein, ein Herz für seine Unterstellten haben und ihnen auch in ihren persönlichen Sorgen Verständnis entgegenbringen. Denn nur, wenn einer für den anderen und jeder für das Schiff einsteht, können ihnen die Planken und Kojen für eine Zeit zur Heimstatt werden.

Der Kommandant soll die Technik und Bewaffnung seines Schiffes beherrschen und sie effektiv einsetzen können. Er muß das Schiff oder Boot umsichtig und mit seemännischem Gespür in allen Situationen führen, die Position im Verband genau einhalten und alle Manöver sicher und korrekt ausführen. Davon hängen der Ruf und die Autorität eines Kommandanten ganz wesentlich ab, denn kein Matrose möchte unter einem Offizier dienen, der sein Schiff nicht gut und sicher an die Pier bringt.

Diese Dienststellung ist auch international, durch das Völkerrecht, von Gewicht, denn der Kommandant verkörpert auf hoher See und in ausländischen Gewässern staatliche Hoheitsgewalt des eigenen Landes. Unbedachtes oder fehlerhaftes Handeln von Kommandant und Besatzung können zu diplomatischen Verwicklungen führen. Besonders auf kleinen Kampfschiffen oder Booten muß er seine Entscheidungen kurzfristig und allein treffen. Deshalb muß er unbedingt die entsprechenden internationalen Gesetze und Verträge kennen und einhalten, um Zwischenfälle, Kollisionen oder gar bewaffnete Zusammenstöße zu vermeiden.

Das gilt erst recht für ein solches Seegebiet wie die südwestliche Ostsee, in dem sich ständig zahlreiche Über- und Unterwasserschiffe der NATO und des Warschauer Vertrages bewegten und folglich rege militärische Aktivitäten direkt auf oder neben stark befahrenen internationalen Schiffahrtsrouten stattfanden.
Den Fehmarnbelt z. B. passierten in den achtziger Jahren täglich rund 300 Schiffe, und der Nord-Ostsee-Kanal ist der international am meisten frequentierte künstliche Schiffahrtsweg. Hinzu kommen die zahlreichen Fischereifahrzeuge und in den Sommermonaten die vielen Segler und Surfer. Zu beachten sind auch die nautischen und hydrographischen Besonderheiten des Seegebietes – geringe Ausmaße, zahlreiche Untiefen und komplizierte Fahrwasser.

Bedenkt man, daß Bootskommandanten in der Regel recht junge Menschen sind – ich selber wurde mit 21 Jahren Kommandant – dann versteht man, welche Last auf ihren Schultern ruht und daß man ihnen viel Aufmerksamkeit widmen muß. In meiner Dienstzeit habe ich viele sehr gute Kommandanten kennengelernt, die von ihren Besatzungen geachtet wurden, die sich auch in komplizierten Situationen schnell zurechtfanden und die mit Stolz ihren Kommandantenwimpel führten.

Ich bin nur als Kommandant von Booten, vorwiegend Schnellbooten, gefahren. Wir hatten unseren besonderen Stolz und ein ausgeprägtes Zusammengehörigkeitsgefühl. Diese Eigenschaften haben uns geprägt und uns auch in anderen Bereichen schnell heimisch werden lassen.

An der Seekriegsakademie in Leningrad

(1960 bis 1963)

Nach der Übergabe des TS-Bootes habe ich mit meiner Frau noch einmal alles durchdacht, was mit dem Aufenthalt in Leningrad zusammenhing. Wir waren beide Mitte der Zwanziger, unser ältester Sohn war 2 Jahre alt. Gerade hatten wir in Sternberg eine Wohnung erhalten.
Das Studium in Leningrad sollte dreieinhalb Jahre dauern. Die Ehefrauen der Offiziershörer durften damals noch nicht mit in die Sowjetunion. Urlaub gab es nur zum Abschluß des Semesters bzw. zum Abschluß des Lehrjahres, also nur zweimal im Jahr. Ausnahmen wurden nur in dringenden Familienangelegenheiten genehmigt, die Kosten für die Reise hatte dann der Offiziershörer selbst zu tragen.

Unsere Frauen durften uns zwar in Leningrad besuchen, aber auch das kostete Geld. Geld zu tauschen war damals auch nicht möglich. Da meine Frau von meinen Dienstbezügen 500,- Mark erhielt und ich in Leningrad 140,- Rubel, konnten wir während der Zeit des Studiums keine großen Sprünge machen. Das Hauptproblem aber war für uns die lange Trennung, obwohl wir aus meiner Zeit als Kommandant eines Bootes daran gewöhnt waren, daß ich im Monat nur an einem Wochenende zu Hause war.

Trotzdem haben wir unseren Entschluß nicht geändert. Meine Frau blieb dabei, meiner Entwicklung nicht im Wege zu stehen und nahm die Bürde, die auf sie zukam, bewußt in Kauf. Dieses Schicksal hat sie mit vielen Soldatenfrauen geteilt. Immer wieder mußten sie ihre persönlichen Interessen und ihre eigene Entwicklung in den Hintergrund stellen. Sie trugen die Hauptlast bei der Erziehung der Kinder. Oft sind sie mit ihren Männern umgezogen, meistens in abgelegene Orte.

Dabei fanden die Frauen oft überhaupt keine Arbeit oder mußten in für sie fremden Berufen arbeiten. Hatten sie im Standort eine Wohnung erhalten, mußten sie trotzdem auf ihre Männer warten, weil diese im Diensthabenden System, im Grenz- oder Gefechtsdienst standen oder gerade wieder zu einer Übung unterwegs waren. Der einzige Trost, den sie dabei hatten, war neben der Freude an den heranwachsenden Kindern das Bewußtsein, daß der Dienst ihrer Männer zur Erhaltung des Friedens beiträgt.

Bevor unser Studium in Leningrad begann, hatten wir uns darauf gründlich vorzubereiten. Für einen Teil, auch für mich, bedeutete das, die Hochschulreife zu erlangen und für fast alle – die russische Sprache zu erlernen.

Anfang Januar 1960 begann unser Vorbereitungslehrgang an der Offiziersschule der Seestreitkräfte. Unsere Gruppe bestand aus 15 Offizieren, die in Leningrad in verschiedenen Studienrichtungen ausgebildet werden sollten. Einen akademischen Kurs für höhere Offiziere sollten die Kapitäne zur See Quade, Pankow und Vorsprach absolvieren, einen Vollkurs in der Kommandeurs- und Stabsdienstlaufbahn – der Kapitän-

leutnant Kujath, die Oberleutnante zur See Raschpichler, Gerstäcker, Bauer und Hoffmann sowie die Leutnante zur See Näckel, Neumann und Schmidt.
Kapitänleutnant Nowicki und Oberleutnant Koziol waren für eine Ausbildung auf dem Gebiet der Funktechnik und die Leutnante (Ing) Henke und Kraffert – auf dem Gebiet des Schiffbaus vorgesehen.

Kujath, Nowicki und Koziol hatten bereits Lehrgänge in der Sowjetunion absolviert. Sie beherrschten nicht nur die russische Sprache, sondern kannten auch das Leben in der Sowjetunion. Neumann, Henke, Nowicki, Koziol und Raschpichler waren Abiturienten und für alle eine große Stütze in den naturwissenschaftlichen Fächern, während Quade, Pankow und Vorsprach über große Erfahrungen in der Kommandeurs- und Stabsarbeit sowie über eine gehörige Portion Lebenserfahrung verfügten. Wir waren somit eine gute Mannschaft, die sich schnell zusammenfand und vom Profil ihrer Kenntnisse her gut ergänzte.

Die Ausbildung erfolgte hauptsächlich in den Fächern Russisch, Mathematik, Physik und Chemie, wobei Russisch mit 2 Doppelstunden täglich den Schwerpunkt bildete. Unsere Russischlehrerin, Frau Kapitänleutnant Böttcher, und die zivilen Lehrer – Schubert für Mathematik, Schnur für Physik und Lumpe für Chemie – hatten an der Offiziersschule als Lehrer einen sehr guten Ruf.

Ich war in Stralsund einen Tag früher angereist und wollte speziell im Fach Russisch noch etwas für den Unterricht tun. Aus dieser Vorbereitung wurde nichts, da ich an der Offiziersschule viele Bekannte traf und eine Menge Neuigkeiten auszutauschen waren.

Schon am ersten Tag hatte die Russischlehrerin meine schwachen Kenntnisse der russischen Sprache entdeckt. Ich sprach etwas sehr gebrochen, mit mecklenburger Akzent und schlechter Betonung, und erfreute mich zumindest in der ersten Zeit ihrer besonderen Beliebtheit. Das hat sich allerdings ausgezahlt. Ich verfügte bald über einen relativ großen Wortschatz und über solide Kenntnisse in der russischen Grammatik.

Besonders beim Vokabellernen kam mir meine in der Kindheit erworbene Fähigkeit zum schnellen Auswendiglernen und mein gutes Gedächtnis zugute. Es war für mich kein Problem, in einer halben Stunde 50 bis 60 Vokabeln zu erlernen. Da ich die russische Sprache mit Mecklenburger Sturheit anging, habe ich täglich – auch an Sonn- und Feiertagen, im Dienst und auch im Urlaub – alle Vokabeln wiederholt, die in meinem Vokalbelheft standen.

Nach 4 Wochen Jahresurlaub mit der Familie in einem Urlauberheim der NVA stand unsere erste Flugreise bevor. Wie es bei der Fliegerei so vorkommt: es war kein Flugwetter. Der Abflug wurde um 24 Stunden verlegt.

In Moskau hatten wir eine Zwischenlandung. Die ersten Eindrücke auf russischer Erde zeigten vieles, was in der DDR-Presse nicht veröffentlicht wurde, auch so manche Rückständigkeit, andere sanitäre Bedingungen und hygienische Gewohnheiten. Wir nahmen es sehr unterschiedlich auf. Einige hatten sich den Sozialismus in der Sowjetunion wie im Bilderbuch vorgestellt. Sie konnten sich nicht entscheiden, ob sie die ganze Realität ihrer Frau einmal zeigen würden. Das wurde aber schnell verdrängt nach der Landung in Leningrad, dieser einmalig schönen Stadt an der Mündung der Newa, die sich jetzt im Frühherbst in der ganzen Farbenpracht ihrer Parks und imposanten Gebäude zeigte.

Auf dem Leningrader Flughafen wurden wir vom Stellvertreter des Chefs der Ausländerfakultät empfangen, und zwar in Russisch. Untereinander konnten wir uns zwar in der russischen Sprache verständigen, aber als wir es mit einem richtigen Russen zu tun bekamen, verstanden wir kein Wort. Der Kapitän 1. Ranges, der uns empfing, sprach mit der Geschwindigkeit einer Maschinengewehrsalve.

Untergebracht wurden wir in einem Wohnheim – Uliza Sawuschkina Haus 14 – unweit des Flüßchens Tschernaja Retschka in unmittelbarer Nähe der Seekriegsakademie, und zwar bereits nach der zukünftigen Struktur der Lehrgruppen. Die Unterbringung war spartanisch. Sie hätte selbst dem russischen Marschall Suworow alle Ehre getan.
Zu viert in einem Zimmer, für jeden ein Bett, ein Kleiderschrank und ein Stuhl. Für alle Bewohner der Etage ein Waschraum und im Keller einige Duschen. Es hat trotzdem Spaß gemacht.
Andere Hörer der DDR waren noch nicht eingetroffen, da der Lehrbetrieb nach den Sommerferien noch nicht wieder begonnen hatte. Wir waren erst einmal uns selbst überlassen – und das an einem Wochenende!

Jeder hatte für die ersten Tage Verpflegung mitgebracht, aber an Kaffee, Tee oder auch Salz hatten wir nicht gedacht. Außerdem war uns gesagt worden, daß Kaffee und Tee in der Sowjetunion sehr billig seien. Da uns 100 Rubel (nach alter Währung) als Vorschuß ausgezahlt worden waren, stürmten wir erst einmal die Geschäfte in der Nähe des Wohnheimes.

Am Sonntag machten wir dann nähere Bekanntschaft mit dem ehemaligen St. Petersburg, der im Mai 1703 durch Peter I. gegründeten Stadt, die 1917 zur Wiege der Revolution geworden war und während des Zweiten Weltkrieges Schreckliches erlebt hatte. Die Stadt war durch die deutsche Wehrmacht 900 Tage blockiert und hatte durch Kampfhandlungen, Hunger und Kälte allein an Toten 1 Million Opfer zu beklagen. Es waren schon sehr beklemmende Gefühle, die uns bei Begegnungen mit Menschen bewegten, die die Blockade erlebt hatten und darüber sprachen.

Mit dem Bus ging es in das Stadtzentrum bis zum Newski Prospekt. An der Bushaltestelle standen die Leute diszipliniert in einer Reihe – was uns sehr imponierte. Die Inseln, die vielen Brücken, die Parks und Anlagen, die Peter-Pauls-Festung, das Marsfeld, die vielen Denkmäler, die wir aus dem Bus bei der Fahrt zum Newski Prospekt betrachteten, machten auf uns einen überwältigenden Eindruck.

Dreieinhalb Jahre habe ich damals in Leningrad studiert, 3mal war ich später auf Lehrgängen zu je 8 Wochen und 4mal zu Kurzaufenthalten in Leningrad, das heute wieder St. Petersburg heißt. Dabei habe ich die Stadt sehr gründlich kennengelernt. Unvergeßlich blieb mir jedoch der erste Eindruck, den ich beim Ausflug in das Stadtzentrum erhielt.

Bei späteren Aufenthalten in Leningrad bin ich von meinen sowjetischen Partnern oft gefragt worden, welche Veränderungen mir besonders auffielen. Gerne habe ich das Positive genannt – besonders das internationale Fluidum, das die Stadt durch den zunehmenden Reiseverkehr erhalten hatte. Viele Neubaugebiete waren hinzugekommen. Das Angebot an Konsumgütern hatte sich verbessert und die Menschen waren besser gekleidet. Die Anzahl privater Pkw war erheblich gewachsen und auch das Metronetz war ausgebaut.

Das Negative hätte ich lieber verschwiegen. Da meine sowjetischen Partner jedoch hartnäckig in mich drangen, habe ich ihnen meine Eindrücke nicht verschwiegen. Leningrad war Anfang der sechziger Jahre viel sauberer und gepflegter. Man konnte noch überall Karten für das Theater und die Oper erhalten, alle Theaterbesuche fanden in einer festlichen Atmosphäre statt und die Besucher hatten ihre beste Kleidung angelegt. In den Lebensmittelläden gab es ein breites und reichhaltiges Angebot. Kaviar konnte man kiloweise zu günstigen Preisen kaufen, ganz zu schweigen von Kaffee, Kognak, Wodka oder anderen gepflegten Getränken. Es gab schöne Lackmalereien und andere echt russische Souvenirs.

Zum Straßenbild gehörten noch die Dwornikis, die bekleidet mit einer weißen Leinenschürze und ausgerüstet mit einem Besen, vor den Häusern für Sauberkeit und Ordnung sorgten. Wer ein Streichholz fallen ließ, hatte nicht nur den Pfiff des Milizionärs, sondern auch die Kritik der Bürger zu erwarten. Und es wagte auch noch niemand, bei »Rot« über die Kreuzung zu gehen. Meine russischen Freunde nickten dann und zuckten resignierend die Schultern.

Den Abschluß unserer ersten Stadtbesichtigung bildete ein gemeinsames Mittagessen im Restaurant »Kawaks«. Wir aßen Schaschlyk mit Tomatensalat. Der Ober dachte bestimmt, das sei unsere Vorspeise. Die Rechnung betrug für 4 ausgewachsene Männer 49 Rubel alten Geldes und wir gaben großzügig 50 Rubel.

Wir mußten damals noch nicht, daß man sich in einem russischen Restaurant Zeit läßt und ausgiebig trinkt und speist. Meine Kameraden hatten die Zigaretten noch nicht aufgeraucht, da war der Aschenbecher schon abgeräumt. Mit unserer mageren Bestellung hatten wir den Kellner offenkundig beleidigt. Wenn man wenig Geld hat oder kein Geld ausgeben will, so durfte man nach damaliger russischer Sitte nicht in ein Restaurant, sondern mußte in eine Stolowaja gehen.

Am Montag begann der Ernst des Lebens mit einem Gespräch beim Chef der Ausländerfakultät. Die Offiziershörer aus dem Ausland studierten alle an der 5. Fakultät, Chef der Fakultät war Konteradmiral Filipow. Sicherheitshalber hatte er unseren Kapitänleutnant Kujath als Dolmetscher befohlen. Jeder sollte sich jedoch bemühen, ohne Hilfe des Dolmetschers auszukommen.

Das Gespräch drehte sich um unsere bisherige Entwicklung und um die Erwartungen, die in uns gesetzt wurden. Ich war davon sehr beeindruckt, denn zum erstenmal in meinem Leben hatte ich mit einem Admiral gesprochen. Und dieser Admiral war nicht irgendein Admiral, sondern er war ein Schnellbootsfahrer. Damit gehörte ihm gleich meine ganze Sympathie.

Der Aussprache folgte eine gründliche medizinische Untersuchung, die ich nicht erwähnen würde, wenn sie nicht geprägt gewesen wäre vom Verständnis der sowjetischen Mediziner für unsere Sprachschwierigkeiten. Keiner von uns wird wahrscheinlich vergessen, daß der uns untersuchende Feldscher nicht den russischen Ausdruck für »Arme in die Seithalte«, anwandte, sondern sagte, »Ruki kak samoljot«, also »Hände wie Flugzeug!« Das verstanden wir tatsächlich sofort. Man sprach mit uns auch sonst zunächst wie mit kleinen Kindern – langsam und einfach. Das hat uns aber nicht gekränkt, sondern in den ersten Tagen sehr geholfen.

Dann trafen die Offiziershörer der anderen Flotten ein. Alle wohnten im selben Wohnheim, mußten dieselben sanitären Einrichtungen nutzen, kochten in Gemeinschaftsküchen, soweit sie selbst Essen zubereiteten und lernten in gemeinsamen Lehrgruppen.

Im Jahre 1960 studierten an der Seekriegsakademie zusammen mit uns Offiziershörer aus Albanien, Bulgarien, China, Korea, Rumänien und Polen. Während der Zeit meines Studiums kamen noch Offiziere aus Ägypten, Indonesien und Jugoslawien hinzu. Die Offiziere aus Albanien brachen im Jahre 1961 ihr Studium an der Seekriegsakademie ab, da Albanien im sowjetisch-chinesischen Konflikt den chinesischen Standpunkt zur Weltrevolution unterstützte. In unserer Lehrgruppe studierten 7 Offiziere der NVA und 2 Offiziere der Volksrepublik China.

Nach Bildung der Lehrgruppen hatten wir uns einer Aufnahmeprüfung zu unterziehen. Uns wurde in Mathematik gerade noch das Niveau der 6. Klasse der sowjetischen Schulen bescheinigt, was natürlich Folgen hatte. Für uns wurde erneut eine Vorbereitungszeit von einem halben Jahr festgelegt. Der Schwerpunkt der Ausbildung lag während dieser Zeit in den Fächern Russisch und Mathematik. Außerdem hatten wir Einführungsvorlesungen in anderen Fächern.

Nun fing ein hartes Leben an. Der Unterricht begann um 9.30 Uhr und dauerte bis 15.35 Uhr. In dieser Zeit hatten wir 3 Doppelstunden Vorlesungen und 1 Stunde Mittagspause. Um 15.35 Uhr begann das Selbststudium. Wer für das Selbststudium Verschlußsachen benötigte, mußte in der Akademie bleiben. Für andere Fächer konnte im Wohnheim studiert werden. Die künftigen Kommandeure und Stabsarbeiter arbeiteten gewöhnlich in der Akademie, die Ingenieure im Wohnheim. Die Effektivität des Studiums war, nach meiner Meinung, in der Akademie größer.

Dort mußte das Studium um 21.00 Uhr beendet werden, denn dann war Dienstschluß für die Angehörigen des Stammpersonals der Akademie.

Es kam schon hin und wieder vor, daß Hörer beim Selbststudium einschliefen und ihren Koffer mit Dokumenten nicht mehr abgeben konnten. In einem solchen Fall wurde der Diensthabende der Fakultät eingeschaltet, der von Offiziershörern gestellt wurde. Ich erinnere mich, daß so etwas öfter den Chinesen und weit seltener Hörern aus der DDR passierte, denn diese hatten gewöhnlich die Akademie um 21.00 Uhr schon verlassen. Die meisten verließen die Akademie ohnehin schon lange vor 21.00 Uhr, besonders nach Beginn des Semesters, wenn Prüfungen noch in weiter Ferne lagen.

Die Leitung der Fakultät legte natürlich auf das Selbststudium viel Wert und analysierte seine Intensität, um es in den Halbjahreseinschätzungen mit auszuwerten. Dabei ging es nicht nur um die Qualität, sondern auch um die Quantität des Studiums. Für die quantitative Einschätzung wurde eine einfache Methode gefunden: Man zählte die Mützen in der Garderobe und stellte danach fest, wieviel Hörer studierten und aus welchen Nationalitäten sie kamen. Die Hörer fanden bald heraus, daß man mit einer zweiten Mütze die Statistik sehr günstig beeinflussen konnte.

Einmal im Monat fand in der Fakultät eine größere Veranstaltung statt. Bekannte Wissenschaftler der Hochschulen und Universitäten Leningrads hielten Vorlesungen zu Problemen von Politik, Wirtschaft, Kultur, Wissenschaft und zu aktuellen Fragen. Obwohl diese Vorlesungen in der Freizeit stattfanden, waren sie meistens gut besucht.

Die Einnahme des Essens erfolgte in der Stolowaja, d. h. der Mensa der Akademie. Die meisten Offiziere nutzten diese Möglichkeit jedoch nur zum Mittagessen. Das Frühstück und das Abendbrot bereiteten wir selbst zu. Die Mittagsgerichte waren international wie die Fakultät. So mancher wird wohl gestaunt haben, was es in seiner Heimat alles für Gerichte geben sollte. Aber das Essen war schmackhaft und preiswert.

Von der Intensität des Lernens her unterschied sich das erste Jahr – besonders das erste Semester – von den folgenden Jahren. Die Lehrer in den Fächern Russisch und Mathematik kannten keine Nachsicht. Täglich, auch an den Wochenenden, erhielten wir eine Vielzahl von Hausaufgaben aufgebrummt. Besonders die Russischaufgaben nahmen sehr viel Zeit in Anspruch. Unsere Tamara Sergejewna Titowa war eine sehr strenge Frau und fand immer noch Zeit, die Hausaufgaben zu kontrollieren. Sie hat bis zum Beginn der siebziger Jahre fast allen Offizieren der DDR, die in Leningrad studierten, die russische Sprache beigebracht und dafür eine militärische Auszeichnung erhalten. Wir alle haben uns gefreut, daß wir ihr bei einem Urlaubsaufenthalt in der DDR ein Dankeschön sagen konnten. Als ich im Jahre 1989 als Chef der Volksmarine mit einem Schiffsverband in Leningrad weilte, habe ich sie ausfindig gemacht und an Bord eingeladen. Es war auch für andere Offiziere des Verbandes eine große Wiedersehensfreude.

In Mathematik hatten wir nicht nur viel Fleiß aufzubringen, sondern auch intensive Denkarbeit zu leisten. Unser Lehrer, Kapitän 1. Ranges a. D. Schipulin, hatte mit uns seine Mühe. Oft luden wir ihn zur Konsultation ein und kamen trotzdem mit den Hausaufgaben nicht klar. Ich bin sogar nachts aufgestanden, weil mir die Lösung für eine Matheaufgabe plötzlich doch eingefallen war.

Noch schwerer hatten es in der Mathematik unsere beiden chinesischen Kameraden. Während der jüngere Chinese wenigstens die russische Sprache gut beherrschte, hatte der Ältere, der Genosse Lju, damit erhebliche Schwierigkeiten und auch der Mathematikunterricht fand ja in Russisch statt! Die Beherrschung der russischen Sprache war nun einmal die Grundvoraussetzung für gute Lernergebnisse und damit für gute Zensuren.

Eines Tages kam der Lehrer im Fach »Taktik der U-Boote« in die Klasse und sagte: »Genosse Lju spricht aber schon gut Russisch.« Als der Dolmetscher fragte: »Wieso?

Das kann doch gar nicht sein!« – antwortete Kapitän 1. Ranges Leonow: »Doch, er hat zu mir ohne Wörterbuch ›dobroe utro‹, gesagt.«

Lju hatte es, obwohl er fleißig arbeitete, in allen Fächern sehr schwer. Er konnte auf Grund seiner mangelhaften Sprachkenntnisse den Stoff nicht bewältigen und wurde um 1 Jahr zurückgestuft.

Während des Vorbereitungslehrganges wurden viele Exkursionen durchgeführt. Wir haben nicht nur die Stadt Leningrad, sondern auch die sehr schöne Umgebung ausgiebig besichtigt, besonders jene Orte, die mit Peter dem Großen, mit Lenin, mit der Oktoberrevolution und mit der Blockade Leningrads im Zweiten Weltkrieg im Zusammenhang standen.

Leningrad wurde auch die »Seehauptstadt der Sowjetunion« genannt. So gibt es dort vieles, was mit der Seefahrt im allgemeinen und den Seestreitkräften im besonderen zu tun hat. Peter I., der Gründer dieser Stadt, wird ja auch zu Recht als Begründer der russischen Seemacht bezeichnet. Von ihm stammt der Ausspruch, daß jeder Herrscher, der über eine Armee verfügt, **einen** Arm hat. Wer aber eine Armee **und** eine Flotte hat, verfüge über **zwei** Arme!

Und noch etwas erschloß sich für uns in Leningrad: die zahlreichen Museen. Natürlich waren wir zuerst im Museum der Seekriegsflotte der UdSSR. Aber auch fast alle anderen Museen haben wir schon im ersten Semester besucht.

Auch ein Opernbesuch durfte nicht fehlen. Unsere Russischlehrerin hatte uns Weihnachten 1961 ins Leningrader Opernhaus eingeladen. Verdis »La Traviata« wurde gespielt, es war ein wunderbares Weihnachtsgeschenk. Für mich, der ich bisher nur das Stralsunder Theater kennengelernt hatte, war es der Beginn regelmäßiger Theater- und Opernbesuche. Und als ich 1984 wieder in Leningrad auf einem Lehrgang weilte, habe ich es in 8 Wochen auf 9 Theaterbesuche gebracht.

Die Theaterbesuche und Exkursionen hatten allerdings noch eine weniger angenehme Seite. Sie gehörten zum Russischunterricht und so mußten wir über jede Exkursion eine Arbeit schreiben. Da wir am Montag immer auf Russisch erzählen mußten, was wir am Wochenende unternommen hatten, haben wir diese Exkursionen noch durch eigene ergänzt.

Die Einführungslektionen in die militärischen Fächer stellten uns nicht vor so hohe Forderungen. Es ging sicherlich darum, uns mit den notwendigen Vokabeln auszustatten. Diese Vorlesungen hörten wir gemeinsam mit den Kapitänen unserer Seestreitkräfte, die den Lehrgang für höhere Offiziere besuchten. Diese älteren Herren hatten mit der russischen Sprache natürlich viel größere Schwierigkeiten als wir. Wir waren jedenfalls alle froh, als das erste Semester, das halbe Jahr der Vorbereitung, hinter uns lag. Die Zwischenprüfungen in Mathematik und Russisch waren schnell absolviert. Nun stand uns der heißersehnte Urlaub bevor und es gab wohl keinen, der sich nicht nach seiner Familie sehnte. Rechtzeitig erledigten wir unsere Einkäufe. Weihnachten lag ja schon hinter uns, und so wählten wir typische Geschenke: Matroschkas, Holzschnitzereien, für die Frau einen goldenen Ring, für die Kinder Spielsachen und natürlich durften Kaviar, Sekt und Kaffee nicht fehlen. Damals gab es in der Sowjetunion alles in reicher Auswahl, meistens auch erheblich billiger als in der DDR.

Der Flug von Leningrad nach Berlin mit Zwischenlandung in Moskau verlief problemlos. Anders sah es schon mit der Bahnfahrt von Berlin nach Sternberg aus – im Vergleich zur Flugreise kam sie mir wie eine Weltumsegelung vor. Den letzten halben Kilometer vom Bahnhof bis zu unserer Wohnung habe ich – beide Koffer in den Händen – im Laufschritt zurückgelegt.

Nach dem Urlaub begann die normale Ausbildung laut Lehrplan in den militärisch maritimen Fächern. Unser Programm umfaßte insgesamt 23 Fächer, von denen 2 mit einem Staatsexamen, 13 mit einem Examen und 8 mit einer Prüfung ohne Zensur abzuschließen waren.

Unsere Lehrer waren erfahrene Seeleute und Marineflieger. Die meisten von ihnen hatten am Zweiten Weltkrieg teilgenommen. Fünf meiner Lehrer waren als Helden der Sowjetunion, einer von ihnen sogar als zweifacher Held der Sowjetunion ausgezeichnet worden.

Chef der Seekriegsakademie war während der Zeit meines Studiums Admiral Pantelejew. Im Jahr 1941 war er Chef des Stabes der Baltischen Flotte und hatte in dieser Dienststellung an der Evakuierung der Flotte von Tallinn nach Kronstadt und an der Verteidigung von Leningrad teilgenommen. Später war er Chef der Wolga-Flottille und nach dem Krieg unter anderem Befehlshaber der Pazifik-Flotte.

Auch äußerlich war Admiral Pantelejew eine imposante Erscheinung. Es beeindruckte uns schon, daß er Zeit fand, vor uns jungen Offizieren einen Vortrag über die Kampfhandlungen der Sowjetflotte im Zweiten Weltkrieg unter dem besonderen Aspekt der Ostsee zu halten.

Auch der Leiter des Lehrstuhls Operative Kunst, Konteradmiral Prof. Dr. Lisjutin, hielt interessante Vorträge. Ein häufiges Thema war damals die Anfangsperiode eines möglichen Krieges. Als ich im Jahre 1972 einen akademischen Kurs für leitende Offiziere besuchte, war Vizeadmiral Lisjutin erneut mein Lehrer. Inzwischen hatte er sich die unangenehme Gewohnheit zugelegt, dem Diensthabenden der Lehrgruppe zu Unterrichtsbeginn eine Frage zu stellen, auf welche dieser, unvorbereitet, meistens keine Antwort wußte.

Noch einen Lehrer, der allen bekannt ist, die in den sechziger Jahren in Leningrad studierten, möchte ich erwähnen. Es ist der zweifache Held der Sowjetunion, Generalmajor Rakow. Er hat in unserer Lehrgruppe zwar nur den Einführungsvortrag in das Fach »Taktik der Marinefliegerkräfte« gehalten, aber für uns junge Offiziere war das Auftreten dieses berühmten Mannes ein großes Erlebnis.

Wir hatten in den Unterricht naturgemäß wenig eigene Erfahrungen einzubringen. Auch von den Dienstgraden her – Leutnant oder Oberleutnant – gehörten wir zu den ganz kleinen Lichtern. Die sowjetischen Offiziershörer konnten auf eine andere Entwicklung zurückblicken, waren uns an Erfahrungen, im Dienstgrad und im Alter voraus. Allerdings hat man uns wegen unseres Dienstgrades und unseres Alters niemals von oben herab behandelt. Im Gegenteil, in uns, in die Offiziere der DDR, in die »Nemzy« (die Deutschen), wurden besonders große Erwartungen gesetzt.

Wir kamen aus einem Land großer wissenschaftlicher und auch militärischer Traditionen und von uns erwartete man deshalb immer sehr gute, mindestens gute Leistungen. Viele Lehrer schwärmten von der Ordnungsliebe, Sauberkeit, Pünktlichkeit und Genauigkeit der Deutschen. Diesem Ruf und diesen Anforderungen mußten wir uns immer wieder stellen.

Aber auch unsere Lehrer waren sehr akkurat. Das traf vor allem auf die Vertreter der Marinefliegerkräfte, die in verschiedenen Fächern unterrichteten, und auf die Vertreter des Lehrstuhles Marineinfanterie/Küstenraketentruppen zu. Sie waren immer besonders gut auf den Unterricht vorbereitet und erfüllten den Lehrstoff mit dem Klingelzeichen. Es gab auch Lehrer, die die Exaktheit übertrieben. So machte der Oberst der Marinefliegerkräfte Gorodenski beim Klingelzeichen mitten im Satz Pause und setzte den nächsten Unterricht an der abgebrochenen Stelle fort.

Viele Lehrer fingen, weil uns auf Grund unserer nicht ausreichenden Russischkenntnisse das Mitschreiben während der Vorträge schwerviel, mit Unterrichtsbeginn an zu diktieren und beendeten das Diktat mit Abschluß der Vorlesung. Wir verfügten daher über ganz ausgezeichnete Aufzeichnungen. Dadurch schafften sie aber nicht immer das Stoffpensum. Vieles, was die Lehrer uns gerne noch vermittelt hätten, mußten wir uns daher im Selbststudium erarbeiten. Und nicht alle haben das Selbststudium so ernst genommen.

Interessanter waren natürlich die Seminare, Kurzlagen, Gruppenübungen und Stabsspiele. Da unsere Lehrgruppe nach 2 Jahren durch den Abgang von Raschpichler, Gerstäcker und Lju auf 6 Offiziere zusammengeschmolzen war, waren im Seminar immer alle gefordert. Mit 6 Offizieren in einer Lehrgruppe waren wir zahlenmäßig sogar noch stark. Besonders bei den Ingenieuren gab es Lehrgruppen mit nur 2 Hörern. Der Leutnant Ing. Henke bildete nach dem 1. Lehrjahr sogar allein eine Lehrgruppe. Auch mit diesen Minigruppen wurden ordnungsgemäß Seminare durchgeführt. Manche dauerten 4 Stunden!

Seminarfragen und Schwerpunkte wurden uns rechtzeitig übergeben und wir bereiteten uns intensiv darauf vor. Nur am Anfang haben wir die Schwerpunkte untereinander aufgeteilt. Aber auch die Lehrer kannten dieses System und haben nicht gerade denen die Frage gestellt, die sich meldeten.

Die Hörer hatten ebenfalls die Möglichkeit, während des Seminars Fragen an die Lehrer zu richten. So habe ich einmal an unseren Lehrer für Operative Kunst, Kapitän 1. Ranges a. D. Schawzow, eine Frage gerichtet. Er war ein erfahrener Seemann, unter anderem hatte er 1945 die an der Landung auf der Insel Bornholm beteiligten Schiffe befehligt.

Ich muß vorausschicken, daß ich mir angewöhnt hatte, die im Studienmaterial enthaltenen Formeln selbst abzuleiten, damit ich sie nicht mechanisch auswendig lernen mußte, sondern aus der konkreten Aufgabe heraus selbst entwickeln konnte. Beim Studium eines Lehrmaterials, das von Professor Dr. Lisjutin erarbeitet worden war, entdeckte ich auf diese Weise eine Formel, die nicht stimmte.

Zu Beginn des Unterrichtes meldete ich mich und machte den Kapitän Schawzow auf den Fehler aufmerksam. Er holte mich an die Tafel und forderte mich auf, meine Behauptung zu beweisen. Als ich damit fertig war, sagte der Kapitän folgendes: »Genosse Hoffmann, Sie haben recht. Ihre Formel ist richtig und die im Lehrbuch ist falsch. Da das Lehrbuch aber vom Leiter des Lehrstuhls, Konteradmiral Professor Dr. Lisjutin, der auch noch Verdienter Wissenschaftler des Volkes ist, erarbeitet wurde, werden wir die Formel nicht ändern. Im übrigen kann ich Ihnen folgendes sagen: Ich hatte als Chef einer Abteilung von Schiffen während des Großen Vaterländischen Krieges eine Küstenbatterie zu verladen und zu überführen. Die Berechnungen besagten, daß die Batterie in 4 Stunden verladen ist. Nach 4 Wochen stand jedoch die Küstenbatterie immer noch am selben Fleck, weil uns ein entsprechender Kran fehlte. Da können Sie einmal sehen, was eine Berechnung wert sein kann.«

Diese Episode habe ich mir sehr gut gemerkt. Kein Militär kommt ohne Berechnungen aus. Sie sind für die Planung im täglichen Dienst wie für die Planung eines Gefechts unerläßlich. Aber Berechnungen haben ein unterschiedliches Gewicht und außerdem müssen immer die Voraussetzungen dafür vorhanden sein, daß das, was berechnet wurde, auch erfüllt werden kann. Später, schon in den Dienststellungen als Chef der Raketenschnellbootsbrigade und als Stabchef der 6. Flottille, habe ich meine Offiziere immer aufgefordert, reale Berechnungen durchzuführen und dabei nicht von idealen Bedingungen auszugehen.

Kurzlagen und Gruppenübungen wurden an der Seekriegsakademie hauptsächlich in den Fächern durchgeführt, die sich mit der Taktik der Waffengattungen befaßten. Die Lehrer verstanden es, komplizierte Ausgangslagen zu schaffen und interessante Fragen aufzuwerfen. Wir Offiziershörer verstanden es dagegen manchmal, Entschlüsse zu fassen, auf die die Lehrer nicht eingestellt waren.

Im Fach Taktik der U-Boote führte der Lehrer mit uns eine Kurzaufgabe durch. Im Verlaufe der Kurzaufgabe stellte er den Oberleutnant zur See Schmidt in folgende Situation: »Sie sind Gehilfe des Kommandanten des U-Bootes. Ihr Kommandant ruht. Sie haben Brückenwache. Plötzlich meldet der Hydroakustiker: ›Genosse Oberleutnant, ich höre Schraubengeräusche.‹ Oberleutnant Schmidt, melden Sie Ihre Handlungen!« Oberleutnant zur See Schmidt meldete prompt: »Ich wecke den Kommandanten.«

Der Lehrer ließ sich jedoch nicht verblüffen und erreichte trotzdem sein Ziel, indem er den Genossen Schmidt unverzüglich in die Rolle des Kommandanten versetzte. Wir haben uns dennoch über den Entschluß von Oberleutnant Schmidt sehr amüsiert, besonders über seine Schlagfertigkeit. Wenn später, noch wärend des Studiums, etwas Knffliges zu entscheiden war und wir uns nicht so schnell einigen konnten, sagten wir immer: «Den Kommandanten wecken.«

Höhepunkte der Ausbildung waren die Prüfungen und Examen. Am Ende eines jeden Semesters hatten wir zwischen 2 und 4 Prüfungen und Examen abzulegen. Wir versuchten immer, die Prüfungen auf Kosten der geplanten Zeit der Prüfungsvorbereitung, in der Regel 3–4 Tage, terminlich vorzuverlegen, um mehr Urlaub zu erhalten. Den Auftrag, das mit dem Fakultätschef auszuhandeln, erhielten meistens die Oberleutnante Schmidt und Hoffman. Auch die Lehrer, der betreffende Lehrstuhlleiter und der Kurschef mußten gewonnen werden, und wir versprachen hoch und heilig, in den Examen nur »sehr gute« und »gute« Ergebnisse zu erreichen. Diese Versprechen haben wir meistens erfüllt.

Jeder hat wahrscheinlich seine eigene Methode, sich auf eine Prüfung vorzubereiten. Mancher studiert kontinuierlich das ganze Semester, andere leisten kurz vor den Prüfungen Stoßarbeit. Ich bevorzugte die erste Methode und habe mich anfangs gemeinsam mit Oberleutnant Bauer auf die Examen vorbereitet. Wir hatten uns im Herbst 1952, als wir noch verschiedenen Kompanien angehörten, beim Schuheputzen kennengelernt, waren dann Offiziersschüler in einer Kompanie. Leningrad führte uns erneut zusammen.

Wir machten uns die möglichen Fragen klar und einer von uns legte dann dar, wie er die Frage beantworten würde. Anschließend wurde ergänzt, alles natürlich in russischer Sprache, denn darauf kam es vor allem an. Jedesmal haben wir uns tüchtig gestritten, denn Rudi Bauer hatte genau so einen sturen Kopf wie ich. Manchmal habe ich bezweifelt, ob wir wohl am nächsten Tag wieder gemeinsam lernen, aber wir hielten durch.

Für das gesamte Studium, ganz besonders natürlich für die Examen, war die Kenntnis der russischen Sprache von ausschlaggebender Bedeutung. Ich meine sogar, daß diejenigen, die in den Prüfungen die schlechten Zensuren erhielten, den Stoff nicht immer schlechter beherrschen als die anderen. Oft waren nur die schlechteren Sprachkenntnisse die Ursache.

Während des Studiums hatten wir zwei Praktika zu absolvieren. Ein Teil der Offiziere, besonders die Ingenieure, versahen das Praktikum in der Sowjetflotte oder auch in sowjetischen Betrieben. Unsere Lehrgruppe, mit Ausnahme der Chinesen, hat ihre Praktika in der Volksmarine durchgeführt, jeweils vor dem Sommerurlaub.

Mein Praktikum absolvierte ich beide Male in der Torpedoschnellbootsbrigade. Als Schnellbootsfahrer war das für mich ideal. Die Führung der Torpedoschnellbootsbrigade hatte für uns Studenten aus Leningrad viel Verständnis, unter anderem wurde uns auch immer ein verlängertes Wochenende gestattet. Kein Wunder, denn der Chef der Torpedoschnellbootsbrigade, Korvettenkapitän Regner, hatte auch sein Studium in Leningrad absolviert.

Vor dem zweiten Praktikum war uns in etwa mitgeteilt worden, in welche Dienststellungen wir nach Abschluß der Akademie eingesetzt werden sollten. Ich war als Stabschef einer Schnellbootsbrigade vorgesehen und doublierte deshalb den Stabschef der Torpedoschnellbootsbrigade, Kapitänleutnant Egon Nitz. Kapitänleutnant Nitz war mir schon aus der 6. TS-Abteilung bekannt. Er war im Jahre 1959 dort Navigationsoffizier im Stab und hatte wiederholt den Stabschef vertreten.

Der Stab der TS-Brigade war ein eingespieltes Führungsorgan. Nitz führte die Arbeit sehr zielstrebig. Mir gefielen seine klare Aufgabenstellung, die Organisation der Stabsarbeit, seine Pünktlichkeit und Genauigkeit und auch die Art, wie er mit seinen Unterstellten sprach. Ich hatte immer den Eindruck, daß er als Stabschef eigentlich die Brigade führt.

Kapitänleutnant Nitz hatte damals die Militärakademie noch nicht besucht. Er wurde erst im Jahre 1964 zum Studium delegiert. In Leningrad nannte man Nitz »die Hälfte von Dönitz«. Das bezog sich nicht auf den Großadmiral der Kriegsmarine, sondern auf den damaligen Kapitänleutnant, später Konteradmiral der Volksmarine Dönitz, mit dem er in einer Lehrgruppe war. Hinsichtlich Körpergröße und Gewicht war Nitz tatsächlich nicht viel mehr als die Hälfte von ihm!

Nach Abschluß der Akademie hat Nitz dann im Jahre 1968 von mir die Raketenschnellbootsbrigade übernommen, die Umstrukturierung der Schnellbootskräfte mit durchgeführt und war danach Chef der 1. Raketen-Torpedoschnellbootsbrigade. Bis zum Ausscheiden im Herbst 1990 diente er an der Flottenschule »Walter Steffens«, zuerst als Stabschef, dann als Kommandeur und Konteradmiral. Nitz zeichnete sich in allen Dienststellungen durch absolute Zuverlässigkeit und durch sein Herz für die Unterstellten aus. Das merkte man auch an dem Klima, das an der Flottenschule herrschte.

Die Offiziere der Volksmarine gehörten zu den zahlenmäßig stärksten Vertretungen der 5. Fakultät der Seekriegsakademie, dort studierten wohl ständig etwa 50 Offiziere von uns. In unserer Gruppe herrschte eine kameradschaftliche Atmosphäre. Kompliziert war es für die älteren Offiziere, die den akademischen Kurs besuchten. Sie waren an das Junggesellenleben nicht mehr gewöhnt und hatten auch mit der russischen Sprache mehr Schwierigkeiten als wir jungen Burschen. Zu diesen Lehrgängen, die anderthalb Jahre dauerten, wurden allerdings ab 1962 keine Offiziere aus der DDR mehr geschickt.

Es ist wohl gesetzmäßig, daß sich bei Schulbesuchen sehr bald bestimmte Menschen zusammenfinden, die zusammenpassen. Eine Skatrunde hatten wir sofort nach dem Eintreffen in Leningrad gebildet. Anfangs spielten wir in eine gemeinsame Kasse, die wir dann bei einem gemeinsamen Landgang stürzten. Das Spielen in eine gemeinsame Kasse hatte aber nicht den richtigen Anreiz und deshalb stellten wir es ein. Nun legten wir ein Skatbuch an und spielten von Gehaltstag zu Gehaltstag. Wir spielten um eine geringe Summe und nicht gerade nach der Altenburger Skatregel, sondern einen Räuberskat. Eingeführt hatten wir auch, daß eine »Schnapszahl« eine halbe Flasche Sekt kostet. Unter erfahrenen Skatspielern dauerte es nicht lange, bis eine Flasche Sekt auf dem Tisch stand.

Wegen 1 oder 2 Stunden setzten wir uns nicht an den Skattisch. Es mußten schon 4, 5 oder auch mehr Stunden sein. Das Spiel war kurzweilig und auch die Kiebitze kamen voll auf ihre Kosten. Es war meist so, daß 4 Mann spielten und die gleiche Anzahl oder auch mehr zusahen – und das bei Zigarettenqualm, Alkoholdunst und erregten Diskussionen. Wir spielten immer in ein und demselben Zimmer, das mit 4 Offizieren belegt war.

Einer der Zimmerbewohner spielte nur selten mit und war dazu noch Nichtraucher. Meist begab er sich in mein Zimmer, in dem weder gespielt noch geraucht wurde, um zu lesen. Manchmal ging er spazieren. Eines abends kehrte er vom Spaziergang zurück und wir spielten immer noch. Er hatte ohnehin schlechte Laune an diesem Abend und forderte, das Spielen zu beenden. Als wir nicht aufhörten, löschte er das Licht. Einer aus unserer Skatrunde schaltete es wieder ein. Das wiederholte sich mehrmals, bis der Spaziergänger die Gitarre nahm und sie seinem Widersacher über den Kopf zog. Die Gitarre ging entzwei – anderer Schaden konnte in Grenzen gehalten werden.

In der Sowjetunion wurde immer sehr viel gelesen – an der Bushaltestelle, im Bus, in der Metro, in der Schlange beim Einkaufen. Man las auch während der Festveranstaltungen zu Feiertagen – kurz gesagt, überall. Wir lasen vor allem Bücher, die uns in der DDR nicht zugänglich waren, z. B. Bücher über den Zweiten Weltkrieg, die in der Bundesrepublik erschienen waren und nun ins Russische übersetzt worden waren – wie Tippelskirchs »Zweiter Weltkrieg« und Mansteins »Verlorene Siege«. Hauptsächlich interessierte uns maritime Literatur. Diese Bücher – besonders Friedrich Ruges »Der Krieg zur See« und das »Ehrenbuch der Wehrmacht« – gingen von Hand zu Hand und standen oft im Mittelpunkt der Gespräche. Sie waren auch eine willkommene Bereicherung im Fach Kriegsgeschichte. In diesem Fach spielten die Kampfhandlungen der deutschen Kriegsmarine, besonders der U-Boot-Waffe, ohnehin eine große Rolle. Ich glaube, daß von sowjetischer Seite eine sehr sachliche und realistische Bewertung des Beitrages der Kriegsmarine zur Entwicklung der Seekriegskunst erfolgte.

Interessant waren unsere gemeinsamen Spaziergänge und Ausflüge. Wir waren ja noch jung und haben unser Geld nicht nur für Bücher und Geschenke ausgegeben. Beliebt waren damals die Sektkeller – genannt Schampanskoje. Dort konnte man im Stehen schon schnell einmal 200 Gramm Sekt oder Sekt mit Kognak trinken. Dazu aß man Kaviarbrot oder Konfekt. Nach fast jedem Einkaufsbummel oder bei jedem Spaziergang sind wir dort eingekehrt und haben natürlich nicht nur 200 Gramm Sekt getrunken. Schnell hatte man jemanden gefunden, mit dem man sich unterhielt. Es ist auch vorgekommen, daß mancher nach dem Besuch des Sektkellers den Kurs nicht mehr halten konnte und deshalb im Schlepp nach Hause gebracht werden mußte.

Nach Hause wurde man allerdings nicht nur gebracht, wenn man ein Glas zuviel getrunken hatte. Es konnte passieren, daß man mitten aus der Diskussion gerissen und mit der »grünen Minna« zu einer Milizstation gebracht wurde. Schuld waren dann unsere schlechten russischen Sprachkenntnisse, ein falscher Zungenschlag oder die übertriebene Wachsamkeit der Leningrader. Der Diensthabende Offizier der Akademie oder der Nationalitätenälteste mußten dann bezeugen, daß nicht ein imperialistischer Agent, sondern ein ausländischer Offiziershörer der Seekriegsakademie festgesetzt worden war. Einem Offizier unserer Gruppe ist das sogar zweimal passiert. In der Halbjahresauswertung der Lernergebnisse sowie der Disziplin und Ordnung wurden solche besonderen Vorkommnisse dann durch den Fakultätschef gebührend gewürdigt.

Wer in der Sowjetunion weilte, mußte natürlich die russische Banja – Sauna – besuchen. Ich war dort ständiger Gast. Für 20 Kopeken löste man ein Billett. Dann nahm man seinen Platz im Umkleideraum ein. Auch in den Pausen zwischen den Saunagängen konnte man sich ausruhen und etwas trinken. Unser Oberleutnant Bauer konnte es gar nicht fassen, daß er hier nackt Bier trinken konnte. Die russischen Saunierer hatten meist nicht nur Bier, sondern auch eine kleine Flasche Wodka mitgebracht.

Der Vorraum war ausgestattet mit Marmorbänken, Schüsseln, einer Anzahl Duschen und vielen Wasserhähnen für kaltes und warmes Wasser. Jeder konnte eine Bank und zwei Schüsseln beanspruchen. Hier tummelten sich die Banjabesucher vom kleinen Jungen bis zum Großväterchen.

Der Hauptraum war die eigentliche Sauna. Die Öfen waren gemauert, mit Feldsteinen aufgefüllt und wurden mit Holz geheizt. Es wurde viel aufgegossen, so daß es eigentlich zum Dampfbad geriet. Dazu wurde mit Birkenreisig »massiert«. Man bearbeitete sich gegenseitig. Bei der Hilfsbereitschaft der Russen wurde man auch gegen seinen Willen einbezogen. Ein wunderbares Gefühl war es, wenn man sich nach dem Aufenthalt in der Sauna, wenn man so richtig schwitzte, eine Schüssel kaltes Wasser über den Körper schüttete.

Mir hat es in der Sauna immer wieder gefallen. Als ich später Lehrgänge an der Seekriegsakademie besuchte, bin ich zweimal in der Woche in die Sauna gegangen. Bier hat es dann dort schon nicht mehr gegeben, die gesellige Atmosphäre aber war geblieben.

Mit dem Geld hatten wir so unsere Schwierigkeiten. Es kam vor, daß wir uns untereinander nicht mehr helfen konnten, weil alle »blank« waren. Das passierte gewöhnlich dann, wenn unsere Frauen zu Besuch gewesen waren. Und unsere Frauen kamen ja meistens alle auf einmal. In einer solchen Situation gingen wir auf den Markt, den Rynok, um etwas zu verkaufen. Dort konnte man alles kaufen oder verkaufen – von der Nähnadel bis zum Pkw des Typs »Wolga«. Ich war einmal auf dem Rynok, um nach dem Besuch meiner Frau einen modernen Anzug zu verkaufen. Ich begann meinen Handel mit der Forderung von 80 Rubeln. Ich stand Stunden. Die Interessenten mußten wohl gemerkt haben, daß ich das Geld unbedingt benötigte. Verkauft habe ich den Anzug dann für 25 Rubel. Zusätzlich mußte ich die Tasche, in der ich den Anzug aufbewahrt hatte, noch draufgeben. Wie gut hatte es da der Oberleutnant Neuman. Er hatte einen Dederonunterrock für 35 Rubel verkauft, kaum daß er ihn über den Arm gelegt hatte, um ihn anzubieten. Man mußte eben die Marktlage kennen.

Ich habe mich in der Sowjetunion immer gerne unter die Leute gemischt. Es reicht nicht aus, nur die Sprache zu sprechen. Man muß versuchen, in die Gedankenwelt, das Empfinden, Fühlen und Wollen der Menschen einzudringen und Anteil zu nehmen an deren Leben, nur dann erschließt sich einem der russische Charakter, die »russische Seele«.

Ich bin froh, daß ich wie viele andere, die in der Sowjetunion studiert und gelebt haben, nicht nur russisch sprechen, sondern auch »russisch denken« kann und daß ich die »russische Seele« etwas kenne und verstehe.

Das Leben in unserer nationalen Gruppe wurde, wie ich bereits anführte, auch dadurch geprägt, daß leitende Offiziere der Volksmarine während dieser Zeit akademische Kurse absolvierten. Zu Beginn meines Studiums weilte der Fregattenkapitän Vorsprach in Leningrad. Er hat sich auch dort uns jungen Männern zugewandt und sich an unserer Freizeitgestaltung beteiligt. Wir haben ihn gerne in unsere Mitte aufgenommen.

Ende 1961 begann der Chef der Volksmarine, Konteradmiral Wilhelm Ehm, das Studium an der Seekriegsakademie. Ich glaube, daß nur sehr wenige der jungen Offiziere vor dem Studium persönliche Bekanntschaft mit ihm gemacht hatten. Im Sommer 1959 war er einmal, noch als Kapitän zur See, als Begleiter des Ministers für Nationale Verteidigung und des damaligen Chefs der Seestreitkräfte, Vizeadmiral Waldemar Verner, auf meinem TS-Boot gefahren.

Sofort wehte für uns in Leningrad ein schärferer Wind. So manches mal hat uns Admiral Ehm zur Ordnung gerufen und verlangt, daß wir uns in jeder Situation tadellos verhielten. Hinzu kam, daß Wilhelm Ehm ein sehr fleißiger Mensch ist, der im Unterricht intensiv mitarbeitete und eine ausgezeichnete Kladden- und Kartenführung hatte. Jedesmal, wenn ich später in Leningrad weilte, fragten mich die Lehrer nach Admiral Ehm und erinnerten sich an seine vorbildliche Lernarbeit.

Einige Hörer hatten in Leningrad allerdings Kollisionen mit Admiral Ehm. Mir selber erging es zweimal so, obwohl ich mich eigentlich immer um diszipliniertes Verhalten bemühte, mir die militärische Ordnung schon in Fleisch und Blut übergegangen war.

Einmal war der Anlaß das Grüßen im Lehrgebäude und ein anderes Mal hatte ich zu einem zweitrangigen Problem einen anderen Standpunkt als Admiral Ehm und habe das auch nicht verschwiegen. Ehm war damals auch noch temperamentvoller als in den letzten Jahren und ich noch starrköpfiger. So schnell hat er meine »Aufsässigkeit« jedenfalls nicht vergessen.

Insgesamt hat sich das jedoch auf unsere Beziehung nicht ausgewirkt. Besonders seit meiner Tätigkeit im Kommando der Volksmarine hatten wir ein gutes Verhältnis zueinander und haben uns gegenseitig schätzen gelernt.

Zwischen den nationalen Gruppen, die an der 5. Fakultät studierten, gab es ausgesprochen freundschaftliche Beziehungen. Das widerspiegelte sich in den Lehrgruppen ebenso wie beim Zusammenleben im Wohnheim. In den Leistungen waren wir in etwa gleich und jeder half seinem Nebenmann, wenn er in Schwierigkeiten geriet.

Viele ehemalige Hörer der Seekriegsakademie sind sich später bei Ausbildungsmaßnahmen, Tagungen, Schulungen und Konsultationen im Rahmen der Streitkräfte der Teilnehmerstaaten des Warschauer Vertrages wieder begegnet. Das gemeinsame Studium in Leningrad hat sich auf die Lösung der Aufgaben immer fördernd ausgewirkt.

Wir haben es sehr bedauert, daß im Jahre 1961 die albanischen Hörer die Akademie verließen. In einer Parallelgruppe hatten zwei Kapitänleutnante aus Albanien das Studium aufgenommen. Zu diesen Nachfahren Skanderbegs hatten wir sofort ein sehr gutes Verhältnis. Was aus ihnen später geworden ist, haben wir nicht erfahren.

Im Jahre 1961 verschlechterten sich die Beziehungen zwischen der Sowjetunion und China rapide. Oberflächlich ging es um Unterschiede in der Bewertung der internationalen Entwicklung und der Formen des Kampfes gegen Imperialismus und Kolonialismus. In Wirklichkeit ging es um den Führungsanspruch in der kommunistischen Weltbewegung und der antiimperialistischen Befreiungsbewegung der Völker und der jungen Nationalstaaten. Das wirkte sich natürlich auf die Atmosphäre in der Fakultät aus. Die meisten Hörer ergriffen Partei für die Sowjetunion. Bei Vorträgen zu aktuellen Problemen und beim Unterricht im Fach Philosophie kam es wiederholt zu Auseinandersetzungen zwischen den chinesischen und den sowjetischen Genossen. Genauso hartnäckig wie die chinesischen Genossen lernten, vertraten sie auch in den Diskussionen ihren Standpunkt. Sie stützten sich in ihren Darlegungen nur auf die Aussagen Mao Tse-tungs und ließen keine anderen Argumente gelten.
Ich erinnere mich an ein Seminar im Fach Philosophie. Auf dem Plan stand die Rolle der Persönlichkeit in der Geschichte. Da in unserer Gruppe die Deutschen in der Überzahl waren, entwickelte der Lehrer die Diskussion am Beispiel von Clausewitz.
Der Chinese in unserer Gruppe lehnte die Einstufung Clausewitz als historische Persönlichkeit ab, da er kein Marxist gewesen sei. Zwischen dem Lehrer und ihm entwickelte sich eine unsachliche Diskussion. Selbst unsere sachlichen Argumente, daß Clausewitz vor Marx lebte, konnten den Streit nicht schlichten.
Welche Stellung die rumänischen Offiziere in diesen Diskussionen bezogen, kann ich aus eigenem Erleben nicht sagen. Mir fiel aber später auf, daß sie selbst bei offiziellen Maßnahmen der Streitkräfte des Warschauer Vertrages keinerlei Bezug darauf nahmen, daß wir einmal zusammen studiert hatten. Sie trugen auch nicht das Absolventenabzeichen der Seekriegsakademie, auf welches wir anderen besonders stolz waren und das wir immer trugen.

Nach der Hinrichtung Ceausescus Ende 1989 hat sich das Verhalten dann geändert. In der zweiseitigen Zusammenarbeit zwischen der rumänischen Flotte und der Volksmarine gab es allerdings auch vorher nie Berührungsängste oder Komplikationen, sondern sehr enge Kontakte in allen Sachfragen.

Während der Zeit meines Studiums in Leningrad gab es drei historische Ereignisse, die mir besonders in Erinnerung sind: der Flug des ersten Menschen in den Kosmos, der 13. August 1961 und die Kubakrise im Herbst 1962.

Die Erdumkreisung Juri Gagarins am 12. April 1961 rief in Leningrad bei der Bevölkerung wie bei uns ausländischen Studenten einhellige Begeisterung hervor. Ich war ohnehin schon aufgekratzt, weil ich meiner Frau an diesem Tag zu ihrem 25. Geburtstag gratuliert hatte. Wir hatten am 12. April eine praktische Übung im Fach Taktik der Marineraketenfliegerkräfte unter Leitung von Oberst Bokulew. Es begann eine intensive Fachsimpelei über die Perspektiven des Weltraumfluges. Bokulew war natürlich besonders stolz, denn Juri Gagarin war ja Angehöriger der sowjetischen Luftstreitkräfte und hatte sogar einmal bei den Marinefliegern gedient.

Als die Staatsgrenze der DDR zu Westberlin am 13. August 1961 geschlossen wurde, befand ich mich im Jahresurlaub. Einige wenige Urlauber waren aus dem NVA-Ferienheim Prora zurückgerufen worden. Sonst gab es vorher keine Anzeichen für eine großangelegte Maßnahme.

Die militärische Aktion am 13. August 1961 ist sicher hervorragend geplant und durchgeführt worden. Oft genug wurde uns vorgerechnet, welcher ökonomische Schaden durch die Schließung der Grenze abgewendet werden konte, weniger gesagt wurde über den politischen Schaden, der damit angerichtet worden war. Vor allem über die Belastungen, die durch den weiteren Ausbau des sogenannten »antifaschistischen Schutzwalls« in den siebziger und achtziger Jahren, in einer Zeit internationaler Entspannung, das Klima innerhalb der DDR und zwischen beiden deutschen Staaten vergifteten.

Nach Durchführung der Maßnahmen wurde von seiten der Partei-, Staats- und Armeeführung der DDR erklärt, daß die gemeinsame Aktion der Staaten des Warschauer Vertrages die aggressiven imperialistischen Kräfte, insbesondere der BRD, gezügelt und den Frieden an der Trennlinie der beiden entgegengesetzten Gesellschaftsordnungen und ihrer Militärorganisationen gerettet habe. So stellte sich der 13. August 1961 aus der Sicht des Oberleutnant zur See Hoffmann dar. Und diese Sicht habe ich sehr lange für die richtige gehalten.

Heute, mehr als 33 Jahre nach dem Bau der Mauer und 5 Jahre nach ihrem Fall, treten viele Fragen auf, auch bei denen, die damals davon überzeugt waren, daß diese Maßnahme richtig war. Meines Erachtens wäre schon mit dem Abschluß des Grundlagenvertrages bzw. mit Beginn des Helsinki-Prozesses eine vernünftige Lösung auf dem Gebiet des Reiseverkehrs möglich gewesen, spätestens jedoch nach dem Staatsbesuch Erich Honeckers in der BRD im September 1987 hätte das Steuer herumgeworfen werden müssen.

Am Abend der Öffnung der Grenze, am 9. November 1989, war ich ich einer Dienstbesprechung beim Minister für Nationale Verteidigung, Armeegeneral Heinz Keßler. Ich habe die Öffnung der Staatsgrenze im nachhinein im Fernsehen erlebt. Die Begeisterung der Menschen auf beiden Seiten der Grenze brachte auch mich zu der Erkenntnis, daß die jahrzehntelange Grenzschließung unter dem Strich wohl mehr an Staatsbewußtsein der Bevölkerung der DDR **zerstört** als geschaffen hat!

Die Kubakrise erlebte ich wieder in Leningrad. Am 22. Oktober 1962 verkündete der Präsident der USA, J. F. Kennedy, gegenüber der Republik Kuba eine Seeblockade, um den weiteren Aufbau einer Gruppierung sowjetischer Mittelstreckenraketen zu stoppen. Gleichzeitig wurden auch die Streitkräfte der USA in Europa in eine höhere Gefechtsbereitschaft versetzt. Auch der Oberkommandierende der Streitkräfte des Warschauer Vertrages befahl Maßnahmen zur Erhöhung der Gefechtsbereitschaft der Truppen und Flottenkräfte. Wie nah die Welt damals am Rande eines dritten Weltkrieges, und diesmal eines Raketen-Kernwaffen-Krieges war, bis Chruschtschow einlenkte und den Rückzug der auf Kuba stationierten Raketen anordnete, ist inzwischen durch Memoiren von Insidern beider Supermächte immer mehr aufgehellt worden. Im übrigen zogen die USA damals stillschweigend als Gegenleistung ihre »Jupiter«- und

»Thor«-Raketen aus der Türkei und Italien ab und sicherten öffentlich zu, auf jegliche militärische Intervention gegen Kuba zu verzichten.

Daß die Lage sehr ernst war, verspürten wir auch in Leningrad. An der Seekriegsakademie wurde Gefechtsalarm ausgelöst und wir wurden in unsere Aufgaben für den Fall des Ausbruchs eines bewaffneten Konfliktes eingewiesen. Daß wir uns neben den großen Sorgen um den Frieden in der Welt auch ganz persönliche Sorgen um unsere Angehörigen in der DDR machten, kann man sicherlich verstehen. Zum Glück verzogen sich die drohenden Wolken, die sowjetische Führung um Chruschtschow gab nach und es entstand bei uns das fatale Gefühl, daß wohl zu hoch gepokert worden war. Denn aus der Presse war ja nun zu erfahren, daß entgegen offiziellen Verlautbarungen doch sowjetische Mittelstreckenraketen nach Kuba geschickt worden waren. Und vom amerikanischen Zugeständnis, ihre Mittelstreckenraketen aus der Türkei abzuziehen, wurde ja offiziell nichts bekannt. Wir konnten es lediglich als politischen Erfolg der sowjetischen Aktionen verbuchen, daß die USA sich verpflichteten, keine militärische Invasion Kubas durchzuführen.

Im Dezember 1963 beendete unsere Gruppe ihr Studium in Leningrad. In feierlicher Form händigte uns der Chef der Akademie die Diplome aus. Ich erhielt außerdem eine Goldmedaille, denn ich hatte alle Examen mit »Ausgezeichnet« absolviert und damit ein Versprechen eingelöst, das ich meiner Frau vor dem Studium gegeben hatte.
Nach Abschluß der Akademie im Januar 1964 empfing uns der Chef der Volksmarine. Einige Fragen, einige Hinweise, dann erfolgte die Bekanntgabe des Einsatzes. Alle wurden wir in die am 1. Mai 1963 neu geschaffene 6. Flottille versetzt! Kapitänleutnant Bauer als Chef einer Leichten Torpedoschnellbootsabteilung, Kapitänleutnant Hoffmann als Stabschef der Raketenschnellbootsbrigade, Oberleutnant zur See Neumann als Chef einer Torpedoschnellbootsabteilung, Oberleutnant zur See Näckel als Stabschef einer Torpedoschnellbootsabteilung und Oberleutnant zur See Schmidt als Stabschef einer Raketenschnellbootsabteilung. Ich war mit meinem Einsatz zufrieden, auch damit, daß Oberleutnant zur See Schmidt mit mir in die Brigade kam.

In der Raketenschnellbootsbrigade
(1964 bis 1968)

Gemeinsam mit Oberleutnant zur See Schmidt begab ich mich zur Raketenschnellbootsbrigade nach Peenemünde Nord. Sie gehörte zur 6. Flottille, die am 1. Mai 1963 erneut geschaffen worden war. Die Raketenschnellbootsbrigade war aus der Küstenschutzbootsabteilung hervorgegangen, die mit der Indienststellung von 2 in der Sowjetunion gekauften Raketenschnellbooten im Jahre 1962 aufgestellt worden war. Zum Zeitpunkt unserer Versetzung waren 2 weitere Raketenschnellboote eingetroffen, die in den ersten Januartagen den Flaggenwechsel durchführen sollten.

Die Raketenschnellbootsbrigade befand sich also noch in der Phase der Formierung. Sie unterlag besonderen Geheimhaltungsbestimmungen. Das hatte neben etlichen Einschränkungen auch einige Vorteile – einer davon war, daß niemand unangekündigt in das Objekt gelangen konnte. Der Brigadechef war kaum zu überraschen. So war er auch über den Zeitpunkt unseres Eintreffens genauestens informiert und wartete schon auf uns.

Chef der Raketenschnellbootsbrigade war Korvettenkapitän Kurt Lemmer. Er hatte seine Sporen in verschiedenen Dienststellungen der 1. Flottille verdient und am Vorbereitungslehrgang für die Übernahme der Raketenschnellboote sowie des Küstenraketenkomplexes »Sopka« in Baku teilgenommen. Man sagte mit Recht, daß Korvettenkapitän Lemmer ein feines Gespür für jede Situation hatte. Erste Informationen über mich hatte er bereits erhalten – nicht nur die offiziellen, sondern auch die vom Oberleutnant zur See Kurt Festner, Chef der 1. Raketenschnellbootsabteilung, der eine genaue Charakteristik seines ehemaligen Gruppenchefs, des Kapitänleutnants Hoffmann, gegeben hatte. Lemmer soll vor meinem Eintreffen schon die Frage gestellt haben, was er nur mit einem Stabschef anfangen soll, der nicht trinkt und nicht raucht.

Dennoch wurde ich sehr freundlich und aufgeschlossen in der Raketenschnellbootsbrigade aufgenommen. Außerdem war die »Sturm-und-Drang-Zeit« bei den Raketenschnellbooten ohnehin vorbei. Mit der Unterstellung unter die 6. Flottille, dem Eintreffen immer neuer Boote und dem Beginn einer intensiven Ausbildung mußte systematisch und rund um die Uhr gearbeitet werden.

Korvettenkapitän Lemmer stellte uns Neuankömmlinge den Kommandeuren und ihren Stellvertretern vor und machte uns ganz kurz mit der Lage bekannt. Noch am selben Tag konnte ich das Raketenschnellboot Projekt 205 besichtigen. Der Kommandant des Bootes 712, Oberleutnant zur See Scheffter, zeigte mir sein Boot von der Bilge bis zum Topp. Ich begriff, daß ich es mit einer neuen Generation von Kampfschiffen zu tun hatte und daß für mich erneut ein intensives Lernen begann.

Dann übernahm ich meinen Dienst. Oberleutnant zur See Manfred Seiler hatte bisher den Stabschef vertreten. Seine strukturmäßige Dienststellung war die des Offiziers für Raketenbewaffnung. Die Übernahme war kurz. Als ich zum Schluß fragte, ob es irgendwelche offene Termine gibt, die ich beachten müßte, antwortete mir der Oberleutnant Seiler: »Offene Termine gibt es nicht. Wir erfüllen jeden Termin bei der dritten Mahnung.« Diese Einstellung zur Stabsarbeit hat mich natürlich ziemlich erschüttert, ich verkniff mir jedoch einen entsprechenden Kommentar.

Noch am Tage meines Eintreffens versammelte ich die wenigen Angehörigen des Stabes. Nachdem wir uns vorgestellt hatten, forderte ich dazu auf, daß jeder sein Aufgabengebiet kurz skizzierte und jene Dinge darlegte, die aus seiner Sicht den Schwerpunkt der Arbeit bilden sollten. Die meisten Offiziere übten Doppelfunktionen aus. Auf die Dauer war das keine Lösung.

Dann erläuterte ich den Offizieren des Stabes meine Vorstellungen von der Organisation der Arbeit. Wir waren zwar das Führungsorgan des Brigadechefs und auf seine Anordnungen angewiesen, daß jedoch die Ausbildung, die Wartung und Pflege der Technik sowie die Festigung von Ordnung und Disziplin im Mittelpunkt der Stabsarbeit stehen würden, daran gab es für mich keinen Zweifel. Einen besonderen Schwerpunkt bildete natürlich die Arbeit innerhalb des Stabes und sein Wirksamwerden in den Abteilungen.

Schon am nächsten Tag mußte ich die erste Auseinandersetzung zur Pünktlichkeit der Stabsarbeiter führen. Als der Stab um 8.00 Uhr zur Lage eingerückt war, fehlte der Oberleutnant zur See Seiler. Er kam mit 5 Minuten Verspätung. Ich nutzte diesen Anlaß ausgiebig, um meine Vorstellungen von der Bedeutung des Faktors Zeit im Gefecht darzulegen.

Und es sollte noch einen zweiten Anlaß geben. Der Offizier für Kommandantendienst, somit für Disziplin in besonderem Maße verantwortlich, hätte um 8.00 Uhr aus dem Urlaub kommen müssen. Er kam erst zu 13.00 Uhr. Mit dem Donnerwetter, das über ihn ergangen ist, hatte er sicherlich nicht gerechnet. Die Frage der Pünktlichkeit glaubte ich somit schon am zweiten Tag meines Dienstes in der Raketenschnellbootsbrigade geklärt zu haben.

Dann ging ich daran, mich um die Auffüllung des Stabes mit Personal zu kümmern. Für einige Dienststellungen waren die Versetzungen bereits befohlen, aber noch nicht vollzogen. Hier versuchte ich über Korvettenkapitän Lemmer Druck auszuüben. Dabei hatten wir Erfolg. Andere Dienststellungen füllte ich aus den Reihen der Offiziere auf, deren Boote noch nicht eingetroffen waren.

Sehr großes Augenmerk wurde, wie bereits gesagt, der Geheimhaltung geschenkt. Dazu gab es ganz detaillierte Festlegungen. In der Raketenschnellbootsbrigade diente ohnehin ausgesuchtes, überprüftes und den Sicherheitsforderungen entsprechendes Personal. Der Hafen Peenemünde-Nord konnte außerdem nur durch einen dafür zugelassenen Personenkreis betreten werden und um den Hafen herum gab es Signaleinrichtungen, die Alarm auslösten, wenn sich ein Hase oder ein Fuchs darin verfing.

Die Boote lagen so im Hafen, daß man sie hinter den schwimmenden Stützpunkten nicht sehen konnte. War das Ein- oder Auslaufen eines Zivilschiffes im Hafen Wolgast angekündigt, wurden besondere Tarnmaßnahmen befohlen, wie zum Beispiel, einen schwimmenden Stützpunkt vor die Hafeneinfahrt von Peenemünde zu legen.

Auch das Auslaufen der Boote war mit besonderen Sicherheitsvorkehrungen verbunden. Das Seegebiet, in dem die Ausbildung durchgeführt werden sollte, wurde vorher durch Schiffe abgesucht und anschließend durch diese gesichert. Während der Ausbildung durften die Radaranlagen nicht im Gefechts-, sondern nur im Navigationsregime arbeiten. Bei größeren Überfahrten, wie zum Beispiel zum Raketenschießen, liefen die Raketenschnellboote im Funkmeßschatten anderer Schiffe, solange sie sich im Auffassungsbereich von Radarstationen der NATO-Staaten befanden. Raketeübernahmen wurden ausschließlich nachts durchgeführt.

Wie wirksam diese Maßnahmen der Geheimhaltung waren, vermag ich nicht einzuschätzen. Sie wurden dann mit der Zeit gelockert. Erzieherisch hatten sie eine große Bedeutung, bereiteten uns jedoch viele Unannehmlichkeiten.

Davon mußte ich mich schon bald überzeugen. Ein Offizier meines Stabes hatte gegen die Geheimhaltungsbestimmungen verstoßen und ich hatte es unterlassen, dem Chef der 6. Flottille das zu melden.

Wenn etwas passiert, überprüft wohl jeder Kommandeur erst einmal, wem das Vorkommnis gemeldet werden muß. Das hatte ich auch getan. Jedoch gab es unterschiedliche Auslegungen. Der Versorgungsoffizier meinte, ich müsse nach oben melden. Der zuständige Fachoffizier bewies mir aber anhand des Befehls 113/63, auch »Bolzenfibel« genannt, daß eine Meldepflicht nicht bestehe. Ich bestrafte daher den Offizier, der das Vorkommnis verursacht hatte. Auch von der SED-Grundorganisation wurde eine Parteistrafe ausgesprochen. Dem Brigadechef, der in Urlaub war, meldete ich das Vorkommnis. Er war der Meinung, daß alles richtig gehandhabt wurde.

Die Meldung über die Parteistrafe, die in der Politabteilung der 6. Flottille einging, brachte jedoch eine Lawine ins Rollen, eine große Untersuchungskommission befaßte sich mit dem Ereignis. Im Vordergrund der Untersuchung stand nicht mehr der Verstoß gegen die Geheimhaltung, sondern die unterlassene Meldung. Es hat dabei nicht interessiert, daß ich erst einen Monat in der Dienststellung war und noch nicht alle Befehle über die Raketentechnik und ihre Sicherung kennen konnte.

Es kam ein Befehl über die Auswertung des Vorkommnisses. Der Chef der Raketenschnellbootsbrigade, der Leiter der Politabteilung und der Stabschef wurden mit einem strengen Verweis bestraft. Die von mir ausgesprochene Strafe wurde aufgehoben, der Verursacher des Vorkommnisses wurde degradiert.

Korvettenkapitän Hartmann, der mich auf die Meldepflicht hingewiesen hatte, war fein raus. Er wurde als Vorbild an Wachsamkeit hingestellt und in die Parteikontrollkommission der Flottille gewählt. Mich hat die ganze Angelegenheit mächtig gewurmt, viele Nächte habe ich kaum geschlafen.

Während der Zeit der Untersuchung des besonderen Vorkommnisses fand zu allem Überfluß auch noch in Peenemünde, auf der schwimmenden Führungsstelle des Chefs der Volksmarine, ein zweiseitiges Spiel auf Karten unter Leitung des Chefs des Stabes der Volksmarine statt. Als jüngster der teilnehmenden Kommandeure und Stabschefs war ich als Chef der Stoßkräfte eingesetzt. Nach Abwehr der ersten Schläge des Gegners von See hatte ich mit den Schiffsstoßkräften offensiv in der Kieler Bucht zu handeln. Die Unterstützung durch Fliegerkräfte war nicht vorgesehen.

Ich war nicht nur durch die mir zugewiesene Dienststellung überfordert, sondern auch durch den zweiten Teil der Aufgabenstellung, ohne Unterstützung durch Fliegerkräfte in die Kieler Bucht einzudringen. Während der Entschlußfassung pendelte ich zwischen der Untersuchungskommission und meinem Stab, der aus den jungen Offizieren des Brigadestabes bestand, hin und her. An beiden Stellen habe ich tüchtige Schläge bezogen.

Sehr enttäuscht war ich vom Verhalten einiger älterer Offiziere des Kommandos der Volksmarine, die uns in der Entschlußfassung unseren Entschluß zerredet haben und uns einen anderen Entschluß einredeten, mit dem wir dann prompt durchgefallen sind. Sie hatten aber nicht das Kreuz, vor dem Chef der Volksmarine zu bekennen, daß sie uns diese Variante eingeredet hatten. Die Ratgeber waren immerhin höchste Offiziere des Kommandos der Volksmarine. Allerdings hatten wir in der zweiten Etappe des Spiels die Genugtuung festzustellen, daß unsere Ratgeber das Spiel auch nicht besser beherrschten. Das Vergnügen, das ich darüber empfand, hat mir sehr gut getan.

Nicht wenig Sorgen hatten wir 1964 mit unserem Hafen Peenemünde-Nord. Dieser kleine Hafen verfügte nicht über die Voraussetzungen, um ständig eine Raketenschnellbootsbrigade aufnehmen zu können. Das Hauptproblem bestand in der Wasserversorgung und in der Entsorgung. Im Sommer wurde das Wasser mit Tankern, im Winter mit Wasserwagen gebracht. Wasser war ständig rationiert, an Duschen war gar nicht zu denken. Manchmal konnte auch für das Waschen kein Wasser bereitgestellt werden. Für Müll und Drank wurden Gruben ausgehoben. Aber was sollte mit den Fäkalien passieren, wenn die Wohnschiffe im Winter nicht herausgeschleppt werden konnten?

Auch die Transportfragen für den Personalbestand waren unzureichend geklärt. Zwar war die 1. Flottille für die Versorgung der Raketenschnellbootsbrigade zuständig und die Führung der Flottille unter Kapitän zur See Elmenhorst zeigte viel Verständnis. Aber sie hatte mit sich selbst zu tun und war ganz einfach überfordert.

So führten wir jeden Tag einen Kampf ums Überleben. Man kann sich vorstellen, daß die Moral der Truppe dadurch gelitten hat. Gerade das Fehlen von Wasser wirkt sich ja in allen Lebensbereichen aus. Wenn man dabei bedenkt, daß hier lauter junge Männer waren, die in der Freizeit viel Sport trieben und auch am Tage schmutzige Arbeit an Kampftechnik und Bewaffnung zu verrichten hatten, kann man sich den miserablen Zustand der Hygiene und die entsprechende Stimmung vorstellen.

Im Mai 1964 stand eine große Aufgabe bevor – das erste taktische Schießen von Übungsraketen. Es war im Ausbildungsbefehl festgelegt, daß die Boote 711 und 712 auf dem sowjetischen Polygon je eine Übungsrakete schießen sollten.

Ich beriet mit den Stabschefs der Abteilungen, wie wir uns darauf vorbereiten könnten. Wir kamen zu der Variante, daß sich jene Besatzungen, die das Raketenschießen durchführen mußten, voll auf die Ausbildung und die Wartung und Pflege der Technik konzentrieren und daß diejenigen Besatzungen, deren Boote noch nicht eingetroffen waren, die Aufgaben der Sicherstellung und der Sicherung des Nordhafens für die 1. Raketenschnellbootsabteilung mit zu übernehmen hatten.

Der vom Stab erarbeitete Plan zur Vorbereitung des 1. Raketenschießens hat sich bewährt. Er konnte vollinhaltlich erfüllt werden und sowohl die Besatzungen der Boote als auch die Angehörigen der Technischen Abteilung und die Kontrolleure erhielten bei der Zulassung zum Raketenschießen die Note »sehr gut«.

Trotzdem traten wir die Überfahrt zum Raketenschießen in den sowjetischen Stützpunkt Baltisk mit großem Herzklopfen an, denn die Liste der Gäste war lang: Offiziere des Stabes der Flottille, des Kommandos der Volksmarine und auch der Lehreinrichtungen.

Eingelaufen zum Raketenschießen waren auch polnische Raketenschnellboote der 3. Stoßflottille. Leiter des Raketenschießabschnittes war der 1. Stellvertreter des Chefs der Baltischen Flotte, Admiral Michailin.

Unser unmittelbarer Partner in Baltisk war die dortige Raketenschnellbootsbrigade. Sie trug 1964 und auch in den folgenden Jahren die Hauptlast der Arbeit. Die Kommandanten und das schießende Personal der Boote sowie die Kontrolleure unterzogen sich in der Lehrbasis der sowjetischen Raketenschnellbootsbrigade in Baltisk nochmals einer Überprüfung. Die Raketen wurden von Bord genommen und in der sowjetischen Technischen Abteilung überprüft. Kontrolliert wurden auch die Bordkomplexe und die Justierung.

Nach einem Training in See zum Vertrautmachen mit der Lage der Scheiben und der Organisaion des praktischen Schießens fand am 11. Mai 1964 der erste Start einer Übungsrakete von einem deutschen RS-Boot des Projektes 205 statt. Er wurde vollzogen vom Boot 711. Kommandant des Bootes war Oberleutnant zur See Kolditz. Er hatte auch den ersten scharfen Gefechtstorpedo der Volksmarine geschossen. Kolditz gebührt deshalb in der Geschichte der Volksmarine ein besonderer Platz.

Ich befand mich auf dem Boot 712, konnte in der Dwarslinie laufend und auf Parallelkurs liegend den Start der Rakete beobachten. Es war ein imposanter Anblick, den ich gewiß nicht vergessen werde. Dann schoß auch das Boot 712. Beide Raketen waren Volltreffer im Körper der Scheibe. Auch die polnischen Raketenschnellboote hatten getroffen und die Einschätzung »ausgezeichnet« erhalten.

Natürlich spielte der erste erfolgreiche Raketenschießabschnitt in der Volksmarine eine große Rolle. Es gab Beförderungen, Auszeichnungen und Prämierungen und auch dem mit einem strengen Verweis bestraften Offizier wurde die Strafe gestrichen. Der Chef der Brigade, Korvettenkapitän Lemmer, war ein gefragter Partner und Redner. Damals fanden gerade Wahlen in der SED statt. Auf den Delegiertenkonferenzen der Parteiorganisation in der 6. Flottille und in der Volksmarine trat Korvettenkapitän Lemmer als Diskussionsredner auf, meldete den Erfolg des Schießens und überreichte Splitter der Raketen.

Der Erfolg beim ersten Raketenschießen hätte genutzt werden müssen, um einen Aufschwung in der gesamten Brigade zu erreichen. Das ist uns leider nicht gelungen. Die Besatzungen, die nicht am Schießen teilgenommen hatten, wurden nicht genügend in die Arbeit einbezogen und das sollte sich noch rächen.

Während der Vorbereitung des Raketenschießabschnittes lernte ich den Stabschef der 1. Raketenschnellbootsabteilung, Oberleutnant zur See Grießbach, näher kennen. Grießbach war 1959 zum Offizier ernannt worden, hatte danach ein Jahr in der Produktion gestanden und war ab 1959 Kommandant und Gruppenchef von TS-Booten gewesen. An dem Lehrgang in Baku hatte er nicht teilgenommen, sich aber schnell die notwendigen Kenntnisse über Technik und Taktik der Raketenschnellboote angeeignet. Grießbach war schon damals ein sehr sachlicher, nüchtern denkender Offizier. Außerdem war er immer bescheiden im Auftreten und ein sehr guter Erzähler.

Das Ausbildungsjahr hielt noch weitere Höhepunkte bereit. Nachdem es schon im Jahre 1963 zu einem Zusammenwirken zwischen RS- und TS-Booten gekommen war, wurde im Sommer 1964 damit begonnen, den gemeinsamen Einsatz in einer gemischten Schlaggruppe durchzuarbeiten. Die Torpedoschnellboote hatten dabei die taktische Aufklärung im Interesse des Raketenschlages durchzuführen und mit einem Torpedoschlag den Erfolg des Raketenschlages auszuweiten.

Der gemeinsame Einsatz beider Bootstypen ist an sich unkompliziert. Trotzdem erforderte er die Schaffung entsprechender Voraussetzungen. Dazu gehörten ein hoher Ausbildungsstand der Besatzungen der Torpedoschnellboote und ihr Verständnis für die Besonderheiten des Einsatzes der RS-Boote, in deren Interesse sie die Aufklärung durchführen mußten, sowie auch die erforderlichen Nachrichtenverbindungen und Schlüsselmittel. 1964 war noch zu berücksichtigen, daß die Raketenschnellboote die Funkmeßstation immer noch nicht im Gefechtsregime schalten durften.

Zur Führung der Schiffsschlaggruppe im Bestand der RS- und TS-Boote entfaltete der Flottillenchef, Fregattenkapitän Hesse, seinen Gefechtsstand auf einem Raketenschnellboot. Während dieser Ausbildungsmaßnahme führten wir zwei Schläge, einen der Flottillenchef und einen sein Stabschef, Korvettenkapitän Heinecke. Ob sie beide mit den Ergebnissen zufrieden waren, vermag ich nicht zu sagen, sie gingen jedenfalls ziemlich schnell und ohne etwas zu sagen von Bord.

Während der Überfahrt in das Gebiet der Handlungen nahm sich der Flottillenchef die Zeit, mit mir ein längeres Gespräch über die Arbeit eines Stabschefs zu führen. Er hatte vor dem Besuch der Seekriegsakademie bereits als Stabschef von Einheiten und auch im Stab einer Flottille Dienst getan. Nach Abschluß der Akademie hatte er als Stabschef der 1. Flottille gearbeitet und auch die 6. Flottille als Stabschef mit aufgebaut. Er wußte also, worüber er sprach. Was er nicht wissen konnte, war die Tatsache, daß ich sehr bald sein unmittelbarer Untersteller werden und das zwei Jahrzehnte lang bleiben sollte.

Charakterlich sind wir sehr unterschiedlich veranlagt und hatten auch so manche Auseinandersetzung. Trotzdem haben wir einander ausgezeichnet verstanden und uns ergänzt. Ich habe von Admiral Hesse in den verschiedensten Dienststellungen eine Menge lernen können. Als junger Brigadechef war es vor allem die komplizierte Arbeit und die analytische Tätigkeit, zu der er uns anhielt. Er hat uns aber auch die Hartnäckigkeit demonstriert, mit der man Ziele verfolgen muß.

Gustav Hesse sprühte stets vor Ideen. Ich habe ihn darin meist bestärkt. Es hatte ohnehin keinen Zweck, ihm eine Idee ausreden zu wollen, denn dann wurde er noch besessener auf ihre Realisierung. Das war nicht immer einfach. Aber auch Admiral Hesse hat sich in der Arbeit niemals geschont.

Persönlich war Hesse immer ein angenehmer Partner, sehr offen und ehrlich. Mit seiner Meinung hat er nie hinter dem Berg gehalten. Hinzu kamen seine Hilfsbereitschaft und seine ausgesprochene Geselligkeit. Er war ein lustiges Haus und griff schnell einmal zur Gitarre.

Im militärischen Leben ergibt es sich manchmal so, daß man die Rollen tauscht. So geschah es auch mit uns. Als ich Chef der Volksmarine wurde, war Vizeadmiral Hesse noch ein Jahr lang mein Stellvertreter für Ausbildung. Wir haben auch in diesen Dienststellungen gut zusammengearbeitet, bis er am Ende des Jahres 1988 invalidisiert wurde.

Das erste Jahr nach Abschluß der Seekriegsakademie hatte ich nun überstanden, das erworbene Wissen gut anwenden können. Als Korvettenkapitän Lemmer am Ende des Jahres 1964 zum Besuch der Militärakademie delegiert wurde, wurde ich als Chef der Raketenschnellbootsbrigade eingesetzt.

Ich sage es ehrlich, mir war es noch etwas zu früh. Mit meinen 29 Jahren kam ich mir noch ziemlich grün vor. Ich hätte es auch als günstig angesehen, wenn ein älterer, in der Volksmarine bekannter Offizier Chef der Raketenschnellbootsbrigade geworden wäre, denn die Probleme der Formierung der Brigade und ihrer Sicherstellung waren noch riesig, ihre Lösung erforderte umfangreiche Kontakte und auch gute Beziehungen. Darüber aber verfügte ich natürlich noch nicht. Außerdem gehörte die Raketenschnellbootsbrigade zu den modernsten und wichtigsten fahrenden Einheiten. Dennoch war die Entscheidung gefallen und nun hieß es erst einmal wieder, die Arme durchzuschlagen.

Die Übergabe und Übernahme der Dienstgeschäfte verlief problemlos. Das ist wohl meistens so, wenn ein Stabschef von seinem Chef die Dienstgeschäfte übernimmt. Für

Korvettenkapitän Lemmer war es wahrscheinlich nicht so einfach, denn er mußte eine Brigade verlassen, an deren Schaffung er ganz wesentlich beteiligt war. Viel Zeit, Kraft und Nerven hatte er investiert.

Zur 6. Flottille, deren Stab auf Stubbenkammer untergebracht war, gehörten damals außer der Raketenschnellbootsbrigade noch die Landungsschiffsbrigade, die Küstenschutzschiffbrigade, die Torpedoschnellbootsbrigade, die Leichte Torpedoschnellbootsbrigade sowie die Stützpunkt Saßnitz und Bug (letzterer befand sich noch im Aufbau) und einige kleinere Einheiten.

Gleichzeitig mit mir waren auch der Chef der TS-Brigade, Korvettenkapitän Poller, und der Chef der LTS-Brigade, Korvettenkapitän Schwock, neu in ihre Dienststellungen eingesetzt worden.

Anläßlich meines Einsatzes als Chef der Raketenschnellbootsbrigade war ich vorzeitig zum Korvettenkapitän befördert worden. Ich hatte mir als junger Offizier immer vorgenommen, es einmal bis zum Kapitänleutnant zu bringen, das war für mich der prägnanteste Dienstgrad eines Marineoffiziers auf fahrenden Einheiten.

Als ich dann Kapitänleutnant war, konnte ich schon damit rechnen, dereinst einmal Korvettenkapitän zu werden. Für diesen Fall hatte ich mir vorgenommen, nur noch im weißen Hemd zu gehen. Ich glaube, ich habe schon nach 2 Tagen wieder von dieser Idee Abschied genommen.

Auch andere Offiziere der Brigade waren in neue Dienststellungen eingesetzt worden. Stabschef war mein alter Bekannter aus der 6. TS-Abteilung und Zimmernachbar aus Leningrad, Kapitänleutnant Siegmar Thieme, geworden, Leiter der Politabteilung der Kapitänleutnant Helmut Käppler. Die Chefs der Raketenschnellbootsabteilungen waren Oberleutnant zur See Manfred Breite in der 1. RS-Abteilung, Kapitänleutnant Hans Schmidt in der 3. RS-Abteilung und Kapitänleutnant Hans Tietze in der 5. RS-Abteilung.

Zur Raketenschnellbootsbrigade gehörte auch noch die Technische Abteilung, deren Kommandeur Kapitänleutnant Dieter Ebert war. Diese Abteilung war von Schwarzenpfost bei Rostock nach Tilzow auf der Insel Rügen, unweit von Bergen, verlegt worden.

Im Ausbildungsjahr 1964/65 galt es, die Formierung der Brigade mit der Auffüllung der 5. RS-Abteilung abzuschließen, die Raketenschnellbootsbrigade voll in das System der Gefechtsbereitschaft einzubeziehen und mit 4 Booten am Raketenschießen teilzunehmen. Außerdem stand uns die gemeinsame Übung mit Schnellbootskräften der Baltischen Flotte der UdSSR und der Polnischen Seekriegsflotte bevor. Auch die Verlegung der gesamten Brigade in den Stützpunkt Bug gehörte zu den Schwerpunkten des Jahres 1965.

Neben den geplanten Maßnahmen gibt es in jeder Armee eine ganze Reihe von Überraschungen. So eine Überraschung sollte uns schon zu Beginn des neuen Ausbildungsjahres treffen. In der Brigade erfolgte eine Kontrolle durch die Sicherheitsabteilung des Zentralkomitees der SED. Etliche Mitarbeiter dieser Kontrollgruppe waren Offiziere, die das Leben in der Truppe, auch bei den Seestreitkräften, kannten. Sie gingen tatsächlich an die Basis, haben tagelang mit den Angehörigen der Raketenschnellbootsbrigade gesprochen und diese haben ihre Probleme offen auf den Tisch gelegt. Matrosen und Unteroffiziere, das ist meine Erfahrung, sagten ihre Meinung eigentlich immer unverblümt. Viele Beschwerden drehten sich um die miserablen Dienst- und Lebensbedingungen in der Brigade. Es ging auch um die Freizeitgestaltung, das Zusammenleben an Bord und den Umgangston.

Der gute Ruf der Brigade nach dem Raketenschießen war damit erst einmal hin. Es gab sehr viel Kritik an der Führung der Brigade. Gelobt wurden wir nur für unsere Handlungen während einer Übung, an der wir in dieser Zeit teilnahmen, und für die Führungskonzeption des Brigadechefs, wobei es zu dieser Konzeption eine ganze Reihe von Verbesserungsvorschlägen gab. Vieles was kritisiert wurde, habe ich anerkannt, anderes habe ich nicht akzeptiert. Ich war z. B. überhaupt nicht damit einverstanden, maritimes Brauchtum – wie das Seite pfeifen – aus dem Leben der Brigade zu verbannen, oder eine Ordnung an Bord abzuschaffen, die es in allen Flotten der Welt gibt. Das habe ich auch nicht getan, und mich auch in späteren Dienststellungen immer wieder für die Pflege des maritimen Brauchtums eingesetzt. Bei uns blieb es beim »Backen und Banken«.

Im Ergebnis der Kontrolle wurde der Leiter der Politabteilung von seiner Funktion entbunden und in eine andere Dienststellung eingesetzt, da die höheren Partei- und Politorgane wohl der Meinung waren, er habe sich nicht genug eingesetzt, um die Mißstände ohne Ansehen der Person anzuprangern, falsches Verhalten in den Beziehungen der Armeeangehörigen zu beseitigen und die »Moral der Truppe« zu heben.

Auch mich hätte wohl dieses Schicksal ereilt, wenn ich nicht gerade neu in der Dienststellung eingesetzt worden wäre. An dieser Stelle sei gesagt, daß der abgelöste Leiter der Politabteilung, Kapitänleutnant Helmut Käppler, wahrscheinlich nicht so stark in der Menschenführung, wohl aber ein fleißiger und befähigter Stabsarbeiter und Lehroffizier war, der später erfolgreich im Kommando der Volksmarine wirkte.

Nach der Kontrolle wurden auf allen Kommandoebenen Verbesserungen angestrebt, besonders in der Versorgung und Sicherstellung. Der Chef der Volksmarine überzeugte sich persönlich vom Fortgang der Dinge. Er konnte zwar feststellen, daß hinsichtlich der Ausbildung sowie der militärischen Disziplin und Ordnung Fortschritte erreicht wurden, zeigte sich jedoch äußerst unzufrieden, daß auf Parteiversammlungen immer noch über mangelnde Ausrüstung mit Leinen, Fendern, Matten und Putzlumpen diskutiert wurde. Aber so war das Leben, und ein Mangel ist ja nicht dadurch beseitigt, daß man nicht mehr darüber spricht.

Nach etwa 2 Monaten wurden der amtierende Leiter der Politabteilung, Oberleutnant zur See Brosch, und ich in die Sicherheitsabteilung des ZK bestellt, um über erreichte Ergebnisse in Auswertung der Kontrolle zu berichten. Wir haben die Ergebnisse so dargelegt, wie sie bis dato waren, hatten unseren Bericht mit den Vorgesetzten jedoch nicht abgestimmt, was nur meiner geringen Erfahrung zugeschrieben werden kann. Jahre später hätte mir das nicht mehr passieren können. Es war nahezu gesetzmäßig, daß ich in der Folgezeit deshalb große Scherereien bekommen mußte.

Wenige Tage nach der Berichterstattung im ZK traf der Chef der Rückwärtigen Dienste der Volksmarine in der Raketenschnellbootsbrigade ein, um meinen Bericht mit mir und dem Versorgungsoffizier der Brigade, Leutnant Echtermeyer, auszuwerten. Wir hörten eine Schimpfkanonade, die ihresgleichen suchte. Leutnant Echtermeyer war erschüttert. Er hatte nicht angenommen, daß er das überlebt. Auch der Flottillenchef war mit der Berichterstattung unzufrieden. Mir wurde bedeutet: noch ein solcher kritischer Bericht, und meine dienstliche Entwicklung sei abgeschlossen. Trotzdem war sicherlich allen Verantwortlichen klar geworden, daß die Probleme der Raketenschnellbootsbrigade im Nordhafen Peenemünde nicht gelöst werden konnten.

Neuer Leiter der Politabteilung wurde Oberleutnant zur See Manfred Bischoff. Er kam aus der Jugendarbeit, war FDJ-Sekretär gewesen. Begeistert war er nicht gerade von einer Brigade, die im schlechten Ruf stand und deren Leiter der Politabteilung abgelöst worden war. Er hat mir auch später gestanden, daß er sich gefragt habe, wie er nur mit diesem griesgrämigen Brigadechef auskommen sollte. Bald habe er sich jedoch davon überzeugt, daß Korvettenkapitän Hoffmann gar kein Trauerkloß war und nach dem Motto lebte: Wer seinen Matrosen keinen anständigen Witz erzählen kann, sollte nicht Kommandeur werden.

Oberleutnant Bischoff fand sich schnell zurecht. Nur selten traf man ihn in seiner Kammer hinter dem Schreibtisch an. Meistens war er bei den Offizieren, Unteroffizieren und Matrosen an Bord. Er kannte die Matrosen und er machte auf die Vorgesetzten Druck, damit ihre Probleme gelöst werden. Manchen Vorgesetzten war er zu kritisch, manchen zu optimistisch. Während einer Inspektion wurde die Bewußtseinsanalyse, die er vortrug, bemängelt. Nach Abschluß der Inspektion wurde das Urteil über die Bewußtseinsanalyse zwar nicht zurückgenommen, jedoch zugegeben, daß sich die Truppe in einem »außerordentlich guten politisch-moralischen Zustand« befinde.

Heute hört man viele negative Meinungen über die Mitarbeiter der Politorgane. Ich kann in diese pauschale Verurteilung nicht einstimmen, obwohl ich selber die Auflösung der Politorgane im Zuge der Militärreform befohlen habe. Die Mehrheit der Politarbeiter in der Truppe stand ihren Mann, wenn es darum ging, schwierige Aufgaben zu meistern und sich um die Sorgen der Armeeangehörigen zu kümmern. Die meisten von ihnen hatten auch eine normale militärische Offiziersausbildung erhalten und bemühten sich darum – ob als Diensthabender oder als Stellvertreter der Kommandeure – auch in der Ausbildung und im Gefechtsdienst ihren Mann zu stehen, beschränkten sich nicht auf die Anleitung der politischen Schulung, der Kulturarbeit, der Arbeit der Partei- und FDJ-Grundorganisationen.

Es gab auch nicht wenige Politarbeiter, die sich engagiert an die Spitze der Veränderungen gestellt haben, die mit der Wende in der DDR auch in der Nationalen Volksarmee vollzogen wurden.

Andererseits hat es nicht nur in den höheren Politorganen, sondern auch in der Truppe Politarbeiter gegeben, die unbeliebt waren, sich dogmatisch verhielten, keine andere als die offizielle Meinung gelten ließen. Auch in der NVA hatte der Druck des Apparates auf die SED-Mitglieder an der Basis in der letzten Zeit zugenommen.

Im Jahre 1965 wurde die Raketenschnellbootsbrigade voll in das System der Gefechtsbereitschaft einbezogen. Die Pläne der Überführung in höhere Stufen der Gefechtsbereitschaft wurden erarbeitet und monatlich in Trainings überprüft. In Verbindung damit wurde der Einhaltung der befohlenen Normen sehr große Aufmerksamkeit geschenkt. Wir hatten immer davon auszugehen, im Falle eines überraschenden Überfalls auf die DDR – und damit rechneten wir – schnell die Kampfhandlungen aufnehmen zu können.

Von den vielen Normen, die im Mittelpunkt des Trainings standen, möchte ich besonders die Raketenübernahme nennen. Trainiert wurde mit einer selbstgefertigten »Modellrakete«, der »Lemmer I«. Den Namen hatte sie nach dem ersten Chef der Raketenschnellbootsbrigade bekommen. Die Beladung war sehr umständlich: Antransport des Verladegerüstes, Anschlagen und Aufsetzen der Rakete auf das Verladegerüst, Anschlagen einer Leine an die Traverse der Rakete sowie Führen derselben zum Ankerspill und Fieren der Rakete in den Hangar. Nachdem die Rakete im Hangar war, wurde die Vorstartkontrolle durchgeführt. Wenn diese »klar« zeigte, konnte das Verladegerüst abgenommen werden. Beim Aufsetzen des Verladegerüstes und der Rakete wurde an beide Elemente Leinen angeschlagen, mit denen die Besatzung sehr sorgfältig arbeiten mußte, damit weder Menschen noch Technik beschädigt werden.

Die erste Norm für die Übernahme der Rakete betrug 45 Minuten. Bei der Übernahme von 4 Raketen mußte das Raketenschnellboot gedreht werden und auch der Kran für jede Rakete neu ausgerichtet werden. Als Schwierigkeit kam hinzu, daß fast jedes Raketenschnellboot seine eigenen Übernahmegerüste benötigte, da die Gerüste unterschiedlich angepaßt waren. In jeden Hafen, in dem ein Ausrüsten mit Raketen erfolgen sollte, mußten die entsprechenden Gerüste transportiert werden. Eine ständige Aufbewahrung der Verladegerüste in der Technischen Abteilung war ebenfalls nicht opportun, da dann ein Training der Übergabe der Raketen im Stützpunkt schwer möglich gewesen wäre.

Im Hafen Gager erfolgte erstmalig die Übergabe von 4 Raketen an ein Raketenschnellboot. Die Übergabe war wirklich gut vorbereitet. Die theoretisch ermittelte Norm konnte trotzdem nicht erreicht werden. Am Tage der Ausrüstung war starker Wind und es gelang nicht, das Boot in der vorgesehenen Zeit zu drehen, die Übernahme dauerte 4 Stunden. Später wurde in der Volksmarine ein Verladegerüst entwickelt, das ständig mitgeführt werden konnte. In Verbindung mit neuen Kranen, die einen Ausleger hatten, was die Übergabe an beiden Bordseiten ermöglichte, ohne daß das Boot gedreht werden mußte, konnte die Norm für die Ausrüstung eines Bootes unter eine Stunde gesenkt werden. Die Gesamtnorm für die Herstellung der Gefechtsbereitschaft aller Raketenschnellboote konnte dadurch um etwa 50 Prozent reduziert werden. Diese Neuerung fand später auch Eingang in andere Flotten, die über Raketenschnellboote des Projektes 205 verfügten.

Noch eine Neuerung sollte wesentlich zur Erhöhung des Gefechtswertes der Raketenschnellboote beitragen. Sie ist zwar erst Anfang der siebziger Jahre eingeführt worden, aber auch sie war interessant für andere Flotten. Spezialisten der Volksmarine hatten die Zeit für die Vorstartkontrolle wesentlich verkürzt. Das hatte große Bedeutung im »Kampf um die erste Salve«, der nach Einführung von Raketenschnellbooten in den Bestand der NATO-Flotten im Ostseeraum mindestens auf dem Gebiet der Gefechtsausbildung zwangsläufig entbrennen mußte.

Vollkommen überraschend tauchten eines Nachts Offiziere des Stabes der 6. Flottille in Peenemünde-Nord auf, um die Gefechtsbereitschaft zu überprüfen. Die Raketenschnellbootsbrigade hatte zum damaligen Zeitpunkt schon 9 Raketenschnellboote im Bestand. Die 1. und 3. Raketenschnellbootsabteilung waren voll aufgefüllt und die 5. Raketenschnellbootsabteilung befand sich im Aufbau. Die 1. Raketenschnellbootsabteilung gehörte zum Kampfkern und die 3. Abteilung zur Kampfreserve. Sie hatte die Aufgabe B-1 zwar schon abgelegt, aber mit der Durcharbeitung der Aufgabe B-2 in See noch nicht begonnen, denn die Eisperiode war gerade beendet.

Wie bei Überprüfungen der Gefechtsbereitschaft schon gewohnt, entscheiden die ersten Minuten den weiteren Verlauf. Vom Diensthabenden hängt sehr viel ab. Handelt er richtig, ist schon vieles »im Topf«. Da kaum einer der Berufssoldaten am Standort eine Wohnung hatte, waren der Brigadechef, der Stabschef der Brigade und zwei von drei Abteilungschefs anwesend und konnten die Führung sogleich übernehmen. Alarmierung der Brigade, Benachrichtigung der wenigen Armeeangehörigen, die in Peenemünde und Umgebung wohnten, See- und Gefechtsklarmachen, Verstärkung der Sicherung und der Abwehrbereitschaft des Hafens Peenemünde-Nord, darauf kam es nun ganz besonders an.

Dann wurde der Gefechtsbefehl übergeben. Er sah für den Chef der Brigade und den Stab die Entschlußfassung zur Erfüllung einer taktischen Aufgabe, für die 3. Raketenschnellbootsbrigade die Einnahme eines Bereitschaftsraumes in See, die Durchführung eines Raketenschlages auf eine »gegnerische« Kriegsschiffsgruppe und das Anlaufen eines Hafens zur Wiederherstellung der Gefechtsbereitschaft vor. Die 1. Raketenschnellbootsabteilung sollte Ausbildung im Hafen durchführen, verbunden mit der Abnahme der Normen.

Wir staunten nicht schlecht, daß die 3. Raketenschnellbootsabteilung – in der Kampfreserve – eine solche komplizierte Aufgabe erhielt. Sie hatte an sich noch nicht den Ausbildungsstand, eine solche Aufgabe zu erfüllen. Die Kommandanten hatten ihre Boote vor nicht langer Zeit übernommen und das recht komplizierte Fahrwasser Peenemünde wohl mit anderen Booten, aber mit Raketenschnellbooten bisher nur am Tage und nur unter Anleitung befahren. Nun sollten sie erstmalig auf sich allein gestellt auslaufen, und das auch noch nachts! Wir rätselten, welche komplizierte Aufgabe wohl dann die 1. Raketenschnellbootsbrigade noch zu erfüllen haben würde.

Ich intervenierte jedoch nicht gegen die Aufgabenstellung an die 3. Raketenschnellbootsabteilung, denn ich wußte von einem früheren Vorfall, daß der erste Chef der Torpedoschnellbootsbrigade im Rahmen einer Übung wegen Sturm mit den Torpedoschnellbooten wieder eingelaufen war und nicht am Schlag teilgenommen hatte, wofür er gemaßregelt wurde. Dieses Schicksal wollte ich nicht teilen.

Nun vertraute ich, was den Einsatz der 3. Raketenschnellbootsabteilung betraf, auf meinen Freund und Studiengefährten Kapitänleutnant Hans Schmidt und auf die Kommandanten der Boote, die Oberleutnante Berger, Schreiber, Pietsch und Hofmann.

Sie haben die gestellte Aufgabe mit hoher Einsatzbereitschaft erfüllt. Unmittelbar nach dem Einlaufen wurde ihnen die Berechtigung zum selbständigen Führen eines Raketenschnellbootes zuerkannt. Allerdings verlief der Einsatz nicht ganz ohne Zwischenfälle. Schon im Peenefahrwasser war auf dem Boot 732, Kommandant Oberleutnant zur See Pietsch, die Ruderanlage ausgefallen. Der Obermaat Friedrich Reuter, Bootsmann des Bootes, bediente bis kurz vor der Ansteuerungstonne Libben das Notruder. Damit vollbrachte er auch eine große körperliche Leistung.

Natürlich hat es kritische Bemerkungen seitens der Kontrolloffiziere gegeben. Aber diese waren vollkommen unberechtigt. Es hat sich dann nämlich herausgestellt, daß ein Mitarbeiter des Stabes die 3. mit der 1. Raketenschnellbootsabteilung verwechselt hatte und uns somit in eine recht gefährliche Situation brachte.

Die 3. Raketenschnellbootsbrigade war nach Erfüllung der Aufgabe in den Hafen Bug-Dranske eingelaufen, hatte an Pier 4 festgemacht und damit den neuen Stützpunkt belegt. Nach der telefonischen Festmeldung des Abteilungschefs beglückwünschte ich Kapitänleutnant Schmidt und bedankte mich bei allen Angehörigen der Abteilung.

Mein Freund Hans Schmidt hat sich auch später immer wieder als ein sehr umsichtiger Kommandeur erwiesen. Nicht wenige Seetörns, besonders bei Übungen und beim Raketenschießen, haben wir gemeinsam bestritten. Einige davon waren Sturmfahrten. Bei längeren Törns teilten wir uns die Wache und schimpften bei der Wachablösung gemeinsam auf Petrus und auf Neptun.

Schmidt wurde dann an die Sektion Seestreitkräfte der Militärakademie »Friedrich Engels« in Dresden versetzt. Er promovierte und war ein sehr beliebter Lehrer. Er hat mehrere Praktika in den Flottillen absolviert und auch an allen wichtigen Übungen und am Raketenschießen teilgenommen.

Im Verlaufe der Überprüfung wurde mir die Aufgabe gestellt, mit der gesamten Raketenschnellbootsbrigade in den Stützpunkt Bug zu verlegen. Da die 3. Raketenschnellbootsabteilung bereits unterwegs war, entschloß ich mich, die 1. Raketeschnellbootsabteilung und das Führungsorgan als zweite Staffel zu verlegen und die 5. Raketenschnellbootsabteilung unter Kapitänleutnant Tietze als Nachkommando nachzuführen. Der Hafen Peenemünde-Nord mußte von uns in einem ordentlichen Zustand an die 1. Flottille übergeben werden.

Zu Ostern 1965 befand sich die Raketenschnellbootsbrigade als erster geschlossener Truppenteil im Stützpunkt Bug-Dranske. Zu diesem Zeitpunkt war der Stützpunkt Bug eine einzige große Baustelle. Auch von der Pier 4, an der die Raketenschnellbootsbrigade lag, gab es noch keine feste Verbindung zum Land. Alles bewegte sich über einfache Fußgängerüberwege, wie sie auf Baustellen über Baugräben üblich sind. Fahrzeuge konnten die Pier noch nicht befahren. Alle Versorgungsgüter mußten getragen werden. Auch die Versorgungsleitungen reichten noch nicht an bis zu den schwimmenden Stützpunkten, aber sie waren vorhanden, und das war eine wesentliche Erleichterung im Vergleich zu Peenemünde-Nord.

Wichtig für uns war, daß wir nun in unserer, der 6. Flottille, waren. Dadurch verbesserte sich viel an der Versorgung und wahrscheinlich wurde das laufende Baugeschehen durch die Verlegung ebenfalls positiv beeinflußt. Allerdings mußten auch die Angehörigen der Brigade ganz schön »ranklotzen«, damit das Gebiet um Pier 4 unsere Heimstatt wurde. Sportstätten, ein Parkplatz mußten gebaut werden. Ein Platz für Altölfässer und ein mit Containern eingerichteter Platz für die seemännische Ausrüstung wurden geschaffen. Vor der Pier 4 befand sich eine große Grube, die aufgefüllt und das Gelände danach gestaltet werden mußte.

Die Straßen waren damals auch noch nicht vollständig hergestellt. Wenn man in den Stab der Flottille befohlen wurde, wußte man, daß man durch den Wald in eine bestimmte Richtung gehen mußte, um den Stab irgendwo zu finden.

Ostern 1965 unternahm ich einen ausgiebigen »Osterspaziergang« und erkundete mit mehreren Offizieren des Stabes den Bug und einen Teil des Südbugs. Dieses Gelände hatte vor 1945 zu einem Marinefliegerhorst gehört, ein Teil stand unter Naturschutz.

Das Leben der Angehörigen der Brigade spielte sich damals fast ausschließlich in der Dienststelle, besonders auf den schwimmenden Stützpunkten ab. Angefangen beim Brigadechef bis zum letzten Matrosen wohnten alle auf den schwimmenden Stützpunkten. Jedes große und kleine Ereignis vollzog sich vor den Augen der gesamten Brigade. Der Matrose sah den Chef der Brigade nicht nur einmal, sondern mehrere Male am Tag. Hatte jemand ein Problem, klopfte er bei mir an die Tür, wurde eingelassen und angehört.

Auf den 12 Raketenschnellbooten, den 3 schwimmenden Stützpunkten, im Stab der Brigade und in den Stäben der Abteilungen dienten wohl insgesamt 450 Armeeangehörige. Ich kann von mir behaupten, daß ich nicht nur alle mit Namen und vom Aussehen kannte, sondern bei den meisten kannte ich auch den Beruf, das Hobby, die Tätigkeit der Eltern, selbstverständlich auch die fachlichen Leistungen und seine Stellung innerhalb der Besatzung. Das war natürlich nur möglich, weil ich jeden Tag mit ihnen zusammenkam.

Es ist nicht nur einmal passiert, daß mir ein Abteilungschef über Handlungen von Matrosen berichtete, meistens ging es dann nicht um Verstöße, sondern um gute Leistungen. Wenn ich dann die Frage stellte: »Wie heißt der Mann?« – und diese Frage kam unbedingt – und die Antwort erhielt: »Der Name ist mir entfallen!«, dann habe ich mir den Mann beschreiben lassen und konnte fast immer seinen Namen nennen.

Die Verlegung zum Stützpunkt Bug war natürlich auch mit Nachteilen verbunden. Ich denke zum Beispiel an den Transport zum und vom Landgang. In Dranske gab es nur wenige Möglichkeiten der Entspannung für junge Matrosen und Unteroffiziere. Wenn sie ein Mädchen kennenlernen wollten, mußten sie schon in die umliegenden Dörfer. Dazu mußten Wege von 10 bis 15 Kilometer zurückgelegt werden. In den Wintermonaten lohnte es sich jedoch kaum, die Nachbarorte aufzusuchen, die ohnehin nur wenige Einwohner hatten. Nur in der Urlaubssaison war der Norden Rügens von jungen Menschen dicht bevölkert.

Der Rückweg vom Landgang war noch beschwerlicher als der Hinweg, und so ist es vorgekommen, daß sich manche Landgänger in den Dörfern Fahrräder »borgten«. Einer hat sich sogar den Spaß gemacht, mit einem Pferd bis zur Wache zu reiten.

Bei den Urlaubsfahrten mußten die gegenüber Peenemünde erheblich längeren Wege berücksichtigt werden. Schon die Strecke von Dranske bis Saßnitz und Bergen und weiter nach Stralsund erforderte Stunden.

Auch für die Berufssoldaten hatte sich die Lage am Anfang erst einmal verschlechtert. Die wenigen, die in Peenemünde oder Umgebung gewohnt hatten, mußten jetzt lange Fahrten in Kauf nehmen, um ihre Familien aufzusuchen. Da es bereits einige Offiziere gab, die ein Auto besaßen, haben sich sehr schnell Fahrgemeinschaften gebildet, die sich die Kosten für die Heim- und Rückfahrt teilten.

Allerdings sollte sich die Situation für die verheirateten Berufssoldaten bald verbessern, denn für Dranske war ein großes Wohnungsbauprogramm angekündigt. Wir waren recht skeptisch, wenn der Leiter der Politabteilung der Flottille, Fregattenkapitän Heß, uns euphorisch vom Bau von 600 Wohnungen erzählte, und daß es bald notwendig sein würde, die Berufssoldaten davon zu überzeugen, daß sie nach Dranske ziehen. Tatsächlich wurden im Jahre 1967 die ersten Wohnungen übergeben. Aber bis dahin sollten ja noch zwei Jahre vergehen.

Unter diesen Bedingungen kam einer sinnvollen Freizeitbeschäftigung große Bedeutung zu, denn selbst an den Weihnachtsfeiertagen befanden sich 50 Prozent des Personals in der Dienststelle. Später mußten dann sogar ständig 85 Prozent des Personalbestandes anwesend sein.

An erster Stelle in der Freizeitgestaltung stand bei uns der Sport. Die Brigade nahm am Wettkampfbetrieb in und außerhalb der Dienststelle teil, auch an den Fernwettkämpfen. Die Boxstaffel, deren Trainer Oberleutnant Pietsch war, und auch die Leichtathleten mit dem Sektionsleiter Leutnant Reuscher hatten ein beträchtliches Niveau und konnten einige Bezirksmeistertitel erringen. Die Handball- und Fußballmannschaft, später auch die Volleyballmannschaft, konnten es im Rahmen der Flotte mit allen anderen Mannschaften aufnehmen. Viele junge Männer spielten in der Freizeit Fußball.

Breiten Raum nahm das – nunmehr erlaubte – Kartenspielen ein. Es war wohl in allen Messen verbreitet und an Feiertagen wurde grundsätzlich Preisskat organisiert.

Rommé, Canasta und einige andere Spiele wurden ebenfalls mit großer Leidenschaft betrieben.

Bei Sport und Spiel war ich meistens dabei. Aber auch die Parteiversammlungen, FDJ-Versammlungen, Zirkelabende der FDJ, die in der Regel von Offizieren geleitet wurden, sowie die Fachzirkel kosteten viel Freizeit. Nachdem wir uns im Stützpunkt eingelebt hatten, kamen Patenschaftsbeziehungen mit Schulen und Gemeinden sowie mit sowjetischen Einheiten hinzu. Die Raketenschnellbootsbrigade unterhielt zu meiner Zeit Patenschaftsbeziehungen zur Gemeinde Wiek auf Rügen, zur Polytechnischen Oberschule Wiek und zu einer funktechnischen Einheit der Sowjetarmee in Dranske.

In den Bereich der eigentlich dienstfreien Zeit müssen auch die Seetörns, die Nachtausbildung und andere Dienste eingeordnet werden. Selbst als dann alle Berufssoldaten in Dranske wohnen konnten, ergab sich, daß sie im Monat höchstens 10mal pünktlich mit Dienstschluß ihre Familie aufsuchen konnten. Diejenigen, die im Gefechtsdienst standen, sind manchmal noch seltener zu Hause gewesen. Die jungen Familien waren aber nach Dranske gezogen, um eine Wohnung zu erhalten und vor allem, um zusammen zu sein. Oftmals hatten dafür die Frauen ihren Beruf aufgegeben – ohne Chance, in Dranske eine Arbeit zu erhalten.

In der Freizeitgestaltung spielte bis 1966 durchaus eine Rolle, daß der Alkoholgenuß in den Dienststellen noch nicht verboten war. So gab es zwar an Bord keine hochprozentigen alkoholischen Getränke, aber Bier konnte getrunken werden.

Mein Vorgänger im Amt hatte den Verkauf von 2 Flaschen Bier pro Mann täglich gestattet. Diese Regelung habe auch ich beibehalten. Sie war natürlich kaum zu kontrollieren, gab es doch ständig Wachen und Dienste, die nicht trinken durften oder andere Armeeangehörige, die an Land gingen und in der Dienststelle nicht tranken. Manche Männer machten sich nichts aus Bier. Andere tranken dafür eine Flasche über den Durst. Fest steht aber auch, daß bei einem Bier so manche interessante Unterhaltung zustande kam.

Als im Jahre 1966 mit den Kommandeuren der Truppenteile der Entwurf des Befehls 20/66 des Ministers, der das Alkoholverbot in den Dienststellen vorsah, diskutiert wurde, habe ich mich gegen diesen Befehl ausgesprochen. Das mag manchen gewundert haben, denn ich trank selten, und wenn, nur wenig Alkohol, Bier überhaupt nicht. Ich war einfach dagegen, daß man einem deutschen Mann sein Bier am Abend verbietet. Das schien mir nicht angebracht, schon gar nicht in so einem öden Standort wie Dranske.

Später war ich allerdings manchmal froh, daß auch das Bier von Bord verbannt war. Der Befehl 20/66 ist, soweit ich weiß, zweimal überarbeitet und neu herausgegeben worden. Man hat den Kommandeuren und Leitern von Dienststellen mehr Entscheidungsbefugnis eingeräumt. Die Volksmarine hat in Verbindung mit der Militärhandelsorganisation eine meines Erachtens vernünftige Regelung für den Alkoholausschank in den Dienststellen gefunden.

Die Kino- und anderen Kulturveranstaltungen in der Flottille wurden gern besucht. Bis 1971 verfügte der Stützpunkt Bug nur über einen kleinen Klub, aber nach der Einweihung des Kulturhauses der 6. Flottille und auch des Hauses der NVA in Dranske gab es einen spürbaren Aufschwung. Bei uns wurde sehr viel gelesen. Kulturausscheide zwischen den Booten und auch Marschliederwettstreite fanden statt. Der zuständige Offizier der Politabteilung, Kapitänleutnant Harry Schrut, hatte eine ganze Menge Ideen. Die regelmäßig durchgeführten Hobbyschauen brachten so manches Talent an die Öffentlichkeit und ins Gespräch.

Ich habe diese Maßnahmen bewußt unterstützt. Allerdings durfte die organisierte Freizeitgestaltung nicht so weit gehen, daß überhaupt keine echte Freizeit mehr zur Verfügung steht. In der NVA neigten wir zu dieser Übertreibung. Und so hat nicht alles, was wir organisierten, die Matrosen tatsächlich erfreut.

Im Jahre 1965 vollzogen sich in der 6. Flottille wichtige Veränderungen. Dazu gehörte, daß auch der Stab der 6. Flottille nach Bug-Dranske verlegte und somit ein unmittelbarer, ständiger Einfluß auf die Brigaden möglich wurde. Damit war die Verlegung des Hauptteils der Kräfte in den Stützpunkt Bug abgeschlossen. Zu diesem Zeitpunkt erfolgte die Ausgliederung der Landungsschiffsbrigade und der Küstenschutzschiffbrigade aus dem Bestand der 6. Flottille. Die Landungsschiffsbrigade wurde der 1. Flottille, die Küstenschutzschiffbrigade der 4. Flottille zugeordnet.

Auch in der Raketenschnellbootsbrigade wurde eine strukturelle Veränderung vollzogen. Die Technische Abteilung wurde an die Rückwärtigen Dienste der Flottille übergeben. Diese Abteilung (Kommandeur war damals Kapitänleutnant Dieter Ebert) stellte eine gut ausgebildete Einheit dar, war sozusagen eine »sichere Bank« für die Brigade und ihren Kampfwert. Trotzdem habe ich die Entscheidung, sie aus dem Bestand der Brigade auszugliedern, begrüßt. Es war für eine Schiffsbrigade doch etwas untypisch, daß dem Kommandeur eine größere Landeinheit unterstellt ist. Wir konnten uns nun voll auf die Raketenschnellbootsabteilungen konzentrieren. Das gute Verhältnis zu den Angehörigen der Technischen Abteilung blieb dennoch erhalten.

Als Kapitän zur See Neumeister und ich das Übergabe-Übernahmeprotokoll unterzeichnet hatten, fiel mir sozusagen ein mächtiger Stein vom Herzen. Immerhin waren in der Technischen Abteilung 3 Kampfsätze Raketen P-15 gelagert – ein enormer materieller Wert von ungeheurer Vernichtungskraft.

Am 8. Mai 1965 wurde mit einer feierlichen Musterung der 6. Flottille auf dem Sportplatz und anschließendem Vorbeimarsch auf der Karl-Liebknecht-Straße der Marinestandort Dranske feierlich eingeweiht. Damit hatte die Volksmarine endgültig auf der Halbinsel Wittow Fuß gefaßt.

Auch im Jahre 1965 hatte die Raketenschnellbootsbrigade Raketen auf sowjetischen Polygonen zu schießen. Es war das erste Schießen, für das ich als Brigadechef die volle Verantwortung trug. Ich fühlte mich einem ungeheuren Erfolgszwang ausgesetzt, weil die Gesamteinschätzung von 1964 wiederholt werden sollte. Diesen Druck spürte auch der neue Chef der 1. Raketenschnellbotsabteilung, Oberleutnant zur See Breite. Aber 1965 waren nicht nur 2, sondern 4 Raketen zu schießen, und alle Raketen sollten das Ziel treffen. In der Baltisker Raketenschnellbootsbrigade hatte die Führung ebenfalls gewechselt. Der Brigadechef war wohl 20 Jahre älter als ich. So schaute er auch sehr ungläubig auf mich und meine Mannen, die ja noch jünger waren, und fragte ganz ernsthaft, ob wir allein eine Raketenübernahme durchführen können. Ich dachte, ich hätte mich verhört. Nachdem alle 4 Raketen getroffen hatten, waren wir für ihn gleichwertige Partner.

Insgesamt habe ich zehnmal am Raketenschießen teilgenommen: in den Dienststellungen als Chef der Raketenschnellbootsbrigade, als Stabschef der 6. Flottille und als Chef der 6. Flottille. Die taktischen Raketenschießen auf sowjetischen Polygonen waren immer ein Höhepunkt für die jeweiligen Besatzungen. In den ersten Jahren enthielten sie zudem häufig neue Elemente. Ich denke da etwa an den ersten Gruppenangriff einer Raketenschnellbootsgruppe, an das Schießen mit unterschiedlicher Flughöheneinstellung der Raketen, an das Schießen unmittelbar aus dem Gefechtsdienst heraus ohne vorheriges Einlaufen in Baltisk sowie ohne zusätzliche Überprüfungen und Trainings.

Auch das erste Raketenschießen auf ein ferngesteuertes bewegliches Ziel werde ich wohl nicht vergessen. Dieses Ziel war ein extra dafür hergerichtetes Torpedoschnellboot Typ 183. Das Boot war mit Reflektoren und Netzen ausgerüstet und das Reflexionszentrum so berechnet, daß die Raketen nicht den Bootskörper, sondern ins Netz trafen. Unsere sowjetischen Genossen hatten uns das allerdings nicht mitgeteilt, sondern uns gesagt, daß sie das Boot immer auf Grund geschickt hätten.

Ich war natürlich fest davon überzeugt, daß auch wir das Boot versenken würden. Nach dem Start der Raketen beobachtete ich an der Funkmeßstation das Zielboot. Alle Umstehenden fragten gespannt, was das Boot mache. Das Boot setzte seine Fahrt fort! Es machte überhaupt keine Anstalten, zu sinken. Sollte es sein, daß wir nicht getroffen hatten? Die Stimmung sank auf Null. Die Vertreter der vorgesetzten Stäbe gingen auf Distanz, wie es in solchen Fällen üblich ist. Sie dachten vermutlich schon an die Untersuchungskommission, die zur Ermittlung der Ursachen zu bilden war. Wie erfreut und zugleich erstaunt waren wir jedoch, als wir beim Einlaufen mit großem Hallo empfangen wurden. Beide Raketen hatten sichtbare Treffer im Netz hinterlassen. Nun konnte ich der Besatzung des Führerbootes den versprochenen Kasten Bier doch noch ausgeben.

Zu Beginn der siebziger Jahre wurde dann auch das Schießen der Raketenschnellboote nach Angaben von Fühlungshaltern in allen möglichen Varianten durchgearbeitet, um die Reichweite der Rakete voll ausnutzen zu können.

Manche ehemaligen Angehörigen der Raketenschnellbootsbrigade werden sich daran erinnern, daß im Jahre 1972 ein zusätzliches Schießen durchgeführt wurde. Während der Übung »Baltika 72« hatten die Flotten einander mit Übungsraketen ausgerüstet. Der Oberbefehlshaber der Seekriegsflotte der UdSSR entschied, daß die Raketen nicht wieder abgegeben, sondern verschossen werden sollten. Auch dieses zusätzliche Schießen wurde mit der Einschätzung »ausgezeichnet« durchgeführt.

Es versteht sich, daß die Organisation des Raketenschießens laufend verbessert wurde. Sie wurden schließlich mit dem taktischen Hintergrund moderner Seegefechte als gemeinsame Schläge der 3 verbündeten Flotten unter den Bedingungen des Funkelektronischen Kampfes, im Zusammenwirken mit den Marinefliegerkräften und den Küstenraketentruppen bei gleichzeitiger Abwehr von Luftangriffen, dargestellt durch den realen Start von Raketen P-15, durchgeführt.

Die Besatzungen der Raketenschnellboote konnten schon davon überzeugt sein, daß sie ein wirkungsvolles und zuverlässiges Waffensystem bedienten. Die Raketenschnellboote des Projektes 205 erfüllten ihre Aufgabe im Jahre 1989 nicht weniger exakt als im Jahre 1964, obwohl die ehemals geplante Einsatzzeit um das Doppelte überschritten war.

Natürlich waren die Schießen mit einem großen Aufwand verbunden. Viel Neues konnte auch nicht mehr praktiziert werden. Deshalb kamen wir zu der Schlußfolgerung, diesen Aufwand nicht mehr jedes Jahr, sondern nur noch alle 2 Jahre zu betreiben. Schließlich ging es jeweils um die Bereitstellung der Raketen, um etwa 25 bis 30 Motorenbetriebsstunden der Raketenschnellboote (von nur 120 Stunden, die im Jahr zur Verfügung standen!), die Bezahlung der Scheiben und des Aufenthaltes in Baltisk, aber auch um die Kosten, die durch die Absicherung des Seegebietes entstanden, um ein Einlaufen am Raketenschießen nicht beteiligter Schiffe zu verhindern.

Allein für die Sicherung des Schießgebietes wurden wohl 15 bis 20 Schiffe aus dem Bestand der 3 verbündeten Flotten eingesetzt, die das Gebiet absuchten, fremde Schiffe aus dem Gebiet verdrängten und dann festgelegte Sicherungspositionen einnahmen. Es hat kaum ein Schießen pünktlich begonnen. Mal waren es Handelsschiffe, dann Fischereifahrzeuge, aber meistens waren es Kriegsschiffe der Bundesmarine, die sich im Schießgebiet befanden.

Besonders hartnäckig waren die Aufklärungsschiffe der Bundesmarine. Das hielt ich nicht für besonders schlimm, auch wenn die Medien der DDR daraus manchmal ganz schlimme Dinge ableiteten. Alle Flotten führten in den internationalen Gewässern Aufklärung durch, versuchten besonders aus Übungen der anderen Seite mit realem Waffeneinsatz Erkenntnisse zu gewinnen. Und was der einen Seite erlaubt ist, muß auch der anderen Seite gestattet sein. Ich möchte behaupten, daß die Volksmarine ebenfalls über zuverlässige Aufklärungsergebnisse verfügte.

So ist es auch nicht verwunderlich, daß bei den vertrauensbildenden Maßnahmen, die in Stockholm beschlossen wurden, die Einladung von Beobachtern zu Übungen der Flotten keine Rolle spielte. Die Flotten haben die Übungen der anderen Seite auf offener See auch früher schon immer besser aufgeklärt, als es mit Manöverbeobachtern auf dem Lande möglich war. Besonders in der südwestlichen Ostsee war die Transparenz der Handlungen der Flottenkräfte immer gewährleistet, konnten kaum irgendwelche Handlungen verschleiert werden oder gar unbemerkt erfolgen.

Gerade deshalb sollte sich jedoch jede Flotte auf hoher See so verhalten, daß Zwischenfälle ausgeschlossen werden. Trotz aller Vorsichtsmaßnahmen war im Jahre 1987 ein solcher Zwischenfall passiert. Das Begleitschiff *Neckar* der Bundesmarine war bei Baltisk durch Granaten getroffen worden. Zum Glück waren keine Menschen zu Schaden gekommen.

Die Funkaufklärung der Volksmarine hatte einen oder mehrere Funksprüche des Begleitschiffes aufgefangen. Somit wußten wir von dem Ereignis früher, als die Teilnehmer am Raketenschießen in Baltisk. Es herrschte eine ziemliche Aufregung. Dieses Ereignis war meldepflichtig bis in die höchste Kommandoebene.

Als Chef des Stabes der Volksmarine hatte ich zu analysieren, ob Schiffe der Volksmarine unbeabsichtigt – nur das konnte überhaupt in Frage kommen – den Vorfall verursacht hätten. Ich stellte eine Verbindung zum Chef des Stabes der Baltischen Flotte, Vizeadmiral Kolmogorow, und zu Konteradmiral Dönitz, dem amtierenden Chef Ausbildung her, der für die schießenden Einheiten der Volksmarine verantwortlich war. Beide wußten vom Vorfall nichts. Nachdem Konteradmiral Dönitz mir alle Angaben zum Schießen übermittelt hatte, konnte ich sehr schnell feststellen, daß Schiffe oder Boote der Volksmarine nicht in diesen Vorfall verwickelt waren.

Im Jahre 1965 hatte die Raketenschnellbootsbrigade erstmalig an einer gemeinsamen Übung mit der Baltischen Flotte und der Polnischen Seekriegsflotte teilzunehmen. Es war eine taktische Übung von Raketen- und Torpedoschnellbooten. Unser unmittelbarer Partner war die 24. Raketenschnellbootsbrigade der Baltischen Flotte, die in Swinoujscie (Swinemünde) stationiert war.

Zu Beginn der Übung wurde eine Ausgangslage übergeben, die im Verlaufe der nächsten Stunden durch neue Aufgaben immer weiter präzisiert wurde. Schließlich kam der Befehl zur Herstellung der »erhöhten Gefechtsbereitschaft«, und der Gefechtsbefehl wurde ausgehändigt. 4 Stunden nach Aushändigung des Gefechtsbefehles war der Entschluß des Kommandeurs der Schiffsschlaggruppe – in dieser Rolle handelte ich – dem Leitenden der Übung, Admiral Michailin, zu melden.

Wir waren in der Entschlußfassung geübt und erhielten vom Leitenden sowohl für die Form als auch für den Inhalt des Entschlusses, der mehrere Handlungsvarianten vorsah, eine positive Einschätzung. Nach der Rückkehr vom Entschlußvortrag entfaltete ich meinen Führungspunkt auf dem Raketenschnellboot 712. Meine Führungsgruppe arbeitete im 12-Mann-Deck des Raketenschnellbootes und bediente sich zur Sicherstellung der Führung der Einrichtungen und der Spezialisten der Boote.

Zu meiner Führungsgruppe gehörten der Artillerieoffizier der Brigade, der Navigationsoffizier, der Nachrichtenoffizier, der Offizier für chemische Abwehr, der Brigadeingenieur, der Leiter der Politabteilung und der Chiffrierer. Wir waren ein sehr gut eingespieltes Kollektiv.

Ein Meister in der Kartenarbeit war der Artillerieoffizier der Brigade, Oberleutnant zur See Rolf Fritzsche. Er wertete die Meldungen genauestens aus. Wenn er mir meldete, daß in etwa 10 Minuten der Gegner in Peilung und Distanz ausgemacht werden müßte, dann trat das auch ein. Ich begab mich nach solch einer Meldung meistens in den Funkmeßraum und sagte dem Funkmeßgast: »Genosse Krause! In wenigen Minuten muß in Peilung 290° Distanz 180 Kabel das Ziel auftauchen. Haben Sie schon etwas auf dem Bildschirm?«

Ich glaube, diese Angaben halfen dem Funkmeßpersonal, denn oftmals konnte das Ziel, nachdem noch einige Abstimmungen vorgenommen worden waren, sofort ausgemacht werden. Dann brauchte ich nur noch die Zielverteilung vorzunehmen und den Befehl zum Angriff zu erteilen. Auf Oberleutnant Fritzsche habe ich – auch aus diesem Grunde – bei Ausbildungsmaßnahmen ungern verzichtet.

Auch der Nachrichtenoffizier (d. h. der Fernmeldespezialist) der Brigade, Leutnant zur See Dix, war ein Meister seines Faches. Wenn er eine Nachrichtenverbindung nicht herstellen konnte, dann waren auch andere Spezialisten machtlos.

Die Übung lief weiter. Neue Meldungen trafen ein und die Lage wurde ständig analysiert. Mittlerweile wurde es dunkel. Als wir schon nicht mehr daran glaubten, daß sich noch etwas tun würde, wurde die Herstellung der »vollen Gefechtsbereitschaft« befohlen. Das bedeutete Auslaufen und Einnehmen des Dezentralisierungsraumes. Noch nie waren die Boote nachts aus dem Stützpunkt Bug ausgelaufen, denn wir lagen noch nicht lange dort.

Das Fahrwasser in dem Stützpunkt Bug ist sehr kompliziert und man kann es nicht von heute auf morgen beherrschen. Das wußte auch der Stab der Flottille. Denn kaum war die »volle Gefechtsbereitschaft« ausgelöst, erhielt ich vom Leiter des Gefechtsstandes der Flottille die Frage, ob ich mir ein Auslaufen mit den Raketenschnellbooten bei Nacht zutraue. Ich habe die Beantwortung der Frage abgelehnt, denn sowohl eine Verneinung als auch eine Bejahung der Frage hätte mich in eine schwierige Situation bringen können. Ich sagte, man möge mir Befehle erteilen, und diese würde ich ausführen. Wir sind dann aus dem Stützpunkt Bug bei Nacht ausgelaufen und haben die gestellte Aufgabe mit guten Ergebnissen erfüllt.

Als Chef der Raketenschnellbootbrigade habe ich dann noch in den Jahren 1966 und 1968 an den großen Übungen »Baikal« und »Sewer« teilgenommen.

Die Übung »Baikal« wurde vom Oberkommandierenden der Vereinten Streitkräfte der Teilnehmerstaaten des Warschauer Vertrages, Marschall der Sowjetunion Gretschko, geleitet. Sie hatte die Unterstützung der in Küstenrichtung handelnden Landstreitkräfte durch die Seestreitkräfte zum Inhalt, um die Flottenkräfte des Gegners niederzuhalten und zu zerschlagen. An dieser Übung haben die drei verbündeten Ostseeflotten nahezu mit vollem Bestand teilgenommen.

Erstmals waren durch den Stab der Raketenschnellbootsbrigade zwei Schiffsschlaggruppen zu führen, so daß auch der Stabschef der Brigade, Kapitänleutnant Thieme, eine Schiffsschlaggruppe von Raketenschnellbooten und Torpedoschnellbooten führen mußte.

Meine Schiffsschlaggruppe handelte als Bestandteil einer gemeinsamen Gruppierung unter Leitung des Stabschefs der 24. Raketenschnellbootsbrigade, Korvettenkapitän Panitsch, und verlegte dazu in deren Stützpunkt.

Zu meiner Schiffsschlaggruppe gehörten die 3. Raketenschnellbootsabteilung unter Kapitänleutnant Schmidt und die 6. Torpedoschnellbootsabteilung unter Kapitänleutnant Lohmann, die zur Aufklärung und beim Torpedoschlag zur Ausweitung des Erfolges der RS-Boote eingesetzt war. Bei bestem Wetter entfaltete die Gruppierung. Der Schlag auf die Deckungskräfte eines Landungsverbandes im Seegebiet südöstlich Bornholm lief ab wie ein Film.

Dann wurde meine Schiffsschlaggruppe aus dem Bestand der gemeinsamen Gruppierung entlassen, um nach Wiederherstellung der Gefechtsbereitschaft einen Schlag auf den Landungsverband im Gebiet der Anlandung Ustka zu führen.

In den Morgenstunden briste es auf. Für die Torpedoschnellboote würde die Erfüllung der Aufgaben nicht leicht werden. Rechtzeitig entfaltete ich sie zur Durchführung der Aufklärung. Es dauerte nicht lange, und die Torpedoschnellboote meldeten, daß sie den Landungsverband ausgemacht hatten. Sie übermittelten die Angaben für den Einsatz. Auf großer Distanz erfolgte der Raketenschlag auf die Landungsschiffe und wenige Minuten später der Torpedoschlag zur Ausweitung des Erfolges.

Mittlerweile hatte der Wind weiter zugenommen und erreichte Stärke 7. Das Zurückverlegen in den Stützpunkt wurde eine Sturmfahrt und ich sorgte mich besonders um die Torpedoschnellboote. Alle erreichten jedoch den Ausgangshafen und es gab erstaunlich wenig technische Ausfälle. Wir waren heilfroh, als wir im Hafen von Swinemünde anlegten und von einem Orchester begrüßt wurden!

Später erfuhren wir, daß auch die Angehörigen der anderen Flottillen der Volksmarine bei dieser Übung unter widrigen Wetterbedingungen ihre Aufgaben erfüllten. Sie stellten das hohe seemännische Können der Besatzungen und ihre Geschlossenheit eindrucksvoll unter Beweis.

Als Kommandeur einer Schiffsschlaggruppe hatte ich zwar eine wichtige Aufgabe in See zu erfüllen. Trotzdem war es mir nicht möglich, in den tieferen Inhalt der Übung einzudringen. Später las ich über die Übung »Baikal«, daß sie einen ganz besonderen Stellenwert hatte, und zwar nicht nur deshalb, weil die verbündeten Ostseeflotten mit ihren Hauptkräften beteiligt waren und die Übung von den höchsten Militärs der Vereinten Streitkräfte geleitet wurde.

Erstmalig wurde bei »Baikal« eine kombinierte Landungsoperation mit Anlanden von Seelandungstruppen und gleichzeitigem Absetzen von Luftlandetruppen durchgearbeitet. Allein daran nahmen 166 Kampfschiffe der 3 Flotten, darunter 49 Landungsschiffe teil.
Durch die Schaffung einer komplizierten Ausgangslage konnten wertvolle Erkenntnisse für die Verteidigungsvorbereitungen der Staaten des Warschauer Vertrages in der Ostsee herausgearbeitet werden.

Für mich sollte die gemeinsame Übung »Sewer« von besonderer Bedeutung sein. Sie fand 1968 unter Leitung des Oberbefehlshabers der Seekriegsflotte der UdSSR, Flottenadmiral Gorschkow, statt.

»Sewer« war eine gemeinsame Kommandostabsübung mit darstellenden Kräften. Das Ziel bestand darin, Rekationsmöglichkeiten der Seestreitkräfte der sozialistischen Länder auf Angriffe aus den Richtungen der Randmeere und Ozeane zu erarbeiten. Dementsprechend beinhaltete die Übung den Einsatz von Unterwasser-, Marineflieger- und Überwasserkräften gegen Schiffsgruppierungen des Gegners zur Erringung der Seeherrschaft und zur Unterstützung der Kampfhandlungen der Landstreitkräfte in Küstenrichtung. Neben den drei verbündeten Ostseeflotten nahm auch die Nordmeerflotte der UdSSR an dieser Übung teil.

»Sewer« war die letzte Übung, an der ich als Chef einer Schiffsschlaggruppe teilnahm. Zum Zeitpunkt dieser Übung hatte ich die Raketenschnellbootsbrigade schon an meinen Nachfolger übergeben, meine neue Dienststellung als Stabschef der 6. Flottille schon angetreten. Es war wohl der Bedeutung der Kommandostabsübung geschuldet, daß ich noch einmal zum Einsatz kam.

Diesmal wurden die Rollen getauscht. Ich hatte die Gruppierung aus einer Schiffsschlaggruppe der Baltischen Flotte der UdSSR und einer Schiffsschlaggruppe der Volksmarine zu führen.

Ich hatte die Möglichkeit, vor den realen Handlungen in See an den Entschlußvorträgen, den Einweisungen der Kommandeure und an den Gruppenübungen in Baltisk teilzunehmen, die der Oberbefehlshaber persönlich leitete bzw. denen er beiwohnte. Admiral Gorschkow war ein Energiebündel, vertrat seine Meinung – ohne Rücksicht auf Dienstgrad und Dienststellung – scharf und offensiv. Er ließ Halbheiten nicht gelten, von ihm ging eine enorme Energie und ein Geist schöpferischer Ungeduld aus, die Atmosphäre war spannungsgeladen und ich fühlte mich wie in einer Gewitterfront. Er hatte immer wieder neue Ideen, schuf neue Einlagen und stellte daraus abgeleitete Aufgaben.

Um ihn herum waren genügend dienstgradhohe »Sekretäre«, die jede Idee und jede Bemerkung notierten. Gorschkow gönnte sich und anderen keine Ruhe. Diesen Eindruck hatte ich bei späteren Begegnungen immer wieder.

In dieser Übung wurde eine ganze Reihe von Problemen aufgeworfen, die sich aus dem Nahostkrieg von 1967 ergaben. Die rechtzeitige Aufklärung des Gegners, die Dezentralisierung der eigenen Kräfte, die Organisation ihrer Tarnung und aller Arten des Schutzes sowie des funkelektronischen Kampfes standen im Zentrum der Aufmerksamkeit. Der gesamten Übung lag die Idee aktiven Handelns bei der Abwehr einer möglichen Aggression zugrunde.

Ein unbemerktes Eindringen gegnerischer Kräfte in die eigene Operationszone vor dem Beginn der Kampfhandlungen sollte nicht zugelassen werden. Sie waren durch

Aufklärungskräfte und Fühlungshalter der Stoßkräfte ständig unter Kontrolle zu halten, um damit günstige Bedingungen für das Führen von Schlägen mit Beginn der Kampfhandlungen zu schaffen.

Nach Abwehr der ersten Schläge des Gegners von See und aus der Luft waren durch den Vorstoß in die Gewässer des Gegners seine dort befindlichen Kräfte anzugreifen und zu vernichten. Auch die Handlungen zur Unterstützung der im Küstenabschnitt eingesetzten Landstreitkräfte – die Teilnahme an der Landungsabwehr, die Durchführung von Seelandungen beim Übergang zum Angriff entlang der Küsten und die Gewährleistung des Nachschubs auf dem Seeweg – wurden durchgearbeitet.

Diese Übung leitete eine neue Entwicklung in den drei verbündeten Flotten ein. Die der Kommandostabsübung zugrunde liegende Konzeption war zum damaligen Zeitpunkt eine moderne theoretische Grundlage für die Handlungen der Flottenkräfte bei der Abwehr einer Aggression. Die Grundidee dieser Übung wurde in nachfolgenden Übungen und Schulungen vertieft und sie war auch bestimmend für die weitere Gestaltung der Kräfte und Mittel der Volksmarine.

Die von mir geführte Gruppierung kam während der Übung zweimal zum Einsatz. Der erste Einsatz erfolgte auf eine gegnerische Kampfschiffgruppierung unter Führung des Chefs der Baltischen Flotte der UdSSR, Vizeadmiral Michailin, der als Befehlshaber der Vereinten Ostseeflotte handelte. Der zweite Einsatz erfolgte unter Führung des Chefs der Volksmarine, der einen vorgeschobenen Gefechtsstand im Hafen Darßer Ort entfaltet hatte. Der theoretische Einsatz der Bewaffnung erfolgte auf große Distanz.

Für uns war die Übung erfolgreich verlaufen. Wie erstaunt war ich jedoch, als ich während der Auswertung der Übung durch den Oberbefehlshaber vorwiegend kritische und kaum positive Urteile vernahm. Die Handlungen der Darstellungskräfte wurden kaum erwähnt. Sie standen ja ohnehin bei Kommandostabsübungen nicht im Mittelpunkt, dienten lediglich der Überprüfung der Zweckmäßigkeit der Entschlüsse und besonders der Fähigkeiten der Führungsorgane.

Nach der Auswertung von »Sewer« konnte ich an einem Essen teilnehmen, das Admiral Gorschkow für Übungsteilnehmer aus allen drei Flotten gab. Die Atmosphäre war sehr gelöst und ausgesprochen freundlich. Die kritischen Bemerkungen der Auswertung schienen vergessen.

Ich habe mich sehr gefreut, als Admiral Gorschkow die Schnellboote der Volksmarine in seinem Trinkspruch positiv erwähnte, mich mit einem kühnen Kavalleristen verglich und mir – wie den anderen Teilnehmern – eine Erinnerungsmedaille übergab.

Seit Anfang 1964 habe ich an allen nationalen und gemeinsamen Übungen teilgenommen und war immer in verantwortlichen Kommandeurs- oder Stabsarbeiterdienststellungen tätig. Bei keiner dieser Übungen wurde eine Lage durchgearbeitet, in der die Streitkräfte der Teilnehmerstaaten des Warschauer Vertrages die Kampfhandlungen als erste begonnen hätten. Unsere Handlungen waren immer auf die Abwehr einer Aggression ausgerichtet und ganz besonders auf die Abwehr von Schlägen von See und aus der Luft.

Das heißt nicht, daß wir keine offensiven Formen des Einsatzes der Stoßkräfte geübt hätten. Im Gegenteil, die Handlungen der Schiffsschlaggruppen waren gekennzeichnet durch Aktivität und Kühnheit, Schnelligkeit und Wendigkeit. Beim Einsatz einer Schiffsschlaggruppe in der Verteidigungsoperation spielten namentlich eine gut organisierte Aufklärung, die Warnung, die rechtzeitige Dezentralisierung der Kräfte und der Wechsel der Räume eine große Rolle.

Genauso wichtig war es allerdings, den Schutz der eigenen Küste und des Systems der Luftabwehr für die eigenen Handlungen zu nutzen und die Raketen- und Torpedobewaffnung in einer hohen Einsatzbereitschaft zu halten.

Schon seit 1965 waren Schiffsschlaggruppen aus Raketenschnellbooten und Torpedoschnellbooten zur Regel geworden. Im Bestand einer Schiffsschlaggruppe handelten gewöhnlich eine Raketenschnellbootsabteilung und eine Torpedoschnellbootsabteilung. Als Kommandeure der Schiffsschlaggruppen fungierten der Chef der Raketenschnellbootsbrigade und der Chef der Torpedoschnellbootsbrigade, damals Korvettenkapitän Poller.

Nicht alles klappte reibungslos. Die Hauptprobleme lagen im ungenügenden Verständnis der technischen und taktischen Möglichkeiten, in der Zugrundelegung von unrealistischen Zeiten für den Einsatz der TS-Boote, aber auch im Fehlen zweckmäßiger Nachrichtenverbindungen und Schlüsselmittel. Ein Teil der Probleme war leicht lösbar. Gemeinsame Ausbildung half über vieles hinweg. Für uns Raketenschnellbootsfahrer war es relativ einfacher als für die TS-Bootskommandanten, denn wir waren fast alle einmal Torpedoschnellboot gefahren.

Ab 1966 sah die Gefechtseinteilung der Flottille nur noch gemischte Schiffsschlaggruppen vor. Und Anfang der siebziger Jahre wurde die Entscheidung getroffen, gemischte Brigaden auch strukturmäßig zu schaffen. Das war wohl zweckmäßig, auch wenn ich persönlich bedauerte, daß die Raketenschnellbootsbrigade damit ihre Existenz aufgab. Zu diesem Zeitpunkt war ich allerdings schon Chef der 6. Flottille.

Neben den beiden von mir bereits erwähnten Brigaden gab es in der 6. Flottille auch noch die Leichte Torpedoschnellbootsbrigade mit den LTS-Booten der Projekte 63.300 und 68.200. Wir waren auf diese Boote sehr stolz, denn neben der hohen Geschwindigkeit von 55 Knoten verfügten sie über beträchtliche Gefechtsmöglichkeiten. Das Leichte Torpedoschnellboot des Projektes 68.200 konnte außer der Torpedobewaffnung auch noch Minen legen und Kampfschwimmer absetzen, und das alles mit einer Besatzung von nur 2 Mann! Wegen ihrer geringen Ausmaße waren sie sehr schwer auszumachen und konnten sich an der Küste überall verstecken.

Es war also verständlich, daß überprüft wurde, wie sich Schiffsschlaggruppen bewähren, die im Bestand zusätzlich Leichte Torpedoschnellboote haben. Mit der Durchführung der Erprobung hatte man mich beauftragt.

Es entstand eine ganze Reihe von Vorschlägen zum taktischen Einsatz sowie zur Sicherstellung der Leichten Torpedoschnellboote durch die Raketenschnellboote. Das betraf sowohl die Versorgung der Besatzung als auch die Bebunkerung der Boote in See und das Aufladen der Luftflaschen der Boote mit Preßluft, die für den Start der Hauptmaschinen der LTS-Boote unerläßlich war.

Es gab somit durchaus Möglichkeiten, den Gefechtswert der Leichten Torpedoschnellboote zu erhöhen. Wir erkannten aber auch die Probleme. Solche guten Eigenschaften wie die große Geschwindigkeit und die geringe Ausmachentfernung – Hauptvoraussetzungen für einen überraschenden Einsatz – konnten durch die Raketenschnellboote kaum ausgenutzt werden. Die LTS-Boote waren nicht so seetüchtig wie die RS-Boote und konnten auch keine Ziele auf eine größere Entfernung ausmachen. Außerdem erforderte die Führung der Leichten Torpedoschnellboote eine zusätzliche ständige Nachrichtenverbindung.

Zur Führung der Leichten Torpedoschnellboote stieg auf meinem Führungspunkt zusätzlich ein Offizier des Brigadestabes der Leichten Torpedoschnellbootsbrigade ein. Das waren – wie alle LTS-Bootsfahrer – ausgezeichnete Männer, Einzelkämpfer mit ausgesprochenem Kollektivgeist, kühn und kaltblütig.

Gestaunt habe ich über die Ruhe und Gelassenheit der Vertreter der Leichten Torpedoschnellbootsbrigade auf meinem Führungspunkt, Kapitänleutnant Werner Ebert und Oberleutnant zur See Peter Köhnen. Sie hatten zu ihren Männern volles Vertrauen, hatten die auftretenden Schwierigkeiten nicht erst einmal erlebt.

Wir waren wohl drei- oder viermal gemeinsam im Einsatz. Bei diesen Einsätzen gab es etliche Pannen. Fiel auf einem Leichten Torpedoschnellboot die Antriebsanlage aus, mußte ein zweites Boot ebenfalls liegen bleiben, um zu sichern. So ist es vorgekommen, daß ich zwar mit 10 Booten auslief, aber beim Angriff nur noch über zwei Boote verfügte.

Die LTS-Bootsfahrer konnten dem Einsatz in einer gemeinsamen Schiffsschlaggruppe ebenfalls nichts abgewinnen. So wurde die Idee, auch noch Leichte Torpedoschnellboote in die gemischten Schiffschlaggruppen aufzunehmen, erst einmal wieder aufgegeben.

Für die Besatzung des jeweiligen Raketenschnellbootes war es natürlich eine Belastung, wenn der Führungspunkt auf dem Boot entfaltet war. Es war ja nicht nur die Führungsgruppe, zusätzlich stiegen auch noch Schiedsrichter der vorgesetzten Stäbe ein. Es mußte für mehr Männer gekocht werden, die Ruhemöglichkeiten der Besatzung waren noch mehr eingeschränkt als ohnehin schon, und außerdem bekam der Brigadechef natürlich alles mit, was an Bord passierte. Für mich wiederum gab es fast nur Positives: Ich konnte mir persönlich ein Urteil über Boot, Kommandant und Besatzung bilden, und außerdem lernte ich die Männer in Belastungssituationen kennen.

Trotzdem haben es alle Besatzungen mit uns ausgehalten, denn wir waren auch eine recht lustige Truppe, wenn die Zeit es zuließ.

An Situationskomik fehlte es ohnhin nicht. Da war uns auf dem Boot 712 einmal der gemahlene Kaffee ausgegangen. So kam denn der Bootsmann, Stabsobermeister Glass, auf den Gedanken, die Kaffeebohnen mit dem Hammer zu zerkleinern. Es war eine mühselige Arbeit, und der Kaffee hat nicht einmal besonders geschmeckt.

Während einer Übung lagen wir im Bereitschaftsraum nördlich Darßer Ort. Führerboot war die 732. Die Führungsgruppe und ein Großteil der Besatzung befanden sich an Oberdeck. Ich hatte der Besatzung gerade gezeigt, wie man am Tage auch die Sterne sieht. Plötzlich erfolgte ein Anruf mit Scheinwerfer von der Küstenbeobachtungsstation Darßer Ort. Der Signalgast, Stabsmatrose Döhring, ruhte unter Deck. Ich ließ »Verstanden« zeigen und las den Spruch, ließ aber trotzdem den Signalgast holen, der noch ganz verschlafen war.

Die Küstenbeobachtungsstation übermittelte vom Kommando der Volksmarine: »Nebelwarnung für alle Bezirke.« Ich fragte den Signalgasten: »Was haben Sie gelesen, Genosse Döring?« Er antwortete mir: »Ich kann mir nicht helfen, Genosse Kapitän. Ich lese immer nur das Signal ›Ida-Heinrich‹.«

Ich wurde nun stutzig, denn er war ein guter Signalgast. Das verunsicherte mich. Als ich ihm die Frage stellte, wo er denn hinguckte, stellte sich heraus, daß er nicht auf die Küstenbeobachtungsstation, sondern auf den Leuchtturm Darßer Ort geblickt hatte.

Im Sommer 1965 erwartete mich noch eine interessante Aufgabe. Die ersten Raketenschnellboote standen vor einer Modernisierung. Sie waren noch nicht mit einer Waffenleitanlage für die 30-mm-Maschinenkanonen ausgerüstet. Die Nachrüstung sollte nun in Tallinn erfolgen.

Im Vorfeld der Umrüstung fanden Verhandlungen in Moskau statt. Zur Klärung aller Fragen, die mit dem Leben der Besatzungen in Tallinn im Zusammenhang standen, wurde ich zum Mitglied der Delegation ernannt, die unter Leitung des Chefs Technik und Bewaffnung der Volksmarine, Kapitän zur See Pfeiffer, stand.

Die Dienstreise wurde für mich sehr lehrreich. Ich erlebte etwas, was ich bis jetzt noch nicht erlebt hatte: die Verhandlungen wurden ziemlich hart geführt – und zwar von beiden Seiten! Keine Seite wollte der anderen irgendwelche Zugeständnisse machen. Ich zweifelte schon an der deutsch-sowjetischen Freundschaft. Kapitän zur See Pfeiffer vertrat gegenüber der sowjetischen Seite ganz konsequent die Interessen der Volksmarine. Manchmal war es mir etwas peinlich. Später begriff ich dann, daß er gar nicht anders auftreten konnte, und daß eine unnachgiebige Verhandlungsführung echter Freundschaft keinen Abbruch tut.

Ich mußte später bei Beratungen und Verhandlungen ebenso konsequent die Positionen der Volksmarine vertreten, denn wir hatten nichts zu verschenken! Das habe ich bald verstanden, obwohl wir Offiziere der drei verbündeten Flotten uns gegenseitig oft unterstützt haben, ohne dafür Geld zu nehmen. So haben wir schnell einmal im Stützpunkt Bug ein sowjetisches Boot aufgeslipt zum Schraubenwechsel oder Unterwasseranstrich, ohne gleich daran zu denken, daß man dafür Tausende von Mark einnehmen konnte.

In Moskau wurde festgelegt, daß die Nachrüstung von 4 Raketenschnellbooten in zwei Durchgängen zu je 3 Monaten in Tallinn erfolgen und daß die Besatzungen während der Zeit der Umrüstung in Tallinn verbleiben sollten.

Wir bereiteten die Besatzungen auf den Aufenthalt in Tallinn vor, gaben ihnen das an Bord, was für 3 Monate haltbar und für das Leben in der Sowjetunion notwendig war. Alle wurden noch einmal in Urlaub geschickt und solche Besatzungsangehörigen, bei denen familiäre Härten auftreten würden, wurden umgesetzt.

Als Verantwortlichen für die ersten beiden Boote bestimmte ich den Oberleutnant zur See Pietsch, als Politstellvertreter den Korvettenkapitän Harri Schrut. Der Stabschef der Brigade, Kapitänleutnant Thieme, war verantwortlich für die Überführung der Boote und half in den ersten Tagen, die Verbindung zu den sowjetischen Stellen in Tallinn herzustellen. Danach trug Oberleutnant Dieter Pietsch allein die Verantwortung. Ich hatte ihn nicht zufällig ausgewählt. Er war mir schon aus seiner früheren Dienststellung als Stellvertreter des Stabschefs der Brigade bekannt, ein sehr umsichtiger und zuverlässiger Offizier. Die Besatzungen erfüllten auch prompt ohne Vorkommnisse die gestellte Aufgabe – nur dauerte der Aufenthalt in Tallinn nicht 3 Monate, sondern 8 Monate, obwohl die Nachrüstung in der vorgesehenen Zeit abgeschlossen war. Jedoch trat ein Schaden an der Antriebslage eines der beiden Boote auf und dann kam die Vereisung der nördlichen Ostsee und des Finnischen Meerbusens!

Selbst Hochzeitstermine gerieten dabei ins Wanken, zum Glück halfen die sowjetischen Marinebehörden und unser Militärattaché in Moskau in diesen Fällen. Aber die zur Entlassung anstehenden Matrosen, Maate und Meister bangten natürlich um ihre weitere Entwicklung. Auch die Ehefrauen und Kinder warteten auf die Familienväter.

Um den Jungens zu Weihnachten eine Freude zu machen, haben wir ihnen mit einem Sonderflug Geschenke und Tonbandgrüße von ihren Familien geschickt.

Im Dezember 1965 wurde der Raketenschnellbootsbrigade das zwölfte und damit das letzte Boot zugeführt. Es war in einem besonders guten Zustand. Es versteht sich von selbst, daß aus diesem Anlaß eine große Indienststellung durchgeführt wurde. Viele Gäste waren geladen und auch erschienen. Der Tag der Indienststellung war der 24. Dezember 1965 – das Boot war somit für die Brigade gleichzeitig ein Weihnachtsgeschenk. Wir waren endlich aufgefüllt, nach immerhin drei Jahren seit Beginn der Formierung der Brigade.

Die Hälfte des Personalbestandes der Brigade befand sich bereits im Festtagsurlaub. Ein Teil der Berufssoldaten wollte Heiligabend noch bei den Familien verbringen. Dazu gehörten auch der Kommandant, Oberleutnant zur See Kretzschmar, und ich. Die feierliche Musterung der Brigade, die Ansprachen und der Flaggenwechsel verliefen planmäßig. Danach fand ein Empfang statt. Der sollte ja nicht lange dauern, denn die

Gäste, die einen weiten Heimweg hatten, wollten zeitig aufbrechen. Auch ich hatte einen weiten Weg, denn meine Familie wohnte noch in Stralsund.

Aber es waren ja auch Vorgesetzte anwesend, die in Dranske wohnten und viel Zeit bis zur Bescherung hatten. Als Gastgeber saßen ich und auch der Kommandant des Bootes, der in Rostock wohnte, wie auf Kohlen. Wir konnten uns ja nicht so einfach entfernen. Am Nachmittag konnten wir uns »verdrücken« – ich mußte allerdings unterwegs noch einen Weihnachtsbaum besorgen, diese Verpflichtung hatte ich gegenüber meiner Frau übernommen. Sie glaubte natürlich nicht, daß ich zu den Ersten gehörte, die den Empfang verlassen hatten.

Ihr Donnerwetter empfing mich außerdem, weil ich mich in diesem Jahr bereits zum zweiten Mal bei einem wichtigen Anlaß verspätet hatte.

Am 16. September 1965 war unser zweiter Sohn geboren worden. Am 15. September abends war ich nochmal nach Hause gefahren. Am 16. früh begannen die Wehen, und ich wollte meine Frau, bevor ich wieder nach Dranske fuhr, noch ins Krankenhaus bringen. Meine Frau meinte jedoch, ein zu frühes Erscheinen würde ihr im Krankenhaus schlechte Zensuren einbringen. Das hatte man ihr bei der Schwangerenberatung erklärt. Ich begab mich also zum Dienst. Im Verlaufe des Tages versuchten ich und auch mein Stabschef mehrmals, im Krankenhaus Stralsund etwas in Erfahrung zu bringen. Angeblich war eine Frau Hoffmann noch gar nicht eingeliefert.

Als ich am 17. September im Kommando der Volksmarine in Rostock war, traf ich meinen Nachbarn, einen Musiker aus dem Orchester der Volksmarine. Er beglückwünschte mich zum Sohn und wunderte sich, daß ich davon nichts wußte. Meine Frau hatte nicht gewußt, wie die Dienststelle telefonisch zu erreichen ist und das Krankenhaus hatte uns keine telefonische Auskunft erteilt.

Nun hatten wir einen zweiten Sohn – keine Tochter – und ich nahm mir vor, mich um René mehr zu kümmern, als um Norbert, der mittlerweile 7 Jahre alt war und während seines Heranwachsens den Vater kaum zu Hause erlebt hatte. Weihnachten 1965 hatte ich gegen mein abgegebenes Versprechen also schon verstoßen. Denn ich war ja nicht nur spät nach Hause gekommen, sondern auch noch ganz schön lustig. Schlußfolgerung: ich wollte nach 9 Ehejahren endlich eine Wohnung am Standort.

In Dranske waren die Baugruben schon ausgehoben, aber bis zur Fertigstellung der ersten Wohnungen sollten noch 2 Jahre vergehen. Außerdem wußte ich, daß ich nicht zu den Ersten gehören würde, die eine Wohnung erhielten, da Stralsund immerhin näher an Dranske lag, als Rostock oder Peenemünde.

Also bemühte ich mich um einen Wohnungstausch mit einem alteingesessenen Dransker. Einen Tauschpartner fand ich nach wenigen Wochen. Eine Dienstwohnung durfte ich aber nicht ohne Genehmigung gegen eine kommunale Wohnung tauschen. Da mir die Genehmigung zum Tausch der Dienstwohnung nicht erteilt wurde, ging ich daran, einen Ringtausch zu organisieren, der Anfang 1966 stattfinden sollte. Im Ergebnis des Ringtausches konnte sogar der Kommandant eines Raketenschnellbootes, der Leutnant zur See Peter Neumann, in meine Wohnung nachziehen.

Mein Tauschpartner aus Dranske war ein kluger Mann. Als ich alles perfekt hatte, teilte er mir mit, daß er nicht ziehen kann, da er kein Geld hatte, um den Umzug zu bezahlen. Ich wollte und konnte den Umzug nicht mehr rückgängig machen. Zu schön hatte ich mir das Familienleben in dem Fischerdorf Dranske schon ausgemalt.

Also verabredeten wir, daß er meine Möbelwagen im Rücktransport nach Stralsund nutzt. Er sollte aber zum Zeitpunkt meines Eintreffens seine Möbel schon draußen, zum Verladen bereit haben. Ich wollte die Gesamtkosten für den Umzug übernehmen.

Meine neue Wohnung war eine kleine Drei-Raum-Wohnung mit Bad und Küche, nicht unterkellert, dafür aber, wie auf den Dörfern üblich, mit einem Holzschuppen. Sie lag an der Hauptstraße, der Karl-Liebknecht-Straße 4. Mein Nachbar war der Gastwirt Hoffmann, und in dem Haus wohnten auch der Bürgermeister und zwei Rentnerinnen. Neben unserer Wohnung befand sich der Gemüseladen.

Als ich mit meinem Möbeltransport in Dranske ankam, hatte mein Tauschpartner noch kein Möbelstück gerückt. Er war voll wie 10 Matrosen und konnte sich nicht auf den Beinen halten. Mit seiner Hilfe beim Ab- und Aufladen war nicht zu rechnen. Seine Frau war in heller Aufregung. Sie war ein gewissenhafter Mensch und die Situation war ihr peinlich.

Gemeinsam mit den Möbelfahrern entlud ich also erst meine Möbel und stellte diese vor das Haus. Dann verpackten wir die Möbel des Tauschpartners, bevor ich meine Möbel provisorisch in den Zimmern abstellte. Die Wohnung mußte vollkommen neu vorgerichtet werden. Bis das passiert war, schliefen wir auf dem Fußboden. Für Norbert war das recht interessant. Unser Säugling René aber, der von den Umständen eigentlich gar nichts mitbekam, machte erst einmal tüchtig Lärm.

Nach einer Woche begann der Maler mit seiner Arbeit, und nach einer weiteren Woche hatte er mit seiner Frau, die ihm als Handlanger half, die Wohnung fertig. Wir waren sehr zufrieden und haben mit meinen Stellvertretern den Einzug gefeiert.

Als mir jedoch eines Nachts eine Maus über das Gesicht lief, war es nicht mehr zu verheimlichen, daß es in der Wohnung Mäuse gab. Ich kaufte 5 Mausefallen und erzielte ein Rekordergebnis im Mäusefangen. Allein in einer Nacht waren in 5 Fallen 7 Mäuse! Der Gemüseladen nebenan war eben für die Mäuse ein vorzügliches Standlager. Als ich dann auch noch sämtliche Löcher im Fußboden dichtgemacht hatte, war die Mäuseplage erfolgreich bekämpft.

Damals, im Frühjahr 1966, wohnten erst wenige Angehörige der Volksmarine in Dranske. Wir haben uns mit der Familie Metzschke angefreundet, die auch gerade nach Dranske gezogen war. Als wir am 1. Mai 1966 – beide Familien in Zivil und mit den

Kinderwagen – an der Maidemonstration teilnahmen, gehörten wir endgültig zu den Bewohnern von Dranske. Wir ernteten jedoch für unseren zivilen Habitus empörte Blicke, denn damals hätten wir gemäß den militärischen Bestimmungen sogar in Ausgangsuniform mit Orden am Band aufkreuzen müssen.

In Dranske hat es uns sehr gut gefallen. Die Insel Rügen ist ein wunderschöner Landstrich. Mein Freund und Studienkamerad Hans Schmidt hatte mir seinen neuen »Trabant« zum Einzelhandelspreis überlassen, und damit konnten wir an den Wochenenden Deutschlands größte Insel erschließen. Mit Metzschkes, die schon mehrere Jahre in Sassnitz gewohnt hatten, lernten wir die schönsten Landschaften und Sehenswürdigkeiten kennen. Arkona, Stubbenkammer, Binz, das Jagdschloß Granitz und Putbus waren die ersten Ausflugsziele. Unvergeßlich ist der Ausblick, der sich bei klarem Wetter vom Bobbiner Berg aus bietet. Man hat eine wunderbare Rundsicht auf den Jasmunder Bodden, auf Arkona und die Tromper Wiek, ja sogar bis zur Insel Hiddensee. Mit den Dransker Fischern hatten wir ein herzliches und nahrhaftes Verhältnis. Ein Kilogramm Räucheraal war damals noch für 15,- Mark zu haben. Man mußte auch keinen Bückling machen, sondern der Aal wurde ins Haus gebracht. Manchmal haben wir ihn nur genommen, um nicht als geizig zu gelten.

Auch für die Verwandtschaft war Dranske, der Ort am Wieker Bodden und am Libben, ein beliebter Urlaubsort. Es wurde genau geplant, wer wann zu Besuch kommen kann. Allerdings gab es auch zwei Unsicherheitsfaktoren, und das waren mein Dienst und das Wetter. Ausgerechnet meine Schwester hatte einige Male Pech. Entweder mußte ich zur Überprüfung der Gefechtsbereitschaft in See oder es war kalt und regnerisch.

Dranske hatte auch einige andere Nachteile aufzuweisen. Es gab damals nicht die entsprechenden Arbeitsstellen für junge Frauen. Die Einkaufsmöglichkeiten waren bei weitem nicht ausreichend und die Wege nach Bergen oder Sassnitz noch umständlich. Auch mit den kulturellen Möglichkeiten sah es noch düster aus. Einiges hat sich später zum Positiven geändert, ohne daß die Probleme jemals in vollem Umfang zur Zufriedenheit der Armeeangehörigen und ihrer Familien geklärt werden konnten.

Im Jahre 1967 verschärfte sich die militärpolitische Lage im Nahen Osten. Ich verfolgte die Entwicklung der israelisch-arabischen Konfrontation schon seit dem Besuch der Militärakademie mit besonderem Interesse, denn ab 1962 hatten wir in Leningrad auch ägyptische Seeoffiziere als Studienkollegen. Da die DDR in den sechziger Jahren noch um ihre diplomatische Anerkennung bemüht war, und arabische Länder die ersten nichtsozialistischen Staaten waren, die völkerrechtliche Beziehungen zur DDR aufnahmen, spielte auch in den Medien die positive Berichterstattung über diese Länder eine große Rolle. Ich wußte, daß die Sowjetunion den arabischen Staaten militärische Hilfe gewährte, und vertraute daher auf deren militärische Fähigkeiten.

Der Überraschungsschlag Israels auf Ägypten, Syrien und Jordanien am 5. Juni 1967 hat mich wie viele andere Angehörige der NVA sehr betroffen gemacht. Nicht nur, weil befreundete Staaten überfallen wurden, sondern auch, weil jeglicher lokaler Konflikt in dieser Zeit immer die Gefahr eines größeren Krieges in sich barg, denn die beiden

Supermächte und auch die von ihnen geführten Militärblöcke standen ebenfalls in Konfrontation zueinander und unterstützten jeweils eine der Konfliktparteien.

Angesichts der von uns vermuteten militärischen Stärke besonders Ägyptens und Syriens rechneten wir alle mit einem Erfolg der Araber und einem baldigen Ende des Krieges. Bestärkt wurden wir darin auch durch die vielen Solidaritätserklärungen aus der ganzen Welt und durch die zugesagte militärische Unterstützung aus dem arabischen Raum.

Doch es kam ganz anders. Die israelische Armee erwies sich erneut den arabischen Streitkräften als strategisch, operativ, taktisch und technisch überlegen. Sie war in der Lage, ihre Gegner nacheinander zu zerschlagen. Am 10. Juni wurden die Kampfhandlungen eingestellt, bevor die Katastrophe der arabischen Armeen noch verheerender werden konnte.

Wir waren vom Verlauf und Ausgang dieser Kämpfe erschüttert. Als Raketenschnellbootsfahrer waren wir besonders betroffen von der Inaktivität der Seestreitkräfte Ägyptens und Syriens. Natürlich hatten wir kein reales Bild von der Lage in den arabischen Ländern und noch weniger vom Zustand der Streitkräfte. Da uns bekannt war, daß sowohl Ägypten als auch Syrien über sowjetische Kampftechnik verfügten, an deren Schlagkraft wir glaubten, und auch sowjetische Spezialisten dort wirkten, hielten wir die Streitkräfte dieser Länder nicht für schlechter als die eigenen. Auch wenn der Krieg ein Landkrieg war, hätten unseres Erachtens die Flottenkräfte zur Bekämpfung von Landzielen eingesetzt werden können.

Erst am 21. Oktober 1967, also lange nach dem Ende dieses Waffenganges, geschah es, daß ägyptische Raketenschnellboote in ihren Hoheitsgewässern aktiv wurden und den israelischen Zerstörer *Eilath* mit Raketen P-15 versenkten. Wir studierten eigene und ausländische Veröffentlichungen zu diesem Ereignis und sahen uns in der Auffassung bestätigt, daß es nicht an der Bewaffnung gelegen haben konnte, wenn die arabischen Seestreitkräfte nicht in die Kampfhandlungen eingriffen, ja kaum in Erscheinung traten.

Die Auswertung des Nahostkrieges nahm in der Volksarmee einen breiten Raum ein. Es ging darum, die Ursachen für den Ausgang des Krieges zu analysieren und Schlußfolgerungen für die eigene Tätigkeit zu ziehen.

Große Bedeutung für den Erfolg Israels hatten sicherlich die stabile Kampfmoral und der hohe Ausbildungsstand der Soldaten, eine bewegliche Kampfführung, der außerordentlich intensive Einsatz der Luftstreitkräfte, aber auch die große Bedeutung, die dem Funkelektronischen Kampf zugemessen wurde. Das betraf sowohl den Einsatz der elektronischen Mittel als auch ihren Schutz. Auf solche Vorteile konnten die arabischen Armeen nicht zurückgreifen.

In den Grundsatzdokumenten der NVA für das Ausbildungsjahr 1967/68 und in neuen Festlegungen zur Gefechtsbereitschaft, die im Jahre 1968 erlassen wurden, widerspiegelten sich die Folgerungen, die die Führungsorgane der Armeen des Warschauer Vertrages und die Partei- und Staatsführung der DDR aus der Niederlage der arabischen Staaten gezogen haben.

Ganz großer Wert wurde auf den Ausbau der in der Einsatzplanung vorgesehenen Gefechtsstände, auf die Dezentralisierung der Kräfte und Mittel, auf die Tarnung und den Ausbau von Stellungen und Schutzbauwerken, die Verkürzung aller Zeitnormen zur Herstellung der Gefechtsbereitschaft und der Mobilmachungsbereitschaft gelegt.

Es versteht sich, daß dem abgestimmten Handeln der Aufklärungskräfte der 3 verbündeten Flotten des Warschauer Vertrages in der Ostsee und ihrer weiteren Verstärkung sowie dem Austausch von Angaben über Ausrüstung und Einsatz des NATO-Kommandos Ostseeausgänge besonderes Augenmerk geschenkt wurde. Ein Teil der Schlußfolgerungen wurde schon 1968 in der gemeinsamen Kommandostabsübung »Sewer«, über die ich bereits berichtet habe, durchgearbeitet.

Für die Raketenschnellbootsbrigade ergaben sich vor allem Konsequenzen, die zu einer höheren Belastung der Armeeangehörigen führten. Vier Raketenschnellboote wurden ständig mit Gefechtsraketen ausgerüstet. Das führte zu einer erheblichen Verkürzung der Normzeit zur Herstellung der »vollen Gefechtsbereitschaft« und zur Erhöhung der Anzahl der sofort verfügbaren Kräfte und Mittel. Zwei der ausgerüsteten Boote wurden in das System der Bereitschaftskräfte einbezogen, deren Besatzungen ständig anwesend sein mußten.

Im Interesse der Sicherheit waren für die ausgerüsteten Boote neue Wachen und Dienste zu stellen und eine Sicherheitszone einzurichten. In den Wintermonaten wurden die ausgerüsteten Boote nach Sassnitz verlegt, weil von Bug aus bei Eisgang oder Zufrieren der küstennahen Gewässer kaum zu entfalten war.

Die Normen der personellen Anwesenheit wurden erhöht, so daß wir Überlegungen anstellen mußten, wie wir den Soldaten den laut Dienstvorschriften zustehenden Urlaub gewährleisten konnten. Zur Abgeltung des vorgeschriebenen Kurzurlaubes wurde die Woche in 2 Urlaubstörns eingeteilt.

Darüber hinaus wurden wir in Überlegungen des vorgesetzten Stabes einbezogen, die Schiffe und Boote mit zusätzlichen Mitteln der Luftabwehr, des Funkelektronischen Kampfes und der Tarnung auszurüsten. Aber auch an der Suche nach neuen Dezentralisierungsräumen an Land und in See wurden wir beteiligt und hatten diese zu erkunden.

Der Schwerpunkt der Tätigkeit für die Führungsebene der Brigade und der Abteilungen lag auf dem Gebiet der Ausbildung und Erziehung, der unbedingten Zuverlässigkeit beim Einsatz all der Waffen und Geräte, die uns anvertraut waren, um jeglichen überraschenden Überfall auf unser Land und auf unsere Verbündeten auszuschließen. Besonders die Bordoffiziere bekamen ihre Familien noch weniger zu sehen.

Im Jahr 1967 erlebte ich noch eine ganz schlimme Überraschung, über die weder im Traditionszimmer der 6. Flottille noch im »Kurzen historischen Überblick über die

Entwicklung der Schiffsstoßkräfte der Volksmarine« etwas festgehalten wurde. Es ging um den Versuch, ein Raketenschnellboot der Volksmarine gewaltsam in Besitz zu nehmen und damit die Hoheitsgewässer der Bundesrepublik oder eines anderen NATO-Mitgliedstaates zu erreichen.

Seit 1961 haben nicht wenige Bürger der DDR versucht, die Republik zu verlassen. Mancher von ihnen setzte auch darauf, durch den Dienst bei den Grenztruppen oder der Volksmarine eine Gelegenheit dafür zu finden, und etliche haben sich sogar aus diesem Grunde freiwillig zu längerem Dienst verpflichtet.

Im Frühjahr 1967 wurde ich mit meinem Leiter der Politabteilung vom zuständigen Verbindungsoffizier der Militärabwehr, d.h. der Verwaltung 2000 des Ministeriums für Staatssicherheit, darüber informiert, daß 4 Matrosen des Raketenschnellbootes 752 die Entführung des Bootes vorbereiteten. Wir wurden darauf hingewiesen, daß gegenwärtig noch kein Grund zur Beunruhigung bestehe, daß wir nichts zu unternehmen hätten und auch eine Meldung an den Vorgesetzten nicht nötig sei, denn dieser sei darüber informiert. Ich nahm diese Information sehr skeptisch auf, denn bei der Besatzung des Bootes 752 handelte es sich um ein gutes Kollektiv.

Die Sache schien vergessen, und ich war schon der Meinung, daß es wieder einmal blinder Alarm gewesen sei. Plötzlich wurde ich zum Chef der Flottille befohlen. In Anwesenheit des Leiters der Militärabwehr der Flottille wurde mir eröffnet, daß beim nächsten Seetörn die Entführung des Bootes bevorstehe. Die Gruppe, die das Boot entführen wollte, habe sich fast verdreifacht seit der ersten Information durch die Militärabwehr. Ein konkreter Plan, so wurde mir gesagt, sei ausgearbeitet, der u.a. die Erschießung der Offiziere vorsah, wenn diese nicht bereit seien, die Entführung mitzumachen. Diese Eröffnung war für mich ein schwerer Schlag. Ich wollte nicht glauben, daß ein Dutzend Männer, die ich als gute Matrosen kannte, einen solchen Plan gefaßt haben könnten. Außerdem war ich der Meinung, eine sofortige Reaktion zum früheren Zeitpunkt hätte verhindern können und müssen, daß aus 4 mutmaßlichen Entführern über 10 werden konnten.

Mir wurde die Aufgabe gestellt, das Boot von Dranske sicher in den Stützpunkt Warnemünde zu überführen. Zur Sicherung der Überführung im Falle der befürchteten Meuterei war der Einsatz von 2 Torpedoschnellbooten vorgesehen. Ich informierte einige Offiziere des Brigadestabes, den Abteilungschef und den Kommandanten über die entstandene Situation.

Wer die mutmaßlichen Entführer seien, war mir noch nicht bekannt. Deshalb überlegten wir, wer von den Offizieren und Unteroffizieren des Bootes in notwendige Sicherheitsmaßnahmen noch einbezogen werden konnte. Für die Überführung nach Warnemünde wurde als Grund »Training zur Vorbereitung der Parade zum 50. Jahrestag der Oktoberrevolution« angegeben. Deshalb brauchte es auch keinen Verdacht zu erregen, daß der Brigadechef und einige Spezialisten des Brigadestabes mit an Bord gingen.

Die Überfahrt erfolgte normal. Auch die mutmaßlichen Entführer arbeiten normal auf ihren Gefechtsstationen. Nachdem das Boot ohne besondere Vorkommnisse in Warnemünde festgemacht hatte, wurden Gruppen von Besatzungsangehörigen unter Leitung von Offizieren bzw. Unteroffizieren in Lager der materiell-technischen Versorgung der 4. Flottille geschickt. Auf dem Weg dorthin wurden die verdächtigen Matrosen festgenommen.

Gegen etwa 10 Besatzungsangehörige der Brigade wurde anschließend ermittelt. Es fand auch ein Prozeß vor dem Militärgericht statt, über dessen Ergebnisse wir dann intern informiert wurden. In der Raketenschnellbootsbrigade wurde dieses Vorkommnis jedoch nicht ausgewertet. Bei den Matrosen handelte es sich fast ausschließlich um solche, die als gute Armeeangehörige bekannt waren. Daraus resultierte bei vielen Diskussionen in der Flottille die Frage, ob man lediglich die fachliche Qualifikation und diszipliniertes Auftreten bewerten könne, um einen Matrosen oder eine Besatzung als »gut« einzuschätzen.

Zu dieser Angelegenheit muß es auch noch Auseinandersetzungen auf höherer Ebene gegeben haben. Diese betrafen besonders die Informationstätigkeit und die Weisungsbefugnisse innerhalb der NVA und die diesbezüglichen Rechte der Mitarbeiter des Ministeriums für Staatssicherheit. Auch mir wurde die Frage gestellt, wer, außer meinen Vorgesetzten, das Recht hätte, mir irgend etwas zu verbieten. Diese Fragestellung sollte mir eine Lehre sein. Von niemandem, außer meinen militärischen Vorgesetzten, wollte ich mir in Zukunft Weisungen oder gar Befehle erteilen lassen.

An den Leiter der Politabteilung wurde die Frage gerichtet, wer das Recht hätte, die Parteiarbeit in einer Grundorganisation und die Auseinandersetzung mit unklaren Auffassungen zu verbieten. Es blieb auch offen, ob meine direkten Vorgesetzten vorher tatsächlich von der geplanten Entführung informiert waren. Jedenfalls waren der Kommandant des Bootes und der Abteilungschef, als die unmittelbar Betroffenen und möglichen Opfer eines Anschlages, wenn er denn erfolgt wäre, nicht informiert worden!

Ich hatte später den Eindruck, daß der Vorfall mit dem Raketenschnellboot 752 dazu beitrug, die Verantwortlichkeit zwischen dem Ministerium für Nationale Verteidigung und dem Ministerium für Staatssicherheit genauer abzustecken und die Kompetenzen der Militärabwehr gegenüber dem militärischen Einzelleiter zurückzustufen.

Trotz des Vorkommnisses mit dem Raketenschnellboot 752 hatte sich die Raketenschnellbootsbrigade innerlich gefestigt. Zu ihren Stärken gehörten eine hohe Kampfmoral, ein ausgesprochener Kollektivgeist und solide fachliche Leistungen in der Ausbildung sowie in der Wartung und Pflege der Technik.

Sehr positiv hatte sich ausgewirkt, daß im Sommer 1967 die ersten Neubauwohnungen übergeben werden konnten. Damit wurden erst einmal die kompliziertesten Wohnungsprobleme gelöst und wir konnten in dieser Hinsicht etwas optimistischer sein. Im Ausbildungsjahr 1966/67 konnten etwa 20 Unteroffiziere als Berufsunteroffiziere gewonnen werden. Zwei ehemalige Unteroffiziere baten um ihre Reaktivierung.

Das Ansehen der Raketenschnellbootsbrigade, das sie auch bei den anderen Truppenteilen genoß, war das Ergebnis der Arbeit aller ihrer Angehörigen. Es war erstaunlich, welche Entwicklung diese jungen Männer genommen hatten, besonders die Offiziere, die 1965 und danach in neue und höhere Dienststellungen eingesetzt wurden. Als zu Beginn des Ausbildungsjahres 1965/66 der Chef der 1. Raketenschnellbootsabteilung, Kapitänleutnant Grießbach, mit seiner Abteilung das erste Mal in See ging, war auf jedem seiner Boote ein neuer Kommandant eingesetzt.

Zwei Jahre vorher waren sie zum Offizier ernannt worden. Sie mußten im Schnellbootstempo die Dienststellungen des II. und I. Wachoffiziers durchlaufen. Während des Ablegens stand ich an Oberdeck und dachte: »Hoffentlich kommen alle heil und gesund wieder in den Hafen.« Sie kamen alle ohne Vorkommnisse zurück und haben sich zu sehr guten Kommandanten entwickelt.

Ende 1967 wurden in die Raketenschnellbootsbrigade 27 junge Absolventen der Höheren Kaspischen Offiziersschule Baku versetzt. Fünf Jahre lang hatten sie in der Sowjetunion studiert und mit einem Diplom abgeschlossen. Sie besaßen eine ausgezeichnete taktische und technische Ausbildung, beherrschten die russische Sprache und waren außerdem an ein entbehrungsreiches Leben gewöhnt.

Ich hatte also allen Grund, dem neuen Ausbildungsjahr optimistisch entgegenzublicken. Wie es aber beim Militär so ist, sollte es wieder einmal anders kommen. Mit mir wurde ein Personalgespräch geführt mit dem Ziel, mich in die Dienststellung des Stabschefs der 6. Flottille einzusetzen. Ich lehnte den vorgeschlagenen Einsatz erst einmal ab, obwohl mir klar war, daß damit die Sache noch nicht vom Tisch war. Der neue Einsatz sollte am Ende des Jahres 1968 erfolgen.

Bis dahin stand uns jedoch noch einiges bevor. Vor allem die Diskussion und der Volksentscheid über eine neue Verfassung der Deutschen Demokratischen Republik, verbunden mit einem Großeinsatz der Politischen Hauptverwaltung unter Leitung von Admiral Verner. Sodann sollte eine Inspektion durch das Ministerium für Nationale Verteidigung erfolgen.

Zunächst kam der Tag des Volksentscheides. Anderthalb Stunden nach Öffnung des Wahllokals war, bis auf einen Unteroffizier, die Abstimmung über die neue Verfassung abgeschlossen. Der Unteroffizier hatte bei Eröffnung des Wahllokals als erster in der Schlange gestanden. Da er seinen Dienstausweis vergessen hatte, wurde er wieder weggeschickt, obwohl ihn die gesamte Wahlkommission persönlich kannte. So schaltete er auf stur. Und obgleich – von der Besatzung angefangen bis zum Chef der Flottille – alle auf ihn einredeten, war er nicht mehr zu bewegen, in das Wahllokal zu gehen. Er lehnte die Teilnahme am Volksentscheid ab.

Da es bei Wahlen immer so war, daß die direkten Vorgesetzten bis zum Flottillenchef in der Dienststelle verblieben, bis der letzte Mann gewählt hatte, verbrachte ich den ganzen Tag im Objekt. Es war wohl bei allen Wahlen so, daß einige Armeeangehörige von vornherein erklärten, sie gehen 5 Minuten vor dem Schließen des Wahllokals. Sie wußten, damit konnten sie die Vorgesetzten einmal in Spannung halten, ohne daß ihnen etwas passierte. Übrigens gab es zum Volksentscheid über die neue Verfassung in der Raketenschnellbootsbrigade auch 3 oder 4 Gegenstimmen. Dieses Ergebnis empfand ich als eine persönliche Niederlage. Es warf nach damaligem Erkenntnisstand ein schlechtes Bild auf unsere Arbeit, besonders auf unsere politisch-ideologische Erziehungsarbeit.

Im Sommer 1968 wurde die 6. Flottille erneut inspiziert. Schon im Sommer 1965 war in der 6. Flottille eine Inspektion durchgeführt worden, an der auch die Raketenschnellbootsbrigade teilzunehmen hatte. Damals hatten die Flottille und auch die Raketenschnellbootsbrigade die Einschätzung »befriedigend« erhalten. Den Ausschlag dafür gaben die schlechten Ergebnisse im Sport und in der Schießausbildung.

In diesem Zusammenhang fällt mir eine bezeichnende Episode ein. Im Jahr 1965 wohnte im Stützpunkt Bug noch der Förster Kutz. Sein 10- oder 11jähriger Sohn kannte sich in der Dienststelle bestens aus und wußte auch, womit sich die Matrosen beschäftigen. Bei der Abnahme des 3000-Meter-Laufes drehte er mit den Matrosen die Runden und lief immer in der Spitzengruppe.

Die Laufstrecke lag im Wald und möglicherweise kannte er eine Abkürzung. Der Leiter der Inspektion, General Martin Bleck, wurde stutzig und befragte den Jungen. Der Junge erzählte nichts über eine Abkürzung. Dafür erzählte er dem General, daß er in der Dienststelle noch nie einen Matrosen laufen gesehen habe. Das Ergebnis: Auch ich, der ich an allen Sportdisziplinen teilgenommen hatte, erhielt im Laufen nur die Note »5« – und zwar die deutsche!

Die Inspektion im Jahre 1965 hatten wir über uns ergehen lassen und selbst nicht aktiv mitgestaltet. Im Jahre 1968 bereiteten wir uns gründlich auf die Inspektion vor. Wir analysierten den Zustand der Brigade und legten fest, welche Ergebnisse auf den verschiedensten Gebieten angestrebt werden sollten. Auf den Hauptgebieten der Ausbildung sowie in der Wartung und Pflege der Technik hielten wir die Note »1« für möglich.

Nach Beginn der Inspektion werteten wir täglich die Ergebnisse der einzelnen Kontrollen aus. In den abendlichen Brigademusterungen, die wir eigens dafür durchführten, gaben wir unsere Einschätzungen bekannt. Da die Inspektionsoffiziere nicht berechtigt waren, uns diese vor Abschluß der Inspektion mitzuteilen, konnten wir bei unseren Wertungen auch nicht ahnen, daß die Raketenschnellbootsbrigade in der Inspektion die Gesamteinschätzung »sehr gut« erhalten sollte.

Wir hatten um ein gutes Ergebnis gerungen und ein sehr gutes erreicht. Allerdings hing das »Sehr gut« an einem seidenen Faden. Im Schießen mit den Handfeuerwaffen hätte kein Angehöriger der Brigade ein schlechteres Ergebnis erreichen dürfen. Für das Inspektionsergebnis wurden der Chef der Brigade und der Leiter der Politabteilung vorzeitig befördert, viele Angehörige der Brigade belobigt, und am Jahresende erhielt die Brigade vom Verteidigungsminister eine ordentliche Prämie.

Erneut wurde ich zur Aussprache gerufen. Es ging um meinen Einsatz als Stabschef der Flottille. Das Inspektionsergebnis war gleichzeitig als eine Abschlußbeurteilung meiner Tätigkeit in der Brigade aufzufassen. Auch mein Nachfolger in der Dienstellung war bereits durch Befehl festgelegt. Meine Stellvertreter meinten, daß ich mich wohl beugen müsse. Ich wählte den längsten Weg, der zum Stab der Flottille führte, um alles noch einmal zu durchdenken.

Dann stimmte ich dem Einsatz als Stabschef der 6. Flottille zu. Meine Dienststellung hatte ich innerhalb einer Woche – bis zum Eintreffen meines Nachfolgers, Korvettenkapitän Nitz – an den Stabschef der Brigade, Fregattenkapitän Senft, zu übergeben. Nur zur Übung »Sewer« sollte ich noch einmal eine Schiffssschlaggruppe führen.

Der Abschied aus der Raketenschnellbootsbrigade fiel mir von allen Dienststellungen wohl am schwersten. Zu sehr hatte ich mich an die Angehörigen der Brigade gewöhnt und ein herzliches Verhältnis zu den Offizieren, den Unteroffizieren und Matrosen geschaffen. Ich vertraute aber darauf, daß ich als Stabschef der Flottille am selben Standort auch weiterhin in engem Kontakt zu den Angehörigen der Raketenschnellbootsbrigade stehen konnte.

In der Führung der 6. Flottille
(1968 bis 1974)

Nun war ich also Stabschef einer der drei Flottillen der Volksmarine. Zur 6. Flottille gehörten neben den 3 Schnellbootsbrigaden umfangreiche Einrichtungen und Dienststellen der Rückwärtigen Dienste – auf der Insel Rügen, in Sassnitz, Tilzow, Sehlen, Lauterbach, Thiessow, Hoch-Seelow, Nonnewitz und Bobbin, im Landkreis Rostock lag die Dienststelle Schwarzenpfost und im Kreis Greifswald die Dienststelle Hanshagen.

Die 6. Flottille war am 1. Mai 1963 geschaffen worden. Alle Verbände der Volksmarine hatten Berufssoldaten in diesen neuen Verband entsenden müssen. Die Stammdienststelle Bug-Dranske und auch der Ort Dranske waren im Sommer 1968 noch große Bauplätze. Allerdings zeichnete sich schon ab, daß alles, was geplant war, zum Abschluß gebracht werden konnte – nicht zuletzt deshalb, weil der Chef der 6. Flottille, Kapitän zur See Hesse, dem Baugeschehen große Aufmerksamkeit schenkte.

Im Führungsorgan der Flottille wurde ich kameradschaftlich aufgenommen. Mein Vorgänger, Korvettenkapitän Gerhard Regner, wurde als Lehrer an die Militärakademie versetzt. In meiner neuen Dienststellung hatte ich auch mit Offizieren zusammenzuarbeiten, die bisher meine Vorgesetzten waren.

Als erstes möchte ich den Stellvertreter für Rückwärtige Dienste, Kapitän zur See Neumeister, nennen. Er war ein alter Haudegen, verfügte über ein großes Organisationstalent und über das notwendige Durchsetzungsvermögen. Es gibt wohl kaum eine Einrichtung der ehemaligen Volksmarine, deren Schicksal auf diese oder jene Weise nicht mit dem Namen Neumeister verbunden wäre. Wenn eine neue Dienststelle aufgebaut werden mußte, war er dabei. So war er z. B. im Jahre 1963 der erste Chef der 6. Flottille. Bei der Schaffung von Einrichtungen der Volksmarine hat er sich auch manche Beule geholt. Neumeister konnte arbeiten wie ein Pferd, und außerdem zeichnete ihn ein manchmal notwendiger Hang zum Partisanentum aus. Aber er war absolut zuverlässig, ich kann mich nicht daran erinnern, daß mal eine Absprache nicht eingehalten wurde.

Neumeister war ein Mann mit rauher Schale und weichem Kern – und er liebte die Ängstlichen nicht! Wer sich vor Neumeister fürchtete, ließ unweigerlich Federn. Zwar war in der Marine bekannt, daß Neumeister keinen Wodka stehen ließ, aber am Arbeitsplatz war er trotzdem immer der Erste.

Der andere Stellvertreter, mit dem ich nun zusammenarbeitete, war der Leiter der Politabteilung, Fregattenkapitän Hans Heß. Hans Heß war ein begeisterter Agitator für die 6. Flottille und den Ort Dranske. Er war diszipliniert, rauchte und trank nicht, war ein treusorgender Familienvater. Seine einzigen persönlichen Leidenschaften waren das Lesen und das Skatspielen, allerdings nur nach Altenburger Skatregeln. Für andere Hobbys hatte er kein Verständnis und setzte sich energisch mit denen auseinander, die ihre »Nebensachen« übertrieben. Die führende Rolle der Partei nahm er sehr persönlich und ließ an der Richtigkeit der Politik des ZK und der Politischen Hauptverwaltung nicht rütteln. Dafür interessierten ihn taktische Übungen und Überprüfungen der Gefechtsbereitschaft nicht sonderlich. Bei solchen Maßnahmen vermißte man ihn oft. Hans Heß war ein überzeugter Freund der Sowjetunion und hat einen wesentlichen Beitrag zur deutsch-sowjetischen Freundschaft in der Volksmarine geleistet.

Nachdem er später einige Jahre Leiter der Politabteilung der Offiziershochschule der Volksmarine war, wurde er Stellvertreter des Chefs der Volksmarine und Chef der Politischen Verwaltung. Diese Arbeit hat uns wieder zusammengeführt. Seine Stärken, aber auch seine Schwächen hatten sich noch mehr ausgeprägt, vor allem eine gewisse Lebensfremdheit. Andererseits war Heß, den ich fast mehr für einen Dogmatiker gehalten hätte, nach 1985 ein überzeugter Anhänger von Gorbatschow, hat Glasnost und Perestroika von Anfang an begrüßt. Wir haben uns deshalb des öfteren gestritten. Ich war zwar ebenfalls für Glasnost und Perestroika, konnte aber nicht billigen, wie konzeptionslos manche Dinge in der Sowjetunion angepackt wurden.

In der Praxis gestaltete sich die Zusammenarbeit mit der Politabteilung der Flottille so, daß ich viele Probleme mit den Stellvertretern von Hans Heß löste. Das lag auch daran, daß der Leiter der Politabteilung im Protokoll und in der Repräsentation höher eingestuft war als der Stabschef. Der Stabschef war in der NVA kein Mann der Öffentlichkeit, sondern er hatte vor allem im Hintergrund zu bleiben, die Übersicht zu behalten und fleißig zu arbeiten.

Das war mir allerdings recht, denn ich liebte die Arbeit mehr als die Öffentlichkeit. Obwohl ich inzwischen aufgeschlossener und kontaktfreudiger war, fand ich damals für ein geselliges Beisammensein kaum Zeit. Ich mußte vor allem für die Diensthabenden immer erreichbar sein, und da verboten sich die meisten politisch-protokollarischen Veranstaltungen von selbst.

Als ich meine neue Dienststellung antrat, spitzte sich die politische Krise im Warschauer Vertrag zu. Der Prager Frühling, die Versuche in der ČSSR, den Sozialismus zu reformieren, weckten das Mißtrauen der Partei- und Staatsführungen anderer verbündeter Länder. Unsere Medien und auch die parteiinternen Informationen stellten die Proklamation eines »Sozialismus mit menschlichem Antlitz« als Konterrevolution im Auftrage des Imperialismus dar. Aber auch solche Parteimitglieder, die in der Sowjetunion studiert hatten, verstanden Alexander Dubček – einen Kommunisten, der wie wir in der Sowjetunion gelebt hatte – nicht. Wir hatten echte Sorgen um das Schicksal des Sozialismus in unserem Nachbarland.

Wir hielten auch die NATO-Übungen (wie »Schwarzer Löwe«) und die auf Hochtouren laufende Propaganda westlicher Massenmedien für eine große Gefahr, der man durchaus mit militärischen Demonstrationshandlungen begegnen sollte. So fanden im Juli/August gemeinsame Kommandostabsübungen statt, zu denen auch die Übung

»Sewer« der verbündeten Flotten, die Übung »Neman« der Rückwärtigen Dienste und gemeinsame Übungen von Nachrichtentruppen gehörten.

Am 21. August 1968 erfolgte der Einmarsch von Verbänden der Vereinten Streitkräfte des Warschauer Vertrages in die ČSSR, die Festnahme der wichtigsten politischen Führer dieses verbündeten Staates, nachdem vorher wochenlange Verhandlungen mit ihnen nicht zur Änderung des politischen Kurses der ČSSR geführt hatten. Wir glaubten an die Mitteilung von TASS und ADN, daß sich revolutionäre Vertreter der tschechoslowakischen Werktätigen an die sozialistischen Staaten mit der Bitte um Hilfe gewandt hatten.

Daß es sich um eine völkerrechtswidrige Verletzung der Souveränität eines unabhängigen Staates handelte, diese dumpfe Ahnung wurde auch im Bewußtsein der meisten Militärs mit dem Argument der Verschärfung des internationalen Klassenkampfes und der erforderlichen Sicherung von Frieden und Sozialismus vor offenen und verdeckten Anschlägen des Imperialismus verdrängt.

Dabei war gerade die Tschechoslowakei ein Land, das 1945 bereits – wenigstens in Böhmen und Mähren – über eine entwickelte Industrie, eine moderne Gesellschaftsstruktur und auch über bürgerlich-parlamentarische Traditionen verfügte, aus dem die Sowjetunion bereits kurz nach der Befreiung abgezogen war. Erst 1968 betraten wieder sowjetische Truppen zur Stationierung den Boden der Tschechoslowakei – und es sollten mehr als zwei Jahrzehnte vergehen, bis sie das Land wieder verlassen mußten.

Bis zur Wende 1989 war in allen militärgeschichtlichen Darstellungen der DDR die Behauptung enthalten, daß auch Einheiten der Nationalen Volksarmee 1968 »den tschechoslowakischen Werktätigen halfen, den Sozialismus gegen den konterrevolutionären Anschlag ihrer Feinde zu verteidigen«. Die Teilnehmer an den Sommer- und Herbstübungen des Jahres 1968 und die Armeeführung der DDR wußten natürlich, daß diese Darstellung so nicht stimmte und daß keine Kampfeinheiten der NVA die Grenze überschritten hatten.

Man hat sich aber wohl gescheut, zuzugeben, daß die sowjetische Partei- und Staatsführung es offensichtlich vermeiden wollte, die psychologischen und politischen Belastungen eines neuen Einmarsches deutscher Truppen in die Tschechoslowakei, genau 30 Jahre nach dem Münchner Abkommen, und die damit verbundenen Risiken auf sich zu nehmen.

Die NVA-Verbände – insgesamt zwei Divisionen – standen wohl an der Grenze zur ČSSR in Bereitschaftsräumen, haben aber nicht den Befehl zum Einmarschieren erhalten. Lediglich eine Gruppe von Offizieren und Generalen mit Nachrichtenkräften zur Organisation des Zusammenwirkens hat den Boden der ČSSR betreten. Dennoch waren auch die DDR und ihre damalige Führung an der Erwürgung des Prager Frühlings beteiligt, wie wir aus den Quellen wissen, sogar als eine der treibenden Kräfte, aus der Angst heraus, die Südflanke der DDR könnte zum »weichen Unterleib« des Sozialismus in Europa werden.

Heute liegen diese Ereignisse mehr als 25 Jahre zurück, und es fällt mir schwer, alles nachzuvollziehen, was im Herbst 1968 auf uns einstürmte. Die Mehrheit der Angehörigen der 6. Flottille empfand die Aktion tatsächlich als Hilfeleistung gegenüber den tschechoslowakischen Klassen- und Waffenbrüdern. Es gab zusätzliche Verpflichtungen im »sozialistischen Wettbewerb«, Aufnahmen in die Reihen der SED und auch die erklärte Bereitschaft von Angehörigen der Schnellbootsbesatzungen, solange im aktiven Dienst zu verbleiben, wie es die Lage erforderte.

Es gab aber auch Betroffenheit, daß die Armeen verbündeter Staaten zur Intervention in einem verbündeten Land eingesetzt wurden, dessen Führung ganz offensichtlich damit nicht einverstanden war. Das konnte eigentlich nicht als ein Zeichen der Stärke des Sozialismus gelten. Wir glaubten damals, die Prager Führung sei politisch blind und zweifelten nicht daran, daß die NATO aktiv an ihrer Zielsetzung arbeite, den Sozialismus zu beseitigen. Wir mußten uns aber auch eingestehen, daß man die inneren Probleme der sozialistischen Länder nicht dem Imperialismus und seinem Drang nach Revision der Ergebnisse des Zweiten Weltkrieges anlasten konnte. Aber über diese Sicht der Dinge haben wir nicht öffentlich gesprochen, höchstens einmal im kleinen Kreis.

Während der Ereignisse in der ČSSR befand sich die 6. Flottille in einer höheren Stufe der Gefechtsbereitschaft. Die Bereitschaftskräfte waren verstärkt worden. Eine Torpedoschnellbootsabteilung war im Hafen Darßer Ort dezentralisiert. Ich sorgte mich um die Gewährleistung der Führung und hatte den »scharfen« Gefechtsstand, der nur einem ganz begrenzten Personenkreis bekannt war, überprüfen und zusätzlich ausrüsten lassen.

Das Führungsorgan der Flottille arbeitete im Zweiwachsystem. Die Wachen hatten wir so eingeteilt, daß auch eine Reihe von Tagesaufgaben effektiv bearbeitet und gelöst werden konnte. Die Überführung vom Friedens- in den Kriegszustand beschäftigte uns in dieser Zeit ganz besonders. Unser Hauptaugenmerk galt der Verkürzung der Gesamtzeit zur Herstellung der »vollen Gefechtsbereitschaft«.

Dieses Herangehen war nicht nur den Ereignissen in der ČSSR, sondern auch der im Jahre 1968 durch den Minister für Nationale Verteidigung erlassenen Direktive über die Gefechtsbereitschaft geschuldet. Schwerpunkte bildeten die Organisation der Benachrichtigung im Wohngebiet Dranske, die Heranholung des Personalbestandes, die Ausrüstung der Boote mit der Hauptbewaffnung und die Dezentralisierung der Kräfte und Mittel.

Da es im neuen Wohngebiet Dranske weder Telefone noch Alarmanlagen gab, kamen wir auf die Idee, die Benachrichtigung in der Wohnsiedlung mit dem Feuerwehrauto der Dienststelle durchzuführen. Diese Lösung hat sich am Anfang bewährt, obwohl sie für jene Einwohner von Dranske, die nichts mit der Flottille zu tun hatten, als sehr störend empfunden wurde. Aber die übergroße Mehrheit der Einwohner von Dranske war ohnehin auf irgendeine Art und Weise mit der 6. Flottille »verheiratet«.

Bei der Festlegung der Normzeit zur Ausrüstung mit der Hauptbewaffnung bildeten die Raketenschnellboote das Nadelöhr. Eine Raketenschnellbootsabteilung war zwar ständig mit Raketen ausgestattet, aber 6 Boote (es gab ständig 2 Werftlieger) mußten noch ausgerüstet werden. Eine ständige Ausrüstung aller Boote kam auf Grund des Lagerzyklus und auch der Reparaturplanung nicht in Frage. So konnten wir nur dadurch etwas Zeit gewinnen, daß wir die Übergabeorte und die Anzahl der Punkte festlegten, an denen gleichzeitig die Übergabe von Raketen erfolgen konnte. Schon diese Analyse führte zu Erkenntnissen, deren Verwirklichung große Normzeitverkürzungen erbrachte. Ich denke dabei an die bereits erwähnte Ausrüstung der Boote mit neuen Verladegerüsten, den Einsatz neuer Krane, die ein Drehen der Boote nicht mehr notwendig machten bis hin zum Bau eines Raketenlagers im Stützpunkt Bug.

Bei den Torpedoschnellbooten wurde die Frage eleganter gelöst. Es wurden ganz einfach alle Schnellbootsabteilungen mit Torpedos ausgerüstet, obwohl das in der Direktive des Ministers gar nicht gefordert wurde. Auch bei den Leichten Torpedoschnellbooten wurden nicht nur die Bereitschaftsboote, sondern eine ganze Abteilung mit Torpedos ausgerüstet.

Als die Ausrüstung der TS-Boote mit Torpedos erfolgt war, konnte eine erhebliche Verkürzung der Zeiten für die Herstellung der Gefechtsbereitschaft erreicht und an die vorgesetzten Führungsorgane gemeldet werden. Der Pferdefuß wurde erst später sichtbar, nämlich bei der Planung der Instandsetzung der Torpedos. Der Instandsetzungsaufwand war in die Höhe geschnellt. Das war vorher nicht bedacht worden. Als es erkannt wurde, konnte man die Entscheidung schwerlich rückgängig machen. Die Signale in der NVA standen ständig auf Normzeitverkürzung, das traf für die Volksmarine, den westlichen Vorposten der verbündeten Flotten, ganz besonders zu. Wer wollte da schon freiwillig den Antrag auf Verlängerung von Normzeiten stellen!

Ich habe schon mehrmals erwähnt, daß die Einhaltung der befohlenen Normen der Gefechtsbereitschaft für die Armeeangehörigen und Zivilbeschäftigten eine sehr große Belastung darstellte. Aber nicht alle diese Belastungen ergaben sich aus Aufgabenstellungen des Ministers für Nationale Verteidigung. Besonders in der 6. Flottille war man immer bestrebt, noch etwas besser zu sein, als es der Minister für Nationale Verteidigung und der Chef der Volksmarine befohlen hatten. Wir waren ganz einfach dazu erzogen, nach jeder Tagung des Zentralkomitees und vor jedem Parteitag der SED zu überlegen, was in unserer Arbeit noch verbessert werden könnte.

Als Anfang der siebziger Jahre dann die Fragen der Verbesserung der Arbeits- und Lebensbedingungen in den Vordergrund gestellt wurden, haben auch wir in der 6. Flottille überlegt, wie wir Belastungen des Personalbestandes abbauen bzw. kompensieren können, ohne Abstriche am erreichten Stand der Gefechtsbereitschaft vorzunehmen. Im August 1968 waren wir aber erst einmal bestrebt, die Gefechtsbereitschaft weiter zu erhöhen.

Während der Ereignisse in der ČSSR gewann die Aufklärung der NATO-Kräfte in der Ostsee, die Verhinderung ihres unbemerkten Eindringens in die Operationszone der verbündeten Flotten, die Begleitung ausgemachter Schiffe und Boote der NATO-Seestreitkräfte an Bedeutung. Diese Handlungen waren zwischen den Stäben der verbündeten Flotten abgestimmt, besonders der Einsatz der Bereitschaftskräfte. Genau wie zu anderen Krisenzeiten hatte eine Torpedoschnellbootsabteilung in den Hafen Darßer Ort verlegt. Aus diesem Hafen konnte ein schnellerer Einsatz in Richtung Fehmarnbelt erfolgen, wenn das Vorpostenschiff, das hier auf Position lag, einlaufende Schiffe und Boote der NATO ausgemacht hatte. Der Zeitgewinn betrug etwa anderthalb Stunden. In diesen Tagen des Spätsommers 1968 befand ich mich in der Regel rund um die Uhr in der Dienststelle. So schlief ich auch in der Nacht vom 30. zum 31. August 1968 in meinem Dienstzimmer. Gegen 3.00 Uhr klingelte das Telefon. Am Apparat war der Leiter des Hauptgefechtsstandes der Volksmarine. Er informierte mich darüber, daß in Verbindung mit dem Einlaufen der Fregatte *Karlsruhe* der Bundesmarine in die Mecklenburger Bucht die Bereitschaftsboote der 4. Torpedoschnellbootsabteilung in Darßer Ort – die Boote 843 und 844 – den Befehl zur Begleitung erhalten hatten. Führungsboot war das TS-Boot 844. Es war durchaus üblich, daß die Bereitschaftsboote auf Befehl des HGS eingesetzt wurden. Kurz nach dem Auslaufen war jedoch die Nachrichtenverbindung abgebrochen. Ich erhielt die Weisung, die Verbindung zu den Torpedoschnellbooten wiederherzustellen.

Auf Grund des dichten Nebels und des starken Schiffsverkehrs in der Kadetrinne, dem am meisten befahrenen Schiffahrtsweg in der Mecklenburger Bucht, bekam ich ein flaues Gefühl in der Magengegend. Ich erstattete dem Flottillenchef Meldung, der sofort auf den Gefechtsstand der Flottille kam.

Dann kam eine Meldung, die von der Seenotrettungsstelle Warnemünde aufgenommen worden war. Die schwedische Fähre *Drottning* hatte gemeldet, daß sie um 3.15 Uhr ein kleines Ziel gerammt hatte. Schließlich konnte die Nachrichtenverbindung zum Torpedoschnellboot 843 hergestellt werden. Dieses Boot suchte das Boot 844, sein Führungsboot, und meldete gegen 6.00 Uhr, daß es 9 Besatzungsangehörige des Torpedoschnellbootes 844 *Willi Bänsch* aus einem Rettungsfloß aufgenommen hatte, darunter den Kommandanten des Bootes, Kapitänleutnant Wolfgang Schulz, und den leitenden Ingenieur des Bootes, Leutnant Jörn. Das war nur ein Teil der Besatzung, es fehlten 6 Mann.

Sofort begann eine umfangreiche Rettungs- und Suchaktion, an der sich eine große Anzahl von Schiffskräften und Hubschraubern der Volksmarine, dänische Hubschrauber und Schiffe verschiedener Nationalität beteiligten. Durch den Stab der 6. Flottille und den Stab der Torpedoschnellbootsbrigade wurde die Betreuung der geretteten Besatzungsmitglieder und der Familienangehörigen der verschollenen Seeleute vorbereitet.

Zum ersten Mal war ein Torpedoschnellboot der Volksmarine gesunken. Ein tragisches Ereignis und für manchen unverständlich, daß beim hohen Stand der Entwicklung von Wissenschaft und Technik zur Schiffsführung solch ein Unglück passieren konnte.

In Übereinstimmung mit der »Havarieordnung« befahl der Chef der Volksmarine die Bildung einer Untersuchungskommission unter meinem Vorsitz. Mein Stellvertreter war der Chef der Torpedoschnellbootsbrigade, Korvettenkapitän Poller. Die Kommission wurde durch den Havariekommissar der Volksmarine, Kapitän zur See Dr. Elchlepp, aktiv unterstützt.

Lehrling Theo

Eltern und
Schwester Rosemarie

Leutnant zur See Theodor Hoffmann
und Helga Qualo sind ein Paar

Lehrgruppe
der Seekriegsakademie
auf dem Roten Platz in Moskau

Während der Übung »Sewer«
im Hafen
von Kolobrzeg (Kolberg)

Torpedoschnellboot *183*

Vortrag
im Flottenstützpunkt
Bug-Dranske

Torpedoschnellboote Projekt 206 im Stützpunkt Dranske

Kleine Torpedoschnellboote *Libelle*

Leichte Torpedoschnellboote *Iltis*

Leichtes
Torpedoschnellboot
Hydra

Wilhelm Ehm, Theodor Hoffmann und Gustav Hesse
an Deck eines Torpedoschnellbootes (von rechts nach links)

... und bei der Stabsarbeit

Auf der Brücke
eines
Raketenschnellbootes

Foto unten:
Raketenübernahme

Raketenschnellboot *205*

GREENPEACE-Schiff *Sirius* protestiert 1984 vor Rostock gegen die Atomtests

Räumhubschrauber
bei der Übernahme des Minenräumgeräts von einem Minenabwehrschiff

Mit Konteradmiral Rudberg
und
Flottillenadmiral Bethge
beim 1. Maritimen Symposium
1975 in Stockholm

Skatspielen »über den Wolken«

Mexikanisches
Schulschiff
1980 in Warnemünde

eegeneral Keßler
ätigt am
November 1987
Übergabe der
stgeschäfte von
iral Ehm an
admiral Hoffmann
nts außen)

Admiral
 von
Kapitänen
and gepullt

wimmender
tzpunkt, Raketen-
nellboot und
-Boote im Hafen
Warnemünde
Verabschiedung
Admiral Ehm

Küstenschutzschiff

Kleines Raketenschiff

U-Boot-Abwehrschiff

Ernennung von Seeoffizieren 1988 (2. von links Konteradmiral Kahnt)

Sowjetische Marinedelegation unter Admiral Tschernawin
besucht 1988 das Ehrenmal in Treptow

Landungsschiff

Vizeadmiral Schuback schreitet beim Flottenbesuch der Königlich Schwedischen Marine in Rostock 1988 die Front der Ehrenkompanie ab

Begrüßung des Chefs der Polnischen Seekriegsflotte, Vizeadmiral Kolodziejczyk, zum Flottenbesuch in Rostock im Oktober 1989

Kleines Raketenschiff Projekt 151

Küstenrakete startet

Im Arbeitszimmer mit Chefsekretärin Oberleutnant Steigmann

Führung der Volksmarine in der 6. Flottille, 1988

Seeoffiziersschüler
René Hoffmann

Baufacharbeiter
Norbert Hoffmann

Empfang anläßlich des 2. Maritimen Symposiums 1978 in Helsinki
(2. von links Frau Helga Hoffmann)

Begrüßung von Familienangehörigen der Volksmarine-Offiziere während des Flottenbesuches in Leningrad 1989

Übergabe des Kommandozeichens des Chefs der Volksmarine an Vizeadmiral Born

Wir begaben uns nach Darßer Ort zur ersten Untersuchung über den Verlauf und die Ursachen der Havarie. Dabei konnte sich die Kommission nur auf die Befragung der Besatzungsangehörigen der Boote 844 und 843 stützen. Angaben des Fährschiffes *Drottning* lagen der Kommission noch nicht vor.

Nach Abschluß der Untersuchung wurde durch Vermittlung des Verkehrsministeriums die Darstellung des Vorgangs aus der Sicht des Kapitäns der *Drottning* bekannt. Außerdem wurde durch Kampfschwimmer der Volksmarine am 5. September 1968 das gesunkene Boot gefunden und am 8. September 1968 im Stützpunkt der 4. Flottille einer Kommission des Kommandos der Volksmarine unter Leitung des Havariekommissars, Kapitän zur See Dr. Elchlepp, zur weiteren Untersuchung freigegeben.

Als wesentlich stellte sich heraus, daß die Fähre nicht – wie ursprünglich angenommen – von Trelleborg nach Travemünde, sondern von Travemünde nach Trelleborg unterwegs war und daß die *Drottning* selbst etwa 12 Stunden an der Suche des gerammten Bootes und der Besatzungsangehörigen beteiligt war. Die Besatzungsangehörigen hatten bei der Befragung die Vermutung geäußert, die *Drottning* hätte nach der Kollision die Fahrt fortgesetzt und waren darüber empört.

Im Ergebnis der erneut aufgenommenen Untersuchung erschien am 10. September 1968 in der »Ostseezeitung« eine Mitteilung über das gesunkene Boot der Volksmarine. In dieser Mitteilung hieß es u. a.:
»Das Volksmarine-Boot *Willi Bänsch* befand sich am 31. August 1968 auf einer Überfahrt im Seeraum nördlich Darßer Ort. Dunkelheit und dichter Nebel erschwerten die Sicht, die etwa 50 Meter betrug. Inmitten des in diesem Seegebiet herrschenden regen Schiffsverkehrs kam es zur Kollision des schwedischen Fährschiffes *Drottning* und des Bootes *Willi Bänsch*. Der Zusammenstoß erfolgte in der toten Zone des Sichtbereiches des Radargerätes. Der Kommandant des Bootes der Volksmarine unternahm alles, um die entstandene Gefahr abzuwenden. Die *Willi Bänsch* wurde stark getroffen, kenterte sofort und sank. Das Verhalten der Besatzungsangehörigen des Bootes zeichnete sich in der für sie entstandenen schwierigen Situation durch Umsichtigkeit, hohe Disziplin und Moral aus.« Mit dieser Einschätzung wurden die Schlußfolgerungen der ersten Untersuchungen im wesentlichen bestätigt.

In einer bewegenden Trauerfeier im Klub der Dienststelle Bug/Dranske wurde den Angehörigen der Besatzung des Torpedoschnellbootes, die den Seemanstod gefunden hatten und die verschollen waren, die letzte Ehre erwiesen. Anwesend waren Familienangehörige und auch Vertreter der Öffentlichkeit. Die Trauerrede hielt der Chef der Volksmarine, Admiral Wilhelm Ehm. Im Anschluß an die Feier wurde im Gelände des Hafens ein Gedenkstein enthüllt. Die Überlebenden und die Toten wurden durch den Minister für Nationale Verteidigung mit Auszeichnungen geehrt. In der Dienststelle Dranske erinnerte dieser Gedenkstein und das Traditionskabinett an jene Angehörige der Volksmarine, die in treuer Pflichterfüllung ihr Leben ließen. Auch in See wurde alle 5 Jahre der Opfer des Torpedoschnellbootes *Willi Bänsch* gedacht. Regelmäßig besuchten die Familienangehörigen der Verschollenen die 6. Flottille, legten Blumen am Gedenkstein nieder.

Um so verwunderter war ich, als mir ein Artikel der »Bildzeitung« vom 7. Dezember 1990 gezeigt wurde, der unter dem Titel stand: »Größtes Geheimnis der Volksmarine enthüllt. Die Todesfahrt der *Willi Bänsch*.« Der Verlust eines Bootes auf hoher See läßt sich ohnehin nicht verheimlichen. Die Volksmarine hat auch niemals einen solchen Versuch unternommen. Davon zeugte schon die ADN-Meldung, die am 31. August 1968 über alle Sender DDR verbreitet wurde. Auch für die BRD-Medien war die Kollision, in deren Folge die *Willi Bänsch* sank, kein Geheimnis. Der Deutschlandfunk berichtete schon am 31. August 1968 um 19.30 Uhr darüber.

Auch wird doch kein Sachkundiger annehmen, daß eine Marineführung, die etwas verheimlichen will, eine Gedenkstätte in einer Flottille und eine Ausstellung in deren Traditionszimmer einrichtet. Und auch den ausländischen Delegationen, die die 6. Flottille in großer Anzahl besuchten, ist am Gedenkstein das Schicksal der Angehörigen der *Willi Bänsch* geschildert worden.

Mitte September 1968 ging die 6. Flottille wieder zum normalen Dienst über. Auf uns wartete nun ein ganzer Berg Arbeit, insbesondere die Neuorganisation der Gefechtsausbildung unter den Bedingungen der Nutzung einer modernen Lehrbasis. Dabei war zu berücksichtigen, daß mit der Indienststellung einer neuen Generation von Torpedoschnellbooten – dem Projekt 206, ebenfalls sowjetischer Produktion – begonnen worden war. Die erste Besatzung des neuen Bootes, zu der ehemalige Angehörige des Torpedoschnellbootes *Willi Bänsch* gehörten, hatte bereits mit der Ausbildung angefangen.

Bei der Ausarbeitung des neuen Systems der Gefechtsausbildung waren auch die Erfahrungen, die mit der Durchführung der politischen Schulung gesammelt wurden, berücksichtigt worden. Insbesondere ging es um eine Aufwertung der Gefechtsausbildung gegenüber der politischen Schulung. Denn – das war in der NVA bis zum Jahre 1989 so und hat sich mehr als einmal nachteilig bemerkbar gemacht – an der Art und an der Planung der politischen Schulung wurden keinerlei Abstriche geduldet, durfte nicht gerüttelt werden, obwohl sie methodisch und inhaltlich wichtigen, ja grundsätzlichen Erkenntnissen der Pädagogik und Psychologie widersprach. Jeder Kommandeur, der eine zu geringe Teilnahme an der politischen Schulung duldete oder gar die vorgesehene Zeit beschnitt, mußte mit scharfer Kritik rechnen.

Hingegen wurden Abstriche an der Gefechtsausbildung immer wieder als »geringeres Übel« angesehen. Die Wartung und Pflege der Technik und Bewaffnung wiederum verlief nach sehr strengen Normen und kostete bei Überprüfungen und Inspektionen gegebenenfalls entscheidende Punkte. Insofern ging in der NVA leider oftmals die Technik **vor** dem Menschen und seinen Bedürfnissen in die Wertung, und bei der ideologischen Schulung (im Soldatenjargon »Rotlichtbestrahlung«) rangierte die Stundenzahl **vor** den tatsächlichen, bewußtseinsbestimmenden Ergebnissen.

Ein für mich völlig neuer Verantwortungsbereich war die Arbeit mit den Gewerkschaften. Die Abteilungsgewerkschaftsorganisation meiner Flottille umfaßte etwa 50 Zivilbeschäftigte. Es waren überwiegend Frauen von Armeeangehörigen, die durch die Tätigkeit ihrer Ehepartner ohnehin eine enge Bindung zur Volksmarine hatten. Da meine Frau auch 17 Jahre als Fernschreiberin im 3-Schicht-System gearbeitet hat, kannte ich die Probleme der Zivilbeschäftigten der NVA recht gut.

Die in der Flottille beschäftigten Frauen haben mir etwas leid getan, wegen der großen Belastungen, die sie in der Freizeit, neben der Verantwortung für die Familie, noch auf sich genommen haben. Denn alle Zivilbeschäftigten – auch die parteilosen – nahmen am Parteilehrjahr der SED sowie an kulturellen und sportlichen Maßnahmen teil. Ich selber habe mich zwei Jahre lang als Zirkelleiter für das Parteilehrjahr der Zivilbeschäftigten zur Verfügung gestellt – allerdings nicht erwartet, daß die Frauen sich durch das verlangte intensive Selbststudium auch noch auf die Zirkelabende vorbereiten. Ich habe ihnen die Hauptfragen des jeweiligen Themas erläutert und dann dazu ihre Fragen beantwortet.

Den Angehörigen der 6. Flottille stand im Jahre 1968 noch ein wichtiges Ereignis bevor. Aus Anlaß des 50. Jahrestages der deutschen Novemberrevolution wurde im Stützpunkt Bug-Dranske ein vom Rostocker Bildhauer Wolfgang Eckhard geschaffenes Denkmal für Max Reichpietsch und Albin Köbis enthüllt. An der Einweihung nahmen Familienangehörige der beiden revolutionären Matrosen, der Bildhauer, der Chef der Volksmarine sowie weitere in- und ausländische Gäste teil. Während der Feier wurde ein offener Brief an die Angehörigen der Bundesmarine verlesen, in welchem sie aufgefordert wurden, die fortschrittlichen deutschen Marinetraditionen zu pflegen und mit uns gemeinsam dafür zu sorgen, daß von deutschem Boden nie wieder Krieg ausgeht.

Ich war auf dieses Denkmal sehr stolz. Es war nicht nur ein würdiger Blickpunkt im Zentrum der Dienststelle, sondern verkörperte einprägsam die fortschrittlichen revolutionären Traditionen des deutschen Volkes, denen ich mich wie viele Angehörige der Flottille persönlich verpflichtet fühlte. So manches Zeremoniell sollte später auf diesem Platz stattfinden. Und es gab wohl keine Delegation, die die 6. Flottille besuchte, die sich nicht vor dem Reichpietsch-Köbis-Denkmal fotografieren ließ.

Im Jahr 1969 waren das Systemdenken, Zyklogramme und Flußbilder für alle möglichen Vorgänge und auch das Festlegen von mehreren Varianten sehr in Mode gekommen. Auch Kapitän Hesse und ich waren dieser modernen Führungswissenschaft gegenüber mehr als aufgeschlossen. Es gab aber auch Männer, die solchen Neuerungen weniger euphorisch gegenüberstanden. Zu diesen Männern gehörte der Chef der Volksmarine, Admiral Ehm. Das sollte sich übrigens bei einer Überprüfung in der 6. Flottille bald zeigen.

In den Verbänden der Volksmarine wurde alle zwei Jahre durch das Kommando die Gefechtsbereitschaft überprüft. 1969 war wieder eine Überprüfung der 6. Flottille fällig. Der Flottillenchef und auch der Stellvertreter für Rückwärtige Dienste waren im Urlaub, ich führte die Flottille. Eines Tages kam der Chef der Volksmarine, um sich mit dem Stand der Erfüllung der gestellten Aufgaben zu beschäftigen. Am Abend hatte er vor, auf Jagd zu gehen, und danach wollte er im Gästehaus übernachten. Ich wurde nicht mehr benötigt und begab mich ohne jeden Argwohn nach dem Abendessen nach Hause.

Kurz nach Mitternacht wurde ich jäh aus dem Schlaf gerissen und war völlig überrascht, daß ich vom Operativen Diensthabenden, Fregattenkapitän Kutowski, aufgefordert wurde, sofort in die Dienststelle zu kommen.

Auf dem Gefechtsstand saß der Chef der Volksmarine und kontrollierte die Handlungen des Operativen Diensthabenden bei der Einleitung der ersten Maßnahmen zur Herstellung der »vollen Gefechtsbereitschaft«. Dabei studierte er das Flußbild der Handlungen des Operativen Diensthabenden. Er hatte schon mitbekommen, daß Fregattenkapitän Kutowski nicht ein einziges Mal auf das Flußbild geschaut hatte.

Nachdem ich mich ordnungsgemäß beim Admiral Ehm gemeldet hatte, übernahm ich die Führung der Flottille. Auf dem Gefechtsstand befanden sich viele Kontrolloffiziere, jedes Wort und jede Handlung von mir wurden notiert.

Für die Alarmierung und Benachrichtigung hatten wir zwei Varianten festgelegt: »Variante A« für die Herstellung der »vollen Gefechtsbereitschaft« und »Variante B« für die Herstellung der »erhöhten Gefechtsbereitschaft«, die die Heranholung eines kleineren Personenkreises vorsah. Ich mußte davon ausgehen, daß die »Variante A« ausgelöst worden war.

Als die personelle Anwesenheit sich auf dem Gefechtsstand nicht erhöhte, fragte ich den Operativen Diensthabenden, welche Variante der Benachrichtigung er ausgelöst habe. Er nannte mir die »Variante B«. Nun waren seit der Auslösung des Alarms schon 40 Minuten vergangen. Ich ließ den Fehler korrigieren, aber die Erfüllung der Normen war natürlich in Frage gestellt.

Bei diesem Streß hatten wir prompt vergessen, dem Chef der Volksmarine, der schon seit Stunden aktiv war, eine Bockwurst oder eine Tasse Kaffee anzubieten. Das hat er uns nicht so schnell vergessen, aber – und das muß zu seiner Ehre gesagt werden – er hat auch niemals vergessen, daß die 6. Flottille bei der Überprüfung der Gefechtsbereitschaft trotz des ersten Fehlers ein beachtliches Ergebnis erreichte, daß die Besatzungen der Boote und die Einrichtungen der Rückwärtigen Dienste alle Normen erfüllten.

Für das Verwechseln der Varianten der Alarmauslösung wollte ich den Operativen Diensthabenden nicht zur Verantwortung ziehen. Ich hatte bei der Festlegung der Formel für die Auslösung von Alarm nicht die psychologische Situation berücksichtigt, in der sich ein Operativer Diensthabender befindet, wenn der Leitende der Überprüfung und eine Menge von Kontrolloffizieren in den Gefechtsstand »einfallen«, um die Handlungen zu kontrollieren. Wir änderten das Dokument so, daß eine Verwechslung nicht mehr möglich war. Trotzdem hat mich Admiral Ehm auch später bei jeder Alarmierung mit meinem Netzwerk gehänselt.

Nach der Überprüfung rückte der 20. Jahrestag der DDR immer näher und damit die Flottenparade in Rostock. Auch wurden Besuche von Schiffsverbänden der Baltischen

Flotte der UdSSR und der Polnischen Seekriegsflotte in Rostock erwartet. Der Chef der Volksmarine hatte die Bildung eines Paradeschiffsverbandes befohlen. Er sollte vom Chef der in Warnemünde stationierten 4. Flottille, Kapitän zur See Herbert Bernig, geführt werden, als Stabschef wurde ich eingesetzt.

Alle Teilnehmer an der Parade hatten in den Stützpunkt der 4. Flottille zu verlegen. Hier, in Warnemünde, erfolgte die endgültige Vorbereitung und die Abnahme der Paradeteilnehmer. Für die Boote der 6. Flottille war die Unterbringung und Versorgung sowie die technische Hilfeleistung zu gewährleisten. Die Liegeplätze im Stadthafen mußten vorbereitet und die Festmachertonnen für das Einschwimmen der Boote in der Warnowmündung ausgebracht werden. Und schließlich hatten alle Boote zum festgelegten Zeitpunkt ihre Liegeplätze einzunehmen, ohne daß der Verkehr im Überseehafen bzw. im Stadthafen wesentlich beeinträchtigt wurde. Auch die Generalprobe war durchzuführen.

Mir hat diese Arbeit viel Spaß gemacht. Zum einen, weil Kapitän zur See Bernig mir sehr viel Freiheit ließ, zum anderen jedoch vor allem deshalb, weil das Führungsorgan des Paradeverbandes, die Besatzungen der Schiffe und Boote sowie die Einheiten der Sicherstellung engagiert ihre Aufgaben angingen. Die Parade – es war eine »stehende«, mit Vorführungen durch andere Kräfte und Mittel verbunden – wurde durch den Minister für Nationale Verteidigung abgenommen. Sie löste echte Begeisterung bei den Angehörigen der Volksmarine, aber auch bei den Einwohnern von Rostock und anderer Orte des Küstenbezirkes aus.

Für die Angehörigen der 6. Flottille gab es noch eine Gelegenheit zum Feiern. Der Chef der Flottille, Kapitän zur See Hesse, wurde anläßlich des 20. Jahrestages der DDR zum Konteradmiral ernannt. Damit wurde zum ersten Mal in der Volksmarine der Kommandeur eines Verbandes und ein Offizier, der seinen Dienst als Matrose begonnen hatte, zum Admiral ernannt.

Zu Beginn des Jahres 1970 wurde Konteradmiral Hesse für 2 Monate auf einen Lehrgang für leitende Offiziere an die Seekriegsakademie nach Leningrad delegiert. Ich vertrat ihn als Chef der Flottille, während meine Vertretung der Leiter der Unterabteilung Operativ, Fregattenkapitän Dembiany übernommen hatte. Es schien so, als sollte in diesen 8 Wochen das Leben normal verlaufen. Sechs Wochen hatten wir schon ohne Vorkommnisse überstanden, dann schlug es ein.

Es muß Ende April gewesen sein, als nach dem Winterslip das Torpedoschnellboot des Oberleutnants zur See Klatt bei Nacht zum erstenmal nach der Eisperiode zur Begleitung eines Kriegsschiffes der NATO eingesetzt war. Zu diesem Zeitpunkt führte auch die 4. Flottille eine taktische Übung durch, in deren Verlauf eine Raketenschnellbootsabteilung zur »Gegnerdarstellung« eingesetzt war.

In den frühen Morgenstunden meldete Oberleutnant Klatt, daß er ein Leck im Schiff hat, das Boot aber lenz halten kann und mit eigener Kraft einläuft. Er war bei Dunkelheit auf einen im Seegebiet treibenden Balken gelaufen.

Zum Zeitpunkt des Einlaufens begab ich mich in den Hafen, um den Schaden zu besichtigen. Wichtig war, daß kein Mann verletzt worden war. Klatt war schuldlos, und das TS-Boot vom Projekt 183 sollte ohnehin außer Dienst gestellt werden. Also war der Fall nicht ganz so problematisch.

Als ich noch den Schaden besichtigte, überbrachte mir der Diensthabende der Abteilung eine Meldung von Korvettenkapitän Grießbach, dem Chef der 3. Raketenschnellbootsabteilung, die an der Übung der 4. Flottille teilnahm. Er meldete: »Habe Start einer Rakete ausgeführt. An Bord keine Verletzten.«

Bei dieser Meldung konnte es sich nur um ein Mißverständnis handeln, denn scharfes Schießen war in dieser Übung überhaupt nicht vorgesehen. Ich ließ die Meldung wiederholen. Die Meldung lautete nun: »Habe Start einer Rakete ausgeführt. An Bord keine Verletzten. Sicherung des Gebietes übernommen.« Nun war es Gewißheit: Das Boot 734 hatte eine Rakete gestartet, und zwar keine Übungsrakete, sondern eine Gefechtsrakete!

Wie konnte das passieren? Bei den meisten Vorkommnissen sind erfahrungsgemäß Verstöße gegen Befehle, Weisungen und Vorschriften die Hauptursache. Auch auf dem Boot 734 war gegen militärische Bestimmungen verstoßen worden. Mit dem Hangarpersonal hatte ein Normtraining stattgefunden. Als das Normtraining beendet war, hatte der Hangarmaat vergessen, den Befehl zu geben, die Steckverbindung zum Starttriebwerk zu lösen. Der Hangargast, Stabsmatrose Widawski, hatte ohne Befehl die Verbindung nicht wieder gelöst.

Als der Kommandant beim Übungsraketenangriff auf den Startknopf drückte, konnte er all das natürlich nicht ahnen. So waren alle verblüfft, daß die Rakete prompt den Hangar verließ. Noch Schlimmeres hätte passieren können, wenn auch die Verbindung zum Marschtriebwerk nicht gelöst worden wäre. Die Raketen hatten ihre Treffsicherheit immer unter Beweis gestellt, und ein Ziel für diese Rakete war in der Übung ebenfalls festgelegt worden! So jedoch stürzte die Rakete nach Abfall des Starttriebwerkes im Seegebiet südlich Gedser ins Wasser.

Peinlich war es, dieses Vorkommnis dem Chef der Volksmarine zu melden. Ohne Vorwürfe, aber mit der Weisung, die Ursache des Vorkommnisses gründlich zu untersuchen und die Rakete zu bergen, nahm Admiral Ehm die Meldung entgegen.

Da der Chef der Abteilung die Position in See gesichert hatte und gemeinsam mit dem Kommandeur der Technischen Abteilung, Korvettenkapitän Escher, nach Analyse des Fluges der Rakete ihren möglichen Eintauchort bestimmt hatte, begannen die Kampfschwimmer mit der Suche der Raketenteile.

Es war ein Wunder, daß die Kampfschwimmer schon beim ersten Einsatz Teile der Rakete fanden. In mühseliger Kleinarbeit konnten fast alle Teile der Rakete geborgen werden. Nach dem Bericht der Untersuchungskommission wurde eine Reihe von Maßnahmen festgelegt, die die Sicherheit der an Bord befindlichen Gefechtsraketen erhöhten und deren strikte Befolgung derartige Vorkommnisse für die Zukunft ausschloß.

Aber ein Unglück kommt selten allein. Während wir bei der Bergung der Rakete waren, sank ein Leichtes Torpedoschnellboot nach der Überfahrt von Sassnitz nach Dranske unmittelbar vor der Einsteuerung in das Fahrwasser Bug-Dranske. Das Boot, auf dem eine Maschine ausgefallen war, hatte während der Überfahrt Wasser gemacht. Es hätte gehalten werden können, aber der Kommandant entschloß sich, das Boot zu verlassen. Die Bergung gestaltete sich kompliziert. Bei widrigem Wetter mußte die Bergung einige Male unterbrochen werden. Anschließend konnte nur noch festgestellt werden, daß das Boot außer Dienst gestellt werden mußte.

Mich haben diese Vorkommnisse sehr beschäftigt. Besonders unangenehm war mir, daß sie zu einer Zeit passierten, als der Flottillenchef im Ausland war. Zwar waren sie nicht auf fehlerhafte Entscheidungen meinerseits zurückzuführen. Aber wer will schon sagen, daß diese Dinge bei Anwesenheit des Flottillenchefs auch passiert wären?

Nachdem ich Konteradmiral Hesse nach dessen Rückkehr die Vorkommnisse gemeldet hatte, meinte er: »Wir werden es schon gemeinsam wieder ausbügeln.« Aber Geschehenes kann man nun einmal nicht ungeschehen machen. Auch dem Flottillenchef blieb es nicht erspart, am Ende des Ausbildungshalbjahres die Wanderfahne für den besten Verband, die wir eigentlich behalten wollten, an den Chef der 6. Grenzbrigade-Küste zu übergeben.

Bewährungsproben gab es im Verlaufe des zweiten Halbjahres noch genug. Die Angehörigen der 6. Flottille bereiteten sich deshalb intensiv auf die gemeinsame Übung »Waffenbrüderschaft 70« vor.

Das große Herbstmanöver »Waffenbrüderschaft 70« fand in der Zeit vom 12. bis 18. Oktober 1970 unter Leitung des Ministers für Nationale Verteidigung der DDR, Armeegeneral Heinz Hoffmann, auf dem Territorium der DDR und in der südwestlichen Ostsee statt. An ihr nahmen Truppen und Stäbe der Land- und Luftstreitkräfte aller 7 Armeen und der 3 verbündeten Ostseeflotten des Warschauer Vertrages teil.

Die Ausgangslage der Übung der verbündeten Flotten war der allgemeinen Ausgangslage angepaßt, d. h. der »Entfesselung der Kampfhandlungen durch die NATO« (Seite »Blau«) zunächst mit konventionellem Waffeneinsatz. Als Chef der Seite »Blau« in dieser Übung war der Chef der 6. Flottille, Konteradmiral Hesse, festgelegt. Den Kern seines Stabes bildete der Stab der 6. Flottille, der durch Offiziere der Sektion Seestreitkräfte der Militärakademie »Friedrich Engels«, durch Offiziere des Kommandos der Volksmarine und der anderen Flottillen ergänzt wurde.

Die Seite »Blau« hatte die Schiffsstoß-, Sicherungs- und Landungskräfte der Seite »Rot« in der Ostsee zu vernichten sowie die »blauen« Landstreitkräfte bei der Organisation der Landungsabwehr und der Durchführung von taktischen Seelandungen zu unterstützen. Insgesamt plante die Seite »Blau« die Durchführung einer großen Angriffsoperation mehrerer Armeegruppen, in deren Verlauf beträchtliche Teile des Territoriums der DDR und auch die Insel Rügen eingenommen werden sollten.

Die Kampfhandlungen sollten – für die Seite »Rot« überraschend – mit massierten Schlägen der »blauen« Marinefliegerkräfte, der Unter- und Überwasserschiffe auf Küstenobjekte, auf Flottenstützpunkte, Führungseinrichtungen und Schiffskräfte in See beginnen. Außerdem waren der Angriff der Landstreitkräfte von »Blau« entlang der Küste in Richtung Osten durch die Flottenkräfte zu decken, eine taktische See- und Luftlandung in der Flanke der Seite »Rot« durchzuführen sowie Anlandungen von »Rot« auf den Inseln der Sund- und Beltzone zu verhindern.

Die realen Übungselemente im Raum Karlshagen–Peenemünde wurden durch die Verteidigungsminister der Staaten des Warschauer Vertrages und die Partei- und Staatsführung der DDR besichtigt. Ausführlich wurde in Reportagen täglich in allen Massenmedien darüber berichtet.

An der Flottenübung waren 16 360 Mann beteiligt, an Technik: 116 Kampfschiffe und Boote, 28 Hilfsschiffe, 384 Gefechtsfahrzeuge und Artilleriesysteme, 764 Spezial-Kfz und 96 Flugzeuge.

Außenstehende interessierten sich natürlich besonders für die realen Handlungen, hohe Gäste für jene, welche man von einer Tribüne oder einem Schiff aus besichtigen konnte. In der Regel werden diese Handlungen vorher trainiert. Oftmals wurden sie von den Sachkundigen geringschätzig als »Show« oder »Türken bauen« bezeichnet. Diese Abwertung ist nicht immer berechtigt. Schließlich kann man nur das zeigen, was auch beherrscht wird. Handlungen mit hoher Dynamik und exaktem Zusammenwirken von Kräften aus mehreren Waffengattungen oder gar Teilstreitkräften kann man nur vorführen, wenn man über den entsprechenden Ausbildungsstand und das erforderliche Niveau der Stabsarbeit verfügt. So gesehen verdienen auch Handlungen, die vor einer Tribüne ablaufen, eine korrekte Würdigung.

Als Stellvertreter des Chefs des Stabes für operative Arbeit im Kommando der Volksmarine war ich später führend an der Konzipierung der Übungen »WAL-77« und »Waffenbrüderschaft 80« beteiligt. Ich weiß daher aus eigenem Erleben, welche detaillierte Planung der Handlungen und welche Exaktheit der Durchführung notwendig sind. Denn immerhin muß ja alles sowohl unter Beachtung der Einsatzgrundsätze als auch bei Gewährleistung der Sicherheit der eigenen Kräfte und des »Gegners« durchgeführt werden.

Am Ende des Jahres 1970 gab es in der Führung der 6. Flottille bedeutende personelle Veränderungen. Der Leiter der Politabteilung, Fregattenkapitän Hans Heß, und der Stellvertreter für Rückwärtige Dienste, Kapitän zur See Neumeister, wurden an die Offiziersschule der Volksmarine »Karl Liebknecht« versetzt. Sie wurden dort Stellvertreter des Kommandeurs.

Als Leiter der Politabteilung wurde Fregattenkapitän Helmut Milzow, der bisher Leiter der Politabteilung der 4. Flottille war, und als Stellvertreter für Rückwärtige Dienste der bisherige Chef der Torpedoschnellbootsbrigade, Fregattenkapitän Günter Poller, eingesetzt. Neuer Chef der Torpedoschnellbootsbrigade wurde Korvettenkapitän Eberhard Grießbach.

Helmut Milzow war ein tatkräftiger Mann. Er interessierte sich nicht nur für die politisch-ideologische Arbeit und die Parteiorganisation, sondern für das militärische Leben insgesamt, für alles, was einer hohen Gefechtsbereitschaft diente. So bildeten die Arbeit der Führungsorgane, die Organisation der Ausbildung, der Zustand von Disziplin und Ordnung den Schwerpunkt seiner Arbeit. Er fehlte bei keiner wichtigen Ausbildungsmaßnahme und war auch bei allen Überprüfungen der Gefechtsbereitschaft zugegen. Genauestens erfüllte er das, was zwischen mir als dem Stabschef und ihm als Leiter der Politabteilung abgesprochen war.

Er hatte noch zwei andere Besonderheiten, die ihn von seinem Vorgänger unterschieden: Milzow rauchte wie ein Schlot und schlug keinen Wodka aus. In Gesellschaft war er ein gern gesehener Unterhalter. Allerdings war er sich – nicht anders als Hans Heß – seiner Rolle als führender Parteifunktionär der Flottille vollkommen bewußt. Jedenfalls war er trotz »Protokollbewußtsein« ein ausgezeichneter Partner und ein Mann, der durchzog. Auch als er 1976 Stellvertreter des Chefs der Politischen Verwaltung der Volksmarine wurde, hat er sich als Arbeitspferd bewährt.

Günter Poller mußte sich an einem sehr erfahrenen Vorgänger messen lassen, denn Kapitän zur See Neumeister war ein Mensch voller Tatkraft mit einem begnadeten Organisationstalent. Aber Fregattenkapitän Poller war nicht weniger tatkräftig. Besonders in komplizierten Situationen zahlte sich seine langjährige Tätigkeit als Chef der Torpedoschnellbootsbrigade aus. Außerdem hat er seinen Unterstellten wohl doch mehr Entscheidungsbefugnisse überlassen und mehr schöpferisches Handeln abverlangt als sein Vorgänger. Mit seinem Namen sind auch die Verbesserung der Dienst- und Lebensbedingungen sowie die komplizierte Umstellung der Heizhäuser der 6. Flottille auf Braunkohle und der Einsatz im Schneewinter 1978/79 verbunden.

Anfang des Jahres 1971 vollzog sich in der Flottille eine weitere überraschende Veränderung. Ich befand mich im Jahresurlaub und hatte einen Platz in einem Ferienheim der NVA in der Nähe von Dresden erhalten. Zwei Tage vor der Anreise wurde ich benachrichtigt, daß ich meinen Urlaubsplatz nicht wahrnehmen kann, weil dort wegen einer Kontrolle des Ministeriums für Nationale Verteidigung an der Militärakademie »Friedrich Engels« eine Belegung durch Kontrolloffiziere des Ministeriums vorgesehen sei.

Statt dessen erhielt ich den Befehl, mich unverzüglich in der Dienststelle zu melden. Dort teilte mir der Konteradmiral Hesse mit, daß er als Chef des Stabes der Volksmarine eingesetzt sei und ich von ihm die Geschäfte des Flottillenchefs zu übernehmen habe.

Am nächsten Tag fand die Aussprache beim Chef der Volksmarine statt. Sie war nur kurz. Mir wurde mitgeteilt, daß ich mit der Führung der Flottille beauftragt sei, also noch nicht als Flottillenchef eingesetzt werde. Ich war mit dieser Lösung einverstanden. Folglich brauchte keine Übergabe zu erfolgen. Als Stabschef der Flottille wurde Fregattenkapitän Dönitz eingesetzt, bis dahin Chef der Leichten Torpedoschnellbootsbrigade. Auch er war mit der Führung beauftragt.

Also hatte die 6. Flottille zu Beginn der Hauptausbildungsperiode eine – zunächst provisorische – neue Führung. Das war insofern etwas problematisch, als in diesem Jahr 1971 der VIII. Parteitag der SED ins Haus stand.

In Vorbereitungsperioden von Parteitagen sollte immer ein besonders hoher Leistungsstand erreicht werden, waren zusätzliche Verpflichtungen zu übernehmen und auch zu erfüllen. Die Mitglieder und Kandidaten der Partei hatten dabei mit gutem Beispiel voranzugehen, was auf den Wahlversammlungen und Delegiertenkonferenzen der Parteiorganisationen auf den einzelnen Führungsebenen zu dokumentieren war. Auf diesen mußte über die geleistete Arbeit Rechenschaft abgelegt werden. Niemand wollte kritisiert werden oder eine selbstkritische Stellungnahme abgeben müssen.

Die Rechenschaftslegungen begannen in den Parteigruppen. Schon zur ordnungsgemäßen Durchführung der Parteigruppenwahlen wurden Parteibeauftragte festgelegt, die an den Versammlungen teilnahmen. Diese hatten den Politorganen über das Niveau der Versammlungen zu berichten und auch bemerkenswerte Diskussionsbeiträge zu nennen, die von den Rednern in späteren Wahlversammlungen oder auf einer Delegiertenkonferenz noch einmal gehalten werden konnten.

Solche Diskussionsbeiträge wurden allerdings in der Regel noch einmal »überarbeitet«. Mancher Matrose, der in der Parteigruppenversammlung mit einer herzerfrischenden freien Rede aufgetreten war, hat den Beitrag, mit dem er später auf einer Delegiertenkonferenz auftreten mußte, nicht wiedererkannt, so »stromlinienförmig« war er geraten, und das nicht nur in stilistischer Hinsicht.

Die Diskussionsbeiträge wurden auch anschließend noch einmal einer Wertung unterzogen. So konnte es vorkommen, daß ein Kommandeur oder der Leiter eines Politorgans für den Diskussionsbeitrag eines seiner Unterstellten scharf in die Mangel genommen wurde. Unter diesen Bedingungen hat kaum jemand ohne schriftlich vorbereiteten und protokollgemäß formulierten Diskussionsbeitrag das Wort ergriffen. Die Diskussionsredner auf Konferenzen und Parteitagen waren ohnehin vorher festgelegt, zumeist auch schon ihr Beitrag bestätigt worden.

Ich erinnere mich noch gut an eine Delegiertenkonferenz der Parteiorganisationen in der NVA im Jahre 1966. Aus der Delegation der 6. Flottille waren der Chef der Flottille, Fregattenkapitän Hesse, und ich als Diskussionsredner festgelegt. Wir sollten die Erfahrungen unserer Führungstätigkeit darlegen. Während der Konferenz saßen wir nebeneinander. Unsere Wortmeldungen hatten wir abgegeben. Gustav Hesse hatte einen ausgearbeiteten Diskussionsbeitrag und war ununterbrochen dabei, ihn zu korrigieren. Ich hatte Vorstellungen, was ich sagen würde. Als Hesse mich fragte, ob ich meinen Beitrag nicht entsprechend präzisiere, sagte ich ihm, daß ich keinen schriftlich ausgearbeiteten Diskussionsbeitrag habe.

Als er darauf befremdet reagierte, teilte ich ihm meine Überlegungen mit: Erstens ging ich davon aus, daß nur einer von uns beiden zur Diskussion sprechen kann. Mir schien es wahrscheinlicher, daß Gustav Hesse als Chef der Flottille festgelegt wird. Zweitens würde ich, wenn man mich als nächsten Redner ankündigt, immer noch über 10 Minuten verfügen, die ausreichen, einige Stichpunkte zu Papier zu bringen.

Meine Überlegungen erwiesen sich als richtig. Fregattenkapitän Hesse hat zur Diskussion gesprochen und war gut angekommen. Mein Diskussionsbeitrag sollte im Protokoll berücksichtigt werden. Da ich keinen ausgearbeiteten Beitrag hatte, konnte das nicht erfolgen.

Später war ich einmal Zeuge, wie die für die ideologische Arbeit verantwortlichen Offiziere der Politischen Verwaltung einen Trinkspruch des Korvettenkapitäns Grießbach, den er anläßlich einer Auszeichnungsveranstaltung gehalten hatte, nach ganz bestimmten Kriterien bewerteten. Auch aus meiner Sicht war der Trinkspruch gut, denn er hatte aus freien Stücken und in freier Rede das gesagt, was ihm am Herzen lag. Für die offiziellen Bewerter war dagegen wichtig, daß bestimmte Formeln oder Inhalte auftauchten: die führende Rolle der Partei, die Verdienste des Zentralkomitees und des Generalsekretärs, die Waffenbrüderschaft und anderes mehr.

Ich war immer ein Anhänger der freien Rede. Mir gefiel es nicht, wenn Chefs und Kommandeure ihren Entschluß von einem Blatt Papier ablasen, statt an der Karte frei zu entwickeln. Ich war und bin dafür, daß man einen Diskussionsbeitrag nach Stichpunkten vorträgt, und ich mag es, wenn in einem Trinkspruch – notfalls auch mit unvollständigen Sätzen – das gesagt wird, was man auf dem Herzen hat.

Trotzdem habe ich im Jahre 1971, als ich auf der SED-Delegiertenkonferenz der NVA unsere Erfahrungen in der Arbeit mit jungen Offizieren darlegte, gegen meine eigene innere Überzeugung diesen Diskussionsbeitrag Wort für Wort abgelesen. Auch ich bin hier den Weg des geringsten Widerstandes gegangen.

Oft ist in Parteiversammlungen nicht das gesagt worden, was eigentlich hätte gesagt werden müssen, was den Mitgliedern auf den Nägeln brannte. Und wenn jemand in einer Mitgliederversammlung Zweifel an der Richtigkeit der Politik des ZK und der Regierung äußerte, so wurde in der Regel anschließend mit ihm so darüber gesprochen, daß er sich überlegte, ob und in welcher Form er beim nächsten Mal auftritt. Diese Art von ideologischer Disziplinierung, wie sie in der SED und vor allem in den bewaffneten Organen gang und gäbe war, hatte natürlich nichts mehr mit innerparteilicher Demokratie und ehrlichem Meinungsstreit im Sinne von Marx und Engels, Liebknecht und Luxemburg zu tun.

Auf besagter Delegiertenkonferenz wurde ich als Delegierter zum VIII. Parteitag gewählt. Die Wahl selber verlief programmgemäß, denn die Zusammensetzung der Delegierten war vorher abgestimmt worden. Interessant war eigentlich nur, ob es bei der geheimen Wahl Gegenstimmen gab oder nicht. Ich erhielt keine Gegenstimme. Auf diesen Vertrauensbeweis war ich stolz und fuhr mit großen Erwartungen nach Berlin.

Unmittelbar vor dem Parteitag hatte das Ministerium für Nationale Verteidigung in der 6. Flottille eine Inspektion durchgeführt, die mit der Einschätzung »gut« abgeschlossen worden war. Die Torpedoschnellbootsbrigade unter Korvettenkapitän Grießbach hatte die Note »sehr gut« erhalten. Nach Abschluß der Inspektion sagte mir General Martin Bleck, daß durchaus die Chance bestanden hatte, die Inspektion mit der Note »sehr gut« abzuschließen. Er empfahl mir, beim Minister für 1972 erneut eine Inspektion zu beantragen mit der Bitte, auf ein »sehr gut« geprüft zu werden. Ich war aber nicht lebensmüde. Mir war klar: Bei einem solchen Antrag müßten und würden die Inspektionsoffiziere mit uns ganz hart ins Gericht gehen, und die Aussicht war groß, dann als überheblicher Verlierer dazustehen.

Der Bericht an den VIII. Parteitag, gehalten vom neuen Ersten Sekretär Erich Honecker, war durchaus kritisch angelegt. Dort und auch in anderen Referaten und Diskussionsreden widerspiegelten sich die Probleme, die die DDR-Bürger bewegten, und es wurden Hoffnungen auf die Lösung dieser Probleme geweckt. Das bezog sich hauptsächlich auf die Wirtschafts- und Sozialpolitik. Ich gewann die Überzeugung, daß die Befriedigung der materiellen und kulturellen Bedürfnisse der Bürger der DDR tatsächlich wieder in den Mittelpunkt der Politik der Partei gerückt würde. Ich spürte auch die Geschlossenheit der Partei und das Zusammengehörigkeitsgefühl zwischen den kommunistischen und Arbeiterparteien, das in den Ansprachen der Gäste zum Ausdruck kam. Die Begrüßung des Parteitages durch eine Ehrenformation der Nationalen Volksarmee und durch eine Abordnung der Jungen Pioniere gehörten zu den emotional nachhaltigsten Erlebnissen. Die Organisation des Parteitages, die Unterbringung und Betreuung der Delegationen liefen mit einer Perfektion ab, als wäre das viele Male trainiert worden.

Zuversichtlich kehrte ich in die 6. Flottille zurück. In mehr als 20 Veranstaltungen in den Marineeinheiten auf der Insel Rügen habe ich meine Eindrücke vom VIII. Parteitag wiedergegeben.

Einen Monat nach dem Parteitag besuchte Erich Honecker in Begleitung des Ministers für Nationale Verteidigung, Armeegeneral Heinz Hoffmann, und des 1. Sekretärs der SED-Bezirksleitung Rostock, Harry Tisch, die Volksmarine. An Bord eines Küstenschutzschiffes sah er Demonstrativhandlungen der Volksmarine im Seegebiet östlich der Insel Rügen. Er hatte wohl einen Urlaubsaufenthalt auf der Insel Vilm dafür genutzt, um nach 4 Jahren die Volksmarine wieder einmal zu besuchen.

Persönlich hatte ich nie die Gelegenheit, ein Wort mit Erich Honecker zu wechseln. Aus seinen Reaktionen bei verschiedenen Veranstaltungen konnte ich jedoch darauf schließen, daß er als Vorsitzender des Nationalen Verteidigungsrates der DDR recht stolz auf die Nationale Volksarmee und auch auf die Volksmarine war.

In der Tat konnte sich die Volksmarine des Jahres 1971 schon sehen lassen – auch international galt sie als eine kleine, aber kampfkräftige und gut ausgebildete Flotte. Selbst in den Dienst- und Lebensbedingungen der Angehörigen der Volksmarine hatten sich 1971 weitere Verbesserungen eingestellt. Jeder, der von der 6. Flottille am Dienstort wohnen wollte, hatte eine Wohnung erhalten. In Dranske war das Haus der Nationalen Volksarmee eingeweiht. In der Dienststelle waren Sporthalle, Sportplatz sowie weitere Lager und Werkstätten fertiggestellt, und der Klub der Dienststelle stand vor der Übergabe. Auch ein neuer Gefechtsstand und das Nachrichtengebäude waren übergeben.

Nach dem VIII. Parteitag entstanden in den Kompanien gut ausgestaltete Klubräume, und auf den schwimmenden Stützpunkten wurden die Messen geschmackvoll eingerichtet. Weitere Vorhaben, die wir realisieren wollten, waren die Einrichtung einer großen Kaufhalle und einer Buchverkaufsstelle im ehemaligen Klub der Dienststelle, den Bau einer Sauna bzw. eines prophylaktischen Zentrums und auch einer Kegelbahn im Ort Dranske. Auch die Einrichtung eines Friseursalons und von Räumlichkeiten für den personengebundenen Wäschetausch waren vorgesehen.

Mit erheblichem Aufwand für das Küchenpersonal war sogar eine zusätzliche Pausenversorgung eingeführt worden. Diese konnte allerdings nicht lange aufrechterhalten werden. Außerdem hatte der Chef der Volksmarine anläßlich der Auswertung des Ausbildungsjahres 1969/70 befohlen, daß alle Offiziere Normalgewicht zu erreichen hätten. Er wollte dabei mit gutem Beispiel vorangehen. Es gab nicht wenige, die diese Aufgabenstellung nicht sonderlich ernst nahmen, und Admiral Ehm hatte wohl auch seine Schwierigkeiten mit der eingegangenen Verpflichtung. Jedenfalls gab es niemals eine Auswertung.

Im August 1971 wurde offiziell die Übergabe der 6. Flottille von Konteradmiral Hesse an Fregattenkapitän Hoffmann vollzogen. Während einer Flottillenmusterung, an der Gäste der Patengemeinde und Vertreter der Sowjetarmee und der Baltischen Flotte teilnahmen, nahm der Chef der Volksmarine das entsprechende Zeremoniell vor. Am Abend fand ein Ball statt.

Admiral Ehm hatte die Möglichkeit genutzt, am Nachmittag noch einmal auf dem Südbug auf Pirsch zu gehen. Als der Ball beginnen sollte, war der Admiral noch nicht von der Jagd zurück. Meine Situation wurde schwierig: Sollte ich den Ball eröffnen oder noch warten? Ich entschloß mich, noch eine Stunde zu warten und erst dann die Veranstaltung zu eröffnen.

Dann hörten wir, daß der Admiral eingetroffen sei und einen Hegeschuß getätigt habe. Also hin in das Gästehaus und das Weidmannsheil überbracht. Mich empfing ein Donnerwetter. Willi Ehm hatte auf dem Südbug die Lederstiefel ausgezogen und hinter einen Busch gestellt. Als er nach der Jagd zurückkam, waren die Stiefel nicht mehr da. Er hat danach in den Landeinheiten der 6. Flottille nach seinen Stiefeln Ausschau gehalten und war deshalb zu spät gekommen. Nun schimpfte er auf die Angehörigen der 6. Flottille, die den Chef der Volksmarine immer wieder bestehlen. Zu einem früheren Zeitpunkt hatte man nämlich schon einmal seine Mütze verlegt.

Ich verteidigte die Angehörigen der 6. Flottille, so gut ich konnte, denn schließlich hatte sich die Mütze damals prompt wieder angefunden, aber die Laune des Chefs wollte sich nicht bessern.

Recht bald tauchten jedoch 2 Maate auf, die dem Chef der Volksmarine meldeten, daß sie Streife auf dem Südbug gehabt und dabei die Stiefel gefunden hatten. In der Kompanie waren sie aufgeklärt worden, daß es sich um nichts Geringeres als um die Stiefel des Chefs der Volksmarine handelte. Diese wollten sie nun übergeben. Man kann sich denken, daß wir nicht nur an diesem Abend mit den Stiefeln unseren Spaß hatten.

Die 6. Flottille hat das Jahr 1971 mit guten Ergebnissen abgeschlossen. Sie wurde als »Bester Verband der Volksmarine« ausgezeichnet und alle 3 Bootsbrigaden erhielten den Titel »Vorbildlicher Truppenteil«. Das war auch – zur Freude der Seeleute – mit erheblichen finanziellen Zuwendungen verbunden.

Doch war diese Freude nicht ungetrübt. Am 1. November 1971 hatte Admiral Ehm die Aufnahme des Gefechtsdienstes der Volksmarine mit Beginn des neuen Ausbildungsjahres befohlen, und außerdem hatte die 6. Flottille auf eine neue Struktur überzugehen.

Beabsichtigt war die Annäherung der Friedensstruktur der Flottille an die Kriegsstruktur. Aus den typenreinen Raketen- und Torpedoschnellbootsbrigaden wurden gemischte Brigaden im Bestand von je einer Raketenschnellbootsabteilung (mit 4 Raketenschnellbooten) und einer Torpedoschnellbootsabteilung (mit 5 Torpedoschnellbooten) gebildet. Die Raketenschnellbootsbrigade wurde zur 1. Raketen-Torpedoschnellbootsbrigade und die Torpedoschnellbootsbrigade zur 3. Raketen-Torpedoschnellbootsbrigade umformiert. Die 5. Raketen-Torpedoschnellbootsbrigade wurde neu geschaffen.

Der Vorteil der neuen Struktur lag auf der Hand. Es gab weniger Probleme des Übergangs von der Friedens- zur Kriegsstruktur. Jeder Vorgesetzte bildete die Unterstellten aus, die er im Gefecht zu führen hatte und auch das Zusammenwirken wurde unkomplizierter. Wenn jede Brigade nunmehr zwei Bootsklassen sicherstellen mußte, so war das ja im Einsatz bei Übungen ohnehin schon erforderlich gewesen, da wir ständig mit gemischten Schiffsschlaggruppen gefahren waren.

Als Chefs der Raketen-Torpedoschnellbootsbrigaden wurden Fregattenkapitän Nitz, Korvettenkapitän Grießbach und Fregattenkapitän Günter Müller eingesetzt. Chef der Leichten Torpedoschnellbootsbrigade war Fregattenkapitän Horst Blanke.

Im Zusammenhang mit der neuen Struktur war an der Flottenschule »Walter Steffens« in Parow eine Schulbrigade gebildet worden. An diese Schulbrigade hatte die 6. Flottille 3 Raketenschnellboote und 3 Torpedoschnellboote zu übergeben. Bei Übergang auf die Kriegsstruktur waren diese Boote als Schiffsschlaggruppe wieder in den Bestand der Flottille einzugliedern. In der Schulbrigade erhielten die Matrosen und Maatenschüler ihre praktische Ausbildung.

Die Schaffung der Schulbrigade war zweckmäßig. Bis dahin waren jährlich 1–2mal Boote zur praktischen Ausbildung an die Flottenschule kommandiert worden. Das war nun nicht mehr notwendig. Außerdem erhielt die Flottille gut ausgebildete Matrosen und Unteroffiziere, die sich schnell in die Besatzungen einfügten.

Hatten bis zum Übergang auf die neue Struktur die Torpedoschnellboots- und Raketenschnellbootsbrigaden Bereitschaftsboote gestellt, in der Regel 2 Boote, sollte nunmehr eine Brigade, die Brigade mit dem höchsten Ausbildungsstand, für jeweils ein halbes Jahr die Gefechtsdienstbrigade sein. Die anderen beiden Brigaden sollten schwerpunktmäßig Ausbildung durchführen bzw. den planmäßigen Werftzyklus absolvieren.

Der Gefechtsdienst hatte sich in der Seekriegsflotte der UdSSR in der zweiten Hälfte der sechziger Jahre herausgebildet. Er diente dem Ziel, vom Angriff eines Gegners nicht überrascht zu werden, die Wucht seiner Schläge weitestgehend abzuschwächen und ein möglichst großes Gefechtspotential zur Erfüllung der operativen Aufgaben in Bereitschaft zu halten. Deshalb sah der Gefechtsdienst sowohl den Aufenthalt von Überwasserschiffen und U-Booten in neuralgischen Gebieten der Ozeane und Randmeere als auch von Kräften des Diensthabenden Systems vor, die sich in einer festgelegten Bereitschaftsstufe in Flottenstützpunkten und auf Flugplätzen befanden.

In der Ostsee standen sich die Seestreitkräfte des NATO-Kommandos Ostseeausgänge und die drei verbündeten Flotten des Warschauer Vertrages gegenüber. Die Aktivität der Handlungen beider Seiten nahm kontinuierlich zu. So wurden in den Operationszonen der sozialistischen Ostseeflotten im Jahre 1970 363 Schiffe und im Luftraum darüber 545 Flugzeugeinsätze registriert. Im Jahre 1968 waren es nur 108 Schiffseinsätze und 80 Flugzeugeinsätze gewesen.

Dazu kam, daß ein Teil der Übungen der Seestreitkräfte des NATO-Kommandos Ostseeausgänge unmittelbar vor unseren Küsten durchgeführt wurde. Schließlich hatten wir zu berücksichtigen, daß bei den geringen Entfernungen in der südwestlichen Ostsee aus dem Fehmarnbelt auslaufende Schnellboote innerhalb von 30 Minuten vor Rostock-Warnemünde stehen konnten.

Eine Zunahme der Anzahl und Intensität von Handlungen haben wir sogar in Perioden relativer Entspannung registriert. So wurden zum Beispiel im Jahre 1988 in den Operationszonen der verbündeten Flotten etwa 1 100 Schiffs- und 3 500 Flugzeugeinsätze der NATO-Seestreitkräfte festgestellt – oftmals mit realem Waffeneinsatz verbunden.

Bei Verschärfung der Lage waren die Erhöhung der Anzahl der Kräfte und ihre Dezentralisierung vorgesehen. Der Gefechtsdienst war insgesamt so geplant, daß ein nahtloser Übergang zur Abwehr erster Schläge vollzogen werden konnte. Daraus ergaben sich gleichzeitig höhere Anforderungen an die rückwärtige Sicherstellung.

Für die 6. Flottille hieß das konkret, daß neben Schiffen und Booten auch entsprechende Einrichtungen der rückwärtigen Dienste, wie Raketen- und Torpedotechnische Kompanien bzw. Torpedoregelgruppen, Personal von Lagern und Werkstätten in den Gefechtsdienst einbezogen werden mußten. Auch der Gefechtsstand der Flottille und die Nachrichtenkompanie waren in den Gefechtsdienst einbezogen. Wir entschlossen uns, den Gefechtsdienst mit einer geschlossenen Brigade im Bestand von Raketen- und Torpedoschnellbooten, einer Gruppe von Leichten Torpedoschnellbooten und den notwendigen rückwärtigen Einrichtungen aufzunehmen.

Die Kräfte des Gefechtsdienstes waren voll mit Waffen und Munition ausgerüstet. Der Wechsel der Einheiten des Gefechtsdienstes erfolgte in einer feierlichen Musterung nach jeweils einem halben Jahr. Innerhalb der Einheiten wurden die Kräfte wöchentlich ausgewechselt. Der Personalbestand, der sich im Bereitschaftssystem befand, mußte in der Einheit anwesend sein. Daraus ergab sich zunächst eine sehr hohe Belastung aller Armeeangehörigen. Für die am Standort wohnenden Berufssoldaten wurde dann eine Lockerung gestattet.

Die befohlenen Zeitnormen bewegten sich zwischen 30 und 50 Minuten. Um ein schnelleres Auslaufen zu ermöglichen, wurde ein Anleger am Südbug errichtet und dort eine Abteilung dezentralisiert.

Natürlich wurde auch einiges zur Betreuung der im Gefechtsdienst stehenden Armeeangehörigen getan. So haben wir an den Feiertagen die Familienangehörigen der Berufssoldaten an Bord eingeladen. Man müßte diese Tatsache nicht besonders erwähnen, wenn die Festlegungen über die Geheimhaltung und die Sicherheitsbestimmungen in der NVA nicht derart streng gewesen wären, daß man bei solchen Freizügigkeiten schnell den Militärstaatsanwalt im Dienstzimmer haben konnte. In der zweiten Hälfte der achtziger Jahre konnten wir die Bestimmungen dann etwas lockerer handhaben.

Die Bedingungen für das Leben der Berufssoldaten und ihrer Familien in Dranske gaben uns das moralische Recht, in diesen Fragen etwas großzügiger zu sein, als es die in der NVA übliche Geheimniskrämerei verlangte. Besonders problematisch stand es dort um die Arbeit und die Entwicklungsmöglichkeiten der Ehefrauen. Gerade die jungen Berufssoldaten waren darauf angewiesen, daß die Frauen ebenfalls arbeiteten. Der Verdienst eines jungen Offiziers oder Unteroffiziers war nicht so hoch, wie etwa in der Bundesmarine. Hinzu kam, daß die Frauen kaum eine Chance hatten, in ihrem erlernten Beruf oder gar entsprechend ihrem Fach- oder Hochschulabschluß eingesetzt zu werden.

In Dranske gab es ein Überangebot an Lehrerinnen und medizinischem Personal. Das lag auch daran, daß die Offiziersschule Stralsund einen Patenschaftsvertrag mit einer Schwesternschule und einem Lehrerbildungsinstitut hatte. Die Anlage des Zweigbetriebes eines Kleiderwerkes, die Einrichtung einer Buslinie nach Saßnitz zur Arbeit im Fischkombinat und auch die Schaffung einer Außenstelle eines Elektronikbetriebes konnten – selbst bei den erforderlichen Umschulungen – keine allen Frauen genügende Lösung bringen.

Dazu kam das Problem der Verkaufseinrichtungen in Dranske. Weder Anzahl noch Sortiment reichten aus. In den Sommermonaten kamen nicht nur Hunderte, sondern Tausende Urlauber hinzu, die ebenfalls versorgt werden wollten und mußten. Nördlich von Dranske am Bakenberg befand sich einer der größten Campingplätze der DDR, dessen Benutzer von Mai bis September bei schlechtem Wetter ebenfalls in Dranske eine Abwechslung suchten.

Zu allem Überfluß wurde in Dranske auch noch eine Erholungsbasis der NVA eingerichtet. Die Urlauber mußten im Haus der Nationalen Volksarmee versorgt und durch die Flottille kulturell betreut werden. Deshalb hat bei uns auch der Gedanke einmal eine Rolle gespielt, ein Sperrgebiet um Dranske einzurichten. Das hätte allerdings derart viele negative Folgen für die Armeeangehörigen und ihre Familien sowie für die

»zivilen« Einwohner von Dranske gehabt, daß dieser Gedanke schnell wieder fallengelassen wurde.

Durch die Aufstockung der 6. Flottille kam bald die Zeit, da die Wohnungen wieder knapp wurden und auch die Kindergarten- und Kinderkrippenplätze nicht mehr ausreichten. Um all diese Probleme hatte sich der Flottillenchef ebenfalls zu kümmern, der Rat der Gemeinde Dranske konnte diese Fragen nicht allein lösen. Viele Angehörige der Flottille haben ohnehin im Rat der Gemeinde und in den verschiedensten Kommissionen und in den gesellschaftlichen Organisationen freiwillig und mit Engagement gewirkt. Durch den zusätzlichen Einsatz von Kräften und Mitteln der Volksmarine haben wir geholfen, so manches Problem zu lösen und dabei auch guten Gewissens gegen bestehende Vorschriften verstoßen. Auch das Kommando der Volksmarine, die SED-Kreisleitung und der Rat des Kreises Rügen haben uns unterstützt. Später gab es zur Lösung der Probleme der Berufssoldaten und ihrer Angehörigen in Dranske sogar einen Beschluß des Ministerrates.

Die Notwendigkeit einer höheren Gefechtsbereitschaft der 6. Flottille ergab sich vor allem aus der Einführung von Raketenschnellbooten in den Seestreitkräften des NATO-Kommandos Ostseeausgänge. Diese Raketenschnellboote waren natürlich moderner als unsere vom Projekt 205, die sich immerhin schon 10 Jahre im Bestand der Volksmarine befanden. Es begann ein energischer Kampf um die Zeit zur Feuereröffnung und die Distanz des effektiven Treffens der Raketen. Auch mußten in der Taktik des Einsatzes neue Wege beschritten werden. Für die Schiffe und Boote der Volksmarine wurde die Luftabwehr gleichzeitig zur Abwehr von Schiffsraketen.

Zunächst wurden die verschiedensten Varianten des Einsatzes von Fühlungshaltern für die Raketenschnellboote erarbeitet und in der Praxis angewandt. Die Zeit der Vorstartkontrolle konnte verkürzt werden. Darüber hinaus wurde ein Bereitschaftssystem der an Bord befindlichen Raketen ausgearbeitet.

In der 6. Flottille wurden Voraussetzungen für die Übernahme der Luftlage von den funktechnischen Truppen der Luftstreitkräfte/Luftverteidigung geschaffen und an Varianten für die Leitung von Flugzeugen beim gemeinsamen Einsatz gearbeitet.

Mit den anderen verbündeten Flotten fanden regelmäßig während des gesamten Ausbildungsjahres Erfahrungsaustausche statt. Charakteristisch dafür war Anfang der siebziger Jahre schon, daß die Volksmarine einen eigenen Beitrag leisten konnte und daß wir im Kampf um die erste Salve und um eine große Schußdistanz, aber auch beim Schutz der eigenen Kräfte vor gegnerischen Raketenschlägen sogar eine bestimmte Pionierrolle übernehmen konnten. Das hing allerdings auch mit den besonderen Bedingungen zusammen, denen sich die Volksmarine in unmittelbarer Nachbarschaft zur Bundesmarine und zu anderen Flottenkräften der NATO zu stellen hatte.

Im Jahre 1973 stand wieder eine Inspektion ins Haus. Die 6. Flottille wurde durch das Ministerium – aus welchen Gründen auch immer – häufiger inspiziert als andere Verbände. Ich würde diese Inspektion nicht erwähnen, wenn wir mit dem Leiter der Inspektion nicht ein für uns wichtiges Problem hätten klären können.

Wir hatten 1972 nämlich begonnen, im Stützpunkt Bug-Dranske mit eigenen Kräften und Mitteln und selbst beschafftem Material ein prophylaktisches Zentrum zu errichten mit Sauna, Unterwassermassage, Massage- und Ultraschallbehandlungsraum. Die Handwerker hatten wir unter Zivilbeschäftigten und Armeeangehörigen der Flottille gewonnen. Das Baugeschehen lag in den Händen des Chefs der Rückwärtigen Dienste, Kapitän zur See Poller.

Als das prophylaktische Zentrum schon fertig war, hatten wir immer noch keine Baugenehmigung. Jedem war klar, daß wir gegen Vorschriften verstoßen hatten. Wir hatten zwar alle Dokumente eingereicht, aber hatten uns wohl mit diesem »Luxusobjekt« das Mißfallen der zuständigen Organe zugezogen, diese ließen uns jedenfalls hängen. Ich glaube, sie dachten auch, der Chef der Volksmarine denke genauso. Ein Nutzungsplan für die Sauna war erarbeitet. Die Besatzungen der Schnellboote konnten sie während der Dienstzeit nutzen, aber auch nach Dienst war der Besuch möglich.

Ich zeigte nun dem Leiter der Inspektion unseren Prachtbau und erläuterte die vorgesehene Nutzung. Martin Bleck war davon begeistert. Als ich ihm jedoch erzählte, daß wir immer noch nicht eröffnen können, da die Baugenehmigung noch nicht vorliegt, setzte er sich in die Spur und besorgte uns prompt die ersehnte Genehmigung. Damit war bewiesen: Eine Inspektion hat nicht nur etwas Positives oder Negatives festzustellen, sondern hat zu helfen.

Dieser Aufgabe hat sich General Bleck aus der Sicht der Volksmarine immer gestellt. Ich persönlich habe Martin Bleck bei 4 Inspektionen erlebt. Ihm, einem erfahrenen Soldaten, der von der Pike auf gedient hatte, lag das Wohl der einfachen Angehörigen der Volksmarine jederzeit am Herzen. Schon am frühen Morgen erschien er in der Kombüse und wog die Frühstücksrationen. Wehe, die Gewichtsmengen stimmten nicht. Dann konnten sich der Küchenchef und der Versorger, aber auch der Kommandant ein Pfeifchen anbrennen. Dem personengebundenen Wäschetausch, den Unterkünften und den sanitären Einrichtungen gehörte Martin Blecks besondere Aufmerksamkeit.

General Bleck ging es darum, daß der Soldat jederzeit seine Norm erhält, das, was ihm zusteht. Diese Soldatennorm begann beim Ausgang und endete bei einer gut organisierten Ausbildung. Zwischen diesen beiden Eckpfeilern lag ein sehr weites Betätigungsfeld für die Vorgesetzten. Martin Bleck wußte auch genau, wo die schwachen Punkte sind und wo den Soldaten der Schuh drückt. Er legte keinen Wert darauf, vom Flottillenchef begleitet zu werden. Er ging allein durch das Objekt. Sicherlich sagte ihm seine Erfahrung, daß er mehr erfährt, wenn der Vorgesetzte der inspizierten Einheit nicht dabei ist. Er wußte dann auch so manches, denn er hatte ein Talent, von den Matrosen zu erfahren, was wirklich im Lot oder nicht im Lot war.

Ließ Bleck sich nicht beim Flottillenchef sehen, dann lief alles normal. Wenn es gute Ergebnisse gab, dann sagte er das zum Abschluß der Inspektion. Wenn General Bleck jedoch im Verlaufe der Inspektion zu mir kam, dann schwante mir Schlimmes. Es kam vor, daß er zu einem Kommandeur oder Chef kam und sagte: »Ich war auf dem Kfz-Park. Dort habe ich mir Fahrzeuge angesehen. Zwei Hänger standen dort, die sahen aus, als wenn sie nach der letzten Inspektion noch nicht gereinigt sind. Heute habe ich das gesehen. Es erscheint noch in keinem Bericht. Morgen kontrollieren meine Leute. Wenn es dann nicht in Ordnung ist, erscheint es im Bericht.«

In Gesellschaft wußte Martin Bleck über die Marine sehr vieles und vor allem Gutes zu erzählen. Allerdings berichtete er auch darüber, daß er am Anfang seiner Inspektionstätigkeit von Marineangehörigen auf den Arm genommen werden sollte.

Während einer Inspektion in der Volksmarine war er auf einem Küstenschutzschiff in See, um das Schießen mit dem Hauptkaliber zu kontrollieren. Als das Schießen lief, meldeten die Beobachter Treffer um Treffer. General Bleck fragte, wo denn die Schießscheibe ist. Man zeigte ihm auf dem Radarsichtgerät ein Ziel. Nun forderte er eine Besichtigung der Scheibe. Als das Schiff in das angegebene Gebiet kam, war keine Scheibe auszumachen.

Das zentrale Ereignis des Jahres 1974 für die Angehörigen der 6. Flottille und für mich persönlich war die Übung »WAL-74«. Aus diesem Anlaß hatte sich hoher Besuch angekündigt, nämlich der Oberkommandierende der Vereinten Streitkräfte, Marschall der Sowjetunion Jakubowski, und sein Chef des Stabes, Armeegeneral Schtemenko. In die Vorbereitung und Durchführung des Besuches waren der Ort Dranske und die gesamte Flottille einbezogen. Es kam zu vielen, wirklich herzlichen Gesprächen der beiden sowjetischen Militärs mit Angehörigen der 6. Flottille, ja sogar mit Kindern des Ortes.

Oftmals wurde in der NVA ja versucht, bei so hochrangigen Besuchen das Personal, das in das Besuchsprogramm nicht einbezogen war, unter Deck, im Ausbildungsgelände oder in den Unterkünften zu verstecken. Ich war immer dagegen, da die jungen Menschen ja den verständlichen Wunsch haben, solche führenden Persönlichkeiten auch aus der Nähe zu sehen, zu hören, zu erleben. Niemand wurde bei uns versteckt, alle konnten am Besuch von Marschall Jakubowski und Armeegeneral Schtemenko Anteil nehmen. Ich habe übrigens niemals wieder Matrosen und Unteroffiziere so ehrfürchtig und diszipliniert am Straßenrand oder im Gelände stehen sehen. Sie verhielten sich nicht aus Angst vor einer Rüge oder aus militärischem Drill so, sondern aus ehrlicher Hochachtung gegenüber den sowjetischen Heerführern.

Die Übung »WAL-74« und der 25. Jahrestag der DDR waren die letzten Maßnahmen, die ich in der Dienststellung des Chefs der 6. Flottille erlebte.

Schon im Frühsommer 1974 hatte sich vollkommen überraschend der Kaderchef der Volksmarine zu einem Besuch angesagt. Den Kapitän zur See Teuber, einen Mitbegründer der Seestreitkräfte der DDR, kannte ich gut aus der Arbeit in der Parteikontrollkommission der Volksmarine, der wir beide viele Jahre angehörten.

Kapitän Teuber hatte mir mitgeteilt, daß er im Auftrage des Chefs mit mir zu sprechen habe. Ich war Kaderreserve für die Dienststellung des Kommandeurs der Offiziershochschule, und da der Kommandeur der Hochschule, Konteradmiral Irmscher, gesundheitliche Probleme hatte, lag ein Wechsel durchaus im Bereich des Möglichen.

Darum sollte es im Gespräch allerdings nicht gehen. Eine Stunde vor Eintreffen des Kaderchefs teilte mir der Leiter der Politabteilung der 6. Flottille, Kapitän Milzow, mit, daß ich Stellvertreter des Chefs des Stabes der Volksmarine für operative Arbeit werden solle. Es war gut, daß er mir das gesagt hatte, denn so konnte ich mich auf das bevorstehende Gespräch einstellen. Ich kann mich so schlecht verstellen, und meine jeweiligen Empfindungen sieht man mir gleich an.

Meine Stimmung sank sofort auf den Nullpunkt. Ich hatte schon vorher einmal geäußert, daß ich jede Funktion und Dienststellung annehmen würde, aber niemals die eines Stellvertreters des Chefs des Stabes für operative Arbeit. Das war die Dienststellung eines Prügelknaben. Beide Stellvertreter für operative Arbeit, die ich bisher kennengelernt hatte, taten mir leid.

Nun hatte ich noch eine Stunde Zeit und konnte mir meine Stellungnahme überlegen. Dabei waren zwei Gesichtspunkte für mich von Bedeutung. Zum einen hatte ich von den mir unterstellten Offizieren immer erwartet, daß sie dort dienen, wo sie benötigt werden. Zum anderen war es meine persönliche Auffassung, daß man sich zwar gegen die Berufung in höhere Dienststellungen sperren kann, nicht aber gegen den Einsatz in gleichrangigen oder niederen Dienststellungen.

Bei der Dienststellung des Stellvertreters des Chefs des Stabes der Volksmarine für operative Arbeit handelte es sich um eine Dienststellung, die niedriger eingestuft war als die eines Flottillenchefs. Sie wurde geringer bezahlt, gehörte nicht zur Nomenklatur des Ministeriums und versprach vor allem ständig zum Sündenbock für die tatsächlichen oder angeblichen Fehler der Vorgesetzten gemacht zu werden. Außerdem leben auch Soldaten nach dem Grundsatz:
lieber ein kleiner Chef als ein großer Knecht.
Mir stand also ein schlechter Tausch bevor.

Andererseits hatte ich zu bedenken, daß meine Versetzung vielen Männern eine neue Perspektive eröffnen würde. Als neuer Chef der Flottille war Kapitän zur See Dönitz und als Stabschef Fregattenkapitän Grießbach vorgesehen.

Als Kapitän Teuber mir nach einer Tasse Kaffee eröffnete, daß der Chef der Volksmarine vorhabe, mich als Stellvertreter des Chefs des Stabes für operative Arbeit einzusetzen, weil er sich dadurch eine größere Wirksamkeit der Arbeit dieses wichtigen Führungsorgans verspreche, habe ich mich für das mir entgegengebrachte Vertrauen bedankt und mein Einverständnis erklärt. Die einzige Bitte, die ich äußerte, betraf die Möglichkeit, noch bis Ende Juli 1975 in Dranske zu wohnen, bis mein ältester Sohn die Schule verlassen und die Lehre beginnen konnte.

Es ist nicht meine Art, nach einer getroffenen Entscheidung lange darüber zu grübeln. Bald schon hatte ich mich an den Gedanken gewöhnt, die neue Dienststellung zu übernehmen. Ich begann mich sogar darauf zu freuen, wieder Stabsarbeiter zu werden, und erinnerte mich an die Empfehlung meiner Lehrer in Leningrad, daß ich Operativoffizier werden sollte.

Wenn ich vom Akademiebesuch absehe, hatte ich meinen gesamten Dienst bisher bei den Schnellbooten geleistet. Das waren immerhin 17 Jahre. Bei den Schnellbootsfahrern war ich zu Hause und Dranske war mir ans Herz gewachsen. In dieser Zeit hatte ich viele Menschen kennen und schätzen gelernt. Dazu gehörten die Brigadechefs und eine ganze Reihe von Kommandanten, die sich unter meinen Augen entwickelt hatten, dazu gehörten die Mitarbeiter des Stabes und der Lehrbasis der Flottille, die operativen Diensthabenden und eine ganze Anzahl von Matrosen, Unteroffizieren, Offizieren und Zivilbeschäftigten, mit denen ich näher zusammengekommen war.

Beim Rückblick auf diese Jahre denke ich vor allem auch an diejenigen Armeeangehörigen und Zivilbeschäftigten, die in meiner unmittelbaren Umgebung gearbeitet haben: meine Sekretärinnen Frau Rath, Frau Templin und Frau Löffler, die innerhalb von 9 Jahren nacheinander dieses Amt bekleidet hatten, mein Adjutant Stabsobermeister Zillat und mein Kraftfahrer Stabsobermeister Polony, der fast zur Familie gehörte.

In Dranske hatte ich 9 Jahre gewohnt, länger als in jedem anderen Standort. Meine Familie fühlte sich in Dranske wohl, liebte den Ort zwischen Libben und Wieker Bodden auf der Halbinsel Wittow – dem Windland. Den Wind hatten wir in Dranske immer aus erster Hand und nicht nur aus einer Richtung.

Der Umgang mit der Öffentlichkeit war in Dranske allerdings nicht so einfach. Ich war nicht der Bürger Hoffmann, sondern immer der Chef der Flottille. Alles was ich tat – in Uniform oder in Zivil – geschah unter den kritischen Augen der militärischen und zivilen Bevölkerung. An allen möglichen Veranstaltungen – auch in der Freizeit – hatte ich teilzunehmen und in der ersten Reihe zu sitzen. Der Vorgarten des Flottillenchefs mußte immer sauber und das Auto mußte immer geputzt sein. Meine Frau mußte gesellschaftlich aktiv sein, und was sie sagte, galt häufig als die Wiedergabe der Meinung des Flottillenchefs. Auch die Söhne wurden an der Dienststellung ihres Vaters gemessen. Das alles übte natürlich auf uns einen großen moralischen Druck aus.

Damit sollte es nun bald vorbei sein. In Rostock konnten und wollten wir Bürger unter Bürgern sein. Dort würden wir uns frei und ungezwungen bewegen können und nicht immer wie als positive Helden auf einer Bühne.

Noch vor Weihnachten 1974 zogen wir von Dranske nach Rostock. Es war unser siebter Umzug. Wir zogen in die erste Wohnung, die uns angeboten wurde. Inmitten des Betons, der uns umgab, haben wir uns etwas wehmütig an die schöne Zeit auf Rügen erinnert.

Im Kommando der Volksmarine
(1974 bis 1987)

Anfang November 1974 nahm ich meinen Dienst im Kommando der Volksmarine als Stellvertreter des Chefs des Stabes für operative Arbeit auf. Mein Vorgänger in der Dienststellung, Kapitän zur See Bernig, hatte sich die Sporen in verschiedenen Stabsfunktionen und als Chef der 4. Flottille verdient. Er wurde nun als Chef des Seehydrogaphischen Dienstes der DDR eingesetzt.

Der Operativchef war der 1. Stellvertreter des Chefs des Stabes und hatte diesen bei Abwesenheit zu vertreten. Die anderen beiden Stellvertreter des Stabschefs waren der Stellvertreter für Organisation, Kapitän zur See Kühn, und der Stellvertreter für allgemeine Fragen, Kapitän zur See Quade. Außerdem waren dem Chef des Stabes noch 6 Chefs und Leiter von Abteilungen unterstellt, mit denen der Operativchef eng zusammenarbeiten mußte.

Im Operativorgan des Kommandos, das bereits in vielen Übungen und Überprüfungen der Gefechtsbereitschaft sein Können unter Beweis gestellt hatte, waren erfahrene, intelligente und einsatzbereite Stabsarbeiter tätig. Es war aber gleichzeitig auch der »Schuttabladeplatz« im Kommando der Volksmarine. Als koordinierendes Organ für das gesamte Kommando hatten von ihm wichtige Informationen und Orientierungen für die Arbeit aller anderen Bereiche auszugehen. Auch hatte es die Entscheidungen des Chefs der Volksmarine in der Truppe und in den Führungsorganen durchzusetzen, ihre Verwirklichung zu kontrollieren und die Resultate einzuschätzen.

Das war nicht so einfach, denn in den Stabsorganen gab es einen gewissen Ressortgeist. Jedes Organ war auf seine Eigenständigkeit bedacht, und der Weg des Papiers in den Führungsorganen war lang. Manchmal taugte es nach seiner Endbearbeitung nur noch für den Papierkorb, weil es vom Leben bereits überholt wurde.

Im operativen Bereich arbeiteten im Jahre 1974 etwa 50 Armeeangehörige und 5 Zivilbeschäftigte. Durch eine gesonderte Festlegung waren dem Operativchef auch der Tägliche Gefechtsstand und der Hauptgefechtsstand der Volksmarine unterstellt. Später wurde mir auch das Bataillon des Funkelektronischen Kampfes unterstellt.

Das eigentliche Operativorgan bestand aus den Abteilungen Operativ und operative Ausbildung sowie aus den Unterabteilungen Dienstplanung und Berichtswesen, Funkelektronischer Kampf und Seefliegerkräfte. Außerdem gehörte zum Bereich eine VS-Stelle, in der auch die Verschlußdokumente der Abteilung Aufklärung und des Täglichen Gefechtsstandes registriert wurden.

Zum Aufgabengebiet des Operativorgans gehörten unter anderem die organisatorischen Grundlagen der Gefechtsbereitschaft, die Einsatzplanung, die Organisation des

Einsatzes der im Gefechtsdienst und im Grenzdienst stehenden Kräfte, die Zusammenarbeit mit zivilen Institutionen, die Planung der internationalen Zusammenarbeit und des Zusammenwirkens, die operative Ausbildung der Führungskader und ihrer Stäbe sowie die Jahres- und Quartalsplanung.

Gleichzeitig mit mir waren auch einige neue Leiter von Abteilungen und Unterabteilungen eingesetzt worden. Es waren dies die Leiter der profilbestimmenden Abteilungen und Unterabteilungen: der Leiter der Abteilung Operativ, Fregattenkapitän Stüllein, der Leiter der Abteilung operative Ausbildung, Kapitän zur See Dr. Minow, der Leiter der Unterabteilung Dienstplanung und Berichtswesen, Fregattenkapitän Herold. Zu den Leitern, die sich schon einige Zeit in der Dienststellung befanden, gehörten der Leiter der Unterabteilung Funkelektronischer Kampf, Korvettenkapitän Fritzsche, der Leiter der Unterabteilung Seefliegerkräfte, Fregattenkapitän Vogel, und der Leiter des Täglichen Gefechtsstandes, Fregattenkapitän Röseberg.

Bei Antritt meiner Funktion hatte ich durchaus schon festgefügte Auffassungen von Stabsarbeit und Stabskultur. Wenn der jeweilige Chef oder Kommandeur auch die entscheidenden Akzente und Orientierungen für die Arbeit des Führungsorgans geben muß, so durfte das Führungsorgan jedoch keineswegs nur passiver Teilnehmer im Prozeß der Einzelleitung sein. Der Stab hat ja nicht nur ständig Informationen über die Lage zu sammeln und zu analysieren, er hat auch Schlußfolgerungen aus der Lage zu ziehen und dem Chef Lösungsvorschläge zu unterbreiten, möglichst in mehreren Varianten, von denen die zweckmäßigste zur Erfüllung einer Aufgabe empfohlen werden kann. Hatte der Chef eine Entscheidung gefällt, so war diese schnellstens in konkrete Aufgabenstellungen zu fassen, schriftlich oder auf der Karte darzustellen, an die Truppen zu übermitteln und die Erfüllung zu kontrollieren.

Ein Stabsarbeiter, so meinte ich, darf nicht warten, bis eine Entscheidung gefällt wird, sondern er hat auf der Grundlage seiner Kenntnisse den Chef auch darauf aufmerksam zu machen, wann eine Entscheidung notwendig ist. Und er sollte seinem Vorgesetzten auch offen sagen, daß eine Entscheidung seiner Meinung nach nicht günstig ist und warum. Ein solches Herangehen habe ich auch von den mir unterstellten Stabsarbeitern verlangt. Ich habe schon am ersten Tag klargemacht, daß ich niemanden benötige, der mir nach dem Munde redet oder mir nur recht gibt.

Daraus resultierte, daß ich unter Stabskultur auch etwas mehr verstand als nur eine Karte übersichtlich zu führen oder ein einprägsames Schema zu entwerfen. Zur Stabskultur gehört die Fähigkeit, seine Gedanken kurz und präzise zu formulieren, vorzutragen sowie die Entscheidungen schnell und exakt an die Ausführenden zu übermitteln.

Nachdem ich meine Dienststellung angetreten hatte und mir einen ersten Überblick über den Arbeitsbereich verschafft hatte, entwarf ich eine Führungskonzeption, die ich mit den mir unterstellten Leitern und dem Parteisekretär beriet. Dann führte ich ein strenges Arbeitsregime ein, das wöchentliche Lagen und monatliche Dienstbesprechungen zu grundsätzlichen Fragen genauso vorsah wie Rücksprachen, Ausbildung und die Arbeit in der Truppe.

Nahezu pedantisch verlangte ich den pünktlichen Dienstbeginn und den pünktlichen Dienstschluß. Ich hatte schon bisher nach der Erkenntnis gelebt, daß die Aufgaben in der Dienstzeit erfüllt werden müssen. Wenn nach Dienstschluß gearbeitet werden muß, dann sollte dafür in der Folgezeit auch dienstfrei gewährt werden. Wenn Stabsarbeiter nicht zu einem solchen Arbeitsregime erzogen werden, gewöhnen sie sich nicht daran, ihre Aufgaben exakt und in der festgelegten Zeit zu erfüllen.

Als ich schon am Anfang meines Dienstes im Kommando einen Offizier noch nach Feierabend beschäftigen mußte, war er sehr erstaunt, als ich ihm sagte, daß er am nächsten Nachmittag dienstfrei hat. Besonders in der ersten Zeit, als ich noch nicht in Rostock wohnte, habe ich abends oft länger gearbeitet. Trotzdem habe ich darauf gedrungen, daß alle anderen Mitarbeiter des Operativorgans pünktlich die Dienststelle verlassen.

Für das gesamte Kommando der Volksmarine, angefangen beim Chef, war es eine gute Gewohnheit, daß die festgelegten Dienstzeiten eingehalten wurden, auch der pünktliche Feierabend. Eine Ausnahme bildeten größere Ausbildungsmaßnahmen und Überprüfungen der Gefechtsbereitschaft. Das trug wesentlich zu einer guten Arbeitsatmosphäre bei.

Zu einem guten Arbeitsklima gehört meines Erachtens auch, den Unterstellten viel Raum und Zeit für eigene, schöpferische Arbeit zu geben. Es ist gut, wenn einem Stabsarbeiter am Abend der Kopf und nicht die Beine weh tun.

Die Dienststellung Operativchef habe ich länger als elf Jahre bekleidet. In den anderen Flotten des Warschauer Vertrages war kein Operativchef so lange in dieser Dienststellung.

In diesen 11 Jahren habe ich nicht nur an einer Vielzahl von Maßnahmen teilgenommen, sondern auch mein persönliches Leben weitgehend den dienstlichen Belangen untergeordnet. Ich betrachtete mich immer als im Dienst befindlich oder war auch – vom Urlaub abgesehen – immer erreichbar. Von den operativen Diensthabenden habe ich verlangt, daß mir alle Vorkommnisse als erstem gemeldet werden, damit ich ihnen sagen konnte, wie weiter zu verfahren sei, ob sie den Chef der Volksmarine anrufen müssen oder ob ich das selber mache. Ich glaube, daß es keinen Alarm und kein Training von Elementen der Gefechtsbereitschaft gab, bei dem ich nicht als einer der ersten in der Dienststelle war.

In den 11 Jahren als Stellvertreter des Chefs des Stabes habe ich natürlich so manchen Rüffel einstecken müssen – berechtigte und auch unberechtigte Rüffel. Trotzdem bereitete mir die Arbeit Spaß, und ich empfand darin eine echte Befriedigung. Das Aufgabengebiet war breit gefächert, viele neue Probleme mußten bewältigt werden, und ich konnte nach der Devise Moltkes für die Tätigkeit von Generalstabsoffizieren leben: »Viel leisten, wenig hervortreten, mehr sein als scheinen.«

Bald nach meinem Dienstantritt diskutierte ich mit Fregattenkapitän Stüllein den Gedanken, einen langfristigen Plan über die Entwicklung aller Teilbereiche zu entwerfen, von denen die Kampfkraft und die Gefechtsbereitschaft der Volksmarine abhängt. Zwar gab es bis dahin auch schon langfristige Planungen, so im Bereich Organisation über die personelle und materielle Auffüllung, in der Abteilung Militärbauwesen und Unterbringung über das Baugeschehen, in den Rückwärtigen Diensten über die Neueinführung und Instandsetzung der Technik und vieles anderes mehr. Ein komplexer Plan jedoch, der ausgerichtet war auf die langfristige Entwicklung des Kampfwertes, der Standortverteilung und aller anderen Faktoren der Gefechtsbereitschaft und der nach einer einheitlichen Idee gestaltet war, ein solcher Plan war in der Volksmarine noch nicht erarbeitet worden. Stüllein legte nach wenigen Tagen die mögliche Gliederung und die Aufgabenstellung zur Erarbeitung eines derartigen Planes vor. Dabei wurde klar, daß an diesem Plan das gesamte Kommando mitarbeiten mußte.

Später wurde aus dem »Plan zur Erhöhung der Gefechtsbereitschaft« der »Plan der Entwicklung der Volksmarine«, in welchem die Entwicklungsmaßnahmen für 5 Jahre festgelegt waren und eine Groborientierung für den Zeitraum von 10 Jahren gegeben wurde. Zur Bearbeitung der Entwicklungsplanung wurde zunächst eine Arbeitsgruppe und später eine Unterabteilung im Operativorgan gebildet. Das sollte sich als sehr zweckmäßig erweisen.

Vor allem die komplizierter werdende ökonomische Lage der DDR hatte zur Folge, daß die Mittel für die Nationale Volksarmee immer wieder gekürzt wurden und sich somit auch die Notwendigkeit ergab, ständig die Pläne zu verändern. Kaum waren uns die Ausgangsgrößen für den Perspektivplan mitgeteilt, schon wurden sie wieder gekürzt. Wenn die Zuweisung der Mittel für das kommende Jahr erfolgte, waren nochmals Kürzungen enthalten. Als Leiter der Unterabteilung Entwicklungsplanung hat Fregattenkapitän Wolfgang Lasch sehr eng sowohl mit den Bereichen des Kommandos der Volksmarine als auch mit den für die Entwicklungsplanung zuständigen Offizieren im Ministerium für Nationale Verteidigung zusammengewirkt. Bald schon nahm diese Unterabteilung im Kommando der Volksmarine eine Schlüsselstellung ein, die Chefs und Leiter suchten ihrerseits Kontakt zum Operativorgan und zum Leiter dieser Unterabteilung.

Die Volksmarine war ja nicht diejenige Teilstreitkraft der Nationalen Volksarmee, die im Mittelpunkt der Aufmerksamkeit stand. Aber immerhin hatte auch die Volksmarine im Rahmen der Armeen des Warschauer Vertrages konkrete Aufgaben zu erfüllen, und in den Protokollen war zwischen dem Vorsitzenden des Nationalen Verteidigungsrates der DDR und dem Oberkommandierenden der Vereinten Streitkräfte festgelegt, was die Volksmarine an Kräften und Mitteln für den jeweiligen Fünfjahreszeitraum bereitstellen mußte und wie sich ihre Struktur und Ausrüstung gestalten sollte.

Zwar konnte sich der Chef der Volksmarine darauf berufen, daß er mit dem Oberbefehlshaber der Seekriegsflotte der UdSSR, Flottenadmiral Gorschkow, die Entwicklung der Volksmarine abgestimmt hatte und dazu ein vom Minister für Nationale Verteidigung bestätigtes Protokoll vorlag. Für die Entwicklung der Volksmarine und den militärischen Schiffbau der DDR hatte das Protokoll eine große Bedeutung, gab es gleichsam die Richtwerte. An den dort festgelegten Zeiträumen und Zahlen gab es jedoch Jahr für Jahr immer wieder – teilweise erhebliche – Abstriche.

Dafür möchte ich nur zwei Beispiele anführen. Die Volksmarine benötigte dringend ein neues Minenabwehrsystem. Eine Komponente sollten moderne Reederäumboote sein. Anfang der achtziger Jahre war an die Einführung von 28 Booten gedacht worden. Im Jahre 1988 sah der Plan noch 10 Boote vor, bis dann entschieden werden mußte, daß sie ganz aus der Planung genommen werden, weil der Stückpreis immer mehr stieg und die Investition nicht mehr gerechtfertigt war.

Immmer schlechter wurde die Situation auf dem Gebiet der Instandsetzung. Die Techniker hatten zusammen mit der Industrie Lösungen gefunden, wie die Instandsetzung effektiver gestaltet werden konnte. Aber auch hier waren wir Ende der achtziger Jahre an den Grenzen des Vertretbaren angelangt. Auch deshalb war eine Reduzierung des Schiffsbestandes notwendig. Außerdem mußten die Zeiträume zwischen den Werftaufenthalten verlängert werden. Durchliefen in den sechziger und siebziger Jahren die Schiffe und Boote noch alle 3 Jahre eine Werftliegezeit, war für Ende der achtziger Jahre der Werftzyklus schon mit 6–7 Jahren veranschlagt und das alles bei älter werdendem Schiffsbestand.

Auf dem Gebiet des Bauwesens sah es noch schlimmer aus! Hier fehlten uns nicht nur die Baukapazitäten und das Material, sondern auch das Geld. Folglich befanden sich viele Unterkünfte, Sanitäreinrichtungen und Wirtschaftsgebäude in einem erbärmlichen Zustand. Wir waren gezwungen, eigene Handwerkerbrigaden zu bilden, um die dringendsten Reparaturen selbst auszuführen. Doch mit den sogenannten Truppeneigenleistungen waren die Probleme der Materialbeschaffung keineswegs geklärt. Wer keine Beziehungen hatte, konnte auch mit viel Initiative und Enthusiasmus nur wenig ausrichten.

Andererseits verfügte auch die Volksmarine über eine ganze Reihe von Neubauten und modernen Einrichtungen. Diese wurden bei Besuchen ausländischer Delegationen und auch der Öffentlichkeit der DDR immer wieder vorgestellt. Daraus resultierte dann der Eindruck, daß die Nationale Volksarmee im Wohlstand lebte. Nach der Wende wurde auch hier offenbar, worin der Schein und worin die Wirklichkeit bestand.

Als ich meine Tätigkeit im Kommando der Volksmarine aufnahm, kam es in Europa und auch zwischen NATO und Warschauer Vertrag zu einer Erwärmung der internationalen Beziehungen. Die Konferenz über Sicherheit und Zusammenarbeit in Europa, die in der finnischen Hauptstadt Helsinki stattfinden sollte, war in Vorbereitung. Aus Anlaß des 20. Jahrestages des Warschauer Vertrages fand in Warschau ein Treffen von Parlamentariern der Teilnehmerstaaten statt, das sich mit einem Appell an die Parlamente aller europäischen Staaten wendete. Darin traten sie für Entspannung auf militärischem Gebiet, für die Verringerung der Streitkräfte und Rüstungen in Europa, die Beseitigung ausländischer Militärstützpunkte, für die Schaffung kernwaffenfreier Zonen und andere Maßnahmen ein.

In diesem Zusammenhang wurde auch der Vorschlag erneuert, die Organisation des Warschauer Vertrages und die NATO gleichzeitig aufzulösen und als ersten Schritt die Militärorganisationen der beiden Bündnisse abzuschaffen.

In dieser Zeit ergriff die Königlich Schwedische Marine eine bemerkenswerte Initiative. Sie lud zum 1. Marinesymposium für die Tage vom 8. bis 13. Juni 1975 nach Stockholm ein. Das Symposium sollte unter dem Motto stehen: »Das Meer verbindet – es trennt nicht.«

Die Marine ist wahrscheinlich mehr als andere Teilstreitkräfte geeignet, für Frieden, gute Nachbarschaft und Völkerfreundschaft zu werben, diese humanistischen Gedanken in andere Länder zu tragen. Sie kann eine friedliche Außenpolitik ihres Staates auch mit schwerbewaffneten Kriegsschiffen dokumentieren, indem sie Flottenbesuche zu mehr Offenheit und Förderung gegenseitigen Vertrauens nutzt. Das alles hat Vizeadmiral Lundvall gewiß in Rechnung gestellt und dem Gedanken Priorität eingeräumt, daß das Meer die Völker verbinden und nicht trennen möge.

Der Minister für Nationale Verteidigung der DDR entschied, daß eine Delegation der Volksmarine unter Leitung ihres Chefs, Vizeadmiral Ehm, der Einladung folgt. Mit der Vorbereitung wurde sofort begonnen. Die schwedische Seite hatte darum gebeten, vor Beginn des Symposiums einen grundsätzlichen Beitrag zum Arbeitsthema »Die Notwendigkeit der internationalen Zusammenarbeit in maritimen Bereichen« einzureichen.

Außerdem waren Beratungen in Seminargruppen über den Eisbrechereinsatz und über Operationen in arktischen Gewässern, zur Ausbildung freiwilliger junger Männer in Vorbereitung auf eine seemännische Laufbahn und zur Zusammenarbeit zwischen den Seestreitkräften und anderen Bereichen der Gesellschaft bei der Nutzung der Kenntnisse und Erfahrungen im Unterwasserbereich zur Erkundung und Ausbeutung der Meeresbodenschätze vorgesehen. Auch zu diesen Problemen mußten Diskussionsbeiträge erarbeitet werden.

Die Vorbereitung des Symposiums war dadurch beeinflußt, daß sich der Chef der Volksmarine und der Chef des Stabes Mitte Februar bis Mitte April 1975 auf einem Lehrgang in Leningrad befanden. Dort erfuhr ich, daß ich zur Delegation der Volksmarine gehören würde. Außerdem war festgelegt, daß Fregattenkapitän Häßler als Sekretär und Korvettenkapitän Weimann als Dolmetscher den Chef der Volksmarine nach Stockholm begleiten sollten.

Die Ehefrauen der Delegationsmitglieder waren ebenfalls zu einem Besuch nach Stockholm eingeladen, für sie war ein gesondertes Programm vorgesehen. Für die Delegation der Volksmarine war jedoch festgelegt worden, daß nur Frau Ehm die Reise antritt. Der Hauptgrund für diese Enthaltsamkeit waren sicher die Kosten. Devisen waren für die Nationale Volksarmee immer eine kaum zu überwindende Hürde. Und wo man Devisen sparen konnte, wurde davon Gebrauch gemacht.

Kaum weniger ins Gewicht fielen aber sicherheitspolitische Erwägungen und die geradezu hermetische Abschirmung der Angehörigen der bewaffneten Organe und ihrer Familien von allen westlichen, sprich kapitalistischen Einflüssen und Kontakten. Immerhin handelte es sich um eine Reise in ein zwar neutrales, aber doch kapitalistisches Land. Den damit verbundenen Gefahren »ideologischer Aufweichung« konnte man nach damaliger Auffassung der Partei- und Staatsführung wohl nur höchste Funktionäre aussetzen.

Der einzureichende Beitrag wurde im Kommando der Volksmarine erarbeitet und mit Offizieren des Ministeriums für Nationale Verteidigung abgestimmt. Der Stellvertreter des Chefs der Volksmarine, Konteradmiral Heinecke, legte dem Chef den Entwurf des Beitrages in Leningrad vor. Nachdem einige Korrekturen vorgenommen waren, wurde er dem Minister für Nationale Verteidigung zur Bestätigung vorgelegt und eine Kopie dem Oberbefehlshaber der Seekriegsflotte der UdSSR zur Kenntnisnahme übersandt.

Von der Sowjetflotte kam die Bemerkung, der Vortrag sei unsere Angelegenheit. Dem Oberbefehlshaber schien es aber, daß wir einige Dinge zu scharf sehen. Von unserem Ministerium gab es keine Bemerkungen. Auch die Diskussionsbeiträge liefen ziemlich reibungslos durch die Instanzen.

Dann erlebten wir auf einmal eine böse Überraschung. Zwei Tage vor Beginn des Symposiums erhielten wir unseren Beitrag aus Stockholm zurück. Die Königlich Schwedische Marine teilte mit, daß der Inhalt und der Ton des Beitrages der Volksmarine nicht dem Charakter des Symposiums entspreche und daß er so nicht in das Protokoll der Veranstaltung aufgenommen werden könnte.

Was war zu tun? Bis zum Abflug verblieben noch 24 Stunden. Wir waren vor die Entscheidung gestellt, entweder den Beitrag zu überarbeiten oder auf eine Veröffentlichung im Protokoll zu verzichten. Auf eine Veröffentlichung im Protokoll legten wir aus verständlichen Gründen großen Wert. Eine Änderung des Beitrages, der bereits vom Minister für Nationale Verteidigung bestätigt war, konnte schwerlich ohne seine Genehmigung erfolgen. Also mußte eine Entscheidung her.

In schwierigen Situationen wurde vom Chef der Volksmaine in der Regel erst einmal General Streletz angerufen. Er war damals Stellvertreter des Chefs des Hauptstabes für operative Fragen und würde sicher eine Entscheidung erwirken. So geschah es auch. Wenige Minuten, nachdem Admiral Ehm ihm das Problem vorgetragen hatte, erhielten wir die Entscheidung des Ministers. Der Beitrag durfte geändert werden. Sinngemäß war der Minister damit einverstanden, wenn wir eine klare Aussage treffen, daß alle für den Frieden sind. Diese Antwort hatte grundsätzliche Bedeutung auch für unser sonstiges Auftreten während des Symposiums.

Schnell haben wir den Beitrag geändert. Dann traten wir die Reise nach Stockholm an, überflogen unsere geliebte Ostsee, die schwedische Schärenküste und landeten nördlich Stockholms. Die ersten Eindrücke von Schweden, auf der Fahrt vom Flugplatz nach der Hauptstadt, zeigten uns gut erhaltene historische Bauten, schöne Parks und Anlagen, ausgezeichnete Straßen – man merkte allerorts, daß dieses Land über 250 Jahre keinen Krieg erlebt und sich einen soliden Wohlstand geschaffen hatte.

Unser Hotel befand sich in Saltsjöbaden. Es lag in einem Park an einer der unzähligen Meeresbuchten. Das blaue Meer, die roten Felsen und das Grün der Bäume am Ufer ergab in der klaren Luft eine einmalige Farbensymphonie.

Die Aufnahme war sehr freundlich, schnell waren die Formalitäten erledigt. Dann kümmerten sich der DDR-Botschafter und unser Militärattaché im Königreich Schweden um uns. Wir alle waren zum ersten Mal im westlichen Ausland. Was mich betraf, so hatte ich vorher noch nie mit einem Bürger aus der Bundesrepublik oder einem anderen westlichen Staat Kontakt gehabt. Das waren für mich bisher sozusagen »weiße Elefanten« oder noch gefährlichere Wesen, war uns ja jedes Gespräch mit ihnen verboten. Ich habe während meiner Dienstzeit wiederholt erlebt, daß Armeeangehörige oder Zivilbeschäftigte wegen solcher Kontakte ihren Dienst quittieren mußten und außerdem noch mit Parteistrafen belegt wurden.

Besonders delikat war für uns folglich das erste Zusammentreffen mit Offizieren der Bundesmarine, standen wir uns doch einander in direkter Konfrontation, nach DDR-Terminologie, als »unversöhnliche Klassenfeinde« gegenüber, weil jeder den anderen als eine existenzielle Bedrohung empfand. So jedenfalls sahen wir das, und die Existenz der DDR war der Bundesrepublik und ihren Repräsentanten ja tatsächlich immer genauso ein Dorn im Auge wie unserer Führung die ökonomisch und wissenschaftlich-technische Überlegenheit und der eindeutig höhere Lebensstand in Westdeutschland auf die Nerven ging.

Verständlich, daß wir Lampenfieber hatten. Und prompt war die Delegation der Bundesmarine die erste Delegation, der wir schon am Ankunftsabend beim Essen begegneten. Zu Gesprächen kam es allerdings noch nicht.

Am 9. Juni 1975 wurde es dann ernst. Schon beim Frühstück waren alle Delegationen versammelt. Uniformen aus aller Herren Länder, viele goldene Tressen und viele Kolbenringe waren zu sehen. Nun trafen wir auch die Delegationen der sowjetischen und polnischen Seekriegsflotte. Wir waren nun nicht mehr allein, sondern in vertrauter Gesellschaft. Die Befangenheit war verflogen.

Im Park des Hotels wurden erste Gespräche mit den Vertretern anderer Flotten geführt, und es wurde sofort sichtbar, daß wir mit unseren russischen Sprachkenntnissen nicht weit kommen würden. Außer den Vertretern der Staaten des Warschauer Vertrages sprach niemand russisch.

Welchen Stellenwert Schweden dem Symposium beimaß, wurde dadurch sichtbar, daß König Carl XVI. Gustav sich vom Chef der Königlich Schwedischen Marine, Vizeadmiral Lundvall, die Delegationen vorstellen ließ und diese begrüßte. In der Begleitung des Königs befanden sich der Verteidigungsminister, Eric Holmquist, und der Oberkommandierende der Streitkräfte, General Stig Synnergren. Der König trug die Uniform eines Konteradmirals – das nahm mich sofort für ihn ein.

Noch vor der ersten Plenarsitzung kam es zu einem Gespräch zwischen dem Inspekteur der Bundesmarine, Vizeadmiral Günter Luther, und dem Chef der Volksmarine, Vizeadmiral Wilhelm Ehm. Die Initiative hatte Vizeadmiral Luther ergriffen.

Die Vorträge und die Beratungen in den Seminargruppen widerspiegelten ein breites Spektrum militärpolitischer und maritimer Probleme. Jede Delegation war bemüht, ihre Erfahrungen und ihre Sicht der Dinge einzubringen. Alles verlief sehr korrekt, die Diskussionen waren aufgeschlossen und sachlich. Ich glaube, daß schon nach dem ersten Tag alle Teilnehmer dem Chef der Königlich Schwedischen Marine dankbar dafür waren, daß er zu diesem Symposium eingeladen hatte.

Neben der Diskussion von maritimen Fragen war wohl besonders wertvoll, daß die Chefs der Flotten unterschiedlicher Gesellschafts- und Bündnissysteme bei den verschiedensten Anlässen einander kennenlernten und miteinander ohne jegliche Scheu sprachen.

Während eines Aufenthaltes in See – die schwedische Flotte hatte zu Vorführungen von Schiffskräften eingeladen – hatten der Inspekteur der Bundesmarine und der Chef der Volksmarine in der Messe des Minenlegers, von dem aus die Handlungen beobachtet wurden, ein längeres Gespräch. In seinem Verlaufe fragte Vizeadmiral Luther den Vizeadmiral Ehm, ob es aus seiner Sicht irgendwelche Probleme bei Begegnungen von Schiffen und Booten der Bundesmarine und der Volksmarine gebe. Admiral Ehm verneinte und schätzte ein, daß in den letzten Jahren die Begegnungen in See sehr korrekt verliefen. Vizeadmiral Luther vertrat die gleiche Ansicht. Er ersuchte den Chef der Volksmarine, sofort in Bonn anzurufen, wenn sich Schiffe und Boote der Bundesmarine unkorrekt gegenüber Kräften der Volksmarine verhalten würden. Schon dieses Angebot war ein wichtiger Schritt zur Verhinderung von Zwischenfällen. Admiral Ehm brauchte von diesem Angebot keinen Gebrauch zu machen.

Während des Symposiums wurde auch eine Exkursion durchgeführt. Wir besuchten den Volvo-Konzern und die Adrenal-Werft, nahmen an einem Stapellauf teil und waren am Abend zu einem Essen beim Präsidenten des Stadtrates von Göteborg eingeladen. Der Besuch in Göteborg vermittelte uns ein Bild von der Wirtschaft im Lande. Die Übersichtlichkeit und Sauberkeit in den Betrieben waren schon beeindruckend. Ich war erstaunt, daß die Arbeiter sich durch die vielen Offiziere in den blauen Uniformen und den breiten Kolbenringen auf den Ärmeln nicht von der Arbeit ablenken ließen.

Überrascht war ich auch von den sozialen Bedingungen im Werk des Volvo-Konzerns. Von der medizinischen Einrichtung bis zum Schwimmbad war alles vorhanden und tip-top in Ordnung. Hier lernte ich eine Seite des Kapitalismus kennen, von der ich – sicher durch meine eigene Schuld – vorher weder etwas gehört noch etwas gelesen hatte.

Während des Essens beim Präsidenten des Stadtrates von Göteborg hatte Vizeadmiral Ehm die Möglichkeit, im Namen der Teilnehmer einen Trinkspruch auszubringen. Wir betrachteten das als eine Wertschätzung für unseren Chef und auch für die Volksmarine. Er sagte mit einfachen Worten, was unsere Delegation und sicherlich auch viele andere Teilnehmer empfanden: den Dank an die Königlich Schwedische Marine für die Einberufung und für die ausgezeichnete Organisation, den Dank an die Stadt Göteborg und die Hoffnung, daß von diesen Begegnungen weitere Impulse für Frieden und gute Nachbarschaft ausgehen.

Das Essen, welches Ministerpräsident Olof Palme für die Teilnehmer des Symposiums gab, gestattete uns, mit führenden Vertretern der Industrie ins Gespräch zu kommen. Ich bedauerte sehr, daß ich nicht englisch sprach. Das schränkte meine Möglichkeiten zur Unterhaltung beträchtlich ein.

Erfreulicherweise fanden wir auch die Zeit für einen Stadtbummel. Unsere Aufmerksamkeit galt sowohl der historischen Altstadt als auch den zahlreichen Geschäften. Ein Bürger der DDR konnte über das Warenangebot in Stockholm schon perplex sein. Von der Nähnadel bis zum größten Pkw war in den Geschäften alles vorhanden. Es gab nichts, was es nicht gab. Und besonders erstaunt war ich, daß es in den Geschäften keinen Andrang gab. Ich habe die Bürger von Rostock bedauert, daß sie nicht die Möglichkeit hatten, in Stockholm einzukaufen. Natürlich konnten wir selbst keine großen Sprünge machen. Unser Dienstreisegeld reichte nur für kleine Souvenirs, diese hatte ich aber schon bei der Besichtigung des bei seiner Jungfernfahrt im Jahre 1628 gesunkenen und 1961 gehobenen, nun als Museum eingerichteten Flaggschiffes *Vasa* gekauft.

Am 13. Juni 1975 fand das Symposium seinen Abschluß. Die Leiter der Seminargruppen legten in einer Plenarsitzung die Ergebnisse der Beratungen dar. Gemeinsam mit dem Chef der Volksmarine hatte ich in der Seminargruppe mitgearbeitet, die vom Stellvertreter des Oberbefehlshabers der Seekriegsflotte der UdSSR, Admiral Amelko, geleitet wurde. Er war in seiner letzten Dienststellung vorher Befehlshaber der Pazifischen Flotte gewesen. Durch seine weltläufigen Ansichten und seine lockere und tolerante Gesprächsführung hat er viel zur guten Atmosphäre in der Seminargruppe beigetragen.

Gemeinsam mit einem Vertreter der Flotte des Vereinigten Königreiches von Großbritannien und Nordirland hatte ich das Protokoll über die Beratung in unserer Seminargruppe zu verfassen. Genau wie andere Seminargruppen hatte auch unsere Gruppe empfohlen, zu einem späteren Zeitpunkt erneut zu einem Symposium zusammen zu kommen. Anschließend hatten Vizeadmiral Bengt Lundvall und seine Gattin in das Marineausbildungszentrum nach Berga zu einem Essen eingeladen. Es wurde nun weniger über maritime Probleme gesprochen, sondern über Staats- und Bündniszugehörigkeit hinweg machten auch schon Anekdoten die Runde. Wenn wir später auf das Symposium zu sprechen kamen, konstatierte Admiral Ehm – und ich stimmte ihm zu – wenn es noch einige Tage länger gedauert hätte, hätten sich alle freundschaftlich in den Armen gelegen.

Jedenfalls war ich immer stolz darauf, daß ich bei dem ersten Zusammentreffen von Admiralen und Offizieren aus 16 Flotten der Welt, d.h. von 10 Flotten der NATO, 3 Flotten des Warschauer Vertrages und 3 neutralen Flotten, dabei sein konnte. Hatte doch die Entwicklung von Wissenschaft und Technik dazu geführt, daß die Bedeutung der Seestreitkräfte nach dem Zweiten Weltkrieg enorm gewachsen war. Die Großmächte hatten einen beträchtlichen Teil ihrer strategischen Waffen auf Unter- und Überwasserschiffen basiert. Die Flotten hatten sich immer wieder als starkes Mittel der Demonstration militärischer Stärke, der Kriseneskalation und der Krisenbeherrschung erwiesen. Jetzt ging es um ihr Zusammenwirken bei der Gestaltung friedlicher Nachbarschaft, um das Eintreten zur Verhinderung von Krisen und Kriegen.

Einige Teilnehmer des ersten Maritimen Symposiums sollte ich später wiedertreffen, sowohl bei Flottenbesuchen als auch während des zweiten Maritimen Symposiums, zu dem die Finnische Marine 1978 nach Helsinki einlud.

Ich hatte erneut den Chef der Volksmarine, Admiral Ehm, zu begleiten, und diesmal durfte auch meine Frau der Einladung folgen. Ich war inzwischen zum Konteradmiral ernannt worden. Wir hatten seither Erfahrungen im Umgang mit den Flotten der westlichen Welt sammeln können und viele Verkrampfungen abgelegt. Ein Drittel der Teilnehmer in Helsinki war bereits in Stockholm dabeigewesen. Die Finnen erwiesen sich ebenfalls als ganz ausgezeichnete Gastgeber und Organisatoren der Veranstaltungen. Der greise Präsident der Republik Finnland, Urho Kekkonen, begrüßte schon am Tag der Eröffnung, dem 16. Mai 1978, die Delegationen und nahm an der ersten Plenarsitzung teil. Der Ministerpräsident hatte am ersten Abend zu einem Essen eingeladen.

Das zweite Maritime Symposium hatte ein ähnliches Programm wie das erste. Neben Vorträgen und Diskussionen in Seminargruppen hatten die Teilnehmer die Möglichkeit, die Finnische Marine auf hoher See kennenzulernen. Auch eine Exkursion nach Turku mit Besichtigung der Wärtsila-Werft und des historischen Teils der Stadt Turku standen auf dem Programm.

Der finnische Flottenchef, Konteradmiral Jorma Haapkylä, verstand es, eine offene, ja herzliche Atmosphäre zu schaffen. Das Essen, das er gab, und der anschließende Ball unterschieden sich, wenn ich die Nationalität der Gastgeber und der Gäste einmal außer Betracht lasse, kaum von Veranstaltungen, wie sie in der Volksmarine zum Abschluß eines Ausbildungsjahres oder anläßlich von Feiertagen durchgeführt wurden.

Für meine Frau war die Fahrt nach Helsinki die erste Reise ins »kapitalistische Ausland«. Auch mit Bürgern der westlichen Welt hatte sie bis dahin keinen Kontakt gehabt. Sie stand als Zivilbeschäftigte der Grenztruppen ebenfalls unter dem strengen Sicherheitsregime der bewaffneten Organe. Ich habe sie auf das, was uns erwartet, eingestimmt und ihr empfohlen, sich an Frau Ehm und an die Ehefrauen der anderen Vertreter des Warschauer Vertrages zu halten. Das war scheinbar klug gedacht. Als wir jedoch zum Essen beim finnischen Ministerpräsidenten eingeladen wurden, war meine Frau vom Protokoll als Tischdame von Admiral Luther festgelegt worden. Als ich ihr das sagte, wurde sie zunächst bleich. Ich habe sie damit getröstet, daß sie von Glück reden kann, weil Admiral Luther deutsch spricht und sie sich mit ihm ohne Dolmetscher verständigen kann. So ist es auch gekommen. Nach dem Essen haben sich die Ehepaare Luther und Hoffmann angeregt unterhalten.

Damals haben wir gehofft, daß die Politik der Entspannung weitere solche Symposien ermöglicht. Auch die Volksmarine war ermächtigt, zu einem Symposium in der DDR einzuladen. Der Entspannungsprozeß wurde jedoch nicht fortgeführt. Infolge des sowjetischen Einmarsches in Afghanistan kam es zu einer erneuten Zuspitzung der internationalen Lage.

Vom 30. Juli bis 1. August 1975 fand in Helsinki die Abschlußphase der Konferenz über Sicherheit und Zusammenarbeit in Europa statt. In ihrem Ergebnis unterzeichneten die höchsten Repräsentanten von 33 europäischen Staaten, den USA und Kanada die Schlußakte der Konferenz. Damit wurde zum erstenmal in der Geschichte des Kontinents ein verbindlicher Kodex für die Anwendung der Prinzipien der friedlichen Koexistenz zwischen Staaten unterschiedlicher sozialer Ordnung in Europa angenommen. Wir haben die Konferenz mit größerem Interesse verfolgt und waren mit ihren Ergebnissen sehr einverstanden.

Diese Ergebnisse führten jedoch nicht sofort oder alsbald zu einer Änderung des militärischen Auftrages, der darin bestand, vor allem eine hohe Kampfkraft und ständige Gefechtsbereitschaft zu gewährleisten. So war auch unsere Arbeit weiterhin vorrangig durch das Bestreben bestimmt, die Ausbildung und die Mobilmachungsbereitschaft zu verbessern. Wie sagte doch der Generalsekretär des ZK der SED bei jeder passenden Gelegenheit? »Jähe Wendungen der Lage sind nicht ausgeschlossen.« Daraus leiteten wir ab: Kein Nachlassen im Ringen um hohe Gefechtsbereitschaft.

Die Gefechtsbereitschaft definierten wir damals als die Gesamtheit von Maßnahmen, die die Streitkräfte befähigen, die gestellten Aufgaben bei der Abwehr einer Aggression zu erfüllen und auf dem Gefechtsfeld den Sieg zu erringen. Hohe Gefechtsbereitschaft verlangte nach unserem Verständnis einen entsprechenden Ausbildungsstand der Truppen, Flottenkräfte und Führungsorgane, einen gefestigten politisch-moralischen Zustand sowie die Fähigkeit der Streitkräfte, schnell und organisiert vom Friedens- in den Kriegszustand überzugehen. Dazu gehörten natürlich die Ausrüstung mit moderner Technik und Bewaffnung, ihre Wartung und Instandsetzung sowie die operative Vorbereitung des Landes.

Der größte Teil der theoretischen wie der praktischen Aufgaben zur Erhöhung der Gefechtsbereitschaft mußte durch das Operativorgan selber erfüllt werden. Dabei gab es auch immer neue Aufgaben, die gründlich durchdacht und beraten werden mußten.

In der Diskussion von Problemen spielten die beiden Abteilungsleiter, Fregattenkapitän Stüllein und Kapitän zur See Dr. Minow, die Hauptrolle. Beide waren sehr gute, aber auch sehr unbequeme Stabsarbeiter. Sie dachten voraus, suchten nach neuen Wegen und überblickten auch die Folgen von Entscheidungen. Hinzu kam, daß beide gute Theoretiker und ausgesprochen kreativ veranlagt waren. Fregattenkapitän Stüllein hatte den größeren Aufgabenbereich, und somit betrafen die meisten Probleme und Schwierigkeiten, die beraten wurden, auch seine Arbeit. Kapitän zur See Minow hatte es leichter, kluge Ratschläge zu geben, weil sein Arbeitsfeld weniger im Zentrum der Kritik lag. Zu den neuen Aufgaben gehörte auch der Schutz und die Kontrolle der Zivilflotte.

Im Jahre 1975 hatte der Stab der Vereinten Streitkräfte des Warschauer Vertrages eine entsprechende Empfehlung an die Teilnehmerstaaten herausgegeben. Der Minister für Nationale Verteidigung hatte befohlen, sie bei uns anzuwenden. Auf diesem Gebiet mußte für uns völliges Neuland beschritten werden. Deshalb wurde eine Arbeitsgruppe aus Vertretern der Abteilungen Operativ, Nachrichten, Militärtransportwesen und des Hauptgefechtsstandes gebildet.

In Zusammenarbeit mit dem Verteidigungsministerium, dem Verkehrsministerium, den Kombinaten Seeverkehr und Hafenwirtschaft sowie dem Fischkombinat Rostock wurden Grundsätze für den Schutz, die Kontrolle und den Rückruf der Zivilflotte in einer Periode drohender Kriegsgefahr erarbeitet. Der Hauptstab der Seekriegsflotte der UdSSR und der Stab der Vereinten Streitkräfte wurden konsultiert. Die Grundsätze wurden sodann durch den Ministerrat der DDR beschlossen.

Fortan wurde auf dem Gefechtsstand der Volksmarine auch die Lage der Zivilflotte geführt, alle Vorkommnisse in der Zivilflotte der DDR mußten dem Chef der Volksmarine gemeldet werden. Neben der Information über die Standorte der Schiffe war ihre Benachrichtigung in angespannten Situationen, ihr Rückruf und die Rückführung in Häfen der DDR, anderer Staaten des Warschauer Vertrages oder neutraler Staaten vorgesehen. Auch galt es, die Übergabe von Schiffsordern, ihren Empfang auf festgelegten Positionen, ihren Schutz und auch ihre Dezentralisierung zu organisieren. In den Schiffsordern befanden sich Weisungen an die Kapitäne für das Verhalten in besonderen Situationen, wie bei Kriegsgefahr oder Kriegsausbruch. In Abhängigkeit von den Stufen der Gefechtsbereitschaft war ein besonderes Fahrtregime festgelegt, in welchem viele Fragen der Verantwortung des Chefs der Volksmarine reglementiert waren.

Die Realisierung der Empfehlung des Stabes der Vereinten Streitkräfte setzte auch auf diesem Gebiet die Zusammenarbeit und das Zusammenwirken voraus. Denn die Verantwortung für den Schutz der Zivilschiffe erstreckte sich nicht nur auf die eigenen Schiffe, sondern auch auf die Schiffe der Verbündeten, die sich in der Verantwortungszone der jeweiligen Flotte befanden. Auch die Binnenreederei, die Weiße Flotte Stralsund und die Reichsbahndirektion Greifswald, die die Fährschiffe der DDR bereederte, wurden einbezogen.

Im Ergebnis der geleisteten Arbeit wurde im Kommando der Volksmarine ein mit den verbündeten Flotten abgestimmter Plan des Schutzes der Zivilflotte fertiggestellt. Auch zwei Dienstvorschriften, die alle Fragen für die Fahrten von Zivilschiffen in Einzelfahrten sowie im Geleit enthielten, wurden erarbeitet. In den Kombinaten wurden die Abteilungen I – die Fragen der Landesverteidigung und der Mobilmachung bearbeiteten – aufgestockt, und es wurde gewährleistet, daß die Festlegungen zum Schutz der Zivilflotte bis zur Ebene der Schiffe bekannt waren. Fortan wurde die Zusammenarbeit mit den Seefahrt treibenden Kombinaten auf der Grundlage von Plänen gestaltet, die jährlich erarbeitet wurden. In ihnen waren Schulungsmaßnahmen für die Mitarbeiter der Kombinate, deren Teilnahme an Training und Übungen sowie Beratungen und Konsultationen vorgesehen.

In der DDR war in den folgenden Jahren auf dem Gebiet der Kontrolle und des Schutzes der Zivilflotte ein guter Stand erreicht worden. Gegenüber den verbündeten Flotten, wahrscheinlich mit Ausnahme der Sowjetflotte, nahmen wir eine Pionierrolle ein. Das führte dazu, daß die Volksmarine im Jahre 1986 eine Lehrübung zum Komplex von Kontrolle, Schutz, Rückruf und Rückführung durchzuführen hatte, an welcher Vertreter der Seekriegsflotten und der Zivilflotten der verbündeten Staaten teilnahmen.

Es war uns jedoch selbst bis dahin noch nicht gelungen, alle aus den fast 10 Jahre zuvor festgelegten Grundsätzen resultierenden Aufgaben zu erfüllen. So konnten Führungsstellen für den Ernstfall für keines der beiden Hauptkombinate eingerichtet werden. Auch eine eigene Funkstelle im Interesse des Rückrufes der Zivilschiffe konnte durch das Kombinat Deutsche Seereederei nicht geschaffen werden.

Neue Wege waren auch bei der Entwicklung des Führungssystems zu beschreiten. Im Jahre 1974 war dem Chef der Volksmarine als Hauptgefechtsstand eine geschützte Führungsstelle übergeben worden. Für die Nutzung des Hauptgefechtsstandes mußten die organisatorischen Grundlagen geschaffen werden, gleichzeitig war das gesamte Führungssystem der Volksmarine für den Verteidigungszustand neu zu konzipieren. Außer dem Hauptgefechtsstand ging es um die Schaffung eines Reservegefechtsstandes, einer Rückwärtigen Führungsstelle, von zwei Hilfsführungsstellen des Chefs der Volksmarine – davon eine mobile in einer Kfz-Variante und eine auf einem Schiff, später kam noch eine weitere Hilfsführungsstelle an Land dazu – sowie um die Gefechts- und Reservegefechtsstände der Flottillen und die Führungspunkte der Truppenteile und Schiffsgruppen.

Einen zentralen Platz dabei nahm die Schaffung eines automatisierten Führungssystems der Flotte ein. Schon während eines Lehrgangs leitender Offiziere der verbündeten Flotten des Warschauer Vertrages hatte ich darüber erste Vorstellungen gehört. Die Modernisierung im NATO-Kommando Ostseeausgänge rückte den »Kampf um die Zeit« immer mehr in den Vordergrund. Dabei sollte uns die breite Einführung der Rechentechnik und anderer moderner Mittel der Kommunikation helfen.

Es war wohl im Jahre 1976, als ich in Moskau an einer Beratung zu den Einheitlichen Taktisch-Technischen Forderungen zur Schaffung des automatisierten Führungssystem teilnahm. Es wurde weitgehende Übereinstimmung über die Notwendigkeit eines solchen Führungssystems der Flotten erzielt, das kompatibel zu den Führungssystemen der anderen Teilstreitkräfte und dem der Zivilflotten sein sollte. Nur die Teilnehmer der rumänischen Flotte hatten Einwände. Dabei ging es jedoch nicht so sehr um inhaltliche Fragen, sondern um die Verwendung solcher Begriffe in den Dokumenten wie »einheitlich« oder »gemeinsam«.

Später wurden die Einheitlichen Taktisch-Technischen Forderungen durch den Oberkommandierenden der Vereinten Streitkräfte bestätigt, nachdem sie in den Führungsgremien des Warschauer Vertrages abschließend beraten worden waren. Dann tat sich eine ganze Weile nichts. Auch unsere Nachfragen an den Stab der Vereinten Streitkräfte brachten keine Antworten. Schließlich wurde uns bedeutet, daß es für den Bau der erforderlichen Anlagen und Geräte – hier ging es hauptsächlich um die Hardware – keine Auftraggeber gebe. An der Software – zumindest an einem Teil – werde auf der Grundlage eines Planes des Stabes der Vereinten Streitkräfte gearbeitet. Anfang der achtziger Jahre wurde dann festgelegt, daß die Schaffung des automatisierten Führungssystems in Verantwortung der nationalen Flotten erfolgen sollte. Zur Koordinierung der Arbeiten wurde eine Kommission unter Leitung des Chefs Automatisierung der Führung des Hauptstabes der Sowjetflotte geschaffen. Und das war es dann auch.

Auch aus dem Lehrgang an der Seekriegsakademie in Leningrad im Jahre 1975 ergaben sich Erkenntnisse, die es für die Volksmarine auszuwerten galt. In einem Vortragszyklus des Lehrstuhls operative Kunst wurden »die Systematischen Handlungen der Flotte im Frieden« dargestellt. Bis dahin hatte man die Systematischen Handlungen als eine Form des operativen Einsatzes der Flotte im Krieg gesehen. Als Form der Erfüllung von Aufgaben im Frieden waren sie somit neu. Zwar waren die Aufgaben der Systematischen Handlungen auch vorher, nicht planlos, erfüllt worden. Aber nun hatte die Wissenschaft für eine bewährte Praxis auch noch eine Theorie erarbeitet, von der man sich aber bald wieder verabschiedete.
Darunter verstand man die Gesamtheit der Maßnahmen und Handlungen von Flottenkräften, die nach einer einheitlichen Idee und nach einem einheitlichen Plan organisiert werden und darauf gerichtet sind, ein günstiges operatives Regime zu schaffen. Das Ziel der Systematischen Handlungen bestand in der Gewährleistung solcher Bedingungen auf dem Seeschauplatz bzw. in der Verantwortungszone der jeweiligen Flotte, die eine hohe Gefechtsbereitschaft und eine sichere Basierung der Flottenkräfte, das rechtzeitige Ausmachen fremder Kriegsschiffe und eine schnelle Alarmierung der eigenen Kräfte gewährleisten. Das Kernstück der Systematischen Handlungen im Frieden war der Gefechtsdienst.

Am Ende des Ausbildungsjahres 1976 bestätigte der Minister für Nationale Verteidigung erstmalig einen »Plan der Systematischen Handlungen der Volksmarine im Frieden«, der für einen Zeitraum von 5 Jahren Gültigkeit hatte und über dessen Erfüllung jährlich zu berichten war.

Zu diesem Gesamtplan gehörten eine ganze Reihe Teilpläne, von denen ich nur die Pläne der Aufklärung, des Funkelektronischen Kampfes, der Luftabwehr, des Schutzes der Zivilflotte, der seehydrographischen Sicherstellung, der rückwärtigen und technischen Sicherstellung und den Plan der Nachrichtenverbindungen nennen will. Alle diese Pläne waren so erarbeitet, daß sie den unverzüglichen Übergang in den Verteidigungszustand und die Aufnahme von Kampfhandlungen zur Abwehr einer möglichen Aggression gewährleisteten. Als später die neue Gefechtsvorschrift der Seekriegsflotte der UdSSR erschien, waren in ihr die Systematischen Handlungen der Flotte im Frieden schon nicht mehr enthalten. Systematische Handlungen gab es dann wieder nur noch als eine Form der Handlungen der Flotte im Krieg. Das änderte jedoch nichts daran, daß die inhaltlichen Aufgaben im Frieden weiter zu erfüllen waren. So wurde aus dem »Plan der Systematischen Handlungen im Frieden« ein »Plan zur Aufrechterhaltung eines günstigen operativen Regimes in der Verantwortungszone«.

Die organisatorischen Grundlagen der Gefechtsbereitschaft und die Dokumente, die den Einsatz der Volksmarine im Frieden regelten, wurden aus verständlichen Gründen nicht im Alleingang erarbeitet. Ausgangspunkt waren die Befehle und Weisungen des Ministers für Nationale Verteidigung, denn im Frieden war die Volksmarine einzig dem Minister für Nationale Verteidigung der DDR unterstellt. Ein Führungsorgan für die verbündeten Flotten des Warschauer Vertrages in der Ostsee gab es nicht. In dieser

Beziehung war der Stand der militärischen Integration niedriger als in den NATO-Seestreitkräften.

Zwar waren wir Verfechter eines integrierten Führungsorgan für die verbündeten Flotten, wenn auch im Frieden nur im verkürzten Bestand. Der Chef der Volksmarine hat dazu mehr als einmal Vorschläge unterbreitet. Doch kam ein solches Organ nie zustande. Das Vertrauen der sowjetischen Partner in uns hatte wohl doch seine Grenzen. Vollständig wollte man uns bestimmt nicht in die Karten sehen lassen.

Trotzdem war die Zusammenarbeit zwischen den Führungsorganens der verbündeten Flotten und auch mit dem Stab der Vereinten Streitkräfte gut. Wir nutzten jede Möglichkeit zu Konsultationen und zum Erfahrungsaustausch. In mehrtägigen Beratungen vor Beginn eines neuen Ausbildungsjahres bzw. vor wichtigen Ausbildungsmaßnahmen trafen sich Gruppen unter Leitung der Chefs der Stäbe oder von deren Stellvertretern zur gemeinsamen Arbeit.

Diese Beratungen fanden in einer Atmosphäre der Gleichberechtigung statt. Die Vertreter der Baltischen Flotte der UdSSR traten nie von einer Position auf, als wäre die Wahrheit nur auf ihrer Seite. Gewiß hatten sie infolge ihrer Verantwortung und ihres Kräftepotentials bei der Ausarbeitung von Dokumenten den Hauptanteil zu leisten. Zu unseren Vorschlägen verhielten sie sich jedoch recht aufmerksam, und die Forderungen und Vorschläge der Volksmarine wurden meistens anerkannt.

Während der Treffen der Vertreter der verbündeten Flotten ging es nicht nur um die Erfüllung von Tagesaufgaben. Einen großen Raum in den Beratungen, aber fast mehr noch in persönlichen Gesprächen nahmen Fragen der perspektivischen Entwicklung der Flotten und der Formen ihres Einsatzes ein. Zu solchen Diskussionen leisteten die Leiter der Abteilungen Operativ der drei verbündeten Flotten, die Kapitäne zur See Rudometkin, Pluszisicka und Stüllein wertvolle Beiträge.

Die Ergebnisse dieser Beratungen widerspiegelten sich vor allem in den Dokumenten des Zusammenwirkens, die die Bezeichnung »Baltika« trugen. Der Komplex der Dokumente »Baltika« umfaßte Mitte der achtziger Jahre mehr als 40 Pläne und Instruktionen. Sie bildeten die Grundlage für die Planung der Handlungen zur Aufrechterhaltung eines günstigen operativen Regimes. Alle diese Dokumente wurden durch die drei Chefs der Stäbe unterschrieben, von den Flottenchefs bestätigt und nach Empfehlung des Oberkommandierenden der Vereinten Streitkräfte durch die Befehle des jeweiligen Ministers für Nationale Verteidigung in Kraft gesetzt.

Bei der Erfüllung aller Maßnahmen, die laut Plan des Stabes der Vereinten Streitkräfte durchgeführt wurden, unterstützten uns der Stellvertreter des Oberkommandierenden für Seestreitkräfte, der Chef der Verwaltung Seestreitkräfte im Stab und die Vertreter des Stabes der Vereinten Streitkräfte in der Volksmarine. Es waren sämtlich sowjetische Offiziere. Ihr Partner war in der Regel der Chef der Volksmarine oder der Chef des Stabes. Oft nahm ich jedoch an den Gesprächen teil und kann einschätzen, daß die Admirale Michailin, Chowrin, Saweljew, Baranow, Maslow und Kitschow ohne Arroganz auftraten, große Sachkenntnis bewiesen und besonders unser operatives Denken durch sie nachhaltig beeinflußt wurde.

Ende der siebziger Jahre erhielt der Vertreter des Stabes der Vereinten Streitkräfte bei der Volksmarine einen Gehilfen. Nacheinander waren in dieser Dienststellung die Kapitäne 1. Ranges Amirow, Generalow und Nowojewski tätig. Sie erfüllten ihre Aufgaben unmittelbar im Stab und waren hauptsächlich im Operativorgan tätig. Besonders war ihre Hilfe gefragt, wenn es irgendwelche Probleme gab, die mit dem Stab der Baltischen Flotte oder mit dem Stab der Vereinten Streitkräfte abgestimmt werden mußten, bei der Vorbereitung gemeinsamer Ausbildungsmaßnahmen und bei der Ausarbeitung von Dokumenten in russischer Sprache.

Stundenlang habe ich z. B. mit den Kapitänen Amirow und Generalow Vorträge, Meldungen und Berichte in ein sprachlich und militärisch einwandfreies Russisch übersetzt, das heißt, die von unseren Dolmetschern übersetzten Dokumente mit ihnen gemeinsam durchgeknetet.

Der Operativchef der Volksmarine war mitverantwortlich für die Ausarbeitung und Lagerung der Dokumente der Einsatzplanung. Diese Dokumente, die es wohl in jeder Armee und Flotte gibt, unterlagen strengster Geheimhaltung, waren in einem versiegelten Panzerschrank verschlossen und durften nur auf ein bestimmtes Signal hin geöffnet werden. Die meisten Soldaten hofften, daß dieses Signal nie gegeben wird.

In der Volksmarine waren anfänglich 8 Admirale und Offiziere zur Arbeit an den Dokumenten der Einsatzplanung zugelassen. Das waren der Chef der Volksmarine, die Stellvertreter des Chefs der Volksmarine – außer dem Chef Ausbildung –, der Operativchef, der Leiter der Abteilung Operativ, der Stabschef der Rückwärtigen Dienste und der Chef Nachrichten.

Der Chef der Volksmarine, der Chef des Stabes und der Chef der Rückwärtigen Dienste arbeiteten nur an den Dokumenten, wenn ihre Anwesenheit unbedingt erforderlich war. Das war beim Studium der Aufgabe, bei der Beurteilung der Lage, dem Erarbeiten der Idee zur Lösung der Aufgaben und zur Abstimmung der Dokumente im Ministerium, mit dem Chef der Baltischen Flotte und eventuell im Generalstab der Streitkräfte der UdSSR.

Die Arbeit an den Dokumenten erfolgte nur in einem besonders gesicherten Trakt des Ministeriums für Nationale Verteidigung, in speziell ausgebauten Kellerräumen. Jährlich haben wir dort wochenlang an den Dokumenten der Einsatzplanung gearbeitet. Nur an den Wochenenden durften wir nach Hause, und lediglich bei wichtigen Ausbildungsmaßnahmen bzw. Überprüfungen der Gefechtsbereitschaft wurden die Arbeiten unterbrochen.

Umfangreiche technische Arbeiten waren dabei zu absolvieren. Die Ausarbeitungen mußten ins Russische übersetzt und in mehreren Exemplaren in russisch und deutsch geschrieben, registriert und eingebrieft werden. Auch eine beträchtliche Anzahl von Karten und Graphiken und Schemata mußte von uns gezeichnet werden. Besonders groß war der Arbeitsaufwand bei Neuerarbeitungen. Es hat uns nicht besonders gefallen, daß wir im Zeitalter der Automatisierung alles mit der Hand machen mußten. Auch war es nicht zweckmäßig, daß operative Offiziere sehr spezifische Pläne erarbeiten mußten, wie etwa den Plan des Funkelektronischen Kampfes oder den Plan der Luftabwehr. Später wurde der Kreis der Erarbeiter der Einsatzplanung geringfügig erhöht, die Handarbeit blieb jedoch bis zum Schluß.

Auch ohne noch nachträglich Geheimnisverrat zu begehen, kann ich eindeutig erklären, daß ich niemals an einer Variante gearbeitet oder von ihr Kenntnis erlangt habe, die vorsah, daß die Streitkräfte des Warschauer Vertrages einen Krieg beginnen. Unsere erste Aufgabe war immer die Abwehr von Schlägen eines möglichen Gegners von See und aus der Luft und die Unterstützung der Landfront bei der Abwehr einer Aggression.

Anfang 1978 hatte ich den Chef der Volksmarine zur Abstimmung der Einsatzplanung der Volksmarine in den Generalstab der Streitkräfte der UdSSR zu begleiten. Unmittelbare Partner des Chefs der Volksmarine waren der Stellvertreter des Chefs des Generalstabes, Generaloberst Achromejew, und der Chef des Hauptstabes der Seekriegsflotte der UdSSR, Flottenadmiral Jegorow. Generaloberst Achromejew, später Marschall der Sowjetunion, Chef des Generalstabes und Präsidentenberater, hat mir vielleicht von allen sowjetischen Generalen am meisten imponiert. Er war ein Akademiker von enormer Bildung – auch Allgemeinbildung –, ein scharfblickender Analytiker, schöpferischer Militärpolitiker und Stratege. Die Äußerungen, die er damals zur militärpolitischen Lage und ihren Entwicklungstendenzen machte, sollten sich später alle bestätigen.

Auch ein Treffen beim damaligen Chef des Generalstabes, Marschall der Sowjetunion Ogarkow, war äußerst interessant. Der Marschall erkundigte sich ausführlich nach der Lage im Gebiet der Ostseeausgänge und zeigte viele Detailkenntnisse.

Die Vertreter des sowjetischen Generalstabes unterzogen unsere Planung einer gründlichen Analyse. Es waren ausgesprochene Spezialisten am Werke, denen wir viele Fragen zu beantworten hatten. Es gab auch Probleme, zu denen wir keine einheitliche Meinung erzielten, z. B. hinsichtlich der Frage des Kräfteverhältnisses. Wobei wir die NATO-Kräfte in der Ostsee für den Kriegsfall stärker einschätzten als die sowjetischen Partner dies taten. Aber die Dokumente wurden trotzdem ohne Veränderungen angenommen.

Die Dokumente der Einsatzplanung wirkten natürlich auf viele Prozesse in der Volksmarine ein. Sie mußten sowohl die reale Lage in dieser Teilstreitkraft berücksichtigen, als auch Impulse für die weitere Entwicklung der Volksmarine geben, insbesondere für die Entwicklung der Kräfte und Mittel, für die Ausbildung der Truppen und Stäbe, für alle Arten der Sicherstellung und natürlich auch für die operative Vorbereitung des Küstenbezirkes der DDR.

Nach jeder Neuerarbeitung bzw. Überarbeitung der Einsatzplanung gab es eine Aufgabenstellung des Chefs der Volksmarine, deren Erfüllung vom Operativorgan kontrolliert wurde. So wurde in Ausbildungsmaßnahmen und Übungen so manche Frage durchgearbeitet, wurde so manche Veränderung in der Lagerung der Bewaffnung und der materiellen Mittel vorgenommen, ohne daß die Verantwortlichen und Ausführenden ahnten, daß diese Maßnahmen aus den Dokumenten der Einsatzplanung resultierten.

Eine große Rolle in der Arbeit des Operativorgangs spielte die Vorbereitung und Durchführung von Kommandostabsübungen und Flottenübungen bzw. Übungen von Typenkräften der verbündeten Ostseeflotten. Die unmittelbare Verantwortung dafür lag beim Leiter der Abteilung Operative Ausbildung. Bei der Planung von Übungen wurde davon ausgegangen, daß die Volksmarine jährlich eine Übung oder Kommandostabsübung operativen Maßstabes durchführt oder an einer solchen Übung im Rahmen der verbündeten Flotten teilnimmt. Hinzu kamen gemeinsame Übungen taktischen Maßstabes, wie zum Beispiel Übungen der Stoßkräfte, der Unterseebootsabwehr-Kräfte oder auch der Räumkräfte.

Der Inhalt und die Etappen aller dieser Übungen wurden vor der Bestätigung beim Operativchef beraten und auch mit anderen Leitern im Kommando der Volksmarine durchgesprochen. So wurden zum Beispiel auch die Mobilmachung, die möglichen personellen Verluste und ihre Ergänzung sowie die materiell-technische Sicherstellung in den Kommandostabsübungen erwogen und überprüft.

Die Übungen erforderten auch eine enge Zusammenarbeit mit den zivilen Behörden, den staats- und wirtschaftsleitenden Organen der Städte und Gemeinden. Dabei ging es nicht nur um die Nutzung von Gelände und Straßen sowie die Sperrung von Seegebieten, sondern auch um die Einbeziehung von zivilen Kräften, die an Übungen teilnehmen mußten, weil sie im Rahmen der Mobilmachung für die Erfüllung militärischer Aufgaben vorgesehen waren.

Gut in Erinnerung ist mir die Kommandostabsübung »Sapad-77«. Sie kam für uns überraschend. Wir setzten in die Übung große Erwartungen, denn es war die erste Ausbildungsmaßnahme, die unter Leitung des neuen sowjetischen Verteidigungsministers, Marschall Ustinow, stand. Auch der Oberkommandierende der Vereinten Streitkräfte, Marschall Kulikow, war neu in der Funktion.

An »Sapad-77« nahm von der Volksmarine nur der Hauptgefechtsstand im verkürzten Bestand teil. Festgelegt war, daß die operative Gruppe, die den Hauptgefechtsstand der Volksmarine verkörperte, auf einem Schiff untergebracht wird, welches in See entfaltet. Vorbereitung, Durchführung und Inhalt der Ausbildungsmaßnahme unterlagen strengster Geheimhaltung.

Der Chef der Volksmarine entschloß sich, als Führungsstelle das Schulschiff zu nutzen, es in die Prorer Wiek zu verlegen und dort durch Schiffe der Volksmarine zu sichern. Die notwendigen Fernmeldeverbindungen wurden über eine Richtfunkstrecke abgestützt. Gemeinsam mit den Rückwärtigen Diensten und der 4. Flottille wurde das Schulschiff als Führungsschiff eingerichtet.

Während der Übung verfolgte der Verteidigungsminister der DDR, Armeegeneral Heinz Hoffmann, an Bord des Schulschiffes die Handlungen. Der Oberbefehlshaber der sowjetischen Seekriegsflotte, Flottenadmiral Gorschkow, nahm im Stützpunkt Sassnitz die Meldungen des Chefs der Volksmarine, der Stellvertreter des Chefs und von Offizieren des Stabes entgegen.

Im Mittelpunkt der Kommandostabsübung »Sapad-77« standen die Führung und das Zusammenwirken mit den anderen Teilstreitkräften bei der Abwehr einer Aggression. Die Stäbe der Vereinten Ostseeflotte (Baltische Flotte der UdSSR, Polnische Seekriegsflotte, Volksmarine) arbeiteten die erste Operation der Flotte im vollen Umfang durch, also die Abwehr von Angriffen von See und aus der Luft, die Zerschlagung gegnerischer Flottenkräfte mit dem Ziel der Erringung der Seeherrschaft, die Unterstützung der in Küstenrichtung handelnden Landstreitkräfte bei der Landungsabwehr und bei der Durchführung von Landungen u. a. m. Seit dieser Übung sind mehr als 15 Jahre vergangen. Drei Dinge sind mir jedoch besonders in Erinnerung: Erstens haben wir uns gut auf die Übung vorbereitet, den Entschluß des Chefs und alle Pläne ausgearbeitet. Bis zu den Vorträgen blieb viel Zeit, und wir bemühten uns, die bereits erarbeiteten Dokumente laufend zu ändern. Das kostete Nerven, die Dokumente wurden nicht besser, sondern eher schlechter, und zu den Vorträgen nahmen wir dann doch die ursprünglich erarbeiteten Dokumente.

Zweitens haben wir auf Grund der Tatsache, daß ja die U-Boote der NATO, besonders die der BRD, um in ihre Einsatzgebiete in das Seegebiet östlich der Insel Bornholm zu gelangen, die Mecklenburger Bucht bzw. das Seegebiet nördlich Rügen durchlaufen mußten, eine U-Bootsabwehrzone vorgesehen und die Erkenntnisse bei nachfolgenden Übungen vervollständigt.

Drittens haben wir uns störrisch gestellt, als es um die Auswertung des ersten massierten Kernwaffenschlages durch den Gegner ging. Eine solche Einlage bildete oft den Abschluß von Übungen. Als diese Einlage zum vorgesehenen Zeitpunkt nicht eintraf, gab uns der Hauptschiedsrichter auf dem Gefechtsstand des Chefs der Volksmarine, Generalleutnant Kunze, die vom Gegner geführten Kernwaffenschläge bekannt. Nachdem die Schläge in die Karte eingetragen waren, meldete ich dem Chef der Volksmarine, daß vom Küstenbezirk und von der Volksmarine nichts mehr vorhanden sei und es nicht notwendig ist, die Schläge noch auszuwerten.

Admiral Ehm war mit meinem Vorschlag einverstanden. Selbst die Aufforderung des Hauptschiedsrichters und sein Hinweis, daß nach der Auswertung der Kernwaffenschläge die Übung vorbei sei, änderten nichts an unserem Entschluß.

Wir warteten etwa 2 bis 3 Stunden, bis wir die offiziellen Angaben über die Kernwaffenschläge vom Stab der Baltischen Flotte erhielten und werteten diese wie befohlen aus. Unsere aus den Kernwaffenschlägen gezogene Schlußfolgerung war sicherlich richtig. Man mußte eigentlich schon damals bis zur letzten Konsequenz gehen und in aller Entschiedenheit militärwissenschaftlich begründen, daß Kernwaffen niemals eingesetzt werden dürfen.

Natürlich war uns vorher übermittelt worden, wer dem Oberbefehlshaber vorzutragen hat und auf welche Fragen er in der Polnischen Seekriegsflotte besonderen Wert gelegt hatte. Im Ergebnis führte das dazu, daß man sich auf die übermittelten Fragen besonders konzentrierte. Das erwies sich jedoch als zwecklos.

Als Flottenadmiral Gorschkow eintraf, hatte er die Anzahl der Vortragenden bereits erweitert. Und dann stellte er uns viel mehr und ganz andere Fragen, als uns vorher übermittelt worden waren. Am meisten ging es ihm um die Führung und die Fernmeldeverbindungen von einem Führungsschiff aus. Auf diesem Gebiet hatte er in Admiral Ehm jedoch einen kompetenten Partner gefunden – Ehm war früher einmal selbst Chef Nachrichten gewesen und wußte auf diesem Gebiet auch jetzt noch ausgezeichnet Bescheid.

Die kritischen Bemerkungen des Flottenadmirals zu unserer Arbeit hielten sich in Grenzen. Das wollte bei Gorschkow schon etwas bedeuten.

Die Auswertung der Übung »Sapad-77« fand mit eng begrenztem Personenkreis in Wünsdorf, dem Sitz des Oberkommandos der Gruppe der sowjetischen Streitkräfte in Deutschland (später der Westgruppe) statt. Der Verteidigungsminister der UdSSR und der Chef des Generalstabes traten dabei persönlich mit Einschätzungen und Vorträgen operativ-strategischen Charakters auf. Beeindruckt hat mich besonders der Vortrag vom Marschall der Sowjetunion Ogarkow, der zur Idee und zum Ablauf der Ausbildungsmaßnahmen sowie zu den Fragen der Führung sprach. Zum ersten Mal hörte ich einen freien Vortrag durch einen Marschall der Sowjetunion.

Flottenadmiral Gorschkow führte dann eine Auswertung mit den Vertretern der Flotten durch. In seinem Vortrag beschäftigte er sich eingehend mit der Errungung der Seeherrschaft auf einem geschlossenen Seeschauplatz – konkret der Ostsee. Dabei charakterisierte er folgende Etappen: die Abwehr der ersten Schläge des Gegners von See und aus der Luft, die Erlangung der operativen Initiative und den Kampf um die Errungung der Seeherrschaft. Er bezeichnete die Seeherrschaft einer Seite als einen Zustand, in dem die andere Seite nicht mehr in der Lage ist, die eigenen Handlungen entscheidend zu beeinflussen. Zur Errungung der Seeherrschaft sei ein Kräfteverhältnis von 2 : 1 zugunsten desjenigen notwendig, der die Seeherrschaft erringen will. Als notwendige Voraussetzung für die Seeherrschaft betrachtete er die Luftherrschaft. Diese Feststellungen waren für uns deshalb von besonderer Bedeutung, da die Volksmarine selbst bei Beachtung der Unterstellung von Kräften der Baltischen Flotte der UdSSR nicht über eigene Marinefliegerkräfte, außer dem Marinehubschraubergeschwader, verfügte und auch mit der Luftabwehr ihre Sorgen hatte. Hier gab uns der Oberbefehlshaber der Sowjetflotte Argumente für die Anforderung zusätzlicher Kräfte.

Ausführlich nahm der sowjetische Flottenchef auch zu Führungsfragen Stellung und gab viele Empfehlungen für die Entwicklung des Gefechtsführungssystems. Als Admiral Gorschkow die beteiligten Flotten einschätzte, konnten wir sehr zufrieden sein. Die operative Gruppe des Hauptgefechtsstandes des Chefs der Volksmarine erhielt eine durchweg positive Bewertung.

Die größte Übung, an deren Vorbereitung und Durchführung ich teilnahm, war die Übung »Waffenbrüderschaft 80«. Sie fand in einer Zeit statt, in der aus unserer Sicht die militärpolitische Lage besonders durch das NATO-Gipfeltreffen von Ende Mai 1980 in Washington bestimmt wurde, auf dem eine »Ost-West-Studie« und ein Langzeitrüstungsprogramm für einen Zeitraum von 15 Jahren angenommen wurden. Die politische und militärische Führung des Warschauer Vertrages wertete dieses Langzeitprogramm als eine Strategie der Verschärfung des Wettrüstens, um die militärische Überlegenheit über die sozialistischen Staaten zu erlangen.

Fast noch mehr Beunruhigung empfanden die Partei- und Staatsführungen der meisten Länder des Warschauer Vertrages über die Zuspitzung der innenpolitischen Lage in der Volksrepublik Polen. Die Führung der Polnischen Vereinigten Arbeiterpartei hatte offensichtlich breite Massen der Bevölkerung gegen sich, die unabhängige Gewerkschaftsbewegung »Solidarnosc« verfügte über wachsenden Einfluß. Viele von uns konnten nicht begreifen, wie sich dort eine solche Entwicklung vollziehen konnte. Im Sommer 1980 hielten wir eine derartige Isolierung der Partei- und Staatsführung und eine solche breite Opposition in der DDR für ausgeschlossen – ein Trugschluß, wie sich 1989 herausstellte.

Als Militärs ging es uns besonders um die Teilnahme der Polnischen Armee und der Polnischen Seekriegsflotte an der Übung, für deren Vorbereitung und Durchführung die DDR als Gastgeber verantwortlich zeichnete und die erneut die Einheitlichkeit und Geschlossenheit der sozialistischen Militärkoalition demonstrieren sollte.

Zwischen den Angehörigen der Volksmarine und der Polnischen Seekriegsflotte gab es schon seit Jahren freundschaftliche Beziehungen. Ich persönlich hatte in der polnischen Flotte nicht weniger Freunde als in der Baltischen Flotte der UdSSR. Die Polnische Seekriegsflotte war für uns immer ein sehr zuverlässiger Partner, vorbildlich in Pünktlichkeit und Genauigkeit bei der Ausbildung wie im Gefechtsdienst. Was abgesprochen war, wurde immer exakt erfüllt.

Mitte der achtziger Jahre, als die ökonomischen Schwierigkeiten in der DDR auch die Volksmarine zwangen, Abstriche an der Anzahl und dem Umfang gemeinsamer Ausbildungsmaßnahmen zu machen, fanden wir bei den Vertretern der Polnischen Seekriegsflotte meistens Verständnis und Unterstützung.

Die Übung »Waffenbrüderschaft 80« war als eine gemeinsame operativ-strategische Übung angelegt, die vom Minister für Nationale Verteidigung der DDR, Armeegeneral Heinz Hoffmann, geleitet wurde. Sie fand vom 4. September bis 12. September 1980 auf dem Territorium der DDR und in der südwestlichen Ostsee statt. In ihr wurde die Abwehr eines Überfalls der NATO und der Übergang der Truppen einer Front des Warschauer Vertrages zum Angriff sowie die Unterstützung der Truppen der Front durch Flottenkräfte durchgearbeitet. Dem diente die Flottenübung, an der die Volksmarine fast im vollen Bestand sowie operative Gruppen und Darstellungskräfte der Baltischen Flotte der UdSSR und der Polnischen Seekriegsflotte teilnahmen.

Höhepunkte solcher Übungen wie »Waffenbrüderschaft« waren die Vorträge vor dem Leitenden. In der Regel wurde die Führung der Volksmarine in jeder Etappe einmal gehört. Wer zu welchem Thema vorzutragen hatte, wurde durch den Leitenden vorher übermittelt. Manchmal sagten uns die Mitarbeiter höherer Stäbe auf dem kleinen Dienstweg schon im voraus das, was sie ihren Chefs vorschlagen würden. Fand das nicht deren Zustimmung, gab es ein ganz schönes Durcheinander. In der Regel hatten der Chef Aufklärung, der Operativchef, der Chef des Stabes, der Chef Rückwärtige Dienste und der Chef Volksmarine vorzutragen, und wenn genügend Zeit zur Verfügung stand, dann auch noch der Chef Luftabwehr und der Leiter Funkelektronischer Kampf.

Die Meldung der Entschlüsse und Pläne erfolgte in russisch. Alle diejenigen, die Meldungen und Vorträge zu erarbeiten hatten, können davon ein Lied singen. Es wurde ausgearbeitet, überarbeitet, wieder überarbeitet und dabei um jedes einzelne Wort gefeilscht. Der Minister für Nationale Verteidigung hatte zwar befohlen, daß die Meldungen frei zu erfolgen haben, es gab jedoch viele Offiziere, die von dieser Weisung anscheinend nie etwas gehört hatten.

Während des Manövers »Waffenbrüderschaft 80« gehörte ich zum vorgeschobenen Gefechtsstand des Chefs der Volksmarine, der im Hauptgebiet der realen Handlungen, in Karlshagen auf der Insel Usedom, entfaltet war. Schon zu den Übungen »Waffenbrüderschaft 70« und »WAL-77« war in Karlshagen eine Landungsbasis und eine Tribüne für die höheren Militärs und Gäste aufgebaut worden.

In Vorbereitung von »Waffenbrüderschaft 80« waren die Handlungen im Gebiet der Anlandung intensiv trainiert worden, zwar mit verringertem Waffeneinsatz, aber mit erheblichem Zeitaufwand. Mehrmals wurden die Bewegungen und Handlungen einzelner Gruppen bzw. die Zeitintervalle zwischen einzelnen Handlungen der Anlandung und des Landungsabwehrgefechts präzisiert, meistens gestrafft. Es ist dennoch erstaunlich, mit welcher Präzision dann die Vorführungen bei strikter Einhaltung der Sicherheitsbestimmungen abliefen. Denn was während des Manövers »Waffenbrüderschaft 80« im Seegebiet von Karlshagen gezeigt wurde – und zwar mit realem Waffeneinsatz – lief ab wie ein Film, ohne Pannen und vor allem ohne Verletzte.

Denn selten gehen Übungen ohne Unfälle aus. Und während des Manövers »Waffenbrüderschaft 80« wurde außerdem noch Kampftechnik eingesetzt, die erstmalig bei gemeinsamen Übungen gezeigt wurde. Dazu gehörten sowjetische Luftkissenlandungsschiffe, unsere kleinen Torpedoschnellboote, der Küstenraketenkomplex »Rubesch«, die raketentragenden Kampfflugzeuge Tu-22 und auch Minenräumhubschrauber.

Ich bezweifelte, ob alle Gäste auf der Tribüne auch nur geahnt haben, welcher Schweiß, welche intensive Ausbildung und welche Anstrengungen Tausender Armeeangehöriger hinter dem standen, was vor der Tribüne ablief.

Für die hohen Gäste wurden die Handlungen kommentiert. Die Erarbeitung des Kommentars oder des Szenariums war ein Drama für sich. Es war schlimmer als die Erarbeitung des Planes der realen Handlungen. Es kam ja nicht nur darauf an, die Handlungen anzukündigen und zu erläutern. Der Kommentar und die Handlungen sollten ja auch von denen verstanden werden, die von Marine und Seekriegskunst keine blasse

Ahnung hatten. Drei ausgewachsene sowjetische Admirale gerieten wegen des Kommentars miteinander in die Haare, und es war schwer für uns, für einen der Admirale Partei zu ergreifen – gestritten wurde ja über einen Kommentar, der von uns erarbeitet worden war.

Als Operativchef der Volksmarine hatte ich auch an Übungen der Landstreitkräfte und der Luftstreitkräfte/Luftverteidigung teilzunehmen. Während der Übung »Sewer«, die das Kommando der Landstreitkräfte periodisch mit dem Militärbezirk Neubrandenburg durchführte, konnte ich eine Menge Erfahrungen sammeln. Generaloberst Stechbarth, der Chef der Landstreitkräfte, sprach nicht nur über die gemeinsame Arbeit im Gelände und über die Rekognoszierung, sondern hat diese Arbeitsmethoden überzeugend demonstriert. Bemerkenswert war auch die konzentrierte Arbeit des Chefs des Militärbezirkes Neubrandenburg, Generalleutnant Goldbach, mit den ihm unterstellten Chefs und Leitern bei der Entschlußfassung und der Planung der Handlungen. Ihm merkte man an, daß er sein Handwerk von Grund auf gelernt hatte.

Die Übungen der Landstreitkräfte waren für mich auch deshalb sehr interessant, weil die Arbeit der Führungsorgane unter ganz anderen Bedingungen als bei der Flotte erfolgte. Während sich die Volksmarine auf ein stationäres Führungssystem stützte, hatten die Landstreitkräfte ein Feldführungssystem, dessen Elemente periodisch in Bewegung waren, teilweise mehrmals am Tage in andere Räume verlegt wurden. Für die Offiziere der Landstreitkräfte war das zwar alltäglich, aber mir gelang es erst in den letzten Jahren, mich ohne fremde Hilfe in den Wäldern und auf den Feldwegen Mecklenburg-Vorpommerns zurecht zu finden.

Bei den Übungen der Luftstreitkräfte herrschten ähnliche Bedingungen wie bei uns. Die zu erfüllenden Aufgaben waren absehbar, es wurde viel mit standardisierten Dokumenten gearbeitet und auch das Führungssystem war stationär. Zwischen den Kommandos der Luftstreitkräfte/Luftverteidigung und der Volksmarine gab es eine enge Zusammenarbeit. Das lag nicht nur daran, daß die Volksmarine über eigene Hubschrauber verfügte, für die die Luftstreitkräfte fachlich verantwortlich waren. Die Volksmarine war vor allem an einer zuverlässigen Luftdeckung brennend interessiert, und das Kommando der Luftstreitkräfte/Luftverteidigung wollte seine Aufklärungstiefe über der See erweitern, wozu es Angaben von unseren Schiffen und Booten sowie von den Funktechnischen Posten nutzen konnte.

Das Hauptproblem der Flotte, nämlich die Gewährleistung einer zuverlässigen Luftdeckung unter den komplizierten Bedingungen der südwestlichen Ostsee, konnte angesichts des realen Kräfteverhältnisses selbst bei einer hervorragenden Zusammenarbeit beider Teilstreitkräfte nicht gelöst werden. Dafür waren die Luftstreitkräfte der NATO-Kommandos Zentraleuropa und Ostseezugänge viel zu schlagkräftig und außerdem binnen kürzester Zeit durch bordgestützte Fliegerkräfte der USA und Großbritanniens zu verstärken.

Als Operativchef der Volksmarine hatte ich ein für mich neues Sachgebiet, die Sicherung der Seegrenze, zu bearbeiten. Mit Schließung der Staatsgrenze der DDR zur BRD war dem Chef der Volksmarine im Jahre 1961 ein Verband der Grenztruppen, die

6. Grenzbrigade Küste, unterstellt worden. Sie hatte in ihrem Bestand 3 Grenzbataillone, eine selbständige Grenzkompanie, ein Grenzausbildungsbataillon und 3 Grenzschiffsabteilungen mit insgesamt 18 Grenzschiffen. Die Grenzbataillone bestanden aus 2 bis 3 Grenzkompanien und 3 bis 4 Technischen Beobachtungskompanien. Außerdem verfügten 2 Grenzbataillone über Grenzbootsgruppen.

Die 6. Grenzbrigade Küste übernahm fortan auch Strukturelemente und Aufgaben der Volksmarine. So lag die Beobachtung im Küstenvorfeld der DDR nahezu vollständig in den Händen der Grenztruppen. Diese Seegrenze hatte immerhin eine Ausdehnung von etwa 182 Seemeilen oder 355 Kilometern. Hinzu kam die stark gegliederte Küste mit einer Vielzahl von Buchten, Einschnitten, Halbinseln und Haffs, dazu der intensive Verkehr von Fischerei- und Sportfahrzeugen im Küstenvorfeld und der rege Schiffsverkehr in der Mecklenburger Bucht.

Durch das der Küste der DDR vorgelagerte Gebiet verliefen die Hauptverkehrsströme in Richtung Fehmarnbelt und Sund. Durch diese Meerengen liefen in der Hauptnavigationsperiode täglich nicht weniger als 200 bzw. 80 Schiffe in beiden Richtungen. Hinzu kamen die Fahrzeuge der Küstenfischerei und Sportboote, besonders der anderen Ostseeanlieger.

Für die Sicherung der Seegrenze der DDR war vor allem von Bedeutung, daß die Ostsee zu den Seegebieten mit der stärksten Konzentration von Flottenkräften gehörte. Allein im Seegebiet westlich der Insel Bornholm waren durch NATO und Warschauer Vertrag etwa 330 Schiffe sowie 250 Flugzeuge und Hubschrauber basiert – davon etwa 200 Schiffe und Boote sowie 50 Flugzeuge und Hubschrauber der Volksmarine und der in Swinoujscie (Swinemünde) stationierten Flottenkräfte der Sowjetunion und der Volksrepublik Polen. In der zweiten Hälfte der achtziger Jahre verfügten die Flotten der Ostseeanliegerstaaten insgesamt über etwa 1 350 Schiffe und Boote und 600 Flugzeuge und Hubschrauber. Alle diese Kräfte führten in diesem begrenzten Gebiet regelmäßig Ausbildung, Übungen mit und ohne faktischen Waffeneinsatz sowie Aufgaben des Gefechtsdienstes durch.

An der Seegrenze gab es, sieht man einmal von dem Küstenabschnitt ostwärts von Travemünde ab, keinen Grenzzaun und keine Sperren, auch keine Markierungen der Territorialgewässer. Wie erfolgte der Einsatz der Kräfte zur Sicherung der Seegrenze? Kernstück war ein tiefgestaffeltes System der Beobachtung, bestehend aus Vorposten der verbündeten Flotten des Warschauer Vertrages, den Grenzvorposten, den Grenzbooten auf Patrouillenpositionen, den technischen Beobachtungskompanien, besetzten Beobachtungstürmen, Grenzposten an Land und Grenzaufklärern. Dieses System wurde ergänzt durch den Einsatz von Freiwilligen Helfern der Grenztruppen, Angehörigen der anderen Schutz- und Sicherheitsorgane und Kräften des Gefechtsdienstes der Volksmarine. Am Tage waren an der Küste nur wenige Beobachtungsposten besetzt. Die Kontrollgänge der Grenzstreifen erfolgten meist in den Nachtstunden. Auf etwa 10 Kilometer Küstenlänge kam ein Postenpaar.

Die Grenzschiffe lagen in der Regel auf Stop oder vor Anker. Morgens führten sie eine Patrouille durch. Außerdem hatte jedes Schiff in See, auch zivile Schiffe, eine sorgfältige Beobachtung durchzuführen und außergewöhnliche Feststellungen den Führungsorganen zu melden.

Bei Anzeichen einer Grenzverletzung wurde die konzentrierte Suche der Grenzverletzer durchgeführt, um sie aus den Territorialgewässern zu verweisen oder aufzubringen. Auch vom Recht der Nacheile wurde Gebrauch gemacht. Grenzverletzer wurden gestellt und festgenommen.

Es ist eine Tatsache, daß die Sicherung der Staatsgrenze sowie der Seegrenze nicht nur nach außen, sondern auch nach innen gerichtet war. Obwohl die Verhinderung von Grenzdurchbrüchen von innen der DDR-Führung mehr Sorgen bereitete, als Verletzungen des Grenzregimes von außen, war auch deren Umfang nicht zu unterschätzen. So wurden zum Beispiel im Ausbildungsjahr 1987/88 235 Verletzungen der Territorialgewässer von außen und zusätzlich 19 Verletzungen der Fischereizone in der Lübecker Bucht registriert, während das Grenzregime von innen in 143 Fällen von 221 Personen verletzt wurde.

Die Staatsführung der DDR reagierte empfindlich auf jegliche Verletzungen des festgelegten Regimes. Das lag sowohl an dem ausgeprägten Willen, an dieser sensiblen Konfrontationslinie der beiden Militärpakte keine Konflikte entstehen zu lassen, aber auch an der überzogenen Sicherheitskonzeption nach innen und dem Mißtrauen gegenüber der eigenen Bevölkerung. So schränkte das festgelegte Regime der Grenzsicherung die Freizügigkeit der Bürger erheblich ein.

Obwohl die gesamte Küste der DDR im Sommer ein einziges Urlaubszentrum war, gab es starke Einschränkungen im Seesegeln, und auch das Surfen an der offenen Küste war nicht erlaubt. Der Gebrauch von Schlauch- oder Ruderbooten außerhalb des unmittelbaren Strandbereiches war ebenfalls verboten.

Jedes Anzeichen für eine Ablandung – eine Schleifspur am Strand oder ein nicht ordnungsgemäß abgestellter Pkw – löste einen sofortigen Kräfteeinsatz an Land und auf See aus. Hubschrauber starteten zur Suche, Schiffe und Boote wurden in Marsch gesetzt, um das Gebiet der möglichen Ablandung zu blockieren oder die Grenzverletzer zu stellen.

Es ist erwiesen, daß immer wieder Menschen die DDR aus unterschiedlichen Gründen über die Ostsee verlassen wollten und daß sie dabei auf Grund von Sturm, Seegang und niedrigen Wassertemperaturen ein erhebliches, oftmals tödliches Risiko eingingen. Leider sind nicht wenige Menschen bei dem Versuch, die DDR über die Ostsee zu verlassen, ums Leben gekommen.

Aber keines dieser Opfer wurde verursacht durch gewalttätige Handlungen von Angehörigen der 6. Grenzbrigade Küste bzw. der Volksmarine. Es gab auch keine Befehle, die darauf gerichtet waren, internationale Gesetze zu ignorieren oder gar Menschen das Leben zu nehmen.

Von den Versuchen einer Ablandung mit dem Ziel, die DDR zu verlassen, ist mir besonders ein Fall aus dem Jahre 1986 in Erinnerung.

Es war kurz vor dem 13. August, dem 25. Jahrestag der Errichtung der Mauer in Berlin. Der Chef der Volksmarine, Admiral Ehm, befand sich im Urlaub. Als Chef des Stabes hatte ich ihn zu vertreten. Früh nach Dienstbeginn erhielt ich vom Chef der 6. Grenzbrigade Küste die Meldung, daß im Raum Darßer Ort ein mit 3 Personen besetztes schnellaufendes Boot abgelandet sei. Mit hoher Geschwindigkeit lief es Kurs West. Wir hatten keine Schiffe in der Nähe, die in der Lage gewesen wären, das Boot zu verfolgen. Aus irgendeinem Grunde hatten wir noch keine TS-Boote zur Unterstützung der Grenzsicherung in den Hafen Warnemünde verlegt.

Ich hatte mich entschlossen, einen Hubschrauber einzusetzen, um das Boot zum Stoppen aufzufordern. Dieser Aufforderung kam das Boot nicht nach. Ich war nun in einer Zwickmühle. Auftrag der Grenztruppen war es, Grenzdurchbrüche zu verhindern – aber nicht um jeden Preis. Meiner Auffassung nach verbot sich hier ein Einsatz von Waffen oder anderen Kampfmitteln, der Menschenleben gefährden konnte.

Angesichts dieser Lage hielt ich es für richtig, meinen Entschluß dem amtierenden Minister, Generaloberst Streletz, zu melden. Er bestätigte meinen Entschluß.

Wäre das Boot nicht mit Westkurs, sondern mit Nordkurs gelaufen, wäre es kaum möglich gewesen, den Grenzdurchbruch zu verhindern. So gelang es jedoch dem Chef der 6. Grenzbrigade Küste, etwa in der Höhe von Wismar, Schiffe zu konzentrieren, die das Boot stoppten und die Insassen an Bord nahmen.

Es gab auch Fälle, in denen es nicht gelang, einen Grenzdurchbruch zu verhindern. So konnte im Jahre 1975 ein Segelboot, das in Warnemünde ausklariert war, erfolgreich mit Unterstützung eines Schiffes des Bundesgrenzschutzes die DDR verlassen. Die 6. Grenzbrigade Küste und die Volksmarine hatten genügend Kräfte in unmittelbarer Nähe, die in der Lage gewesen wären, diese Flucht zu verhindern.

Weder der Chef der Volksmarine noch der Chef der 6. Grenzbrigade Küste oder die Kommandaten der Schiffe waren bereit, Menschenleben in Gefahr zu bringen, obwohl es bestimmt Überwindung kostete, tatenlos zuzusehen, wie ein Fahrzeug des Bundesgrenzschutzes das Segelboot in Schlepp hatte und in Richtung Küste der BRD lief. Natürlich berichteten die Medien der Bundesrepublik über diesen Fall in großer Aufmachung!

Während ich im Kommando der Volksmarine tätig war, gab es den Versuch, ein Grenzschiff zu entführen. Es war an einem wunderschönen Sommersonntag des Jahres 1979. Meine Frau hatte Dienst in der Fernschreibstelle der 6. Grenzbrigade Küste, und ich hatte mich mit meinen beiden Söhnen zum Angeln nach Tarnewitz, dem westlichsten Hafen der Volksmarine, begeben. Als wir nach Stunden immer noch keinen Biß zu verzeichnen hatten, entschlossen wir uns, Pilze zu sammeln. Dabei hatten wir mehr Glück und brachten eine große Portion Birkenpilze zusammen. Solche Sonntage waren selten in unserer Familie. Meistens hielt ich mich zu Hause auf. Wenn etwas passierte, wollte ich greifbar sein.

Während meines Aufenthaltes in Tarnewitz ahnte ich nicht, daß sich im unmittelbaren Küstenvorfeld ein Drama abspielte.

Ein Obermaat eines auf Grenzvorposten befindlichen Grenzschiffes hatte Schiff und Besatzung in seine Gewalt gebracht. Das war ihm um so leichter gefallen, da der größte Teil der Besatzung ruhte und das Schiff nur nach der Beobachtungsrolle besetzt war. Die Offiziere hatte er in ihrem Deck eingeschlossen. Das Schiff lief unaufhörlich mit Kurs auf die Territorialgewässer der BRD. Es schien fast so, als würde niemand mehr die Entführung des Schiffes verhindern können.

Es war noch etwa eine Seemeile bis zu den Territorialgewässern der BRD, also ca. 5 Minuten Fahrt, als der Leitende Ingenieur des Schiffes das Schott zum Offiziersdeck aufsprengen konnte und somit die Offiziere befreite. Der Obermaat konnte mit Waffengewalt überwältigt und das Schiff wieder in die Gewalt der Besatzung gebracht werden.

An anderer Stelle hatte ich bereits erwähnt, daß auf Schiffen und Booten in Gesprächen kleiner Gruppen ab und zu die Möglichkeiten der Entführung von Schiffen erörtert wurden. Ob es damit immer ernst war, entzieht sich meiner Kenntnis. Ich glaubte meistens nicht daran. Obwohl die Sicherheitsvorkehrungen groß waren, wäre es jedoch hier beinahe einem Einzelnen gelungen, Schiff und Besatzung zu entführen.

Da ich am Tage des besonderen Vorkommnisses außerhalb war und die Auswertung derartiger Vorfälle nur im kleinsten Kreise durchgeführt wurde, um sie möglichst nicht publik werden zu lassen, waren mir längere Zeit weitere Details der beinahe gelungenen Entführung nicht bekannt.

Nach der Herstellung der Einheit Deutschlands machte dieses Beispiel in den Medien wiederholt die Runde. Den Entführer eines Schiffes zum Helden zu machen, das könnte auch künftigen Geiselnehmern Mut machen. Ich halte das für bedenkenswert.

Ich habe mich jedoch immer wieder nach den Motiven gefragt, die Bürger der DDR, meist junge Menschen, dazu bewegten, unter höchster Gefahr für Leib und Leben die Grenze zu überwinden oder gar ein Boot oder ein Kampfschiff zu entführen. Ich habe sie damals mehr in Abenteuerlust oder im Streben nach den materiellen und geistigen Gütern des »goldenen Westens« und weniger in der Verzweiflung über die Zustände im Lande oder in der Hoffnungslosigkeit gesehen, daß sich in der DDR jemals Grundlegendes in bezug auf die persönliche Freiheit und politische Toleranz ändern könnte.

Im Juli 1984 erhielt die Volksmarine eine außergewöhnliche Aufgabe, die nicht nur mit der Grenzsicherung zu tun hatte. Wir wurden informiert, daß die Organisation »Greenpeace« vorhabe, mit dem Schiff *Sirius* in einen Hafen der DDR, möglichst Rostock, einzulaufen. Das sei unbedingt zu vereiteln.

Wir hatten schon von den spektakulären Aktionen dieser Organisation gehört, nahmen aber nicht an, jemals mit ihr zusammenstoßen zu können. Die DDR betrieb keinen Walfang, tötete keine Robben, hatte keine Atom-U-Boote, und wir hielten uns auch nicht für Umweltverschmutzer. Wenn wir den Berichten unserer Presse glauben konnten, gehörte die DDR zu den Ländern, die die geringsten Umweltschäden verursachen.

So ungefährlich ich die *Sirius* einschätzte, so einfach war mein Entschluß. Er sah vor, die *Sirius* rechtzeitig auszumachen, in der Verantwortungszone der Volksmarine durch ein Grenzschiff unter Kontrolle zu halten und dafür zu sorgen, daß die *Sirius* keine Einlaufgenehmigung erhält. Einlaufen ohne Genehmigung und ohne Lotsen wäre ein Verstoß gegen gesetzliche Bestimmungen der DDR, den ich für wenig wahrscheinlich hielt. Sollte die *Sirius* wider Erwarten einlaufen, war ihre Bewachung am Liegeplatz sowie ihre Isolierung und ein Landgangverbot für die Besatzung vorgesehen. Diesen Entschluß meldete ich dem Chef des Hauptstabes. Wenig später erhielt ich von ihm einen Anruf. Generaloberst Streletz fragte mich, ob ich die Aufgabe nicht verstanden hätte. Der Generalsekretär wünsche nicht, daß die *Sirius* isoliert, sondern daß ihr Einlaufen verhindert wird.

Nun begriff ich den Sinn des Befehls, und mir schwante Schlimmes, wenn die Volksmarine das Einlaufen nicht verhindern konnte. Es ging wohl auch nicht so sehr um das Schiff, sondern vor allem darum, daß die Besatzungsangehörigen und andere Umweltschützer nicht nach Rostock gelangten. Diese Aufgabe war natürlich erheblich komplizierter. Die *Sirius* hatte ja noch andere Möglichkeiten, die Mitarbeiter von »Greenpeace« an Land zu bringen. Auf dem Schiff gab es schnellaufende Motorboote und Schlauchboote mit Außenbordmotor, die wendiger waren als die Grenzboote und in Wassertiefen handeln konnten, in denen die Grenzsicherungskräfte gar nicht eingesetzt werden konnten. Schließlich konnten auch Schwimmer das Ufer leicht erreichen.

Wohl oder übel mußte ich einen neuen Entschluß fassen. Wir hielten ein Einlaufen der *Sirius* in allen Häfen zwischen Wismar und Greifswald für möglich. Am wahrscheinlichsten war es in Wismar oder Rostock. Zur Verhinderung des Einlaufens hatten wir die Aufklärung des Schiffes und seiner Nachrichtenverbindungen ab Auslaufen aus Flensburg vorgesehen. In der Mecklenburger Bucht war die *Sirius* durch Grenzschiffe zu begleiten. Eine Einlaufgenehmigung an das Schiff sollte nicht erteilt werden. Würde die *Sirius* in die Territorialgewässer einlaufen, war sie aufzufordern, diese zu verlassen. Gegebenenfalls sollte sie bei Beachtung der Sicherheit für Schiff und Besatzung abgedrängt werden. Ausgesetzte Schlauchboote sollten aufgenommen werden. Für Wismar und Stralsund war eine Schließung der Fahrstraßen vorgesehen.

Um diesen Plan zu realisieren, wurden erhebliche Kräfte aufgeboten: im Raum Rostock eine Grenzschiffsabteilung und 4 Grenzboote und im Raum Wismar eine Grenzschiffsabteilung und 5 Grenzkutter. Außerdem standen die Kräfte des Gefechtsdienstes im Bestand von 3 Schiffen, 4 Schnellbooten und einem Hubschrauber bereit.

Die Führung der Kräfte lag in den Händen des Chefs der 6. Grenzbrigade Küste. Auf dem Täglichen Gefechtsstand wirkte eine Gruppe unter meiner Leitung, in der auch ein Vertreter der Bezirksverwaltung des Ministeriums für Staatssicherheit und ein Vertreter des Seefahrtsamtes mitarbeitete. Teilweise übernahm der Chef der Volksmarine persönlich die Leitung der Handlungen.

Die *Sirius* kam zwar nicht mehr im Juli, aber am 6. August tauchte sie vor Rostock auf und erbat Einlaufgenehmigung. Diese wurde prompt verweigert. Daraufhin versuchte die *Sirius*, über Radio Kontakt zu staatlichen Stellen der DDR aufzunehmen.

Auch das wurde nicht gewährt. Wiederholt wurde versucht, mit den Schiffsbesatzungen der 6. Grenzbrigade Küste ins Gespräch zu kommen und DDR-Bürger an Bord einzuladen.

Ich weiß nicht, welche Anträge durch die *Sirius* an das DDR-Außenministerium gestellt worden waren, bevor sie Rostock anlief. Aber sicher war dem Kapitän bekannt, daß er keine Einlaufgenehmigung erhalten würde. Darauf ließ auch die Aufmerksamkeit schließen, die der Bundesgrenzschutz-See und andere ausländische Schiffe und Luftfahrzeuge den Aktionen der *Sirius* schenkten.

Vor Rostock startete die *Sirius* eine große Ballonaktion und zeigte am 7. August 1984 eine Leinwand mit der Aufschrift »Stoppt die Atomtests – Greenpeace«. Das waren Aktivitäten, mit denen wir durchaus einverstanden sein konnten.

Die *Sirius* unternahm auch keinen Versuch, gewaltsam in Rostock einzulaufen. Die Besatzung verhielt sich gegenüber den Besatzungen der Grenzschiffe durchaus höflich.

Das Schiff *Sirius* hielt sich zwei Tage vor Rostock auf. In den »Lübecker Nachrichten« ist nicht wenig über diese Aktion geschrieben worden. Ebenso ist im Kommando der Volksmarine nicht wenig diskutiert worden. Keiner hat so richtig verstanden, warum das Einlaufen der *Sirius* unbedingt verhindert werden mußte. Was hätte die *Sirius* der DDR denn schon für einen Schaden zufügen können!

Es war aber die Weisung des ersten Mannes der DDR. Erich Honecker hatte erst am 24. Juli 1984 die Volksmarine besucht. Die fahrenden Einheiten hatten ihm einen hohen Stand der Ausbildung und der Gefechtsbereitschaft vorgeführt. Er konnte folglich annehmen, daß die Volksmarine und die 6. Grenzbrigade Küste in der Lage waren, das Einlaufen jedes Schiffes in irgendeinen Hafen der DDR zu verhindern.

Die steigende Zahl der versuchten Grenzdurchbrüche führte dazu, daß beträchtliche Mittel zur Verstärkung der Grenzsicherung eingesetzt wurden. Die Ausrüstung der Beobachtungstürme mit Funkmeßstationen zum Ausmachen kleiner Ziele, die Einbeziehung der Kräfte des Gefechtsdienstes besonders in die Beobachtung der Hoheitsgewässer sowie die Erprobung des industriellen Fernsehens zur Grenzsicherung – das waren nur einige Methoden, mit denen versucht wurde, die Seegrenze möglichst lücken- und pausenlos unter Kontrolle zu halten.

Jedoch hatte sich die 6. Grenzbrigade Küste nicht nur mit der Grenzsicherung zu beschäftigen. Beim Übergang auf die Struktur für den Verteidigungszustand war ihre Eingliederung in den Bestand der Volksmarine vorgesehen, und darauf hatte sie sich im Frieden vorzubereiten. So wurde das Führungsorgan der Grenzbrigade dafür ausgebildet, die Kräfte einer Sicherungsflottille führen zu können. Die Grenzschiffsabteilungen wurden als Räumgruppen ausgebildet. Dieser Einsatz wurde bei Übungen und Überprüfungen der Gefechtsbereitschaft regelmäßig trainiert.

Im Operativorgan spielte die Geheimhaltung eine große Rolle. Nur wenige Vorgänge, die hier bearbeitet wurden, trugen nicht den Vermerk »Vertraulich« oder »Geheime

Verschlußsache«. Es gab auch viele, die sich für unsere Arbeit interessierten: Offiziere der Volksmarine, um sich auf kommende Ereignisse besser einstellen zu können, aber auch Personen, die ihre Kenntnisse an interessierte Nachrichtendienste weiterleiten wollten. Zur zweiten Gruppe gehörten bestimmt nur ganz wenige Armeeangehörige. Jedoch gab es untrügerische Anzeichen dafür, daß auch aus unserem Stabsorgan vertrauliche Angaben an NATO-Stäbe gelangten.

So waren oft die Aufklärungsschiffe der Bundesmarine schon im Seegebiet oder vor unserer Hafeneinfahrt, wenn die Verbände der Volksmarine im Rahmen von überraschenden Überprüfungen und Übungen ausliefen. Es gingen auch immer wieder Verschlußsachen verloren. Während meiner 11jährigen Dienstzeit als Operativchef der Volksmarine waren in meinem Verantwortungsbereich etwa 5 bis 6 bedeutende Verluste von geheimzuhaltenden Dokumenten zu verzeichnen.

Die einsetzenden Untersuchungen und Suchaktionen kosteten nicht nur viel Zeit, sondern noch mehr Nerven und säten Mißtrauen unter den Mitarbeitern. Meist waren von den Verlusten die Mitarbeiter der VS-Stelle oder Offiziere betroffen, die für ihren vorschriftsmäßigen und korrekten Umgang mit geheimzuhaltenden Dokumenten bekannt waren. Trotz der umfangreichen Suchaktionen wurden die Dokumente nur selten gefunden. Zum Verbleib gab es meistens zwei Schlußfolgerungen: unkontrolliert vernichtet oder gestohlen und dem »Gegner« in die Hände gespielt. Als Soldat geht man von der ungünstigsten Variante aus.

Gerede im Kommando der Volksmarine über die Unordnung im wichtigsten Stabsorgan des Kommandos, Auswertung des Verlustes im eigenen Bereich, dienstliche Bestrafung der Schuldigen, Parteiverfahren – das mußte und konnte man verkraften. Schlimmer war das im Kollektiv zurückbleibende Mißtrauen, das die Arbeitsatmosphäre belastete.

Das Operativorgan erarbeitete und bearbeitete Unmengen von Papier. Besonders in Vorbereitung von Übungen, Überprüfungen der Gefechtsbereitschaft, von Schulungen und der Planung des neuen Ausbildungsjahres kamen die Mitarbeiter der VS-Stelle kaum zur Ruhe.

Obwohl es eine eindeutige Orientierung zur Reduzierung der VS-Dokumente gab, wurde der Papierberg immer größer. Jeder Stabsarbeiter war der Meinung, daß seine Dokumente unbedingt notwendig seien.

Anfang der achtziger Jahre ereignete sich im Operativorgan in Verbindung mit einer Ausbildungsmaßnahme ein schwerwiegender Verlust von geheimzuhaltenden Dokumenten. 5 Diapositive für einen Vortrag des Chefs der Volksmarine im Rahmen einer Schulung der verbündeten Flotten waren in der VS-Stelle des Operativorgans spurlos verschwunden.

Obwohl der VS-Stellenleiter sich hätte heraushalten können, da er sie nicht gegen Quittung von der VS-Stelle des Chefs der Volksmarine erhalten hatte, behauptete er, sie in seiner VS-Stelle entgegengenommen zu haben. Nun waren sie weg. Es war ein

Rätsel. Eine von mir eingesetzte Kommission kontrollierte mehrere Male die VS-Stelle von unten bis oben und alle Dienstzimmer des Bereiches.

Sicherheitshalber richteten wir auch Anfragen an die Stäbe der Baltischen Flotte der UdSSR und der Polnischen Seekriegsflotte sowie an den Stab der Vereinten Streitkräfte. Alle konnten sich an die Dias erinnern, waren beunruhigt, zeigten Mitgefühl. Aber niemand konnte helfen.

Als unsere Suchaktionen ohne Erfolg blieben, kam eine Spezialtruppe aus Berlin. Sie gehörte zum Ministerium für Staatssicherheit. Ich hatte ein ungutes Gefühl. Die Spezialisten stellten den Bereich auf den Kopf. Wir waren mit den Nerven am Ende. Aber auch die Suche der Spezialisten war ohne Ergebnis. Die Dias wurden nicht gefunden.

Überrascht war ich, als ich nach einigen Wochen einen Anruf meines Amtskollegen der Baltischen Flotte der UdSSR, Konteradmiral Krjukow, erhielt. Er teilte mir mit, daß die Dias in Moskau aufgetaucht seien. Angeblich hatte ein hochrangiger Politiker der BRD bei einer Verhandlung in der UdSSR die Dias aus der Tasche gezogen und als Beweis für offensiv ausgerichtete Pläne der Streitkräfte des Warschauer Vertrages angeführt.

Ich habe den Anruf nicht ganz ernst genommen, aber ausschließen konte man den Vorfall wohl auch nicht. Die Aufklärungsorgane arbeiteten ja auf beiden Seiten und der Nachrichtendienst der BRD war vermutlich materiell und personell, finanziell und technisch nicht schlechter ausgestattet als der der DDR.

Selbstverständlich unternahmen wir immer Anstrengungen, die Geheimhaltung im Operativorgan zu verbessern – durch politische Erziehung und durch administrative Maßnahmen. So war der Zutritt zum Dienstgebäude nur dem dort arbeitenden Personal möglich. Andere hatten sich anzumelden und wurden an der Eingangstür abgeholt.

Zur Ausarbeitung wichtiger Dokumente wurde nur ein begrenzter Personenkreis zugelassen. Das technische Personal – Schreibkräfte und Zeichner – wurde differenziert nach Geheimhaltungsgraden zur Arbeit zugelassen. Bestimmte Unterabteilungen und Arbeitsgruppen arbeiteten hinter verschlossenen Türen. Regelmäßig wurden die Kontrollen der persönlichen Verschlußsachen vorgenommen und auch die Ordnung in der VS-Stelle wurde ständig verbessert.

Die meisten und größten Geheimnisse sind jedoch nicht in Dokumenten, sondern in den Köpfen der Menschen aufbewahrt. Und aus diesen kann natürlich gewollt oder ungewollt immer etwas entweichen.

Mit dem Abstand einiger Jahre läßt sich locker und unbeschwert über die Geheimhaltung, ihre Übertreibungen und ihre Verletzungen schreiben.

In Wirklichkeit haben Verstöße gegen Geheimhaltungsbestimmungen mich immer sehr beunruhigt und ich habe sie sehr ernst genommen. Ich habe mir immer die Frage vorgelegt: »Welchen Anteil hast du an diesem Verstoß?« Dabei bin ich durchaus auf Mitschuld gestoßen, die ich vorher manchmal gar nicht vermutet hatte.

In den Bestimmungen über die Geheimhaltung war auch das Verbot des Empfangs westlicher Massenmedien und des Kontaktes zu Bürgern des westlichen Auslandes festgelegt. Absehbare Kontakte mit Verwandten mußten vorher angemeldet und genehmigt, zufällige Kontakte, die in den letzten Jahren vor Öffnung der Grenze an jeder Straßenecke möglich waren, mußten nachträglich gemeldet werden. Mit diesen strengen Bestimmungen bin ich aufgewachsen, sie waren für mich selbstverständlich und ich habe sie akzeptiert.

Mit Zunahme des Besucherstromes tauchte dann schon die Frage auf, wie wir denn argumentieren sollen, wenn wir nicht wissen, was der »Gegner« verbreitet? Und warum gestattet man uns Genossen, die die Politik der DR doch überzeugend vertreten könnten, nicht, das Gespräch mit den Bürgern aus der BRD oder anderen westlichen Ländern zu führen?

Als Soldat war ich gewohnt, nach den Vorschriften zu leben. Außerdem vertrat ich die Auffassung, was den Unterstellten verboten ist, sollte auch der Vorgesetzte unterlassen. Da die Geheimhaltungsbestimmungen auch für die zum Haushalt gehörenden Familienangehörigen galten, habe ich mich zum Empfang westlicher Rundfunk- und Fernsehsendungen mit der Familie auseinandersetzen müssen. Ich war sehr hartnäckig, und schließlich hat auch meine Familie eingesehen, daß sich der Empfang westlicher Massenmedien auf die Dauer nicht geheimhalten läßt. Irgendwann im Gespräch hätte man sich bestimmt verraten.

Es war ja außerdem kein Geheimnis, daß die Partei beim Ahnden von Verstößen gegen die Geheimhaltung immer strenger wurde. Als langjähriges Mitglied einer Parteikontrollkommission habe ich oft genug an Parteiverfahren wegen Verletzung der Geheimhaltungsbestimmungen teilgenommen.

Erst mit der Wende habe ich begonnen, Rundfunk- und Fernsehsendungen aus der BRD zu empfangen. Bis dahin habe ich mit dem Bild gelebt, das mir von den Massenmedien der DDR über die Welt, über Europa und Deutschland vermittelt wurde. Nun war ich gezwungen, mein einseitig ausgerichtetes Bild Schritt für Schritt zu korrigieren bzw. zu ergänzen – ein langwieriger und schmerzhafter Prozeß.

Auch mit den Problemen der Westkontakte bin ich natürlich dienstlich konfrontiert worden, obwohl ich keine Verwandten in der Bundesrepublik hatte. Anfangs waren den Armeeangehörigen jegliche Kontakte strikt verboten. Anfang der siebziger Jahre gab es eine Lockerung. Kommandeure ab der Dienststellung eines Regimentskommandeurs erhielten das Recht, ihren Unterstellten in dringenden Fällen Kontakte zu gestatten.

Ich hatte zu diesem Zeitpunkt die Dienststellung Regimentskommandeur schon überschritten und wurde hier und dort konsultiert oder bemüht, wenn auf unterer Ebene ein Gesuch abgelehnt worden war. Meines Wissens habe ich kein Gesuch abgelehnt.

Im Jahre 1984 wurde im eigenen Bereich ein schwerer Verstoß gegen das Verbot der Westkontakte aufgedeckt. Ich arbeitete wieder einmal im Ministerium im »Keller« an den Einsatzdokumenten, als mich die Meldung erreichte, daß ein Unterabteilungsleiter mit dem Dienstgrad Fregattenkapitän über mehrere Jahre konspirative Kontakte mit Bürgern aus der Bundesrepublik unterhalten hatte.

Ich kannte diesen Offizier aus langjähriger gemeinsamer Arbeit. Wir hatten nicht nur so manche Schlacht im Frieden gemeinsam geschlagen, sondern waren auch alte Skatfreunde. Die Meldung hat mich sehr erschüttert. Ich begab mich nach Rostock, um mit dem Fregattenkapitän zu sprechen und die notwendigen Schritte einzuleiten. Ich konnte begreifen, wie er in eine solche Situation geraten war. Daß er nicht die Konsequenz aufbrachte, das Problem zu klären, mußte ich ihm zum Vorwurf machen. Ich hielt ihm vor allem vor, daß er micht nicht informierte, als er bereits wußte, daß die Militärabwehr von seinen Kontakten Kenntnis hat. Gemeinsam hätten wir bestimmt eine günstigere Lösung gefunden.

Nun erfolgte das, was in solchen Fällen als Standardlösung üblich war: unehrenhafte Entlassung, Degradierung zum Matrosen, Streichung der Ansprüche aus der Versorgungsordnung und Ausschluß aus der Partei – auch nach damaligen Maßstäben eine harte Bestrafung.

Die Militärabwehr, die den Vorgang untersucht hatte, wollte ein solche Bestrafung nicht. Sie, das heißt ihr Leiter hatte sich für eine gemäßigtere Ahndung ausgesprochen. Auch der Chef der Volksmarine, Admiral Ehm, hatte meinen Vorschlag unterstützt, die Leistungen aus der Versorgungsordnung nicht zu streichen. Im Ministerium für Nationale Verteidigung wurde dieser »versöhnlerische« Vorschlag jedoch nicht akzeptiert.

Dieser Fall hat mich persönlich sehr berührt. Ich habe es bedauert, mich von einem Mann, mit dem ich viele Jahre gut zusammengearbeitet hatte, so zu trennen. Im Jahre 1985 hätte er als 50jähriger seinen Dienst in der Volksmarine ohnehin beenden können. Da er die Kontakte viele Jahre geheimhalten konnte, hoffte er wohl, daß es dieses eine Jahr auch noch schaffen würde.

Nach der Wende stellte er den Antrag, rehabilitiert zu werden. Als Minister für Nationale Verteidigung habe ich Anfang 1990 die Rehabilitierung vorgenommen.

Das war ein Einzelschicksal und es ist mir besonders gut bekannt, weil es einen Mann aus meiner unmittelbaren Umgebung traf.

In der Nationalen Volksarme hat es jedoch viele solcher Schicksale gegeben, und kaum jemals wurde gefragt, wenn jemand bestraft wurde, wie groß die Folgen für das weitere Leben der Betroffenen und deren Familien waren!

Selbst nach Beginn des KSZE-Prozesses haben wir die Pauschalurteile hingenommen, obwohl es bestimmt viele Offiziere gegeben hat, die mit den Strafen innerlich nicht einverstanden waren. Wir selbst wollten nicht als »versöhnlerisch« und »kapitulantenhaft« gelten.

Was hat uns dieses Herangehen eingebracht? Freunde haben wir dadurch nicht gewonnen. Wir haben Menschen, die eine positive Einstellung zu uns hatten, abgestoßen. Wir haben sie dazu gebracht, das Land zu verlassen oder in Opposition zu gehen.

Auch in anderen Armeen gibt es Bestimmungen über die Geheimhaltung, die Kontakte mit Bürgern anderer Staaten einschränken. In Deutschland gab es jedoch spezifische Bedingungen, eine gemeinsame Vergangenheit, eine gemeinsame Sprache, verwandtschaftliche Bindungen, freundschaftliche Beziehungen u.a.m. Diese Bedingungen nicht zu leugnen, die nationale Frage nicht für »erledigt« zu erklären, sondern sie zur Festigung der Beziehungen der Bürger **beider** deutscher Staaten im Interesse des Friedens und der Zusammenarbeit in Europa zu entwickeln – damit hätten wir weit mehr zu einem guten Verhältnis zwischen Ost und West beitragen können, als es durch die offiziellen Kontakte der Politiker und Parteien geschah.

Mitte der achtziger Jahre hatten sich auch in meiner Familie einige Veränderungen ergeben. Im Interesse einer höheren Führungsbereitschaft des Kommandos war ich in Rostock erneut umgezogen. Es war der 9. Umzug. Meine Frau war von der Nationalen Volksarmee zur 6. Grenzbrigade Küste übergewechselt und arbeitete im 3-Schicht-System als Fernschreiberin. Unser ältester Sohn, Norbert, der im Kernkraftwerk Nord in Greifswald seine Lehre als Baufacharbeiter abgeschlossen und als Zimmermann gearbeitet hatte, diente nun als Maat bei den Marinepionieren.

Auch unser Sohn René hatte seine Lehre als Kfz-Schlosser beendet und bereitete sich auf das Studium an der Offiziershochschule vor. Eigentlich war es sein Wunsch gewesen, als Vollmatrose der Handelsflotte ausgebildet zu werden. Von den Organen, die für die Sicherheit in der Deutschen Seereederei zuständig waren, erhielt er dafür allerdings keine Bestätigung. Es war schon erstaunlich, daß man dem Sohn eines Konteradmirals der Volksmarine und einer Zivilbeschäftigten der Grenztruppen nicht das Vertrauen entgegenbrachte, bei der Deutschen Seereederei zu fahren!

Wir haben uns deswegen keine grauen Haare wachsen lassen, auch wenn ich eine solche Entscheidung nicht verstand. Wir waren mit unseren Söhnen zufrieden, auch später. Sie haben in der Volksmarine ordentlich ihren Dienst verrichtet, erreichten gute und ausgezeichnete Ergebnisse in der Ausbildung und waren auch in ihrem Verhalten als gute Kameraden geachtet.

Im Winter 1985 verstarb völlig unerwartet der Stellvertreter des Chefs der Volksmarine und Chef Ausbildung, Konteradmiral Heinecke. Sein plötzlicher Tod war für uns alle ein schwerer Schlag. Genauso überraschend wurde ich als Nachfolger in diese Dienststellung festgelegt. Stellvertreter des Chefs des Stabes für operative Arbeit wurde der bisherige Chef der 4. Flottille, Konteradmiral Rödel.

Stellvertreter des Chefs der Volksmarine und Chef Ausbildung war ich jedoch nur auf dem Papier. Da der Chef des Stabes, Gustav Hesse, an einem Hüftleiden erkrankt war und sich einer Operation unterziehen mußte, habe ich die Dienststellung des Chefs des Stabes weiterhin vertretungsweise ausgeübt.

Dennoch ging nun meine elfjährige Dienstzeit als Operativchef der Volksmarine zu Ende. Das war eine Zeit hoher Anspannung, aber auch intensiver und konzentrierter Arbeit, meistens ohne unnötige Hektik gewesen. Ich glaube schon, daß wir im Stab ein sehr kameradschaftliches Verhältnis zueinander hatten, daß sachliche Probleme zwischen Vorgesetzten und Unterstellten ohne Rücksicht auf Dienstgrad und Dienststellung nach Effektivitätskriterien gelöst wurden.

Es gab auch keine spektakulären Aktionen mehr, wie man sie noch von unseren Vorgängern berichtete. Wir hatten es geschafft, unsere Aufgaben immer planmäßig und zum rechten Zeitpunkt zu erfüllen. Niemals haben wir den Chef des Stabes oder den Chef der Volksmarine in eine schwierige Situation gebracht, weil wir die Aufgaben nur oberflächlich oder nicht pünktlich erfüllt hatten.

Das Operativorgan hat sein Antlitz durchaus der Truppe zugewandt und viele, die Gefechtsbereitschaft betreffende Probleme gemeinsam mit Vertretern der Verbände und Truppenteile gelöst. Die Mitarbeiter des Operativorgans hatten verstanden, daß sie für die Truppe da sind und nicht die Truppe für sie.

Hatte am Anfang noch oft die Frage eine Rolle gespielt, welche Befehlsgewalt ein Stabsoffizier habe, war das später nicht mehr der Fall. Wir hatten selbst die Erfahrung gemacht: Ein guter Stabsarbeiter erzielt durch Sachkunde und Einfühlungsvermögen mehr Wirkung, als man sie durch oberflächlich erteilte Befehle erzielen kann.

Ich habe mich sehr gefreut, wenn ich in der Truppe lobende Worte über die Mitarbeiter des Operativorgans hörte. Jeder Vorgesetzte kann stolz sein, wenn er über kompetente, kritische und zugleich bescheidene Mitarbeiter verfügt, die in der Truppe großes Ansehen genießen.

So konnte ich, als ich 1985 aus dem Operativorgan ausschied, auf eine intensive und erfolgreiche Arbeit zurückblicken, die ich gemeinsam mit ausgezeichneten Stabsarbeitern geleistet hatte. Zu diesen Leistungen haben auch die technischen Kräfte – der Zeichner Stabsoberfähnrich Köhler, das Personal der VS-Stelle und meine Sekretärin Obermeister Krätzig – beigetragen, die mit hoher Einsatzbereitschaft und Zuverlässigkeit immer im Hintergrund wirkten.

Als mir seinerzeit mitgeteilt wurde, daß ich Operativchef der Volksmarine werden soll, bin ich davon nicht begeistert gewesen. 1985 schied ich ungern aus dieser Funktion aus. Es war eine Dienststellung, die mich voll forderte, gleichzeitig aber auch voll befriedigte. Es war eigentlich die Dienststellung, auf die ich mich während des Studiums und des Flottendienstes am besten vorbereitete hatte. Vielleicht war es für mich überhaupt diejenige Dienststellung, die mir auf den Leib geschnitten war.

Das Jahr 1985 brachte Bewegung in die internationale Politik, besonders in die Sicherheits- und Militärpolitik. Michail Gorbatschow war Generalsekretär des Zentralkomitees der KPdSU geworden. Kaum an der Spitze der Partei, unterbreitete er eine ganze Reihe von Vorschlägen zur Abrüstung und Entspannung, zur Gewährleistung des Friedens auf der Basis gegenseitigen Vertrauens. Dazu zählten der Vorschlag über ein Moratorium der UdSSR und der USA für die Schaffung kosmischer Angriffswaffen sowie das Einfrieren ihrer strategischen Offensivwaffen. Als eine Geste guten Willens stoppte die UdSSR die weitere Stationierung ihrer Mittelstreckenraketen vom Typ SS-20.

Im November 1985 verfolgten wir gespannt das sowjetisch-amerikanische Gipfeltreffen und waren sichtlich erleichtert über die Erklärung beider Seiten, daß ein Kernwaffenkrieg nicht gewonnen werden kann, daß man auf jeden Fall einen Krieg zwischen der UdSSR und den USA verhindern, nicht nach militärischer Überlegenheit streben und die Entfesselung eines Kernwaffenkrieges nicht zulassen wolle.

Von weitreichender Bedeutung erwies sich die Annahme des Stockholmer Dokumentes über vertrauens- und sicherheitsbildende Maßnahmen. In dem von den 35 Unterzeichnerstaaten der Schlußakte von Helsinki angenommenen Dokument wurden die Prinzipien des Verzichts auf die Androhung oder Anwendung von Gewalt in den internationalen Beziehungen, Regeln für die Ankündigung militärischer Aktivitäten, Festlegungen für die Beobachtung militärischer Maßnahmen u. a. m. festgeschrieben.

Wie alle anderen der Erhaltung des Friedens und der Entspannung dienenden Schritte wurde auch das Stockholmer Dokument von den Berufssoldaten der Nationalen Volksarmee rege diskutiert und begrüßt. Wir waren uns einig, daß weitere Schritte folgen und daß im Abrüstungsprozeß und in der Vertrauensbildung gerade die Seestreitkräfte eine besondere Rolle spielen sollten.

Es folgte dann im Mai 1987 die Berliner Tagung des Politisch Beratenden Ausschusses des Warschauer Vertrages, auf welcher die Erklärung über unsere Militärdoktrin verabschiedet und der NATO ein Vergleich der Militärdoktrinen angeboten wurde.

Diese Erklärung löste in der Nationalen Volksarmee vielfältige Diskussionen und einen neuen Denkprozeß aus, sie führte zu einer ganzen Reihe praktischer Schritte, um die militärischen Anstrengungen ausschließlich auf die strategische Defensive und die Vermeidung jeglichen militärischen Konflikts zwischen NATO und Warschauer Vertrag in Europa auszurichten.

In diesen Diskussionen wurde natürlich auch »gegengehalten«, wiesen Skeptiker darauf hin, daß bis 1987 noch keine Rakete im Ergebnis von Abrüstungsverhandlungen vernichtet worden war, daß die NATO am Prinzip der Abschreckung und des nuklearen Erstschlags festhielt und daß an deren Manöver- und Übungstätigkeit noch keine Abstriche vorgenommen worden waren.

Besonders kritisch wurde vermerkt, daß die NATO auch 1987 ihr Herbstmanöver »Autumn Forge« durchführte, in dessen Verlauf etwa 200 000 Soldaten der Land-, Luft- und Seestreitkräfte an 22 Übungen in einem Raum von Norwegen bis zur Türkei teilnahmen. In diesen Übungen wurde laut Presseveröffentlichungen und Aufklärungsangaben auch die Organisation und Führung von Schlägen auf die gesamte Tiefe des operativen Aufbaus der Vereinten Streitkräfte des Warschauer Vertrages geprobt.

Im Rahmen der Übung »Baltic Operation«, die seit Jahren zur Übungsserie gehörte, wurden regelmäßig Kriegsschiffe der USA, Großbritanniens, Kanadas, der Niederlande, Frankreichs, Belgiens und Portugals in die Ostsee überführt. Im Jahre 1985 lief sogar das USA-Schlachtschiff »Iowa« in die Ostsee ein.

Nicht selten handelten im Rahmen der Herbstübungsserie 50 bis 60 Schiffe der NATO und eine ebensolche Anzahl von Flugzeugen im Gebiet der südwestlichen Ostsee. Hingegen vermerkten die Angehörigen der Volksmarine in den Diskussionen über die Friedensfähigkeit von Sozialismus und Kapitalismus, daß die Seestreitkräfte des Warschauer Vertrages bereits im Jahre 1980 im Rahmen von »Waffenbrüderschaft 80« ihre letzte große Übung durchgeführt hatten. Seitdem gab es keine der NATO vergleichbare Übungstätigkeit mehr.

Die eingeleitete Politik der Entspannung wurde von den meisten Angehörigen der Volksmarine von ganzem Herzen begrüßt. Wir sahen sie vor allem als ein Ergebnis der neuen Politik der sowjetischen Führung unter Gorbatschow sowie als Ergebnis der Politik auch anderer Regierungen sozialistischer und kapitalistischer Staaten an. Nicht gering schätzten wir den Anteil der Deutschen Demokratischen Republik und Erich Honeckers ein.

Obwohl ich der Regierung der BRD und Kanzler Kohl sehr kritisch gegenüberstand, habe ich mich doch ehrlich über die gemeinsame Erklärung nach der Begegnung mit Erich Honecker in Moskau gefreut, daß beide die Grenzen als unverletzlich ansahen, gut nachbarliche Beziehungen im Interesse des Friedens in Europa entwickeln und alles tun wollten, daß von deutschem Boden nie wieder ein Krieg ausgeht.

Auch der Staatsbesuch Erich Honeckers in der BRD im Herbst 1987 wurde von uns als überzeugendster Beweis der Chancen einer Politik guter Nachbarschaft und das Abschreiten der Ehrenformation der Bundeswehr als endgültige Anerkennung der staatlichen Unabhängigkeit der DDR durch die BRD gewertet.

Die positiven Ergebnisse der Politik des Dialogs und der Entspannung hätten sich natürlich über kurz oder lang auch auf den Auftrag der NVA, auf das Wehrmotiv sowie auf den Inhalt der Ausbildung auswirken müssen.

Wir hofften in diesem Zusammenhang insgeheim auf weniger Belastungen im Dienst, auf mehr Zeit für die Familie, auf mehr Urlaub und Ausgang. Aber noch war keine einzige militärische Bestimmung über die Gefechtsbereitschaft geändert. Noch lautete die von der Parteiführung immer wieder verkündete Warnung: »Jähe Wendungen der Lage sind jederzeit möglich.«

Als ich mein Amt als Chef des Stabes der Volksmarine antrat, ging es daher immer vorrangig um die Gewährleistung einer ständig hohen Gefechtsbereitschaft, es ging darum, militärische Überlegenheit der NATO möglichst nicht zuzulassen und einen überraschenden Angriff auszuschließen. Dabei wurde es immer bedeutsamer, was sich zwischen den beiden Supermächten abspielte und wie die Sowjetunion die Chancen der Verminderung des Kriegsrisikos und des Abbaus der militärischen Konfrontation einschätzte.

Ich hatte bereits in Verbindung mit einem Gespräch, das ich mit dem Chef der Politischen Verwaltung der Volksmarine, Konteradmiral Heß, führte, meine persönliche Haltung zu Perestroika und Glasnost geschildert. Meine Beurteilung der Vorgänge in der Sowjetunion war wesentlich geprägt durch meine Ausbildung in Leningrad und die vielen privaten und dienstlichen Aufenthalte in der Sowjetunion sowie durch die persönliche Freundschaft zu sowjetischen Offizieren, mit denen ich oft Gedanken zu Perestroika und Glasnost austauschte.

Wenn heute manchmal behauptet wird, daß Perestroika und Glasnost zur Herausbildung einer inneren Opposition unter den Berufssoldaten der NVA führten, kann ich diese Meinung vom Standpunkt des eigenen Erlebens in der Volksmarine nicht ohne weiteres teilen. Es gab erhebliche Unterschiede in den Auffassungen zur Art und Weise, wie die Reformen in der Sowjetunion erfolgen und darüber, was in der DDR durchgeführt werden müßte. Die Beurteilung bestimmter Fragen des Lebens in der DDR und in der NVA – vor allem der Schönfärberei – wurde kritischer, aber zu einer oppositionellen Haltung gegenüber der Partei- und Staatsführung kam es zunächst nicht.

Wir, die wir in der Sowjetunion studiert hatten, verfolgten die Entwicklung dort immer mit sehr großer Anteilnahme. In unseren Begegnungen mit sowjetischen Offizieren diskutierten wir ständig über die Lage in unseren beiden Ländern. Es war ja niemandem verborgen geblieben, daß sich die Lebensbedingungen, besonders die Versorgung der Bevölkerung, immer weiter verschlechterten. Auch eine weitere Demokratisierung des Lebens war notwendig. Das betraf aus meiner Sicht nicht nur den zivilen Bereich, sondern auch die Armee.

Andererseits hatten unsere sowjetischen Partner eine hohe Meinung vom Leben in der DDR. Obwohl wir mit dem Warenangebot nicht zufrieden waren, waren sie davon begeistert. Das war für sie schon Kommunismus. Eine ähnliche Meinung hatten auch die Marineoffiziere der anderen Armeen des Warschauer Vertrages.

Viele Mitglieder der SED und auch Offiziere, die ich kannte, haben in Perestroika und Glasnost große Erwartungen gesetzt, allerdings auch manche Befürchtung geäußert, besonders zu der Antialkoholkampagne und anderen administrativen Festlegungen der ersten Jahre, die offensichtlich das Gegenteil von dem bewirkten, was angestrebt wurde. Für die Sowjetunion hielten wir Reformen für unbedingt notwendig und einige der Vorhaben Gorbatschows sollten nach unserer Meinung auch in der DDR durchgeführt werden.

Das betraf vor allem die Entwicklung von Demokratie und öffentlicher Kontrolle. Die Auffassung, daß die alten Männer im Politbüro und in der Regierung der Entwicklung keine Impulse mehr geben können, war weit verbreitet. Wie wenig demokratisch manche Entscheidungen gefällt wurden, das war wohl auch vielen von uns bewußt. Und zu solchen, die Bevölkerung bewegenden Problemen wie den langen Lieferfristen für

Pkw gab es nicht einmal mehr eine Stellungnahme von Partei oder Regierung. Man tat so, als würden diese Probleme überhaupt nicht existieren.

Ich hielt allerdings auch nicht alles für vernünftig, was Gorbatschow in der Sowjetunion inszenierte. Der Perestroika fehlte nach meiner Auffassung ein klares Programm, das von der Tatsache ausging, daß die Bürger Rußlands mehr als 70 Jahre, eigentlich schon seit Jahrhunderten in einem straff zentralisiert, ja absolutistisch geführten Gesellschaftssystem, ohne bürgerlich-demokratische Traditionen gelebt hatten.

Die Schritte auf ökonomischem Gebiet schienen mir sehr halbherzig, die Maßnahmen zur Überwindung solcher Riesenprobleme wie des Alkoholismus recht willkürlich und geradezu verheerend in ihren Auswirkungen, beinahe als ein Schuß nach hinten. So hatte Perestroika zwangsläufig auch Gegner unter jenen, die sie eigentlich hätten unterstützen müssen.

In der Parteiführung der SED gab es offenkundig keine sonderliche Smpathie für die Perestroika, trotz mancher Lippenbekenntnisse. Die Position war, die DDR mache eine Politik der Einheit von Kontinuität und Erneuerung, brauche folglich keine Umgestaltung.

In der NVA wurde die Meinung der Parteiführung der SED immer respektiert und offiziell vertreten. In dieser Haltung waren wir aufgewachsen, so waren wir erzogen. So wurde im kleinen Kreis zwar manches Problem offen angesprochen und Negatives kritisch betrachtet. Dennoch bemühten wir uns, den Sinn auch in mancher unsinnigen Entscheidung der Partei- und Staatsführung zu entdecken, etwa in dem berüchtigten Verbot des Vertriebs der vielgelesenen sowjetischen Zeitschrift »Sputnik«, in der auch kritische Beiträge zum Stalinismus und zu den Verbrechen während der Zeit des Personenkults veröffentlicht wurden.

In den letzten Jahren vor der Wende wurde nach meinem Empfinden der repressive Rolle des Parteiapparates immer größer. Nicht wenige Offiziere und Unteroffiziere wurden aus der Partei ausgeschlossen und damit war auch ihre Entwicklung in der Armee beendet. Etwas anders ging es bei den Soldaten und Matrosen zu. Von ihnen war nur ein geringer Prozentsatz Mitglied oder Kandidat der SED, sie hielten auch mit ihrer Meinung über die Unterschiede von Propaganda und Realität des Lebens in der DDR kaum hinter dem Berg.

Im Sommer 1989 unterhielt ich mich anläßlich eines Besuchs des Sekretariats des Zentralrates der FDJ unter Leitung von Eberhard Aurich mit dem Matrosen Nolze, dem Sohn eines Schweriner Chansonsängers. Wir diskutierten über die Perestroika. Er war ein großer, ich ein verhaltener Anhänger. Als er mir sagte, daß es in einem halben Jahr in der DDR eine gründliche Perestroika geben wird, konnte ich nur ungläubig lächeln. Während der Admiral sich gründlich geirrt hatte, behielt der Matrose recht.

Oft wird die Auffassung vertreten, auch die DDR hätte 1985 mit einer Perestroika beginnen müssen, dann wäre sie zu retten gewesen. Ich glaube, dafür war es 1985 schon zu spät. Vielleicht hätte 1975, nach Abschluß der KSZE-Konferenz in Helsinki, spätestens aber als die Volksbewegung im Jahre 1980 in Polen ihren Höhepunkt erreichte, in der DDR eine grundsätzliche Wende in der Politik bleibenden Erfolg versprochen.

Dabei war jedoch zu beachten, daß die DDR im Unterschied zu den anderen sozialistischen Staaten nur einen, und zwar den kleineren Teil des deutschen Volkes in ihren Grenzen »beherbergte« und daß sie dem zweiten, stärkeren und reicheren deutschen Staat in einer schwer überwindbaren Konfrontation gegenüberstand. Der »Wettbewerb zwischen Kapitalismus und Sozialismus auf deutschem Boden« war weder bei offenen, noch bei geschlossenen Grenzen zugunsten der DDR verlaufen, die von Lenin als entscheidend bezeichnete höhere Arbeitsproduktivität hatten wir zu keinem Zeitpunkt erreicht. In den letzten Jahren war der Vorsprung der BRD eher noch größer geworden.

Mit der Übernahme der neuen Dienststellung stellte auch ich mir das Ziel, das sich wohl jeder Leiter eines höheren militärischen Führungsorgans stellt, möglichst wenig am Schreibtisch und möglichst häufig bei der Truppe zu weilen. Wie schwer dieses Vorhaben mitunter zu verwirklichen ist, davon kann ich allerdings ein Lied singen.

Ich spürte sofort, daß sich meine Verantwortung als Chef des Stabes erheblich unterschied von der, als ich nur Chef »in Vertretung« gewesen war. Da hatte man doch die Möglichkeit, unangenehmen Fragen aus dem Weg zu gehen oder sie für eine Zeit, bis der Vorgesetzte das Amt wieder übernahm, beiseite zu schieben. Nun, da ich de facto der 1. Stellvertreter des Chefs der Volksmarine war, hatte ich mich auch den unangenehmsten Fragen zu stellen.

In den Streitkräften des Warschauer Vertrages hatte der Chef des Stabes vor allem im inneren Dienstbetrieb eine herausragende Stellung. Er war dafür verantwortlich, daß auf der Basis einer gründlichen Lageeinschätzung alle Entscheidungen gründlich vorbereitet und nach der Entschlußfassung konsequent durchgesetzt wurden. Er durfte auch als einziger Stellvertreter Weisungen im Namen des Kommandeurs erteilen, sogar wenn dieser anwesend war.

Eine enge Zusammenarbeit mit den anderen Stellvertretern des Chefs der Volksmarine war unabdingbare Voraussetzung für eine erfolgreiche Arbeit. Allerdings nahm der Chef der Politischen Verwaltung eine bestimmte Sonderstellung ein. Für seine Arbeit, so meinte er, reichten die Orientierungen aus der Lageberatung beim Chef der Volksmarine. Wenn es um konkrete Angaben ging, saß bei mir am Tisch nicht der Chef, sondern der Stellvertreter des Chefs der Politischen Verwaltung, Konteradmiral Milzow.

Hauptprobleme der Zusammenarbeit im Kommando waren die Überführung vom Friedens- in den Verteidigungszustand, die Erfüllung der Aufgaben des Gefechtsdienstes, Probleme der Entwicklungsplanung, die Dienst-, Arbeits- und Lebensbedingungen sowie die Entwicklung von Disziplin und Ordnung. Und überall mußten die Gesichtspunkte der rückwärtigen und technischen Sicherstellung berücksichtigt werden.

Schon 1985 waren die ungelösten Probleme in der Volksmarine drückend und sie sollten sich in den folgenden Jahren noch verschärfen. Besonders die Entwicklungsplanung und die Verbesserung der Dienst-, Arbeits- und Lebensbedingungen machten uns große Sorgen. Die im Planungsansatz dafür bereitgestellten Mittel wurden – wie bereits erwähnt – laufend gekürzt. Besonders betroffen davon waren die Rückwärtigen Dienste und damit die Versorgung der Armeeangehörigen, ihre Unterbringung, Bekleidung sowie der Zustand der Technik und der Gebäude in den Verbänden und Einrichtungen.

Dazu kam, daß die Rückwärtigen Dienste in den Lagern große Vorräte an Waffen, Munition und materiellen Mitteln für die Mobilmachung und Gefechtsversorgung hatten, deren Wartung und Pflege einen enormen Aufwand erforderte, wozu jedoch weder das Personal noch das Geld ausreichten. So konnte manches Loch nur auf Kosten eines neuen Loches gestopft werden. Kein Wunder, daß darunter die Stimmung der Armeeangehörigen litt.

Als Chef des Stabes hatte ich auch in der Zusammenarbeit mit dem Ministerium für Nationale Verteidigung, den verbündeten Flotten und den anderen Teilstreitkräften der NVA sowie den Grenztruppen der DDR größere Verantwortung zu übernehmen als in meiner bisherigen Dienststellung. Als »junger Mann« konnte man damit schon seine Sorgen haben, da ich jedoch bisher keine Übung und kein Training der Führungsorgane ausgelassen hatte, war ich mit den inhaltlichen Fragen vertraut und verfügte über einen großen Bekanntenkreis.

Die engsten Kontakte hatte ich zum Hauptstab der NVA und dabei wiederum zu den Bereichen Operativ, Organisation, Automatisierung und Mechanisierung der Truppenführung sowie Nachrichten. Die kleine Unterabteilung Volksmarine des Operativen Bereiches unter Leitung meines alten Bekannten, Kapitän zur See Pietsch, half uns viel und stand mit ihren Kenntnissen über die Probleme der Volksmarine oftmals »zwischen Baum und Borke«. Sie mußten ja auch dem Chef des Hauptstabes und dem Minister »Stoff« für kritische Bemerkungen liefern!

Obwohl wir im Hauptstab viel Verständnis fanden, war es doch nicht so, daß man dort auf alle unsere Vorschläge, darunter sehr gute und progressive Vorschläge, eingegangen wäre.

Als wir zum Beispiel im Kommando der Volksmarine ein Strukturelement schaffen wollten, das wichtig für das vorgesehene automatisierte Führungssystem war, stieß das auf großen Widerstand. Ich vermute, daß dabei Kompetenzgerangel zwischen Chefs und Leitern sowie von einzelnen Bereichen im Ministerium eine Rolle spielte, denn 2 Jahre später, nach einigen Personalveränderungen, erhielten wir unseren ursprünglichen Vorschlag als eine »wertvolle Anregung« des Ministeriums für Nationale Verteidigung auf den Tisch!

Der Chef des Hauptstabes, Generaloberst Fritz Streletz, hatte immer ein offenes Ohr für die Volksmarine, obwohl er uns zusätzliche Planstellen, finanzielle und materielle Mittel ständig verweigerte. Man konnte sich jedoch mit jeder Frage an ihn wenden und bekam zum versprochenen Zeitpunkt auch prompt eine Antwort. Selbst bei schwierigen Problemen und unangenehmen Meldungen behielt er die Ruhe und reagierte höflich. Das sagt allerdings nichts darüber aus, welche Wirkungen durch unsere Fragen im Hauptstab ausgelöst wurden. Schnelle Antworten an die Teilstreitkräfte und an die Truppe waren meist mit viel Wirbel im Hauptstab und auch mit so mancher Überstunde verbunden.

Da der Chef der Volksmarine gleichzeitig Stellvertreter des Ministers war, hatte das Kommando der Volksmarine auch eine ganze Reihe ministerieller Aufgaben zu erfüllen – im Zusammenwirken mit dem Stab der Vereinten Streitkräfte, mit anderen Ministerien und auch innerhalb des Ministeriums für Nationale Verteidigung.

Das betraf vor allem die Entwicklungsplanung und die operative Vorbereitung des Landes sowie Gesetzesvorlagen, die mit der Seefahrt zu tun hatten. Vieles mußte mitgezeichnet werden. Die Termine waren meistens »vorgestern«. Diese ministerielle Tätigkeit hat uns sehr belastet und hielt uns nicht selten von dringlichen Problemen der Flotte ab.

Mir persönlich wäre es schon lieb gewesen, wenn es einen Stellvertreter des Ministers für Seestreitkräfte mit einem entsprechenden Arbeitsorgan im Ministerium gegeben hätte, der die ministeriellen Aufgaben und Kontrollfunktionen gegenüber der Flotte erfüllt hätte. Ein Marinechef mit einem zahlenmäßig kleineren Führungsorgan hätte wohl dann die Flotte operativ führen können und dabei wahrscheinlich eine höhere Wirksamkeit erreicht.

Die Zusammenarbeit mit den verbündeten Flotten und den anderen Teilstreitkräften der NVA war einfacher. Die Chefs der Stäbe waren ausnahmslos alte Bekannte. Meistens genügte ein Anruf, um eine Angelegenheit zu klären. Die gegenseitige Hilfsbereitschaft zeigte sich nicht nur bei dienstlichen Aufgaben, sondern auch bei persönlichen Problemen.

Sicher darf man nicht außer acht lassen, daß für die Zusammenarbeit vor allem das Verhältnis zwischen den Chefs der jeweiligen Teilstreitkräfte ausschlaggebend war. Da gab es durchaus Nuancen, die zu beachten waren – ob der eine oder der andere seine Teilstreitkraft, seinen Dienstgrad oder sein Dienstalter höher schätzte als die des anderen.

Richtungsoffiziere zu den verbündeten Flotten und zu den Teilstreitkräften erleichterten zwar die Zusammenarbeit erheblich. Insgesamt fand ich jedoch das Sprichwort meines sowjetischen Lehrers im Fach Operative Kunst bestätigt, daß ein wirkungsvolles Zusammenwirken damit beginnt, daß beide Verantwortlichen auf ihr gegenseitiges Wohl 100 Gramm Wodka trinken.

Mit der Übernahme der Dienststellung des Chefs des Stabes der Volksmarine wurde ich auch in den Militärrat der Volksmarine berufen. Die Militärräte waren kollektive Beratungsorgane der Chefs der Teilstreitkräfte und der Militärbezirke, welche über grundsätzliche Angelegenheiten diskutierten und dazu Beschlüsse faßten, in denen Empfehlungen an den jeweiligen Chef enthalten waren. Sie waren nach dem Vorbild der Sowjetarmee eingerichtet worden, und zwar in der »entschärften« Variante. Sie durften dem jeweiligen Chef nicht mehr seine Handlungen vorschreiben, wie das bei den Kriegsräten der sowjetischen Fronten, Armeen und Flotten im Bürgerkrieg und im Zweiten Weltkrieg zeitweilig der Fall gewesen war.

Vorsitzender unseres Militärrates war der Chef der Volksmarine, Mitglieder waren der jeweilige 1. Sekretär der SED-Bezirksleitung Rostock, die Stellvertreter des Chefs der Volksmarine, die Chefs der drei Flottillen, der 6. Grenzbrigade Küste und der Marinefliegerkräfte, die Kommandeure der Offiziershochschule der Volksmarine und der Flottenschule, der Chef Kader, der Militärstaatsanwalt und der Leiter der Abteilung 2000, d. h. der zum Ministerium für Staatssicherheit gehörenden Abwehroffiziere. Sekretär des Militärrates war der Leiter des Sekretariats des Chefs der Volksmarine. Er war für alle organisatorischen Fragen, die Planung und die Protokollführung des Militärrates zuständig.

An den Sitzungen des Militärrates nahmen der Vertreter des Stabes der Vereinten Streitkräfte bei der Volksmarine und meistens auch der für die Volksmarine zuständige Mitarbeiter der Sicherheitsabteilung des ZK der SED teil. Auch Chefs und Leiter aus dem Ministerium für Nationale Verteidigung hatten das Recht, an den Sitzungen des Militärrates teilzunehmen. Dazu meldeten sie sich vorher an. Häufig sind sie jedoch trotz vorheriger Anmeldung nicht gekommen.

Neben den Sitzungen des Militärrates führte der Chef der Volksmarine persönlich Dienstbesprechungen mit den ihm unterstellten Chefs und Leitern durch. Der Personenkreis war kleiner und in diesen Beratungen wurde weniger diskutiert. Da unterstellte Kommandeure nicht anwesend waren, wurde auch mit den Stellvertretern des Chefs nicht so »diplomatisch« umgegangen. Da fiel schon einmal ein hartes Wort.

Natürlich war es nicht immer einfach zu entscheiden, welche Fragen in welchem Gremium zu behandeln waren. Dazu konsultierte mich der Leiter des Sekretariats und hielt sich auch meist an meine Ratschläge. Weniger kooperativ ging es bei der Festlegung der Termine der Sitzungen zu.

Die für die Planung verantwortlichen Offiziere im Stab der Volksmarine vertraten die Meinung, daß auch der Chef der Volksmarine über den Sekretariatsleiter seine Termine in den Plan eingeben müsse. Das war verständlich, denn sonst funktionierte die ganze rechnergestützte Planung nicht. Der Sekretariatsleiter war jedoch der Auffassung, daß man vorher nie sagen kann, wann der Chef eine Sitzung anberaumen kann, da auch das Ministerium sich nicht immer termingemäß festlegte. Ich stand zwar auf der Seite der Planer, aber der Sekretariatsleiter brachte hier das größere Gewicht seines Chefs auf die Waage.

Die Sitzungen des Militärrates waren zwar nicht ganz so kritisch wie die Dienstbesprechungen, aber auch hier wurde gestritten. Außerhalb der Kritik stand wohl nur der Chef der Volksmarine. Aber seinen Stellvertretern konnte es durchaus passieren, daß sie mit einer Vorlage bzw. einem Bericht durchfielen. Um solcher Blamage aus dem Wege zu gehen, wurden die Vorlagen frühzeitig mit denen, die zum Problemkreis etwas zu sagen hatten, abgestimmt.

Die Arbeit des Chefs des Stabes war vor allem auf die Gewährleistung einer hohen Gefechtsbereitschaft ausgerichtet. Der Bestand an Kräften und ihre qualitativen Parameter sollten möglichst ständig den Anforderungen entsprechen. Das hört sich einfach an, gestaltete sich aber zunehmend schwieriger.

Einerseits hatten sich bei den Seestreitkräften des NATO-Kommandos Ostseeausgänge große Veränderungen ergeben. Ihr Gefechtspotential war erheblich angewachsen. Andererseits verfügte die DDR über keine eigenen größeren Rüstungsbetriebe, führte keine nennenswerte Forschung und Entwicklung an Waffensystemen und der dazugehörigen Elektronik durch und war also immer angewiesen auf den Kauf von Waffensystemen in den anderen Ländern des Warschauer Vertrages.

Gerade bei der Entwicklung von maritimer Kampftechnik der kleineren Flotten hätte die Sowjetunion sehr gerne ein größeres Engagement der anderen Länder des Warschauer Vertrages, auch der DDR, gesehen. Die Peenewerft in Wolgast hatte sich zwar auf den Kriegsschiffbau spezialisiert, war aber bei Bewaffnung, Waffenleitsystemen und auch bei Antriebsanlagen immer auf Importe – besonders aus der Sowjetunion – angewiesen. Da der sowjetische Kriegsschiffbau schwerpunktmäßig auf größere ozeanfähige Über- und Unterwasserschiffe orientiert war, bekamen unsere Schiffbauer nicht immer die Ausrüstung, die für kleine Schiffe und Boote notwendig war.

Dem NATO-Kommando »Baltic Approaches« war aus unserer Sicht eindeutig die Aufgabe zugeordnet, die Ostseeausgänge durch einen festen Riegel von Land-, Luft- und Seestreitkräften zu sperren, die 3 Flotten des Warschauer Vertrages in der Ostsee zu blockieren und mit Kriegsausbruch anzugreifen.

Wir nahmen an, daß die NATO-Seestreitkräfte zwei wichtige Aufgaben zu erfüllen hätten: erstens die Bekämpfung der Seestreitkräfte des Warschauer Vertrages soweit wie möglich östlich der Insel Bornholm und die Störung unserer Seeverbindungen; zweitens die Blockade durch beweglich geführte Kampfhandlungen, um den Vorstoß von Flottenkräften des Warschauer Vertrages durch die Ostseeausgänge zu verhindern.

Wir gingen davon aus, daß die Schiffe und Boote des NATO-Kommandos Ostseeausgänge bis zu 312 Seezielraketen und die Jagdbomber »Tornado« bis zu 288 Luft-Boden-Raketen mitführen konnten. Zu beachten war die große Reichweite, hohe Treffgenauigkeit und Vernichtungswirkung der Raketen im Vergleich zu den Raketen, die von unseren Raketenschnellbooten des Projektes 205 eingesetzt wurden.

Alles in allem war die Volksmarine als die am weitesten im Westen gelegene Flotte der Warschauer Vertragsstaaten nicht gerade in einer günstigen Lage. Wir sahen nur geringe Möglichkeiten, unsere Kräfte und Mittel so zu entwickeln, daß sie einen effektiven Beitrag zu einem ausgeglichenen Kräfteverhältnis leisten konnten.

Bei der Entwicklung des Schiffsbestandes standen der Abschluß der Einführung der Küstenschutzschiffe Projekt 133.1 aus eigener Produktion und des kleinen Raketenschiffes Projekt 1241 sowjetischer Produktion sowie die Vorbereitung neuer Minenabwehrkräfte und eines kleinen Raketenschiffes Projekt 151, beides aus eigener Produktion, im Vordergrund.

Die Minengefahr bildete neben der Gefahr aus der Luft angesichts der hochentwickelten Militärtechnik der NATO das größte Problem für die Schiffe und Boote der Volksmarine und darüber hinaus für die gesamte Schiffahrt der Staaten des Warschauer Vertrages in der Ostsee. Im Küstenvorfeld der DDR war der Mineneinsatz auf Grund der geringen Wassertiefen überall möglich. Hinzu kam, daß die Schiffe und Boote aus den Stützpunkten Dranske und Peenemünde nur durch Fahrwasser auslaufen konnten, die selbst schon durch einzelne Minen leicht blockiert werden konnten.

Bei den Minenräumkräften sahen wir deshalb sowohl die Entwicklung von Hochseeminenabwehrschiffen als auch von Reederäumbooten, Minenräumhubschraubern und Minentauchern vor. Die einzuführenden Minenabwehrschiffe sollten mit modernen Minenortungs-, Identifizierungs- und Vernichtungsgeräten ausgerüstet werden und auch Minentaucher einsetzen können.

Nachdem die Verwaltung Schiffbau mehrere Varianten von Minenabwehrschiffen vorgelegt hatte, entschied sich der Chef der Volksmarine für die Einführung eines schwachmagnetischen Reederäumbootes, das für die Aufgaben und für unser Seegebiet geeignet erschien, zu dessen Sicherstellung jedoch ein erheblicher Aufwand notwendig gewesen wäre. Das betraf sowohl die Basierung, die Vermessung des Bootes und seine Ausrüstung als auch die Unterbringung der Besatzung.

Das System der Minenabwehr konnte nur in einem längeren Zeitraum realisiert werden und erforderte, daß die Hochseeminenabwehrschiffe Projekt 89.2 und die Küstenminenabwehrschiffe Projekt 89.1 länger in Dienst gehalten werden mußten, wozu ein erheblicher Aufwand an Instandsetzung notwendig war.

Auch die Entwicklung der Luftabwehr gestaltete sich sehr kompliziert. Die bereits erwähnte Anzahl von Seezielraketen der NATO stellte an sich schon ein enormes Bedrohungspotential dar. Dazu kam, daß Träger von Seezielraketen der NATO diese zum Einsatz bringen konnten, ohne in den Abwehrbereich der eigenen Kräfte einzudringen! Niedrige Flughöhen der Seezielraketen und ihre geringen Ausmaße bedeuteten eine geringe Ausmachentfernung, reduzierten die Zeiten für das Erkennen und Bekämpfen dieser Raketen auf ein Minimum.

Zwar ist die wirksamste Form der Bekämpfung von Seezielraketen in einem bewaffneten Konflikt wahrscheinlich die Vernichtung ihrer Träger. Aber darauf kann sich niemand orientieren, dem die Aufgabe gestellt ist, die Schläge eines Angreifers abzuwehren und **nicht** die Aufgabe, diesen Gegner durch einen eigenen Überraschungsschlag in seinen Stützpunkten zu überfallen.

Also mußten wir versuchen, die Luftabwehr bzw. die Abwehr von Raketen so zu organisieren, daß möglichst alle erforderlichen Maßnahmen in Übereinstimmung gebracht werden konnten: der Einsatz der Luftraumbeobachtung und Fla-Bewaffnung, der Mittel des Funkelektronischen Kampfes und der Tarnung, die Auswahl günstiger

Handlungs- und Dezentralisierungsräume, der Wechsel dieser Räume sowie das Manöver der Schiffe und Boote vor Beginn eines gegnerischen Angriffs.

Erst nach Beginn der Kampfhandlungen konnte die Vernichtung der Schiffe und Flugzeuge erfolgen, die Träger von Raketen waren.

Auch die Luftstreitkräfte/Luftverteidigung konnten die zuverlässige Deckung der Flottenkräfte vor Seezielraketen nicht gewährleisten. So spielte in unseren Überlegungen die Einführung einer funktechnischen Störkomponente, die Entwicklung eines funkelektronischen Raketenabwehrsystems und die Einführung von Mitteln der Tarnung neben der Ausrüstung der Schiffe und Boote und der Landeinheiten mit Feuermitteln eine große Rolle.

Die Jägerleitung von Bord der Schiffe wurde von der Volksmarine gemeinsam mit den Luftstreitkräften/Luftverteidigung erprobt, konnte allerdings nicht zufriedenstellend gelöst werden.

In Verbindung mit dem Schiffsablöseprogramm tauchte die Frage auf, mit welchen Kräften Seeminen zur Verteidigung der eigenen Küste gelegt werden können. Minenleger befanden sich nicht im Bestand der Volksmarine. Auch die Minenlegkapazität der Kampfschiffe und Boote reichte nicht aus, um in einem einmaligen Einsatz eine größere Anzahl von Minen zu legen. Außerdem wurden die Schiffe und Boote vor allem zur Erfüllung ihrer eigentlichen Aufgabe benötigt.

Also sahen wir uns in der Zivilflotte der DDR um und fanden, daß Ro-Ro-Schiffe nach einer relativ einfachen Umrüstung durchaus als Minenleger geeignet sind. Die Erhaltung und Nutzung der Schiffe und Einrichtungen der Zivilflotte spielte in unseren Überlegungen und in der praktischen Arbeit ohnehin eine große Rolle.

Vor Jahren las ich in der Presse einen Bericht über »Potemkinsche Dörfer der Nationalen Volksarmee«. Gemeint waren damit bei uns vorhandene Mittel der Tarnung, Attrappen von Panzern usw. Gewiß, die NVA insgesamt und auch die Volksmarine verfügten über solche Mittel, weil sie zur Tarnung der eigenen Kräfte und Mittel und zur Täuschung eines Angreifers notwendig sind. Das haben wir sehr ernst genommen und alles versucht, in Übungen, Überprüfungen der Gefechtsbereitschaft und Lehrvorführungen Neues zu erproben und die Verteidigungsfähigkeit zu sichern.

In diesem Zusammenhang denke ich besonders an eine Lehrvorführung zum Einsatz von Mitteln des Funkelektronischen Kampfes und der Tarnung sowie an eine Übung zur Einrichtung eines Scheinbasierungspunktes und auch an die bereits erwähnte Erprobung eines Ro-Ro-Schiffes als Minenleger.

Damit sind wir bei der Ausbildung der Volksmarine. Besonders nach der Erklärung über die Militärdoktrin des Warschauer Vertrages im Jahres 1987 waren Inhalt und Formen der Ausbildung erneut zu prüfen. Die Staaten des Warschauer Vertrages versicherten darin, daß sie unter keinen Umständen militärische Handlungen gegen einen anderen Staat oder eine Staatengruppe beginnen würden, daß sie keinen Staat und kein Volk als ihren Feind betrachten.

Auch für die Ausbildung wurden nunmehr andere Prioritäten gesetzt. Der Aufklärung, dem Funkelektronischen Kampf, der Tarnung, dem Pionierausbau, überhaupt allen Kräften und Handlungen, die für die erfolgreiche Abwehr wichtig waren, kam eine sprunghaft wachsende Bedeutung zu.

Wenn bis dahin nach Abwehr der ersten Schläge eines Gegners sofort zur Angriffsoperation übergegangen wurde, so standen nun die gründliche Vorbereitung und längerfristige Führung von Verteidigungsoperationen im Zentrum der Ausbildung.
Steigende Bedeutung wurde dem Entziehen der eigenen Kräfte vor den Schlägen des Gegners, den Handlungen unter dem Schutz der eigenen Küste, der breiten Anwendung der Mittel des Funkelektronischen Kampfes, der Tarnung und Täuschung sowie allen Arten der Abwehr beigemessen.
Besonders wichtig war es, die rechtzeitige Aufklärung und Zielzuweisung zu gewährleisten. Graphiken und Befehlstabellen mit den möglichen Anzeichen für den Beginn einer Aggression und notwendige Antwortreaktionen wurden entwickelt und haben sich in der Ausbildung bewährt.

In den Jahren 1985/86 ging es stärker als bisher um eine zweckmäßige Strukturierung der Truppen, Flottenkräfte und Führungsorgane, eine gute Organisation der Arbeit und des Dienstes sowie die breite Anwendung der Rechentechnik.
Der Minister für Nationale Verteidigung hatte eine »Grundkonzeption der Intensivierung« bestätigt, an deren Ausarbeitung als Mitglieder einer Kommission auch der Stellvertreter des Chefs des Stabes für operative Arbeit, Konteradmiral Rödel, und der Leiter der Abteilung Mechanisierung und Automatisierung, Kapitän zur See Dr. Koch, mitgearbeitet hatten.
Natürlich hofften nun viele Angehörige der Volksmarine, daß Computer in großen Mengen eingeführt werden. Die Presse war ja auch voll von Meldungen über die beträchtliche Anzahl von Computern, die in Sömmerda zusätzlich hergestellt werden sollten.

Eine einseitige Ausrichtung auf die Rechentechnik war jedoch nicht angebracht, denn es gab schon durch eine verbesserte Organisation der Arbeit und des Dienstes spürbare Effekte. Gut abgestimmte Funktionsverteilungspläne mit richtiger Abgrenzung der Verantwortung, eindeutige funktionelle Pflichten für die Angehörigen der Führungsorgane, zweckmäßig organisierte und schnelle Postbearbeitung, übersichtliche Stabsdienstpläne und Rahmendienstpläne – all das und vieles mehr sind ja elementare Voraussetzungen, um Rechentechnik überhaupt effektiv einsetzen zu können.

Hauptobjekte der Intensivierung im Stab waren die Schaffung des Automatisierten Führungssystems der Stoßkräfte, eines universellen Marinetaktiktrainers und eines Trainers für die Stoßkräfte der Volksmarine. Wichtig war, daß an der Spitze dieser Vorhaben Männer standen, die von ihrer Aufgabe beseelt waren. Die Hauptvorhaben lagen bei dem Kommandeur der Sektion Seestreitkräfte der Militärakademie, Konteradmiral Pöschel, beim Leiter des Hauptgefechtsstandes, Kapitän zur See Waldemar Richter und beim Stabschef der 6. Flottille, Fregattenkapitän Heese.

Dank konzentrierter Anstrengungen wurden mehr Aufgaben bearbeitet, als der Plan vorsah. Knobler und Bastler nutzten die Möglichkeiten, die sich boten. »Jugendforscherkollektive« wurden gebildet und auch der Erfahrungsaustausch mit den wissenschaftlichen Institutionen auf dem Territorium und mit den Kombinaten wurde gepflegt. So konnte zum Beispiel das Projekt für die rechnergestützte Planung der Überführung vom Friedens- in den Verteidigungszustand schneller genutzt und in allen Verbänden angewandt werden, als ursprünglich angenommen. Das erforderte, Computer umzusetzen. So mancher Stabsarbeiter, der hoffte, einen Computer im Dienstzimmer zu haben, mußte seine Hoffnung begraben und konnte bestenfalls das Computerkabinett aufsuchen.

Die Erfüllung des Planes der Intensivierung wurde vom Ministerium, vom Kommando der Volksmarine und der Partei, von der Sicherheitsabteilung des ZK bis zur Grundorganisation der SED streng kontrolliert. Die Ehrlichkeit gebietet zu sagen, daß trotz des enormen Kontrollaufwandes manches besser lief, wenn die Partei sich dafür verantwortlich fühlte.

An den Einsatz von Rechentechnik haben vor allem die höheren Vorgesetzten die Hoffnung auf große personelle Einsparungen geknüpft. Äußerte man eine Bitte um zusätzliche Bereitstellung von Computern, wurde sofort gefragt, wieviel Mann eingespart werden. Tatsächlich konnten zunächst keine Planstellen reduziert werden. Menschen werden erst dann ersetzt, wenn ein System insgesamt arbeitet. Das erfordert aber geraume Zeit.

Uns fehlten auch lokale und landesweite Nezte, damit Aufgaben im Gesamtrahmen der NVA, wenigstens aber im Rahmen der Volksmarine bearbeitet werden konnten.

So wurde vieles zwar in den Truppenteilen rechnergestützt bearbeitet, aber nur auf herkömmlichem Wege übermittelt. Die Funkverbindungen zu nutzen, was technisch möglich gewesen wäre, verboten die Bestimmungen über die Geheimhaltung.

Insgesamt fiel es uns nicht leicht, den Plan der Intensivierung zu erfüllen. Es mangelte jedoch nicht am Willen oder am geistigen Potential. Es mangelte an der Bereitstellung der notwendigen Technik und Ausrüstung. Wir wagten uns an Aufgaben, die in anderen Ländern wissenschaftliche Institute und die Industrie erfüllen.

In der Volksmarine hatte sich schon 1986 herumgesprochen, daß Admiral Ehm 1987 oder 1988 aus dem aktiven Dienst ausscheiden würde. Man munkelte, daß Vizeadmiral Hans Hofmann neuer Chef wird. Um so überraschter war ich, als ich Anfang des Jahres 1987 zum Minister zur Aussprache gerufen wurde. Mir wurde eröffnet, daß Admiral Ehm Ende 1987 aus dem Dienst ausscheidet und ich sein Nachfolger sein soll. Armeegeneral Keßler wies mich auf die große Verantwortung des Chefs einer Teilstreitkraft hin, erörterte einige Probleme der Entwicklung der Volksmarine und auch die Frage meines Nachfolgers wurde gestellt. Mein Nachfolger sollte Konteradmiral Rolf Rödel werden, mein bisheriger Stellvertreter.

Ich hatte keinen Grund, den vorgeschlagenen Einsatz abzulehnen, denn ich kannte das Kommando, alle Verbände und Einrichtungen aus langjähriger Tätigkeit, und vor der Erfüllung der politischen und fachlichen Aufgaben eines Chefs hatte ich keine Angst. Auch meinte ich, daß ich ein gutes Verhältnis zu den Angehörigen der Volksmarine hatte und Ansehen genoß, was für eine solche Funktion ziemlich wichtig ist.

Trotzdem bestand da schon ein großer Unterschied. Admiral Ehm war 29 Jahre lang Chef der Volksmarine gewesen, besaß auch in den Vereinten Streitkräften und in der DDR, besonders im Ostseebezirk, erheblichen Einfluß, war eine Autorität. Durch seine kameradschaftliche und direkte Art des Umgangs mit den Armeeangehörigen und Zivilbeschäftigten war er beliebt und hatte erheblichen Anteil daran, daß sich die Volksmarine durch Kollektivgeist und Zusammengehörigkeitsgefühl auszeichnete. Da würde ich mächtig aufzuholen haben, sagte ich dem Minister.

Natürlich setzte ich ganz besonders auf den Stab. 13 Jahre hatte ich dort gedient. Besonders in den letzten Jahren, als ich Chef des Stabes war, haben mich meine Stellvertreter Konteradmiral Rödel, Konteradmiral Kotte und Kapitän zur See Zimmermann, die Abteilungsleiter sowie meine unmittelbaren Mitarbeiter Fregattenkapitän Masur und Stabsoberfähnrich Helga Phillipp hervorragend unterstützt.

Es war der 30. November 1987, an dem ich von Admiral Ehm das Kommandozeichen des Chefs der Volksmarine übernehmen sollte. Das Zeremoniell zur Verabschiedung von Admiral Ehm hatte ich dem Minister entsprechend den maritimen Traditionen vorgeschlagen.

In Warnemünde, im Hafen der 4. Flottille, hatten die Schiffe und Boote über die Toppen geflaggt, die Besatzungen waren in Paradeaufstellung angetreten. Es war ein feierlicher Augenblick, als der Admiral von Bord ging und 10 gestandene Kapitäne zur See ihn in einem Kutter an Land ruderten.

Eine Musterung, zu der Formationen aller Verbände, Lehreinrichtungen, Truppenteile und Einheiten angetreten waren, auf der Armeegeneral Keßler, Admiral Ehm und ich das Wort ergriffen, und der Vorbeimarsch der angetretenen Formationen beendeten das Zeremoniell.

Stellvertreter des Ministers und Chef der Volksmarine
(1987–1989)

Als ich am 1. Dezember 1987 meine neue Dienststelle antrat, erhielt ich damit die Befehlsgewalt über folgende Verbände, Truppenteile und Einrichtungen der Volksmarine: als größere Gruppierungen der Sicherungskräfte die 1. Flottille (Peenemünde) und die 4. Flottille (Warnemünde), als Verband der Stoßkräfte die 6. Flottille (Bug-Dranske). Dazu kamen das Marinehubschraubergeschwader-18 (Parow), das Küstenraketenregiment-18 (Schwarzenpfost), das Kampfschwimmerkommando-18 (Kühlungsborn), die Offiziershochschule »Karl Liebknecht« (Stralsund), die Flottenschule »Walter Steffens« (Parow) sowie die Schiffsstammabteilung (Stralsund/Dänholm).

Zu den Truppenteilen und Einrichtungen (meist mit der Nummer 18), die dem Chef des Stabes oder dem Chef der Rückwärtigen Dienste unterstellt waren, gehörten vor allem das Nachrichtenregiment und das Bataillon des Funkelektronischen Kampfes (Bad Sülze), das Versorgungs- und Ausrüstungslager (Waren), das Treib- und Schmierstofflager (Ladebow), der Seehydrographische Dienst der DDR sowie die Bedienungseinrichtungen des Kommandos der Volksmarine.

Die Seestreitkräfte der DDR verfügten Ende der achtziger Jahre im Schnitt über etwa 120 Kampf- und 50 Hilfs- und Spezialschiffe, 26 Hubschrauber und 8 selbstfahrende Startrampen des Küstenraketenkomplexes »Rubesh«. Ihre drei Flottillen gliederten sich wie folgt:

Die **1. Flottille,** Hauptbasierungspunkt Peenemünde, hatte eine Sicherungsbrigade mit 2 Räumschiffsabteilungen zu je 6 Schiffen und 2 U-Bootsabwehrabteilungen zu je 4 kleinen Küstenschutzschiffen; eine Landungsschiffsbrigade mit 2 Landungsschiffsabteilungen zu je 6 mittleren Landungsschiffen; eine Bergungs- und Hilfsschiffsabteilung mit Tankern, Versorgungsschiffen, Schleppern und Feuerlöschbooten.

Die **4. Flottille,** Hauptbasierungspunkt Warnemünde, war, wie auch die 1. Flottille, eine Sicherungsflottille, und hatte in ihrem Bestand eine Küstenschutzschiffbrigade mit 3 Küstenschutzschiffen, eine Sicherungsbrigade mit 2 Räumschiffsabteilungen zu je 6 Räumschiffen und 2 U-Bootabwehrabteilungen zu je 4 kleinen Küstenschutzschiffen, eine Aufklärungsschiffsabteilung mit 3 Schiffen und eine Hilfsschiffsabteilung.

Die **6. Flottille,** Hauptbasierungspunkt Bug-Dranske, bestand aus einer Brigade kleiner Raketenschiffe mit 5 kleinen Raketenschiffen und drei Raketen-Torpedoschnellbootsbrigaden zu je 4 Raketenschnellbooten und 5 Torpedoschnellbooten sowie zwei Brigaden kleiner Torpedoschnellboote zu je 15 kleinen Torpedoschnellbooten. Außer den Einheiten und Einrichtungen zur Sicherstellung, über die auch die anderen Flottillen verfügten, hatte die 6. Flottille in ihrem Bestand noch eine Raketen-Technische Abteilung und Torpedo-Technische Kompanien. Zur Hilfsschiffsabteilung der 6. Flottille gehörten auch Ziel- und Torpedofangboote. Außerdem hatte jede Brigade in ihrem Bestand ein Wohnschiff, d. h. einen schwimmenden Stützpunkt mit eigenem Antrieb.

Während der 1. und 4. Flottille ein Verantwortungsgebiet zugewiesen war, handelten die Kräfte der 6. Flottille in der gesamten Verantwortungszone der Volksmarine. Die Verantwortungsgebiete der 1. und 4. Flottille waren das der Küste der DDR vorgelagerte Seegebiet. Die Trennungslinie zwischen den beiden Flottillen verlief in etwa auf der Linie Dornbusch–Südspitze Moen.

Zum Gefechtspotential der Volksmarine gehörte auch das Marinefliegergeschwader-28, welches in Laage stationiert war. Es hatte 2 Staffeln zu je 10 Jagdbombenflugzeugen Su-22 M 4 und war im täglichen Dienst dem Chef der LSK/LV unterstellt.

Außerdem war dem Chef der Volksmarine die 6. Grenzbrigade Küste, strukturmäßig ein Verband der Grenztruppen der DDR, operativ unterstellt. Sie verfügte über 18 Grenzschiffe, 10 Grenzboote und 5 Grenzkutter.

Ein Teil des Kampfschiffs- und Hilfsschiffsbestandes war überaltert und bedurfte der Erneuerung. Das betraf insbesondere die Raketenschnellboote 205, die Torpedoschnellboote 206, die kleinen Torpedoschnellboote 131.1, die Hochseeminenabwehrschiffe 89.2 und von den Hilfsschiffen die Schlepper.

Der Personalbestand der Volksmarine betrug Ende 1987 rund 14 200 Armeeangehörige und 4 500 Zivilbeschäftigte. Das entsprach einem Auffüllungsgrad von 99 Prozent bei Armeeangehörigen und von 80 Prozent bei Zivilbeschäftigten. Hier fehlten vor allem Handwerker des Unterkunftsdienstes und Raumpflegerinnen, was sich sehr nachteilig auf die Dienst- und Lebensbedingungen auswirkte.

Das Auffüllungssystem der Volksmarine mit Matrosen und Unteroffizieren war kompliziert. Auf den Schiffen und Booten dienten vor allem Matrosen und Unteroffiziere auf Zeit, also Armeeangehörige, die sich zu einer 3- bzw. 4jährigen Dienstzeit entschlossen hatten. Die Auffüllung erfolgte bei Matrosen z. B. nach dem Fünftelsystem. Das heißt, es wurden halbjährlich je Schiff und Boot 20 Prozent der Matrosen und Maate ausgetauscht, was gewährleistete, daß alle Schiffe und Boote zu den Kräften der ständigen Gefechtsbereitschaft gehören konnten.

Nun ging jedoch die Anzahl der Bewerber für den Dienst als Soldat auf Zeit immer mehr zurück, was uns zwang, auch Matrosen des Grundwehrdienstes in Borddienststellungen einzusetzen. Damit haben wir zwar keine schlechten Erfahrungen gemacht, die Auffüllung wurde dadurch jedoch noch komplizierter, da diese Matrosen nur 18 Monate dienten.

Die Führung des Kommandos blieb auch nach dem Wechsel des Chefs der Volksmarine in der alten Zusammensetzung erhalten. Als meine Stellvertreter wirkten der Chef des Stabes (Konteradmiral Rödel), der Chef der Politischen Verwaltung (Konteradmiral Heß), der Chef Ausbildung (Vizeadmiral Gustav Hesse) und der Chef der Rückwärtigen Dienste (Vizeadmiral Hans Hofmann).

Außerdem unterstanden mir der Chef des Bereiches Kader (Kapitän zur See Pahlig), der Chef Marineflieger (Konteradmiral Partzsch), der Leiter der Abteilung Finanzökonomie (Kapitän zur See Bernhard Müller), der Chef Militärbauwesen und Unterbringung (Kapitän zur See Klann), der Leiter der Unterabteilung internationales Seerecht (Fregattenkapitän Wolfgang Seibt) und der Leiter des Sekretariats (Kapitän zur See Uhlendorf).

Wenn von der »Führung der Volksmarine« gesprochen wurde, dann meinte man damit den Chef, seine vier Stellvertreter und den Chef des Bereiches Kader.

Eine gesonderte Stellung nahm der Leiter der Politabteilung beim Chef des Stabes, Kapitän zur See Manschus, ein. Er war nicht nur für die politische Arbeit im Stab und den ihm unterstellten Truppenteilen und Einrichtungen zuständig, sondern auch für die politische Arbeit in den Truppenteilen, die dem Chef der Volksmarine direkt unterstanden. Dabei handelte es sich immerhin um so gewichtige wie das Küstenraketenregiment, das Marinehubschraubergeschwader und das Kampfschwimmerkommando. Hier waren die Verantwortlichkeiten gemäß dem Prinzip der Einzelleitung verwischt. Aber Kapitän Manschus, ein alter Haudegen, wurde mit dieser Situation ganz gut fertig.

Dem Chef der Volksmarine nicht unterstellt waren der Militärstaatsanwalt, Kapitän zur See Holland-Moritz, und der Leiter der Abteilung 2000, Kapitän zur See Priewe.

Als Vertreter des Stabes der Vereinten Streitkräfte bei der Volksmarine war Vizeadmiral Prof. Dr. Kitschow eingesetzt. Wir kannten uns schon seit 1975. Während des Besuches von Lehrgängen in Leningrad hatte er uns als Stellvertreter des Chefs der Militärakademie Vorlesungen zum Themenkomplex »Gemeinsame Handlungen der Seestreitkräfte und der Landstreitkräfte« gehalten. Vorher war er Chef des Stabes der größten Flotte der UdSSR, der Nordmeerflotte, gewesen.

Die Führung der Volksmarine war über viele Jahre gemeinsam gewachsen. Konteradmiral Rödel war außer mir der einzige, der neu in der Dienststellung war. Er hatte im Prinzip die gleichen Dienststellungen wie ich bekleidet. Begonnen hatte er seine Offizierslaufbahn als Kommandant eines Torpedoschnellbootes, hatte sich bis zum Brigadechef in der 6. Flottille hochgedient und war dann als Stabschef und Flottillenchef in der 4. Flottille eingesetzt. Als Operativchef hat er zwei Jahre lang Erfahrungen im Kommando der Volksmarine sammeln können. Konteradmiral Rödel war ein jederzeit einsatzbereiter und belastbarer Offizier, der es verstand, sich durchzusetzen.

Der Chef der Rückwärtigen Dienste, Vizeadmiral Hofmann, befand sich schon 13 Jahre in der Dienststellung. Er kannte die Flotte ausgezeichnet und hatte außerdem vielfältige Kontakte zu den Gemeinden, zur Volkswirtschaft und besonders zur Industrie. Sein Aufgabenbereich war nicht einfach, denn die häufigen Kürzungen der finanziellen und materiellen Pläne wirkten sich vor allem auf sein Aufgabengebiet aus und beanspruchten besonders sein ohnehin beträchtliches Organisationstalent oft im Übermaß. Vizeadmiral Hofmann war zudem ein sehr streitbarer Mann – auf die Angehörigen der Rückwärtigen Dienste ließ er nichts kommen und setzte sich entschieden für sie ein. Das war für die Zusammenarbeit nicht immer einfach, aber diente letztlich dazu, daß die Rückwärtigen Dienste die Handlungen der Flottenkräfte fast durchgängig zeit- und normgerecht sicherstellten.

Der Chef des Bereiches Kader, Kapitän zur See Pahlig, gehörte als junger Offizier einmal zur Gilde der Schnellbootsfahrer und war nur aus gesundheitlichen Gründen in die Personalarbeit übergewechselt. Nun arbeitete er schon viele Jahre auf diesem Gebiet. Er hatte viel Verständnis für die kleinen und großen Sorgen der Angehörigen der Volksmarine. Man spürte, daß er schnell das Vertrauen der Menschen gewinnen konnte. Dazu trugen seine Ausgeglichenheit, sein Vermögen zuzuhören, seine Sachlichkeit und seine Kameradschaftlichkeit bei.

Außer dem Kommandeur des Küstenraketenregimentes waren alle Kommandeure schon mehrere Jahre in der Dienststellung. Die Chefs der drei Flottillen waren zu Beginn des Ausbildungsjahres 1987/88 die Kapitäne zur See Hendrik Born (1. Flottille), Gerhard Müller (4. Flottille) und Werner Murzynowski (6. Flottille). Die 6. Grenzbrigade Küste wurde von Konteradmiral Städtke geführt.

Kommandeure der Lehreinrichtungen waren: Konteradmiral Kahnt an der Offiziershochschule der Volksmarine, Konteradmiral Nitz an der Flottenschule und Kapitän zur See Dieter Koch an der Schiffsstammabteilung. Kommandeur des Küstenraketenregimentes war Fregattenkapitän Dr. Dix geworden, und Fregattenkapitän Knittel befehligte das Kampfschwimmerkommando. Der Vollständigkeit wegen möchte ich auch den Kommandeur des Marinehubschraubergeschwaders, Kapitän zur See Leithold, nennen, obwohl er mir nicht direkt unterstand, sondern dem Chef Marineflieger.

Die mir unmittelbar unterstellten Chefs und Kommandeure waren durchweg gut ausgebildete und engagierte Offiziere, mit einem Herz für ihre Unterstellten, selbst wenn sie charakterlich sehr unterschiedlich veranlagt waren und jeder auf eine andere Art und Weise genommen werden mußte. Irgendwie hatten wir früher alle schon einmal zusammen Dienst getan, uns kennen und schätzen gelernt. Wir hatten zueinander ein kameradschaftliches Verhältnis, und ich hatte das Gefühl, daß die Kommandeure mir offen und ehrlich gegenübertraten, daß sie mit ihrer Meinung nicht hinter dem Berg hielten.

Meine unmittelbaren Mitstreiter hatten alle schon bei Admiral Ehm gearbeitet. Für die Kontinuität und das Klima der Arbeit war das sehr förderlich. Der Leiter des Sekretariats, Kapitän zur See Uhlendorf, und die Sekretärin, Oberleutnant Hilde Steigmann, hatten sogar nicht nur 29 Jahre bei Admiral Ehm, sondern schon vorher bei Admiral Verner gearbeitet, als dieser noch Chef der Seestreitkräfte war.

Schon als Operativchef hatte ich mit Kapitän Uhlendorf wegen der Stabskultur so manchen Disput, oder besser gesagt, so manche Kritik von ihm einstecken müssen. Er war ein Sekretariatsleiter, der peinlich genau arbeitete. Was er vorlegte, hätte man auch ungelesen unterschreiben können. Werner Uhlendorf absolvierte täglich ein unwahrscheinliches Pensum und fühlte sich am wohlsten, wenn er gleichzeitig mit mehreren Partnern per Telefon sprechen konnte. Seine Leidenschaft gehörte neben der Arbeit dem Fußball. Die Sektion Fußball der Armeesportvereinigung Stralsund, deren Leiter er war, hatte in der DDR einen guten Ruf.

Oberleutnant Hilde Steigmann hatte den Chef der Volksmarine zu fast allen Übungen und Überprüfungen begleitet, und bei diesen Gelegenheiten auch früher schon so manche Schreibarbeit für mich erledigt. Sie hat immer dafür gesorgt, daß der Chef die notwendigen Unterlagen vorfand und Ruhe bei der Arbeit hatte.

Überhaupt muß ich sagen, daß alle Mitarbeiter des Sekretariats sehr zuverlässig arbeiteten. Ob als Wissenschaftler für das Entwerfen von Vorträgen, als Sekretärin mit einem großen Umfang an Dispatcher- und Schreibarbeiten, als Adjutant, Kraftfahrer, als Mitarbeiter der VS-Stelle, ohne ihren Fleiß und ihre Einsatzbereitschaft hätte der Chef der Volksmarine seine vielfältigen Verpflichtungen in all den Jahren nicht erfüllen können.

Nun kam ein neuer Chef, erheblich jünger, mit anderen Gewohnheiten und anderem Arbeitsstil. Wir haben uns jedoch sehr schnell aneinander gewöhnt, und ich habe nicht ein einziges Mal den Vorwurf gehört, daß Admiral Ehm dieses oder jenes anders angepackt hätte. Sie haben mir immer vorbehaltlos ihre umfangreichen Erfahrungen zur Verfügung gestellt, und ich hätte mit ihnen doch sehr gerne noch länger zusammengearbeitet.

Mit meinem Einsatz als Chef der Volksmarine hatte ich auch Aufgaben gegenüber dem Territorium – namentlich des Bezirkes Rostock – und den mit der Seefahrt und Fischerei befaßten Kombinaten wahrzunehmen. Natürlich nahm ich nicht automatisch den Platz von Admiral Ehm ein, der außerdem schon jahrelang Mitglied des ZK der SED war. Ich saß im Präsidium der verschiedenen Veranstaltungen erst einmal eine Reihe weiter hinten und das nicht nur sinnbildlich. Mit mir konnte man auch in einem anderen Ton als mit meinem Vorgänger sprechen. Davon machten die verschiedenen führenden Genossen natürlich Gebrauch – aber ich konnte damit leben. Für die Volksmarine war das allerdings nicht so gut.

Damit behaupte ich keinesfalls, daß ich zu dem 1. Sekretär der Bezirksleitung der SED, dem Vorsitzenden des Rates des Bezirkes, dem Oberbürgermeister der Stadt Rostock oder zu den Leitern der Bezirksbehörden der Volkspolizei und des MfS ein schlechteres Verhältnis hatte als mein Vorgänger. Doch ließ man meinen Mitarbeitern gegenüber, die mit den Partei- und Staatsorganen zusammenarbeiteten, schon ab und zu durchblicken, daß sich nun einiges geändert habe an den Verhältnissen, denn schließlich sei ja der Chef der Volksmarine nicht mehr Mitglied des Zentralkomitees der Partei.

Als Chef der Volksmarine wurde ich auch zum Mitglied des Kollegiums des Ministeriums für Nationale Verteidigung berufen. Im Kollegium waren alle Stellvertreter des Ministers – sowohl die im Ministerium für Nationale Verteidigung als auch die Chefs der Teilstreitkräfte der NVA und der Grenztruppen der DDR – der Leiter der Sicherheitsabteilung des Zentralkomitees der SED, der Chef Kader, der Chef Finanzökonomie, der Leiter der Zivilverteidigung, der Militäroberstaatsanwalt und der Chef der Verwaltung 2000. Sekretär des Kollegiums war der Leiter des Sekretariats des Ministers für Nationale Verteidigung. An den Sitzungen, die vom Minister für Nationale Verteidigung persönlich geleitet wurden, nahm auch der Vertreter des Oberkommandierenden der Vereinten Streitkräfte bei der NVA teil.

Arbeitsweise und Inhalt der Sitzungen des Kollegiums ähnelten denen des Militärrates der Volksmarine, die ich an anderer Stelle bereits beschrieben hatte. Allerdings war das, was im Kollegium des Ministeriums behandelt wurde, weit gewichtiger, weil es die gesamte NVA und auch Fragen der Landesverteidigung der DDR betraf. Auch hatten die Vorlagen ein höheres Niveau. Andererseits war die Diskussion im Militärrat der Volksmarine unbefangener und auch engagierter, weniger von »diplomatischen« Rücksichten beeinflußt.

Als ich in das Kollegium einzog, freute sich der Chef der Rückwärtigen Dienste, Generalleutnant Grätz, denn nun war ich der Jüngste. Das betraf nicht nur die Zugehörigkeit zum Kollegium, sondern auch das Lebenalter – immerhin um einen Monat!

Was macht man in einer solchen Situation? Meine Absicht war es, die Interessen der Angehörigen der Volksmarine standhaft zu vertreten, wenn sie berührt wurden, und ansonsten gut zuzuhören.

Zwangsläufig spielten in den Jahren 1988 und 1989 die Umsetzung der Militärdoktrin des Warschauer Vertrages, die Intensivierung des militärischen Lebens, die Verbesserung der Dienst-, Arbeits- und Lebensbedingungen sowie die Lage in der DDR in den Kollegiumssitzungen die Hauptrolle. Manchmal waren die Diskussionen sehr hitzig, weil die Probleme sehr kompliziert waren.

In Verbindung mit der Erklärung über die Militärdoktrin des Warschauer Vertrages tauchten natürlich eine ganze Reihe von Fragen auf, wie z. B.:
○ Benötigen wir eine nationale Militärdoktrin, und wie wird sie sich von der des Warschauer Vertrages unterscheiden?
○ Wie gestalten wir zukünftig die Ausgangslagen bei Übungen, wie stellen wir die Absichten und Handlungen des »Gegners« dar?
○ Werden wir, falls man uns angreift, überhaupt auf fremdem Territorium Kampfhandlungen führen?
○ Wo wird die DDR im Falle einer NATO-Offensive verteidigt – an der Werra oder erst zwischen Elbe und Oder?

Zur Beantwortung dieser und anderer Fragen wurden viele interne und öffentliche Diskussionen geführt. Auch ich bin im Bezirk Rostock zu diesem Problemkreis und den daraus für die Volksmarine resultierenden Aufgaben aufgetreten.

Das Wesentliche unserer Militärdoktrin – davon ging ich in diesen Vorträgen aus – bestand darin, daß sie den Krieg für immer aus dem Leben der Menschheit verbannen wollte. Deshalb meinte ich auch, daß wir alles unterstützen sollen, was der Vertrauensbildung und der Abrüstung dient. Gleichzeitig galt es aber nach wie vor, unsere im Warschauer Vertrag übernommenen Verpflichtungen zu erfüllen.

Im Ministerium für Nationale Verteidigung wurde mit der Ausarbeitung der Militärdoktrin der DDR begonnen. Das geschah unter Berücksichtigung all jener Grundsätze und Festlegungen, die mit den in unsere nationale Verantwortung fallenden Angelegenheiten der Landesverteidigung zu tun hatten. Diese waren in der Verfassung der DDR, im Verteidigungsgesetz, im Wehrdienst- und im Grenzgesetz sowie in völkerrechtlichen Verträgen, in Beschlüssen der Volkskammer, des Staatsrates und des Nationalen Verteidigungsrates enthalten.

Bei der Ausarbeitung der Militärdoktrin waren alle spezifischen Faktoren der Landesverteidigung der DDR zu berücksichtigen. Dazu gehörten nach unseren damaligen Ansichten:

○ die Lage der DDR unmittelbar an der Trennlinie zwischen Kapitalismus und Sozialismus, zwischen NATO und Warschauer Vertrag;
○ die Existenz von Westberlin inmitten des Territoriums der DDR;
○ die militärische Sicherung der Staatsgrenze zur BRD und zu Westberlin wie auch der Seegrenze der DDR;
○ die spezifische Aufgabenstellung der NVA und ihrer Teilstreitkräfte im engen Verbund mit der Westgruppe der sowjetischen Streitkräfte als westliche Gruppierung der Militärkoalition des Warschauer Vertrages;
○ die besonders große Bedeutung des einheitlichen Systems der Luftverteidigung mit lückenloser Luftraumbeobachtung, einschließlich der ständigen Überwachung der internationalen Luftkorridore über der DDR, insbesondere nach Westberlin;
○ die Existenz der Kampfgruppen der Arbeiterklasse wie der Schutz- und Sicherheitsorgane in einem einheitlich geführten System der Territorialverteidigung.

Die Ausarbeitung der Militärdoktrin verlief unter Einbeziehung des Ministeriums für Auswärtige Angelegenheiten sowie von Wissenschaftlern verschiedener Einrichtungen. Es wurden mehrere Entwürfe vorgelegt, zu denen auch die Volksmarine ihren Teil leistete.

Die Militärdoktrin der DDR wurde vor dem Herbst 1989 nicht mehr verabschiedet. Der später am Runden Tisch beim Verteidigungsminister erarbeitete Entwurf der militärpolitischen Leitsätze ging weiter als alle vorher erarbeiteten Entwürfe. Aber auch diese widerspiegelten schon neues Denken unter veränderten politischen und gesellschaftlichen Bedingungen.

Aus der Erklärung über die Militärdoktrin und den daraus gezogenen Schlußfolgerungen leitete sich für die Volksmarine wie für alle anderen Teilstreitkräfte die Aufgabe ab, einen solchen Stand der Gefechts- und Mobilmachungsbereitschaft zu gewährleisten, daß sowohl unsere Verteidigungsfähigkeit als auch unser Wille eindeutig zu erkennen sei, politische Krisen nicht zu militärischen Konflikten eskalieren zu lassen.

Ausgegangen wurde vom Prinzip der Antworthandlungen. Das bedeutete, daß Präventivschläge – mit welchen Kräften auch immer – nicht vorbereitet, geschweige denn ausgeführt werden durften. Kampfhandlungen von Streitkräften des Bündnisses oder einer seiner Mitgliedstaaten durften erst nach einer militärischen Aggression des »Gegners« begonnen werden. Die dazu erforderlichen Operationen der Armeen und Flotten der Warschauer Vertragsstaaten – ob im strategischen oder operativen Rahmen – hatten konsequent Verteidigungscharakter zu tragen und sich auf das Ziel zu beschränken, dem Aggressor einen Erfolg zu verwehren, ihm die Aussichtslosigkeit der Fortsetzung des Krieges zu demonstrieren.

Im Falle eines Angriffes durch die NATO sollte die Volksmarine an einer Operation der Vereinten Ostseeflotten teilnehmen und Kampfhandlungen mit Verteidigungscharakter im Seegebiet westlich der Insel Bornholm durchführen.

Erste Aufgaben bzw. nächste Aufgaben, auf die die Volksmarine sich vorzubereiten hatte, waren:

O Schläge von See und aus der Luft abzuwehren mit dem Ziel, die Erringung und Behauptung der Seeherrschaft durch den Gegner nicht zuzulassen;
O die in Küstenrichtung handelnden Landstreitkräfte zu unterstützen durch die Deckung vor Schlägen von See, die Teilnahme an der Landungsabwehr sowie durch die Gewährleistung des Nach- und Abschubes;
O den Schutz der Zivilflotte der Warschauer Vertragsstaaten in der eigenen Operationszone zu gewährleisten sowie die Seetransporte im Interesse der Koalition sicherzustellen;
O ein günstiges operatives Regime in der Verantwortungszone zu schaffen durch die Gewährleistung aller Arten der Abwehr und des Schutzes, besonders der U-Boots- und Minenabwehr sowie die Einrichtung des Seegebietes entsprechend dem Charakter der Handlungen.

Aufgrund der neuen Militärdoktrin waren alle unsere Planungen neu zu durchdenken. Das betraf sowohl die Entwicklungsplanung, die Einsatzplanung, die Pläne zum Übergang auf höhere Stufen der Gefechtsbereitschaft als auch die Ausbildungspläne.

Wir wollten durch eine zweckmäßige Struktur und einen ausgewogenen Bestand an Kräften, die vor allem über bessere qualitative Parameter verfügen sollten, höhere Gefechtsmöglichkeit erreichen, die Pläne der Überführung vom Friedens- in den Verteidigungszustand und die Festlegungen über den Gefechtsdienst lagebezogener gestalten. Das heißt, wir wollten den eingeleiteten Entspannungsprozeß besser berücksichtigen, ohne dabei zu vergessen, daß er noch nicht zur allgemeinen Sicherheit und zum Abbau aller Konfliktmöglichkeiten geführt hatte.

Die Hauptrichtungen der Entwicklung der Volksmarine, die ich an anderer Stelle schon dargelegt hatte, bedurften dabei unseres Erachtens keiner grundsätzlichen Korrektur. Es ging auch weiterhin darum, die Möglichkeiten der Aufklärung, des Funkelektronischen Kampfes, aller Arten der Abwehr – besonders aber der Luftabwehr – zu erhöhen, den Ablöseprozeß der Stoßkräfte und Minenabwehrkräfte durch Schiffe und Waffensysteme mit besseren qualitativen Parametern zu vollziehen, die rückwärtige und technische Sicherstellung zu stabilisieren sowie das automatisierte Führungssystem einzuführen.

Das System der Ausbildung sollte sowohl an den Lehreinrichtungen als auch in den Verbänden und Truppenteilen umgestellt werden. Das ergab sich nicht nur aus der militärpolitischen und militärtechnischen Entwicklung, sondern auch aus den bedeutenden Kürzungen der Mittel, die der Volksmarine für die Erfüllung ihrer Aufgaben bereitgestellt wurden.

Einen Schwerpunkt der Entwicklungsplanung bildete die Einführung des neuen kleinen Raketenschiffes, des Projektes 151. Es war in langjähriger gemeinsamer Arbeit mit der Seekriegsflotte der UdSSR entwickelt worden und sollte auch den anderen Flotten des Warschauer Vertrages angeboten werden. Interesse an diesem Boot hatten bereits die Polnische Seekriegsflotte und die Bulgarische Schwarzmeerflotte bekundet.

Das Boot war in der Peenewerft Wolgast projektiert, mit der Erprobung von Teilen der Bewaffnung und des Nullschiffes bereits begonnen worden. Der größte Teil der Technik und Bewaffnung stammte aus sowjetischer Produktion. Während das erste Schiff bereits am Jahresende 1989 in Dienst gestellt werden sollte, war mit der Lieferung der für dieses Boot entwickelten Rakete erst im Jahre 1991 zu rechnen. Das brachte uns zwar in eine schwierige Lage, weil dadurch die Raketenschnellboote des Projektes 205 noch länger in Dienst bleiben mußten. Aber wir hatten keine andere Wahl. Wir mußten sogar überlegen, das Schiff möglicherweise mit der veralteteten Rakete P-21/22 zu bewaffnen, wenn sich die Entwicklung der neuen Rakete erneut verzögern sollte.

Mit der Einführung des kleinen Raketenschiffes Projekt 151 sollte die technische Überlegenheit, die die NATO-Flotten mit der Einführung ihrer Raketenschnellboote erlangt hatten, ausgeglichen werden. Dazu sollten vor allem die neu entwickelte Rakete mit kombinierter Zielsucheinrichtung und größerer Reichweite, ein funkelektronisches Luftabwehrsystem und der Anschluß am automatisierten Führungssystem der Stoßkräfte dienen. Bei einer Besatzung von 35 Mann und einer Kapazität von 8 Raketen ergab sich ein gutes Verhältnis zwischen Mannschaftsstärke und einzusetzender Bewaffnung.

Im Jahre 1989 bin ich gemeinsam mit dem Stellvertreter des Ministers für Technik und Bewaffnung, Generaloberst Goldbach, auf dem Schiff, das noch in Verantwortung der Werft erprobt wurde, gefahren. Es war eine gelungene Konstruktion und verfügte über ganz ausgezeichnete Manövereigenschaften. Natürlich ergaben sich nach der Erprobung noch eine ganze Reihe von Veränderungen, die unter anderem durch die Angehörigen einer Raketenschnellbootsbesatzung angeregt wurden, die an der Erprobung teilnahm.

Probleme hatten wir mit der Realisierung der geplanten Anzahl der Schiffe. Als die operativ-taktischen Forderungen für das Boot erarbeitet wurden, gingen wir von mehr als 20 Booten aus. Das war Ende der siebziger Jahre, nachdem sich die militärpolitische Lage erheblich zugespitzt hatte. Mitte der achtziger Jahre, als die Planung konkreter wurde, rechneten wir damit, daß wir 17 Einheiten dieses Projektes, aus dem nach neuer Klassifizierung inzwischen ein kleines Raketenschiff geworden war, einführen könnten.

Im Zusammenhang mit den im Januar 1989 durch den Vorsitzenden des Staatsrates verkündeten einseitigen Abrüstungsmaßnahmen erfolgte auch eine weitere Kürzung der für die Volksmarine bereitgestellten personellen, finanziellen und materiellen Mittel. So mußte die Anzahl der kleinen Raketenschiffe nochmals reduziert werden und wurde auf 12 festgelegt, von denen dann jedoch nur noch 10 endgültig in die Planung aufgenommen wurden. Weiter wollten wir die Anzahl der kleinen Raketenschiffe jedoch nicht verringern, da die Vorbereitungsarbeiten in der Werft auch schon ziemlich weit gediehen waren.

Die geringere Anzahl von kleinen Raketenschiffen sollte durch die Einführung weiterer 4 selbstfahrender Startrampen des Küstenraketenkomplexes »Rubesch« kompensiert werden, die für den Einsatz auf Ziele in der südwestlichen Ostsee recht gut geeignet waren. Außerdem sollte die Effektivität der Stoßkräfte durch die Einführung eines luftgestützten Zielzuweisungskomplexes und die Schaffung des automatisierten Führungssystems erhöht werden. Auf diese Vorhaben wollten wir ja auf keinen Fall verzichten, obwohl wir nach den finanziellen Mitteln für die Vorhaben noch »fahnden« mußten.

Ähnlich gestaltete sich die Planung des Ablöseprogramms der Minenabwehrschiffe. Auch hier mußte von der anfänglich konzipierten Anzahl von 28 Reederäumbooten auf 10 zurückgegangen werden und wurde die Einführung auf die Zeit nach 1995 verschoben.

Als ich 1989 mit Generaloberst Goldbach den Generaldirektor des Kombinates Schiffbau besuchte, drückte dieser seine Unzufriedenheit darüber aus, daß die Volksmarine nur 16 statt der ursprünglich geplanten 28 Reederäumboote in Auftrag gegeben hatte.

Der Generaldirektor bekam einen großen Schreck, als ich ihm mitteilte, daß nunmehr nur noch 10 Boote des Projektes 415 im Plan seien und daß sich auch bei anderen Schiffbauprojekten Reduzierungen ergeben. Der Stellvertreter des Generaldirektors sah noch Möglichkeiten, den Stückpreis für die Boote zu senken, damit die Volksmarine eine größere Stückzahl in Auftrag geben könnte. Wir stimmten ohne besonderen Optimismus der Preisüberprüfung zu. Das Ergebnis war nicht anders als wir vermutet hatten: Das Räumboot Projekt 415 wurde noch teurer.

In Verbindung mit dem Schiffsablöseprogramm und im Interesse des ökonomischen Einsatzes der Mittel und Kräfte mußte auch über eine zweckmäßige Struktur nachgedacht werden.

Die schwachmagnetischen Boote benötigten gesonderte Liegeplätze, entfernt von Stahlschiffen und nicht an Stahlpiers, Meßstationen für das Räumboot und die Ausrüstung des Bootes waren notwendig, Containerliegeplätze und Hallen mußten geschaffen und Unterkünfte für die Besatzungen entweder an Land gebaut oder durch die Bereitstellung schwimmender Stützpunkte geschaffen werden. Außerdem war eine Lehrbasis einzurichten.

Es war offensichtlich, daß es nicht möglich sein würde, all das in der 1. und 4. Flottille und dazu noch eine Lehrbasis an der Flottenschule zu schaffen. Dafür würden die Mittel bei weitem nicht ausreichen.

Deshalb entschlossen wir uns, von einer Struktur, die sich durchaus bewährt hatte, Abschied zu nehmen und auch diese beiden Verbände zu spezialisieren. Wir wollten die 1. Flottille zum Verband der Minenabwehrkräfte und Landungsschiffe, die 4. Flottille zum Verband der U-Bootsabwehrkräfte entwickeln. Wir versprachen uns davon auch eine Verbesserung der Rückwärtigen Sicherstellung und eine konzentriertere Ausbildung.

Die für die Basierung und Ausbildung notwendigen Einrichtungen brauchten nur noch an jeweils einem Standort geschaffen zu werden. Mit dem Übergang auf diese Struktur sollte bereits im Jahre 1989 begonnen werden, die Vorbereitungsarbeiten waren weit vorangeschritten.

Mit dieser Struktur sollte die Schaffung von Ausbildungszentren verbunden werden. Das Ausbildungszentrum für MAW-Kräfte war in der 1. Flottille, in Peenemünde, das für U-Bootsabwehrkräfte in der 4. Flottille, in Markgrafenheide, und das für Stoßkräfte in der 6. Flottille, in Bug-Dranske einzurichten. An der Flottenschule sollte nur noch die Spezialausbildung in übergreifenden Laufbahnen erfolgen.

Eine solche Organisation hätte sich auch günstig auf das Zusammenwirken der Marinehubschrauberkräfte mit den Flottillen ausgewirkt. Jede Hubschrauberstaffel hätte einen Partner für das Zusammenwirken gehabt.

Der Übergang auf eine solche Organisation brachte gewiß auch Nachteile. Für Berufssoldaten hätte sich die Notwendigkeit des Umzuges ergeben – aus dem Raum Rostock nach Peenemünde und umgekehrt –, wir wollten das jedoch durch Umschulung reduzieren. Eine große Menge Bewaffnung und materieller Mittel hätte jedoch umgelagert werden müssen, was nicht von heute auf morgen zu realisieren war.

Auch die Einsatzkonzeption der Volksmarine hätte geändert werden müssen. Die Verantwortungsgebiete der 1. und 4. Flottille hätten ihren Sinn verloren. Das wäre aber durch eine größere Verantwortung des Kommandos der Volksmarine für die unmittelbare Führung der Kräfte kompensiert worden.

Wir hatten nicht nur wachsende Probleme auf dem Gebiet des Kriegsschiffbaus, noch schlimmer sah es auf dem Gebiet des Bauwesens und der Unterbringung aus. Vom Bau des neuen Hafens, der Mitte der siebziger Jahre geplant und immer wieder verschoben worden war, hatten wir endgültig Abstand genommen.

Auch einige Anleger, die im Rahmen der operativen Vorbereitung des Landes gebaut werden sollten, waren schon lange aus dem Plan gestrichen. Wir kämpften um Liegeplätze im Fährhafen Mukran, die einmal konzipiert waren und hätten es sehr gerne gesehen, wenn die Baltische Flotte ihre Liegeplätze im Hafen Sassnitz, die im Truppenvertrag nicht enthalten waren, aufgegeben hätte.

An der Instandhaltung der Einrichtungen für die Truppe wurden immer wieder Abstriche gemacht. Unterkünfte, Wirtschaftsgebäude und medizinische Einrichtungen sowie sanitäre Anlagen befanden sich teilweise in einem unzumutbaren Zustand. Ich hatte den Kommandeuren empfohlen, aus dem aktiven Personal Handwerkerbrigaden zu bilden, damit das Notwendigste getan werden konnte. Wenn Hunderte von Armeeangehörigen eines Verbandes in der Produktion tätig waren, sollte es auch möglich sein, daß eigene Kräfte etwas für die Lebensbedingungen der Matrosen taten.

Natürlich waren auch für solche Vorhaben – wie sie in der 1. Flottille aus eigener Initiative erfolgten – Geld und Materialien notwendig. Während ich das Geld noch beschaffen konnte, war es äußerst schwierig, Baumaterial zu erhalten. Nicht nur einmal habe ich mich deshalb an den Chef Militärbauwesen und Unterbringung gewandt und auch Unterstützung erhalten.

Auf dem Gebiet des Bauwesens war es nicht so sehr das Geld, sondern vor allem die Baukapazität, die nicht freigegeben wurde. Das proklamierte Ziel, die Wohnungsfrage bis 1990 zu lösen und die Bauleistungen, besonders für die Hauptstadt und die Bezirksstadt, fraßen alle Mittel. Dabei war auch für die Volksmarine, besonders für den Standort Stralsund, abzusehen, daß 1990 die Wohnungsfrage »als soziales Problem« bei weitem noch nicht gelöst werden konnte. Ich hatte zwar vom Minister für Nationale Verteidigung die Genehmigung, mit Kräften und Mitteln in Stralsund zu helfen, aber die Stadt selbst sah zum Neubau außerhalb des Staatsplanes keine Möglichkeiten.

Die Ausstattung machte uns fast noch mehr Sorgen. Die bereitgestellten Mittel gestatteten eine jährliche Abschreibung von 2 Prozent. Das bedeutete nichts anderes, als daß 50 Jahre zum Austausch allen Mobiliars nötig waren, mein Enkel hätte folglich noch in meiner Koje schlafen und meinen Spind nutzen müssen, wenn er dereinst einmal in den Seestreitkräften dienen sollte.

Natürlich verfügte die Volksmarine auch über neue, modern eingerichtete Objekte und Schiffe. Diese wurden Delegationen aus dem In- und Ausland vorgeführt und auch der Bevölkerung an Tagen der offenen Tür gezeigt. Sie vermittelten ein Bild, als würden die Armeeangehörigen unter angenehmen, mindestens erträglichen Bedingungen leben. Die echten Probleme behielten wir für uns, die »Dreckecken« zeigten wir keinem. Der falsche Eindruck von unseren »Errungenschaften« war sicher einer der Gründe, weshalb die Nationale Volksarmee im Herbst 1989 in Kritik stand.

Unter diesen Bedingungen erließ der Minister im Jahre 1988 eine Direktive über die Verbesserung der Dienst-, Arbeits- und Lebensbedingungen, an der alle Teilstreitkräfte mitgearbeitet hatten und deren Durchsetzung in den Diskussionen im Kollegium des Ministeriums für Nationale Verteidigung einen breiten Raum einnahm. In einem »Plan der Maßnahmen« waren die Aufgaben und die Zeiträume ihrer Erfüllung festgelegt.

Die Direktive 2/88 und der Plan der Maßnahmen umfaßten die Aufgaben zur Verbesserung der Dienst-, Arbeits- und Lebensbedingungen tatsächlich in ihrer ganzen Breite. Auch die Kräfte und Mittel schienen genau bilanziert. Der Minister für Nationale Verteidigung, Armeegeneral Keßler, und auch der Leiter der Abteilung für Sicherheitsfragen des Zentralkomitees der SED, Dr. Wolfgang Herger, setzten sich durchaus engagiert für positive Veränderungen im Leben der Armeeangehörigen und Zivilbeschäftigten der Nationalen Volksarmee ein.

Allerdings wußten beide wohl auch besser als wir, welche Hürden bis zur Erfüllung der Direktive zu überwinden waren. Die Direktive und der Plan der Maßnahmen waren kaum in Kraft, als sichtbar wurde, daß jene Maßnahmen, die mit einem erhöhten personellen, finanziellen oder materiellen Aufwand verbunden waren, nicht realisiert werden konnten. Die Löcher in den Positionen der Volkswirtschaft und des Staatshaushaltsplanes wurden immer größer, und die NVA sollte deshalb kräftig bluten.

Trotzdem blieb es unser Ziel, mehr zu tun für die Verbesserung des Lebens der Angehörigen der Volksmarine. Ich dachte dabei an den Abbau der Belastung der Berufssoldaten durch Wachen und Dienste sowie durch Anwesenheit in den Einheiten und auf den Schiffen und Booten, um die sagenhaft kurzen Zeitnormen des Übergangs vom Friedens- in den Verteidigungszustand zu erfüllen. Ich dachte auch an zusätzliche Maßnahmen zur Verbesserung des Lebens der Soldaten auf Zeit.

Mein erster Besuch in der Truppe sollte diesbezüglich schon ein Signal setzen. Am 2. Dezember 1987 besuchte ich das 3. Grenzbataillon der 6. Grenzbrigade Küste. In der Technischen Beobachtungskompanie Darßer Ort waren die Fragen der Unterbringung nicht besonders gut gelöst. Andererseits wurden Unterkünfte in der Nähe des alten Leuchtturmes für die Naherholung der Leitung des Ministeriums und des Kommandos der Volksmarine genutzt. Nach dem Tod von Armeegeneral Heinz Hoffmann erlosch das Interesse des Ministeriums an diesem Objekt. Ich übergab die Räumlichkeiten der 6. Grenzbrigade Küste. Damit wurden sowohl die Unterbringung des Personalbestandes als auch die Bedingungen des Dienstes dieser abgelegenen Technischen Beobachtungskompanie verbessert. Übrigens hatte mir Admiral Ehm bei seiner Verabschiedung bereits empfohlen, so zu verfahren.

Unternehmen mußten wir vor allem etwas, um die Belastung, namentlich der Zeit- und Berufssoldaten zu vermindern. Diese resultierte neben einer Vielzahl von Wachen und Diensten aus folgenden Forderungen und Festlegungen der Vorschriften und Direktiven: die ständige Anwesenheit von 85 Prozent des Personalbestandes in den Einheiten sowie auf den Schiffen und Booten; die Zugehörigkeit **aller** Schiffe, Boote und Einheiten zu den Kräften der ständigen Gefechtsbereitschaft; die Zeitnorm von 60 Minuten nach Auslösung von Alarm, innerhalb derer die Objekte und Häfen zu verlassen sind!

Die hohe Belastung war auch durch die Verwaltung Inspektion des Ministeriums beanstandet worden. Darüber hatte ich ein ausführliches Gespräch mit dem Chef des Hauptstabes. Generaloberst Streletz zeigte für unser Problem Verständnis, machte jedoch darauf aufmerksam, daß es nicht so einfach sei, Normen, die bis an den Stab der Vereinten Streitkräfte gemeldet sind, zu ändern. Er empfahl, daß wir uns zu dieser Frage mit den anderen verbündeten Flotten konsultieren.

Bei der Konsultation stellten wir fest, daß die Volksmarine von den verbündeten Flotten in der Ostsee die härtesten Normen hatte – wir waren ja die am weitesten westlich gelegene Flotte.

Nun gingen wir daran, Altes neu zu entdecken! Wir unterteilten die Schiffe und Boote wieder wie früher in Abhängigkeit vom Ausbildungsstand und technischen Zustand in solche der ständigen Bereitschaft und solche der Reserve. Schiffe der ständigen Bereitschaft hatten innerhalb kürzester Zeit bereit zu sein, die befohlene Aufgabe zu erfüllen, während die Schiffe der Reserve erst nach Tagen dazu bereit sein mußten.

Zu den Schiffen der ständigen Bereitschaft gehörten – wenn ich die Berechnung, die notwendig wäre, um die genaue Anzahl zu bestimmen, einmal vernachlässige – etwa 50 Prozent des Gesamtbestandes der Schiffe und Boote.

Schon diese neue Einteilung führte zum Abbau der Belastungen für die Schiffs- und Bootsbesatzungen. Vom Standpunkt der Ausbildung war diese Festlegung insofern von Bedeutung, daß die Kommandanten der Schiffe der Reserve Zeit erhielten, ihre praktischen Fertigkeiten zu vervollkommnen und die Besatzungen in Ruhe zu formieren.

In Verbindung mit dieser Festlegung sollte davon abgegangen werden, die neuzuversetzten Matrosen und Unteroffiziere gleichmäßig auf alle Boote zu verteilen. Die Einführung von Ausbildungsschiffen wurde durchaus erfolgreich erprobt. Damit war nicht nur gewährleistet, daß die Besatzungen über einen Zeitraum von zweieinhalb Jahren in ihrer Zusammensetzung stabil blieben. Auch Disziplinprobleme und Störungen der Beziehungen bis hin zu Schikanen, die es zwischen den Diensthalbjahren in Besatzungskollektiven gab, konnten verringert werden.

Neben der Einteilung der Schiffe und Boote in Kräfte der ständigen Bereitschaft und der Reserve erreichten wir die Einführung einer Vorlaufzeit für das Inkrafttreten der Pläne zur Überführung in höhere Stufen der Gefechtsbereitschaft von 4 Stunden für alle Einheiten, Schiffe und Boote der Volksmarine, außer für die Kräfte des Gefechtsdienstes. Das bedeutete im Grunde genommen, daß alle Berufssoldaten, die in den Nordbezirken wohnten, nach Dienst endlich ganz normal zu ihren Familien fahren konnten.

Mit dieser Festlegung hatte die Führung der Volksmarine eine große Verantwortung übernommen. Denn nach wie vor wurde von uns verlangt, jede Möglichkeit auszuschließen, daß wir militärisch überrascht werden konnten. Der Chef der Volksmarine hatte selbst festzulegen, wann die Bereitschaft zur Erfüllung der Pläne für die Herstellung höherer Stufen der Gefechtsbereitschaft in kürzester Zeit jeweils in Kraft treten sollte. Das konnte für die Volksmarine insgesamt als auch für einzelne Verbände und Truppenteile erfolgen.

Bei Übungen des NATO-Kommandos Ostseeausgänge stellten wir daher für einen Teil der Kräfte immer die Bereitschaft zur unverzüglichen Erfüllung der Pläne der Überführung vom Friedens- in den Verteidigungszustand her.

Ich muß gestehen, daß ich freudig überrascht war, daß Armeegeneral Keßler unseren Vorschlägen ohne jegliche Einwände zugestimmt hatte. Denn immerhin handelte es sich hierbei um Maßnahmen, die mindestens formal zu einer geringeren Gefechtsbereitschaft führten. Minister Keßler hat übrigens gleichzeitig auch andere Regelungen zugunsten der Armeeangehörigen getroffen, die mit Einschränkungen der Gefechtsbereitschaft verbunden waren. Ich denke hierbei an die Wiedereinführung des Festtagsurlaubs, was von allen Armeeangehörigen begrüßt wurde.

Kleine Erleichterungen führten wir auch für die Kräfte des Gefechtsdienstes ein. Die Besatzungen brauchten nicht mehr vollzählig an Bord zu sein. Entscheidend war die Erfüllung der befohlenen Normzeiten zur Lösung der Aufgaben. Sollte das auch möglich sein, wenn die Berufssoldaten in ihren Wohnungen erreichbar waren, hatten wir nichts dagegen einzuwenden.

Der Einsatz der Kräfte des Gefechtsdienstes in See wurde ebenfalls eingeschränkt, obwohl die NATO-Seestreitkräfte die Intensität ihrer Handlungen in der südwestlichen Ostsee nicht verringert, sondern eher noch gesteigert hatten.

In den Dokumenten des Zusammenwirkens der verbündeten Flotten war zwar genau festgelegt, welche Kräfte der Begleitung unterliegen. Wir faßten den Begriff der Begleitung jedoch etwas weiter. Mußte man unter Begleitung eigentlich verstehen, daß Schiffe unter Beachtung der Kollisionsverhütungsregeln nebeneinander herlaufen, deuteten wir Begleitung jetzt als »unter Kontrolle halten«. Das »unter Kontrolle halten« war in dem der Küste der DDR vorgelagerten Seegebiet auch mit den ständig in See entfalteten Vorposten in Richtung Fehmarnbelt und Öre Sund sowie mit dem Küstenbeobachtungssystem möglich. Ein solcher Einsatz stand auch in Übereinstimmung mit dem Dokument von Stockholm vom 22. September 1986 über vertrauensbildende Maßnahmen, das in der Volksmarine sehr begrüßt wurde.

Die Verringerung der Belastung durch Wachen und Dienste war eine ständige Aufgabe. In der NVA hatte sich die Gewohnheit eingebürgert, einen Offizier einzusetzen, wenn irgendwo etwas nicht klappte. Das konnte sowohl den Anwesenheitsdienst in den Kompanien und auf den Schiffen und Booten als auch die Durchführung des Frühsportes und vieles andere betreffen. Das war der Weg des geringsten Widerstandes. Notwendig wäre gewesen, den Unteroffizieren mehr Vertrauen zu schenken und sie zur Wahrnehmung ihrer Verantwortung zu befähigen.

Eine Verbesserung der Lebensbedingungen strebten wir natürlich auch für die Matrosen und Unteroffiziere an. Die Anzahl von Bewerbern als Soldat auf Zeit war ohnehin rückläufig, was bestimmt auch etwas mit der geringen Attraktivität des Dienstes in der NVA zu tun hatte.

Eines Tages lud ich einen Teil der Besatzung eines kleinen Raketenschiffes zu einem Gespräch ein. Ein Matrose dieses Schiffes, er war der FDJ-Sekretär, hatte mir nämlich einen Brief geschrieben über das Leben auf seinem Schiff und besonders über den Kommandanten. Er schlug seinen Kommandanten zur Belobigung vor. Das erlebte ich zum ersten Mal. Ich habe mich über diesen Brief gefreut und ihn allen Kommandeuren der Volksmarine und den Leitern im Stab zur Kenntnis gegeben. Auch dem Minister für Nationale Verteidigung zeigte ich diesen Brief.

Da sich das Boot in der Werft Gehlsdorf befand, lud ich die Besatzung zu einer Tasse Kaffee ein. Es ergab sich ein interessantes und ungezwungenes Gespräch, in dem wir auch die Probleme zwischen den verschiedenen Diensthalbjahren berührten. Ein Stabsmatrose warf die Frage auf, welche Vergünstigungen er denn im Vergleich zu Angehörigen des Grundwehrdienstes hätte. Dabei nannte er einige Vorstellungen und Vorschläge, die nach seiner Meinung realisiert werden könnten.

Diese Vorschläge, die die Urlaubsregelung, die Landgangszeiten, das Tragen von Zivil, die Durchführung des Frühsports und die Dienstbezüge betrafen, wurden von allen Anwesenden unterstützt und gingen auch mir ins Ohr. Ich versprach der Besatzung, daß ich mich für die Verbesserung der Dienst- und Lebensbedingungen der Soldaten auf Zeit einsetzen werde.

Auch während einer FDJ-Delegiertenkonferenz in der 1. Sicherungsbrigade wurde mir die Frage gestellt, welche Vorstellungen ich habe, um den Dienst als Soldat auf Zeit etwas attraktiver zu gestalten. Die Vorstellungen des Fragestellers deckten sich mit den Vorstellungen der Besatzung des kleinen Raketenschiffes. Ich versprach öffentlich, mich an den Minister für Nationale Verteidigung mit dem Vorschlag zu wenden, etliche Verbesserungen für Soldaten auf Zeit festzulegen.

Das Versprechen, das ich den Matrosen gegeben hatte, habe ich gehalten. Wenn ich auch nicht alles erreicht habe, so stimmte der Minister doch der Verlängerung des Landgangs für Matrosen auf Zeit in Zivil bis zum Wecken und dem Wegfall des Frühsports zu. Die anderen Vorschläge sollten bei der angekündigten Überarbeitung von Grundsatzvorschriften berücksichtigt werden.

Ich habe den Minister für Nationale Verteidigung nicht so oft mit meinen Problemen konfrontiert, hatte ich jedoch einmal eine dringliche Angelegenheit, die seiner Entscheidung bedurfte, dann konnte ich mit Unterstützung, zumindestens aber mit Verständnis rechnen.

Zur Regel hatte ich mir gemacht, einmal im Halbjahr beim Minister oder beim Chef des Hauptstabes eine längere Rücksprache zu erwirken, um die Anliegen der Volksmarine vorzutragen. Neben einer allgemeinen Information über die Lage in der Volksmarine hatte ich immer zwischen 10 und 15 Fragen oder Probleme vorzutragen. Armeegeneral Keßler hatte die bei militärischen Vorgesetzten seltene Gabe, zuhören zu können. Er ließ sich erst einmal alle Probleme vortragen. Das dauerte meistens 30 bis 40 Minuten. Dann ergriff er das Wort und ging auf alle Fragen ein. Sowohl Heinz Keßler als auch Fritz Streletz waren für neue Gedanken durchaus aufgeschlossen. Pflichtgemäß achteten sie jedoch darauf, daß die Volksmarine keine Sonderwege beschritt oder besondere Vorrechte erlangte. Bei jeder Entscheidung überlegten sie, was sich aus den Vorschlägen der Volksmarine für die anderen Teilstreitkräfte ergäbe.

Dabei hat jede Teilstreitkraft ihre Besonderheiten, die auch gesonderte Entscheidungen erfordern. Als ich den Vorschlag unterbreitete, ein Kommandantenabzeichen der Volksmarine zu stiften, um diese für jede Marine exponierte Dienststellung hervorzuheben, wurde sofort die Frage aufgeworfen, was daraus für die Kompaniechefs und Batteriechefs der Landstreitkräfte resultieren würde. Ich glaube, ich habe den Minister weniger mit sachlichen Argumenten überzeugt, sondern eher sein Verständnis für die Emotionen geweckt, die einen jungen Mann bewegen, der ein Kampfschiff führen darf.

Die Art des Ministers, erst einmal alles anzuhören und dann sehr ausführlich zu antworten, hatte natürlich auch einen Nachteil. Sie gestattete es kaum, ein Problem gründlich in Rede und Widerrede zu diskutieren. Bei einigen Fragen konnte man das schon versuchen, aber auf alles noch einmal zurückzukommen, war meist schon zeitlich unmöglich.

Sehr wichtig für die Volksmarine war der Kontakt zu den gesellschaftlichen und staatlichen Institutionen im Ostseebezirk. Die Volksmarine hatte außer zwei Lagern alle Verbände, Truppenteile und Einrichtungen im Bezirk Rostock stationiert. Sowohl die Volksmarine als auch der Bezirk und die Standorte benötigten die gegenseitige Hilfe. Dabei waren die Bestimmungen aber so, daß jede Eigenmächtigkeit und Planüberschreitung ausgeschlossen war.

Der Chef der Volksmarine hatte zum Beispiel nicht das Recht, außerhalb der Dienstzeit den Einsatz von Arbeitskräften zu befehlen oder während der Dienstzeit zu genehmigen. Außerhalb der Dienstzeit konnten Einsätze nur auf freiwilliger Basis und während der Dienstzeit mit Genehmigung des Chefs des Hauptstabes durchgeführt werden. Bei der Genehmigung solcher Einsätze war Generaloberst Streletz durchaus großzügig. Was auch den Angehörigen der Volksmarine nützte, wurde doch meistens genehmigt.

Mit den Kombinaten und wissenschaftlichen Einrichtungen des Bezirkes Rostock wurden neue Arbeitsvereinbarungen abgeschlossen. Das war für die Durchsetzung unserer Intensivierungskonzeption ganz wichtig. Mit den meisten Einrichtungen konnte eine langfristige Zusammenarbeit neu vereinbart werden.

Die Hauptarbeit zur Intensivierung war jedoch in der Volksmarine zu leisten. Da ich bei vielen Ausbildungsmaßnahmen und Veranstaltungen der Verbände und Einrichtungen anwesend war, konnte ich auch darauf Einfluß nehmen und selbst eine ganze Menge lernen. Mich beeindruckte schon, mit welchem Können die Besatzungen der Hochseeminenabwehrschiffe bei grober See die Räumgeräte ausbrachten oder mit welcher

Präzision die Minenräumhubschrauber die Räumgeräte von den Schiffen übernahmen. Auch das Schießen mit den reaktiven Werfern der Landungsschiffe lief mit sehr guten Ergebnissen ab.

Bei den Aufgaben, die wir durcharbeiteten, waren auch solche, die erstmalig erfüllt wurden. Dazu gehörte die Umrüstung eines Ro-Ro-Schiffes zum Minenleger sowie die Übernahme und das Legen von Minen. Die dafür ausgearbeitete Konzeption hat sich sehr gut bewährt und konnte voll in die Praxis umgesetzt werden. Auch die Beladung eines Ro-Ro-Schiffes mit der Technik eines Panzerbataillons sowie das Aussetzen dieses Bataillons unter Nutzung von Schwimmbrücken und Schubprähmen im Greifswalder Bodden vermittelten durchaus gute Erfahrungen bei der Verstärkung von sich an der Küste verteidigenden Truppen der Landstreitkräfte.

Der Chef der Landstreitkräfte, Generaloberst Stechbarth, den ich zu dieser Maßnahme anläßlich einer Übung eingeladen hatte, zeigte sich nach anfänglicher Skepsis durchaus beeindruckt von den Möglichkeiten der Volksmarine und der Zivilflotte der DDR bei der Unterstützung des Landstreitkräfte.

So konnte die Volksmarine im ersten Jahr unter Führung eines neuen Chefs trotz aller Probleme an die guten Ergebnisse der vergangenen Jahre anknüpfen und auf einigen Gebieten sogar bessere Ergebnisse erreichen. Die Hauptursachen dafür waren, daß es erfahrene Kommandeure und Führungsgruppen gab, die es verstanden, die Angehörigen der Volksmarine zu hohen Leistungen zu motivieren und daß die weit überwiegende Mehrzahl der Offiziere, Fähnriche, Unteroffiziere und Matrosen eine hohe Einsatzbereitschaft an den Tag legte und über einen soliden Ausbildungsstand verfügte.

Das Meer hat eine gute Eigenschaft: Es verbindet. Im Scherz erklärte ich Gästen, die in Rostock weilten, immer den besonderen Vorteil dieser Stadt, des Tores der DDR zur Welt: Derjenige, der hier den Finger in die Warnowmündung steckt, ist mit allen Küstenstaaten der Welt verbunden! Man ist sich dieser Tatsache zwar nicht immer bewußt, sie prägt aber überall an der Küste das Verhalten der Menschen.

Das Interesse der Bürger von Rostock für ausländische Schiffe war schon immer groß. Das bewies auch die Aufmerksamkeit, die den Schiffsbesuchen fremder Seestreitkräfte entgegengebracht wurde. Dazu gehörten schon seit Jahren die Schiffe der Baltischen Flotte der UdSSR, der Polnischen Seekriegsflotte, der Königlich Schwedischen Marine und der Finnischen Marine. Diese Verbindungen wollten wir weiter festigen. Auch Schulschiffe der Seestreitkräfte Chiles, Mexikos, Griechenlands und Kubas hatten der Stadt Rostock ihren Besuch abgestattet und waren von den Angehörigen der Volksmarine herzlich empfangen worden.

Zwischen der Offiziershochschule der Volksmarine und der Ausbildungseinrichtung für griechische Seeoffiziere in Piräus hatten sich Kontakte entwickelt. Viele Hafenstädte des Mittelmeeres und des Schwarzen Meeres hatten dem Schulschiff der Volksmarine einen herzlichen Empfang bereitet.

Deshalb waren wir sehr erfreut, daß unsere »auswärtigen Beziehungen« im Jahre 1988 durch den Besuch des Befehlshabers der Königlich Schwedischen Marine und den Arbeitsbesuch des Befehlshabers der Revolutionären Marine Kubas weiter gefestigt werden konnten. Auch die Aufenthalte der Verteidigungsminister des Königreiches Schweden und der Sozialistischen Republik Rumänien wurden mit sehr großer Aufmerksamkeit registriert.

Der Besuch des Befehlshabers der Schwedischen Seestreitkräfte verlief – was gegenüber »nichtsozialistischen Armeen« gar nicht so selbstverständlich war – in einer offenen Atmosphäre. Wir haben ihm alles gezeigt, was wir an Kampftechnik haben und wollten durch die Tat vertrauensbildend wirken. Admiral Schuback hat den Angehörigen der Volksmarine sehr viele Fragen gestellt und war beeindruckt vom Verzicht auf Geheimnistuerei, von der Aufgeschlossenheit und Offenheit der Angehörigen der Volksmarine gegenüber ihm und seiner Begleitung.

So weilte der Befehlshaber der Königlich Schwedischen Marine entsprechend seinem Wunsch auch in der 6. Flottille. Die 6. Flottille wurde Besuchern aus westlichen Ländern gewöhnlich nicht gezeigt. Die Genehmigung dazu erteilte der Minister für Nationale Verteidigung persönlich.

Ich war daran interessiert, auch in der 6. Flottille die Atmosphäre des Vertrauens und der Offenheit fortzusetzen. So zeigten wir u. a. die Raketenschnellboote des Projektes 205 und auch die kleinen Raketenschiffe des Projektes 1241 einschließlich der in den Hangaren befindlichen Raketen. Wir diskutierten über die Einsatztaktik von Raketenschnellbooten, über die Vor- und Nachteile der Raketen, über Möglichkeiten und Verfahren zur vollen Nutzung der Reichweite und auch über die die Gefechtsbereitschaft bestimmenden Zeitnormen und Probleme der rückwärtigen Sicherstellung. Es war eben ein Gespräch unter Fachleuten.

Vizeadmiral Schuback war erstaunt über den hohen Stand der Gefechtsbereitschaft in einer Periode der Entspannung. Der Unterhaltung entnahm ich auch, daß ihm weder die Boote noch die Raketen unbekannt waren. Das war kein Wunder, denn auch mir waren sowohl die Raketenschnellboote Schwedens als auch der NATO-Streitkräfte bekannt. Außerdem wurden die Raketenschnellboote Projekt 205 und die kleinen Raketenschiffe 1241 auch in einigen Flotten der jungen Nationalstaaten gefahren.

Unser offenherziges Gespräch sollte für mich allerdings noch ein Nachspiel haben. Einige Wochen nach dem Besuch meldete sich der Chef der Militärabwehr der Volksmarine bei mir. Er informierte mich über einen ihm vorliegenden Bericht über meine Unterhaltung mit dem schwedischen Flottenchef auf dem Raketenschnellboot, verlas mir wörtliche Aussagen, die ich gegenüber Vizeadmiral Schuback gemacht hatte und warf die Frage auf, ob ich militärische Geheimnisse preisgegeben hätte.

In meiner Überzeugung, dem schwedischen Flottenchef nichts erzählt zu haben, was er nicht ohnehin wußte, versuchte ich seine Zweifel zu zerstreuen. Ich glaube, daß mir das auch gelungen ist. Den Vorwurf, Angehörige der Besatzungen durch meine Offenheit verunsichert zu haben, mußte ich allerdings selbstkritisch anerkennen. Denn den

Angehörigen der Besatzungen war es verboten, mit Außenstehenden über taktisch-technische Daten oder den Einsatz der ihnen anvertrauten Technik zu sprechen.

Interessanter für mich war es allerdings, daß in meiner unmittelbaren Umgebung jemand gestanden haben muß, der auf Grund seines ausgezeichneten Gedächtnisses oder eines Tonbandmitschnittes einen Bericht für die Militärabwehr angefertigt hat – falls es nicht einer ihrer Mitarbeiter selbst gewesen war.

Mir wäre es lieber gewesen, wenn ich eine Meldung oder Anfrage auf dem Dienstweg erhalten hätte, denn dann hätte ich öffentlich Rede und Antwort stehen können.

Eine negative Nachwirkung hatte dieser Vorfall für mich nicht. Der Leiter der Militärabwehr bat mich jedoch, in Zukunft immer zu bedenken, daß die Angehörigen der Volksmarine nicht das Recht hätten, gegenüber Außenstehenden Probleme des Einsatzes ihrer Technik darzulegen und somit durch mich irritiert werden könnten. Eine Lehre war der Vorfall für mich auf alle Fälle.

Vizeadmiral Schuback fragte mich auch zu Beginn der Visite, ob die bei uns herrschende straffe Disziplin und Ordnung nicht das Verhältnis zwischen Vorgesetzten und Unterstellten trübt. Da er dieses Verhältnis in den Gesprächen selbst erlebt hatte, brauchte ich diese Frage am Schluß nicht zu beantworten.

Sehr unklar war dem schwedischen Admiral die führende Rolle der SED in der NVA. Er wollte mir nicht abnehmen, daß ich meine Weisungen nur vom Minister erhalte und auch nur diesem rechenschaftspflichtig bin und nicht etwa meiner Parteileitung, der Politischen Hauptverwaltung der NVA oder der SED-Bezirksleitung Rostock. Die komplizierte Funktionsweise des Einflusses der Partei auf die Armee und in der Armee konnte ich ihm nicht mit wenigen Sätzen ausreichend erklären.

Der Befehlshaber der Revolutionären Kriegsmarine der Republik Kuba, Konteradmiral Pedro Miguel Perez Betancourt, war mir von einem früheren Besuch der Volksmarine bekannt. Er war ein kluger und energiegeladener Admiral.

Sein Besuch galt der weiteren Entwicklung der Zusammenarbeit auf technischem Gebiet. Besonders interessierte er sich für die kleinen Torpedoschnellboote, die Minenabwehrkräfte der Volksmarine, die Möglichkeiten der Zusammenarbeit auf dem Gebiet des Schiffbaus und der Entwicklung von Bewaffnung und Ausrüstung für die Seestreitkräfte. Was die Volksmarine an Erfahrungen vermitteln konnte, hat sie sowohl in Konsultationen als auch bei praktischen Vorführungen in See getan.

Zum Schiffbau und zur Entwicklung der Technik und Ausrüstung konnten durch das Ministerium für Nationale Verteidigung Kontakte zur Industrie vermittelt werden. Ich staunte über die Kühnheit der Pläne des Konteradmirals und hielt sie teilweise für realitätsfern. Aber wer keine außergewöhnlichen Zielsetzungen hat, wird kaum außerordentliche Leistungen vollbringen. Wir unterzeichneten einen Plan der Zusammenarbeit auf technischem Gebiet, der jedoch nicht mehr erfüllt werden konnte.

In meiner kurzen Amtszeit als Chef der Volksmarine besuchte ich auch im Jahre 1988 mit einer Marinedelegation die Seekriegsflotte der UdSSR und wurde dort mit sehr großer Herzlichkeit vom Oberbefehlshaber der Seekriegsflotte der UdSSR empfangen. Ich war sehr daran interessiert, mit ihm die weitere Entwicklung der Volksmarine sowie der Zusammenarbeit abzustimmen. Der Nachfolger von Admiral Gorschkow unterstützte unsere Auffassungen zur Entwicklungsplanung, die ich an früherer Stelle dargelegt hatte. Er orientierte auf eine stärkere Zusammenarbeit der »kleinen« Flotten des Warschauer Vertrages. Auch die Sowjetflotte hatte mit der Instandhaltung der Schiffe ihre Probleme. Die Kapazitäten reichten bei weitem nicht mehr aus. Deshalb war sie an einer Entlastung interessiert.

Während des Besuches konnten wir in Sewastopol den Flugzeugträger »Baku« besichtigen. Schiff und Besatzung hinterließen bei uns einen hervorragenden Eindruck. Der Stellvertreter des Chefs der Rückwärtigen Dienste für Technik und Bewaffnung, Konteradmiral Münch, der vom Schiffbau viel versteht, meinte, auf diesem wichtigen Gebiet der Flottenrüstung und der Schaffung stützpunktunabhängiger Schiffsgruppierungen werde die Sowjetunion ihren Abstand zu den traditionellen Seemächten verringern können.

Unsere Delegation konnte auf eine traurige Art Abschied nehmen von einem Mann, der zu Recht als Schöpfer der modernen, ozeanischen Flotte der UdSSR bezeichnet wird und dessen Name auch eng mit dem Aufbau und der Entwicklung der Volksmarine verbunden war: Flottenadmiral der Sowjetunion Gorschkow war wenige Tage vor unserem Besuch gestorben. Wir reihten uns ein in das große Defilee der Abschiednehmenden.

Noch einmal sollte ich als Chef der Volksmarine die Möglichkeit haben, die Sowjetunion offiziell zu besuchen. Ganz überraschend erhielten wir die Einladung, mit einem Schiffsverband anläßlich des 34. Jahrestages des Warschauer Vertrages im Mai 1989 Leningrad zu besuchen.

Unter meiner Dienstflagge begaben sich die Küstenschutzschiffe *Rostock* und *Parchim* sowie das Landungsschiff *Eberswalde-Finow* auf Kurs nach Leningrad. Traditionsgemäß ehrten wir auf hoher See, im Finnischen Meerbusen auf der Höhe von Tallinn, die Gefallenen der Sowjetflotte durch das Absenken eines Kranzes ins Meer. Zur Begrüßung in Leningrad war der Kommandeur der Flottenbasis, mein alter Bekannter, Admiral Somoilow, erschienen.

Die folgenden Tage in der Stadt an der Newa waren anstrengend und interessant. Die Flottenbasis Leningrad hatte ein interessantes Programm vorbereitet. Jeder Angehörige des Verbandes nahm an 1–2 Veranstaltungen teil. Auch die Leningrader nutzten die Gelegenheit, die Besatzungen und Schiffe der Volksmarine zu besuchen. Etwa 10 000 Personen statteten den Schiffen einen Besuch ab, von denen sich mehrere hundert mit herzlichen Worten in die ausgelegten Gästebücher eintrugen.

Ich hatte außerdem die in Leningrad studierenden Angehörigen der Volksmarine mit ihren Familien an Bord eingeladen und sie über die Lage in der DDR und die weitere Entwicklung der Volksmarine informiert.

Eine besondere Freude war es mir, zwei Offizieren der Volksmarine die Anerkennung auszusprechen. Sie hatten im Winter einen sowjetischen Jungen vor dem Ertrinken gerettet und die Prämie, die sie erhielten, einem sowjetischen Kindergarten gespendet. Das hatte in der Stadt für Aufsehen gesorgt und das Ansehen der DDR-Marine gestärkt.

Beim Besuch des Kreuzers *Aurora* traf ich auch zwei Offiziere der Volksmarine, die mit ihren Familien als Touristen in Leningrad weilten. Natürlich bekamen sowohl die Touristen als auch die Angehörigen des Schiffsverbandes einen Eindruck von der schlechten Versorgungslage in Leningrad. Es fehlte nicht nur an ausreichend Lebensmitteln. Waschpulver, Seife, Zahnpasta und Zigaretten gehörten ebenfalls zu den Mangelwaren.

Mein langjähriger Freund Nariman Alexejewitsch Amirow, der als Kapitän ersten Ranges ebenfalls seinen Wohnsitz in Leningrad hatte, nutzte die Gelegenheit, mit mir unter vier Augen über die Lage im Lande zu sprechen. Er war verbittert darüber, wie die alte Parteiführung das Volk belogen hatte, und wie groß die Korruption war. Ausführlich schilderte er mir die katastrophale Lage der Versorgung der Bevölkerung in diesem großen, an Ackerflächen und an Rohstoffen so reichen Land. Sehr empört äußerte er sich über das Wirken einer Mafia, die unter der Bevölkerung Angst verbreite. Er unterrichtete mich auch über die Zerfallserscheinungen der Partei und über massenhafte Austritte, die vorläufig noch kaschiert würden. Sogar einen möglichen Zerfall der Sowjetunion und bürgerkriegsähnliche Zustände schloß er nicht aus, wenn die Perestroika nicht greife. Leider hat er mit seinen meist düsteren Prophezeiungen Recht behalten.

Während des Flottenbesuches hatte ich am 15. Mai die Gelegenheit einer Visite beim Oberkommandierenden der Sowjetflotte in Moskau. Es war mein drittes Zusammentreffen mit Flottenadmiral Tschernawin.

Unsere erste Begegnung hatten wir im Jahre 1986. Flottenadmiral Tschernawin kam zu einem Besuch in die Volksmarine, und ich hatte ihn im Namen des Chefs der Volksmarine in Sperenberg zu begrüßen. Ich kannte seinen Vorgänger, Flottenadmiral Gorschkow, der Hervorragendes für die Sowjetflotte und für die Entwicklung der Offiziere der Sowjetunion und auch des Warschauer Vertrages geleistet hat.

Nun war ich sehr gespannt auf seinen Nachfolger. Natürlich wußte ich, daß Tschernawin zu den Pionieren der Atom-U-Bootsflotte gehörte. Admiral Ehm hatte mir von Begegnungen mit Admiral Tschernawin und von seinem zuvorkommenden, bescheidenen und klugen Auftreten während der Zusammenkünfte bei Flottenadmiral Gorschkow erzählt, bei dem er in den letzten Jahren die Dienststellung des Chefs des Hauptstabes ausübte.

Als Flottenadmiral Tschernawin auf der Gangway erschien, war meine Spannung verflogen. Sein Lächeln, seine Ruhe nahmen mich sofort für ihn ein. Mein erster Eindruck sollte mich nicht täuschen. Tschernawin war ein aufmerksamer und aufgeschlossener Partner. Ihn interessierte alles über das Leben in der DDR und besonders in der Volksmarine. Er war schon damals nicht zu stolz, um diese oder jene gute Erfahrung der Volksmarine zu notieren.

Im Jahre 1989 ging es vor allem um die Entwicklung der Volksmarine. Wir waren dabei, die Kennziffern für die neue Strukturperiode zu erarbeiten und natürlich interessierte uns schon, wie der Oberkommandierende der Sowjetflotte über die Entwicklung der Volksmarine dachte.

Das in der Erprobung befindliche kleine Raketenschiff Projekt 151 war ein Gemeinschaftsprojekt, während die Rakete 152 und der geplante Zielzuweisungskomplex reine sowjetische Entwicklungen waren. Auch an eine Vervollkommnung der Bewaffnung der Marinefliegerkräfte war ohne Unterstützung der Sowjetflotte nicht zu denken. War unsere Entwicklungskonzeption strengsten Sparsamkeitskriterien unterworfen, wurde im Gespräch offensichtlich, daß auch bei der Sowjetflotte an vielen Stellen der Rotstift angesetzt werden mußte.

Obwohl vom Maßstab sehr unterschiedlich, war doch deutlich, daß wir die Flotten nicht in dem Bestand halten konnten, in dem wir sie von unseren Vorgängern übernommen hatten.

Flottenadmiral Tschernawin bedrückten vor allem die sozialen Probleme seiner Berufssoldaten. Aber auch mit der Reparaturkapazität der Werften und der Versorgung der Schiffe in See hatte er große Schwierigkeiten. Die vor uns stehende Entwicklungsperiode sahen wir beide recht kritisch. Wie dramatisch die Entwicklung tatsächlich werden sollte, ahnten wir damals beide noch nicht.

Im Jahre 1988 hatte die Volksmarine vom Minister für Nationale Verteidigung einen interessanten Auftrag erhalten: Wir sollten eine Studie zum Thema »Militärische Probleme der Sicherheit im Ostseeraum« erarbeiten. Der Inhalt dieser Studie sollte in die Verhandlungen einfließen, die zwischen SED und SPD zu Fragen der Sicherheitspolitik geführt wurden.

Zur Lösung dieser Aufgabe bildete ich eine Arbeitsgruppe, die von Kapitän zur See Henze, der gleichzeitig Mitglied einer Arbeitsgruppe beim ZK der SED war, geleitet wurde. In der Studie, die in enger Zusammenarbeit mit dem Ministerium für Nationale Verteidigung und dem Außenministerium erarbeitet wurde, haben die Autoren vernünftige Vorschläge über die Einbeziehung der Seestreitkräfte in den Abrüstungsprozeß dargelegt. Obwohl die Aktivität der Kriegsflotten in der Ostsee nicht abgenommen hatte, war das Verhalten der Schiffe und der Besatzungen zueinander sehr korrekt geworden. Das betraf auch die Bundesmarine und die Volksmarine. Wir hatten UKW-Gespräche zwischen Schiffen der Volksmarine und der Bundesmarine während des Raketenschießabschnittes vor Baltisk und der jährlich stattfindenden Fahrt des Vereinten Geschwaders mitgeschnitten, die davon zeugten, daß beide Flotten alles unternahmen, um Zwischenfälle zu verhüten.

Wir waren an der Entwicklung korrekter Beziehungen interessiert und durften schon deshalb an den Aktivitäten der NATO-Seestreitkräfte keinen Anstoß nehmen, weil auch sie wie wir die Freiheit der hohen See nutzten. In meinen Vorträgen versuchte ich deshalb, neben den Aktivitäten der NATO-Seestreitkräfte auch die eigenen Aktivitäten darzulegen, obwohl die Volksmarine und auch die verbündeten Ostseeflotten erheblich weniger Übungen als die NATO-Seestreitkräfte durchführten. Aber in das Skagerrak, die Nordsee und auch in den Nordatlantik fuhren unsere Schiffe regelmäßig, und unsere Aufklärungsschiffe haben vor den Flottenstützpunkten der NATO auch nicht gerade geschlafen.

Trotz des korrekten Verhaltens beider Seiten kam es Anfang 1989 zur Kollision zwischen einem Hochseeminenabwehrschiff der Volksmarine und einem U-Boot der Bundesmarine. Ursachen solcher Kollisionen sind meistens technisches oder menschliches Versagen. Manchmal auch beides. Auch nach diesem Zwischenfall war das Verhalten beider Seiten sehr korrekt. Ich war sehr ungehalten, daß Karl-Eduard von Schnitzler in einer Sendung des »Schwarzen Kanals« äußerte, daß U-Boote der Bundesmarine Räumschiffe der Volksmarine rammen. Von der Volksmarine stammte eine solche Äußerung nicht. Wir wußten von dem Hergang und hätten unseren guten Ruf durch so eine unzutreffende Bewertung nicht aufs Spiel gesetzt.

Die Teilnehmerstaaten des Warschauer Vertrages verfügten zu Fragen der Abrüstung und der vertrauensbildenden Maßnahmen über ein klares Programm, das keine Teilstreitkraft – auch nicht die Marine – und keine Waffengattung aussparte und das letztmalig während der Tagung des Politisch Beratenden Ausschusses im Juli 1988 unterbreitet worden war.

Das war auch der Ausgangspunkt der Vorschläge der Volksmarine. Sie sahen wie folgt aus:

1. Die Ostseeanrainer des Warschauer Vertrages und des Nordatlantikpaktes kommen überein, im Rahmen ihrer Bündnisse aktiv dafür zu wirken, die Anzahl der jährlichen Manöver und Flottenübungen in der Ostsee wesentlich einzuschränken.

2. Flottenübungen und Übungen mit scharfem Waffeneinsatz sollten ausschließlich in solchen Übungsgebieten durchgeführt werden, die von den Territorialgewässern bzw. dem Küstenvorfeld der anderen Seite weiter entfernt liegen.

3. Die Obergrenzen der an Flottenübungen teilnehmenden Schiffe, Flugzeuge und Landungstruppen wären zu vereinbaren. Übungen taktischen Maßstabes von Typenkräften sollten davon nicht betroffen werden.

4. Man sollte sich rechtzeitig über geplante Übungen der Seestreitkräfte informieren. Diese Informationen hätten die Zeitdauer der Übungen, die Zielsetzung, die Anzahl der teilnehmenden Kräfte, das Übungsgebiet und den vorgesehenen realen Waffeneinsatz darzulegen.

5. Die Einladung von Beobachtern der anderen interessierten Ostseeanliegerstaaten zu Flottenübungen und Manövern sollte erwogen werden. Dabei wären die positiven Erfahrungen mit dem Stockholmer Dokument bei Übungen der Landstreitkräfte zu beachten.

6. Als zweckmäßig betrachteten wir es, wenn an Übungen in der Ostsee jeweils nur die Kräfte der Ostseeanliegerstaaten des Warschauer Vertrages bzw. des Nordatlantikpaktes beteiligt wären.

7. Eingeordnet in das Streben um die Reduzierung und schließliche Abschaffung von Kernwaffen sollte das Nichteinlaufen von maritimen Kernwaffenträgern in die Ostsee bzw. ihr Abzug aus der Ostsee sein, um diese Region kernwaffenfrei zu machen.

8. Die Erweiterung maritimer Offensivkräfte im Ostseeraum sollte gestoppt, ihre Umgestaltung und strukturelle Veränderung, der Abbau ihrer Fähigkeit zu Angriffsoperationen angestrebt werden, um Bedrohungsängste zu entkräften.

9. Die Marinesymposien und Treffen leitender Offiziere und Admirale der Seestreitkräfte aller Ostseeanliegerstaaten sollten fortgesetzt und als Beitrag zur Vertrauensbildung intensiviert werden.

10. Durch offizielle Flottenbesuche zwischen den Marinen sollten die vertrauensvollen Beziehungen gefestigt werden.

11. Die operative Tätigkeit der Seestreitkräfte des Warschauer Vertrages und des Nordatlantikpaktes sollten der Vertrauensbildung angepaßt sein. Das sollte besonders die Aufklärung, den Vorpostendienst und die Begleitung betreffen.

12. Eine mehrseitige Vereinbarung zwischen den Anliegerstaaten der Ostsee zur Verhinderung von Zwischenfällen auf und über See außerhalb der Territorialgewässer sollte abgeschlossen werden. Ein entsprechender Vertragsentwurf wurde beigelegt.

Wir konnten nicht damit rechnen, daß alle diese Vorschläge Zustimmung finden. Sie waren aber auf jeden Fall ein Diskussionsangebot, und wir waren durchaus in der Lage, unsere entsprechenden Verpflichtungen zu erfüllen. Diese Vorschläge widerspiegelten zugleich das Denken und Anliegen der Angehörigen der Volksmarine, die ihren spezifischen Beitrag zur Abrüstung und Vertrauensbildung leisten wollten und die verstanden, daß gerade ihre Schiffe die Ideen des Friedens und der Freundschaft zwischen den Völkern in andere Länder tragen können.

Zum Jahresende 1988 hatte ich meine engsten Mitarbeiter und die Leiter im Kommando der Volksmarine zu einem Glas Sekt eingeladen, um eine kurze Bilanz der geleisteten Arbeit zu ziehen.

Es war vom Standpunkt der Erfüllung der uns gestellten Aufgaben eine positives Ergebnis. Die Aufgaben waren vorwiegend mit guten und sehr guten Ergebnissen abgeschlossen worden, und selbst auf dem Gebiet der Disziplin und Ordnung hatten wir geringfügige Verbesserungen erreicht.

Das hatte sich auch auf der Auswertung des Ausbildungsjahres in der 6. Flottille im November 1988 und während der Parteidelegiertenkonferenz dieser Flottille im Dezember gezeigt, an der der Minister für Nationale Verteidigung teilgenommen hatte. Dabei wurde übrigens kritisch vermerkt, daß die Entwürfe der Diskussionsbeiträge der Brigadeangehörigen der Politabteilung vorgelegt werden mußten und dort Veränderungen vorgenommen wurden, die nicht in allen Fällen den Meinungen der Autoren entsprachen.

Armeegeneral Keßler hatte in seinem Schlußwort den Marineangehörigen die Leitlinien der neuen Militärdoktrin erläutert. Es gehe darum, die erforderliche Verteidigungsfähigkeit in der Struktur und Bewaffnung der Streitkräfte zu erreichen sowie alle Formen und Methoden der Kampfart »Verteidigung« in der operativ-taktischen und Gefechtsausbildung der Teilstreitkräfte und Waffengattungen zu beherrschen. Das verlangte

○ von der Volksmarine, die Hoheitsgewässer und das Küstenvorfeld der DDR zuverlässig unter Kontrolle zu halten;
○ von den Luftstreitkräften/Luftverteidigung, den Luftraum über der DDR gemeinsam mit den anderen Kräften der Luftverteidigung der Staaten des Warschauer Vertrages zu überwachen und zur Abwehr überraschender Angriffe von Luftangriffsmitteln bereit zu sein;
○ von den Landstreitkräften, eine hohe Standhaftigkeit der Verteidigung, insbesondere der Luftabwehr und Panzerabwehr, zu erreichen;
○ von den Grenztruppen, die Staatsgrenze zur Bundesrepublik und Westberlin jederzeit zuverlässig zu sichern und alle Anschläge auf die Grenzsicherungsanlagen zu vereiteln bzw. zu durchkreuzen.

Die historischen Erfahrungen würden besagen, so setzte Armeegeneral Keßler seine Ausführungen fort, daß Verhandlungen mit kapitalistischen Partnern, die ja zugleich immer ihre Klassenposition vertreten, sich am ehesten dann zu wirksamen Ergebnissen führen ließen, wenn man diesen Partnern von der Basis einer wirtschaftlich gesunden, politisch und ideologisch festen und zuverlässig geschützten sozialistischen Ordnung aus begegnen könne.

Gerade über diese Verhandlungsbasis machten wir uns noch an der Jahreswende 1988/89 ziemlich große Illusionen – nicht nur die Mitglieder des Politbüros des ZK der SED und der Staatsführung der DDR, wie Heinz Keßler, sondern auch die Generale und Admirale der Nationalen Volksarmee.

Schon im Herbst 1988 hatten sich im Stimmungs- und Meinungsbild der Armeeangehörigen und Grenzsoldaten erhebliche Wandlungen vollzogen. Im Zusammenhang mit der Umgestaltung in der Sowjetunion, den Demonstrationen in Prag, Streiks in Polen, der ökonomischen Entwicklung in Ungarn und den Diskrepanzen zwischen Ungarn und Rumänien nahmen besonders unter den Berufssoldaten die von Sorge und Unzufriedenheit geprägten internen Diskussionen über die innere Situation der DDR und die Entwicklung des Sozialismus als Ganzes zu.

Die Erfolgsaussichten im Wettwerb mit dem Kapitalismus wurden angesichts der offensichtlich unzureichenden ökonomischen Leistungsfähigkeit des Sozialismus und der entgegen offiziellen Verlautbarungen zunehmenden Schwierigkeiten der Volkswirtschaft der DDR recht pessimistisch beurteilt.

Diese Urteile fußten auf eigenen Erkenntnissen und Erfahrungen mit dem Versorgungs- und Dienstleistungssektor, Informationen von Verwandten und Bekannten über Probleme in den Betrieben und Kombinaten, Einblicken in ökonomische Vorgänge im Zusammenhang mit der materiellen Sicherstellung der Landesverteidigung und des Einsatzes der NVA in der Industrie sowie der Information aus den westlichen Rundfunk- und Fernsehsendungen.

Im September 1988 meldete die Militärabwehr:
»Weit verbreitet wird die Propagierung ökonomischer Erfolge als einseitig und gemessen an der erlebten Wirklichkeit als unglaubwürdig bezeichnet. Persönliche Verärgerung und Unzufriedenheit im Zusammenhang mit Versorgungsproblemen sind weiterhin im Ansteigen begriffen. Zunehmend werden Fragen nach den Ursachen für die entstandene Situation gestellt und Antworten, die ausschließlich auf außenwirtschaftliche Bedingungen hinweisen, häufiger angezweifelt.«
Insgesamt sei einzuschätzen, daß die bisher charakteristische Bereitschaft der Berufssoldaten, Verständnis für Mängel und Unzulänglichkeiten aufzubringen, allmählich nachläßt.

Als geradezu provokativ wurde die Pressemitteilung über den neuen Pkw »Wartburg« und seinen Preis empfunden. Der Durchschnittsbürger, so meinten viele, könne sich diesen Pkw nicht mehr leisten, mit dieser Entscheidung würde keine Arbeiterpolitik betrieben, insgesamt habe der »Segen der Mikroelektronik« für die Bürger bisher lediglich Verteuerungen der entsprechenden Waren gebracht. Sowohl im Verteidigungsministerium als auch bei den Grenztruppen würden kritische Stimmen zunehmen, stehe die bisher übliche Art der Erfolgsdarstellung »allen bis zum Halse«. Auch sei eine kritischere Haltung zu fehlerhaften Entscheidungen der Parteiführung angebracht und notwendig, um in Diskussionen glaubwürdig bleiben zu können.

Wie ich später erfahren habe, führten solche kritischen, den realen Zustand im Meinungsbild der Armeeangehörigen drastisch wiedergebenden Analysen der Militärabwehr zu Unmut bei der Armeeführung und wohl auch zu Rüffeln an die Adresse der »Informationsaufbereiter«, getreu der alten Erfahrung, daß häufig der Überbringer von schlechten Nachrichten bestraft wird und weit seltener der Verursacher.

Während diesen Analysen zufolge die Soldaten im Grundwehrdienst und die Unteroffiziere auf Zeit verbreitet dazu neigten, den erreichten Stand der Entspannung und Friedenssicherung so zu beurteilen, daß die Möglichkeit eines Krieges zwischen den beiden Gesellschaftssystemen weitgehend ausgeschlossen sei, hielten die Berufssoldaten ein angemessenes Niveau der Verteidigungsfähigkeit des Sozialismus nach wie vor für erforderlich.

Allerdings wuchsen bei den Offizieren angesichts der hohen Dauerbelastung und der zunehmenden Anzahl von Grenzdurchbrüchen die Anzeichen von Resignation. Schon früher hatten Berufssoldaten die sich häufenden Perioden verstärkter Grenzsicherung kritisiert und gefragt, »warum wir immer eine Atmosphäre des halben Kriegszustandes schaffen«, wenn internationale Begegnungen bei uns stattfinden würden.

Das Politbüro des ZK der SED versuchte u. a., mit einem speziellen »Beschluß zur weiteren Erhöhung des Niveaus der politisch-ideologischen Arbeit der Partei« vom 10. Januar 1989 den kritischen Stimmungen unter den Parteimitgliedern und der Bevölkerung der DDR entgegenzuwirken. Was die internationale Entwicklung und die verschiedenen Modelle beim Aufbau des Sozialismus betraf, fanden sich in diesem Beschluß des höchsten Führungsorgans der SED solche anmaßenden Formulierungen wie die folgende: »Wir respektieren, was die anderen tun. In der gleichen Weise fordern wir höchsten Respekt für das, was wir machen.«

Die innere Kritik versuchte das Politbüro vor allem mit Drohungen und angekündigten Parteistrafen niederzuhalten. Die Parteiorganisationen sollten gegnerischen Auffassungen jederzeit entschieden entgegentreten, prinzipiellen Auseinandersetzungen nicht ausweichen und keine Haltungen dulden, die sich gegen die Politik der Partei richten. »Mit jenen Mitgliedern und Kandidaten der SED, die den Pflichten eines Genossen nicht entsprechen, die auf falschen Positionen beharren oder Träger feindlicher Argumente sind, knieweich werden, sich in der ideologischen Auseinandersetzung labil verhalten oder aufs neue anfällig werden, sind die Auseinandersetzungen in der Mitgliederversammlung zu führen und die entsprechenden Schlußfolgerungen zu ziehen.«

Schon im Februar 1988 hatte das Sekretariat des ZK der SED in einer Analyse über die Parteiverfahren des Jahres 1987 (19 470 Parteiverfahren ergaben u. a. die Entfernung von 8 865 Mitgliedern oder Kandidaten aus der SED) postuliert: »Wer der gegnerischen Hetze und Demagogie erliegt, von dem trennen wir uns. ... Das gleiche gilt auch für Meckerer und ewige Nörgler.« Mit solcher Begründung ließ sich nahezu jegliche Kritik an Mißständen, Fehlern oder Verhaltensweisen führender Partei- und Staatsfunktionäre unterbinden oder bestrafen.

Der verschärfte Kurs auf innere Sicherheit, »Einheit und Geschlossenheit« der SED wie auch der anderen tragenden Säulen der Staats- und Gesellschaftsordnung der DDR ging einher mit einem eher liberalen und entspannungsfreundlichen Kurs in außen- und militärpolitischen Fragen. Markante Schritte dieses Kurses erfolgten bereits in den ersten Wochen des Jahres 1989.

Vom 23. bis zum 27. Januar 1989 fanden im Ministerium für Nationale Verteidigung ein Lektionszyklus und ein Stabstraining zur Operativen Ausbildung des höheren Führungsbestandes der NVA statt. Zentrales Thema war die Verwirklichung des neuen militärstrategischen Konzepts des Warschauer Vertrages und die möglichst kurzfristige und effektive Umstellung der Streitkräfte der DDR auf die neue Militärdoktrin. Zu dieser Thematik sprachen der Chef des Hauptstabes und die Chefs aller Teilstreitkräfte der NVA.

Generaloberst Streletz, Chef des Hauptstabes, analysierte in seinem Vortrag das bereits vorhandene Angriffspotential der NATO-Streitkräfte der Befehlsbereiche Zentraleuropa und Ostseeausgänge sowie dessen weiteren Ausbau, u. a. durch die beabsichtigte zusätzliche Stationierung von 200 Kampfflugzeugen der Typen F 111 und F 15 E sowie von 50 strategischen Bombenflugzeugen B 52, ausgerüstet mit Cruise Missiles. Angestrebt werde von der NATO die gleichzeitige Bekämpfung der Streitkräfte des Warschauer Vertrages in ihrer gesamten Tiefe, dabei könnten auch die Seestreitkräfte der NATO mit ihren weitreichenden Waffensystemen Hunderte von Landzielen treffen.

Unsere Truppenteile und Verbände der Landstreitkräfte müßten angesichts dieser Möglichkeiten der NATO dazu befähigt werden, spätestens 1 Stunde nach Erhalt der Aufgabe aus den befohlenen Räumen (in der Regel Konzentrierungsräume auf Truppenübungsplätzen) in die Entfaltungsräume vorzuziehen und im folgenden eine tiefgestaffelte, standhafte und aktive Verteidigung aufzubauen.

Was die Möglichkeiten der NATO betraf, offensive Kampfhandlungen im Ostseeraum durchzuführen, so rechneten wir damals mit einem gestaffelten Einsatz von U-Boot-, Raketenschnellboot-, Marineflieger- und Minenstreitkräften, aus einer sicheren Verteidigung der Ostseezugänge heraus, gegen die Vereinten Ostseeflotten des Warschauer Vertrages. In der westlichen Ostsee und in den »Baltic Approaches« würden, so nahmen wir an, starke Raketenschnellboot- und Kampfhubschrauberkräfte, unterstützt von Jagdbombenflugzeugen, überraschende Schläge gegen unsere Flottenkräfte in den Territorialgewässern der DDR und den angrenzenden Seegebieten führen. Unter der Deckung tiefgestaffelter Minenfelder und der Küstengewässer der dänischen Inseln würden sie die Seelandungsabwehr und die Absperrung der Meerengen, d. h. der Ausgänge von der Ostsee in die Nordsee, gewährleisten.

In meinem Vortrag als Chef der DDR-Seestreitkräfte ging ich von den objektiv gegebenen Möglichkeiten der Volksmarine zur Abwehr eines Angriffs der NATO-Seestreitkräfte aus. Mit den zugeteilten und den zur Unterstützung zugewiesenen Kräften waren wir in der Lage, 15 Raketenschnellboote, 3 bis 5 Zerstörer oder Fregatten sowie 3 bis 4 UBoote zu vernichten und die Funkmeßstationen und Funktechnischen Aufklärungsposten der NATO im Einsatzgebiet während der Handlungen der Stoßkräfte und des Minenlegens niederzuhalten. Zum Vergleich sei angeführt, daß die Bundesmarine Ende 1988 über 40 Raketenschnellboote, 7 Zerstörer, 8 Fregatten und 24 U-Boote verfügte.

Landungsabwehr-Minensperren waren vor den landungsgefährdeten Küstenabschnitten Kühlungsborn–Heiligendamm, Warnemünde–Wustrow, Darßer Ort–Zingst, im Tromper Wiek und im Prorer Wiek anzulegen. Weitere Minensperren waren in den Seegebieten vor dem Südausgang des Öresunds und des Grönsunds, vor den Ostausgängen von Fehmarnbelt und Fehmarn-Sund sowie in der Kadetrinne und im Libben geplant. An Minenlegkräften standen dafür in allen Stufen der Gefechtsbereitschaft 40 bis 50 Kampfschiffe, nach Abschluß der Mobilmachung weitere 20 bis 30 Schiffe, darunter auch Ro-Ro-Schiffe zur Verfügung.

Ein gleichzeitiges Anlegen aller Minensperren – etwa 2 000 Minen waren zu verlegen – war nicht möglich, maximal 4 Sperren konnten in einem Einsatz angelegt werden. Für eine Sperre von 400 Minen verschiedener Typen waren 20 Küstenschutz- und Minenabwehrschiffe mit einem gesamten Zeitbedarf von 35 Stunden erforderlich, ein Minenleger auf der Basis eines Ro-Ro-Schiffes brauchte 95 Stunden für die Anlage einer Sperre.

Zur Landungsabwehr waren im Zusammenwirken mit dem Militärbezirk V (Neubrandenburg) Handlungen in 3 Bekämpfungszonen vorgesehen, deren Abstand 250 bis 60 Kilometer, 60 bis 15 Kilometer und 15 bis 3 Kilometer vor der eigenen Küste betrug. Die Volksmarine war in der Lage, bis zu 20 kleine und mittlere Landungsschiffe der NATO zu vernichten.

Das Marinepionierregiment 18 konnte mit seinen 2 700 Panzerminen eine Minensperre in 3 Linien von 3 600 Metern Breite schaffen, im Flachwasserbereich konnte mit schwimmfähigen Gefechtsfahrzeugen in 10 Stunden eine Sperre von 5 000 Metern Breite in 2 Minenlinien angelegt werden.

Die Marineluftabwehr hatte mit der 3. Luftverteidigungsdivision der NVA und der 16. Jagdfliegerdivision der Westgruppe der sowjetischen Streitkräfte zusammenzuwirken. Bei Funkmeß-Waffenleittrainings mit MiG-23 waren bei Flughöhen zwischen 100 und 200 Metern im Durchschnitt Reichweiten von 20 bis 25 Kilometern erreicht worden. Bei anfliegenden Seezielraketen waren wegen deren wesentlich geringerer Reflexionsfläche höchstens 15 Kilometer möglich, damit verblieben noch maximal 50 Sekunden bis zum Auftreffen im Ziel! Die Volksmarine, so legte ich deshalb mit allem Nachdruck dar, brauchte eine Deckung durch eigene Jagdflieger, etwa 2 bis 3 Geschwader zur Luftdeckung, denn der Abruf der Jagdflugzeuge der Luftstreitkräfte/Luftverteidigung und der WGT aus der Startbereitschaft von deren Flugplätzen reichte nicht aus.

Das Funk- und Funktechnische Störbataillon 18 der Volksmarine war in der Lage, 12 bis 16 Betriebsfrequenzen gleichzeitig zu stören. Mit den UKW-Flugfunkstörstationen konnten etwa 8 bis 10 Betriebsfrequenzen gleichzeitig gestört werden.

Zur Verstärkung der Raketenabwehr der Schiffe wurde mit dem Bau des kleinen Raketenschiffs 151 ein funkelektronisches, hochautomatisiertes Raketenabwehrsystem »FERAS« sowie die entsprechende spezielle Munition entwickelt, mit dessen Hilfe durch kleine und mittlere Überwasserschiffe passive Funkmeß- und aktive Infrarot-Störungen erzeugt werden konnten.

Generell kam es auch in der Verteidigung darauf an, ständig die Übersicht über Standort und Handlungen der erstrangigen Objekte, d. h. der effektivsten Seekriegsmittel des Gegners zu behalten und sie möglichst bald auszuschalten, mindestens niederzuhalten.

Schon zur Auswertung des Ausbildungsjahres 1988 in der 6. Flottille hatte ich es als Schlußfolgerung aus der neuen Militärdoktrin des Warschauer Vertrages bezeichnet, daß die Stoßkräfte der Volksmarine bei der organisierten Abwehr der Schläge des Gegners die Kampfkraft ihrer Boote erhalten, indem sie möglichst unter dem eigenen Luftschirm und Küstenschutz sowie bei geschickter Anwendung von Methoden der Tarnung und Täuschung handeln. Manöverreiche Gefechtsführung werde auch deshalb immer wichtiger, weil die Seestreitkräfte der NATO zu »aufgefächerten« Einsatzmethoden befähigt und trainiert würden.

Noch im Verlaufe des ersten Tages der operativen Ausbildung, am 23. Januar 1989, informierte uns der Chef des Hauptstabes, daß Erich Honecker am Abend dieses Tages auf einem Essen zu Ehren des schwedischen Ministerpräsidenten Ingvar Carlsson einen Beschluß des Politbüros des ZK der SED vom 19. Januar als Beschluß des Nationalen Verteidigungsrates der DDR verkünden würde, demzufolge die NVA einseitig und unabhängig von Verhandlungen bis Ende 1990 um 10 000 Mann reduziert werde. Mit dieser wesentlichen Verringerung der Personalstärke der NVA werde die Auflösung von 6 Panzerregimentern und eines Fliegergeschwaders, die Außerdienststellung von 600 Panzern und 50 Kampfflugzeugen sowie die Verringerung der Verteidigungsausgaben um 10 Prozent einhergehen. In der Begründung hieß es, die Reduzierung erfolge im Zusammenhang mit der Durchführung der Verteidigungsdoktrin, die DDR lasse sich von dem Bestreben leiten, »einen weiteren konstruktiven Beitrag zum Abrüstungsprozeß zu leisten, der ohne Pause fortgesetzt werden sollte. Sie bekundet den guten Willen und die Bereitschaft der DDR zur Minderung der Streitkräfte und konventionellen Rüstungen durch Taten in der Hoffnung, für weitere europäische Staaten nachdenkenswerte Anregungen zu geben«. Die Konsequenzen, die sich aus diesem Beschluß ergaben, sollten dem Politbüro bereits am 24. Januar vom Verteidigungsminister, Armeegeneral Heinz Keßler, vorgelegt werden.

Als ich diesen Beschluß vernahm, habe ich mich erleichtert zurückgelehnt, doppelt erleichtert sogar, weil es ein deutliches Zeichen für nachlassende Kriegsgefahr und zunehmende Entspannung nun auch in Mitteleuropa war, zugleich aber keine weiteren personellen Kürzungen bei der Volksmarine zu verheißen schien, denn es betraf ja »nur« die Land- und Luftstreitkräfte.

Doch diese Illusion währte nicht lange. Im Ministerium erhielt ich alsbald die Auflage, auch bei der Volksmarine mehr als 1 000 Planstellen, davon nahezu die Hälfte Berufssoldaten, zu streichen. Wenn man bedenkt, daß allein infolge des Reduzierungsbeschlusses bis zum 30. November 1990 zusätzlich zu den bereits im 5-Jahres-Plan zur Personalentwicklung 1986 bis 1990 vorgesehenen Entlassungen von 8 000 Berufssoldaten insgesamt weitere 2 000 Offiziere, 1 000 Fähnriche und 800 Berufsunteroffiziere aus der NVA vorzeitig entlassen werden mußten, so war die kleine Volksmarine mit einem Anteil von 450 Mann daran ziemlich stark beteiligt.

Die Armeeangehörigen aller Dienstverhältnisse begrüßten zunächst diese einseitigen Abrüstungsschritte der DDR und anderer Staaten des Warschauer Vertrages – Michail Gorbatschow hatte ja am 7. Dezember 1988 vor der UNO in New York die Reduzierung der sowjetischen Streitkräfte um 500 000 Mann und den Abzug von 6 Panzerdivisionen aus der DDR, der ČSSR und aus Ungarn bis 1991 angekündigt.

Besonders bei den Panzertruppen und bei deren Offiziersschülern machten sich jedoch auch skeptische Auffassungen bezüglich ihrer künftigen Berufsaussichten breit. Während bei den anderen Waffengattungen und Teilstreitkräften zunächst noch die Meinung vorherrschte, daß die angespannte Personallage kaum größere Entlassungen von Berufssoldaten erlaube, eher deren Umsetzung, daß aber vermutlich nun mit noch höheren Belastungen zu rechnen sei, wuchsen mit dem Durchsickern der beabsichtigten Entlassungen Unzufriedenheit und Verunsicherung.

Schließlich gab es in der NVA keine gesicherten Umschulungs- und Weiterbildungsmöglichkeiten für ausscheidende Berufssoldaten der verschiedenen Altersklassen. Vor allem bei denen über 50 war kaum mit einer vernünftigen Unterbringung entsprechend ihren Bildungsprofilen zu rechnen. Und »Vorruhestand« war für uns genau so ein Fremdwort wie Beamter oder Offizier »im zeitweiligen Ruhestand«.

Als dann im Frühjahr die ersten Aussprachen mit den betroffenen Berufssoldaten stattfanden, fühlten sich nicht wenige Offiziere der Volksmarine abgeschoben und bezeichneten die ihnen vorgeschlagenen Lösungsvarianten als Armutszeugnis für den Staat, weil sie entweder mit herabgesetzter Verantwortung und finanziellen Einbußen bei Verbleib in der NVA oder nicht den Erwartungen entsprechenden Arbeitsstellenangeboten bei Entlassung rechnen mußten.

Zunehmend wurden dann auch in allen Kreisen der Armeeangehörigen und Zivilbeschäftigten Betrachtungen über den Zusammenhang der Abrüstungsmaßnahmen mit der ökonomischen Situation der DDR angestellt. Nicht wenige sahen darin den Beweis für einen Erfolg der NATO-Staaten in ihren Bemühungen, den Sozialismus »totzurüsten«.

In der letzten Januarwoche, während der operativen Ausbildung des Führungsbestandes der NVA, erhielten wir auch eine Vorabinformation über die für Ende Januar 1989 zur Veröffentlichung freigegebene »Erklärung des Komitees der Verteidigungsminister der Teilnehmerstaaten des Warschauer Vertrages« mit detaillierten Angaben über die zahlenmäßige Stärke der Streitkräfte und Rüstungen des Warschauer Vertrages und der NATO nach dem Stande vom 1. Juli 1988.

Diese Erklärung war schon für sich eine Sensation, galten doch bis zu diesem Zeitpunkt selbst die Numerierung und die Standorte der Regimenter und Divisionen des Warschauer Vertrages, erst recht aber ihre Gefechtsstärken als streng geheim. Und die Gesamtstärken der Teilstreitkräfte, ihrer Bewaffnung und Ausrüstung erfuhren z. B. in der DDR nicht einmal die Mitglieder des Politbüros des ZK der SED, übrigens auch nicht alle Mitglieder des Kollegiums des Verteidigungsministeriums.

Für die NVA wurde in diesem Dokument eine Gesamtstärke von 173 100 Mann angegeben, die sich wie folgt zusammensetzte:

2 500 Mann	in den zentralen Führungsorganen
103 300 Mann	Landstreitkräfte (incl. Armeefliegerkräfte)
29 900 Mann	Truppen der Luftverteidigung
4 700 Mann	Luftstreitkräfte
14 200 Mann	Seestreitkräfte

5 500 Mann Truppenteile zentraler Unterstellung
(Aufklärung, Lehreinrichtungen usw.)
13 000 Mann Truppenteile und Einrichtungen der Rückwärtigen Dienste.

An Hauptarten der Bewaffnung verfügte die NVA über
307 Kampfflugzeuge
74 Kampfhubschrauber
80 Startrampen für taktische Raketen
3 140 Kampfpanzer
5 900 Schützenpanzer und Schützenpanzerwagen
2 435 Geschoßwerfer, Geschütze und Granatwerfer
620 Panzerabwehrlenkraketen-Komplexe.

Die Gesamtstärken der Streitkräfte in Europa und den angrenzenden Seegebieten wurden mit 3 573 100 Mann für den Warschauer Vertrag und 3 660 230 Mann für die NATO angegeben, darunter für die Seestreitkräfte allein in Europa 338 000 Mann beim Warschauer Vertrag und 417 000 Mann bei der NATO.

Die folgende Tabelle zeigt die Gesamtzahlen für die Kampfschiffe der beiden Militärpakte, soweit sie in dieser Übersicht enthalten waren, darunter gesondert die Angaben für die BRD – für die DDR wurden in diesen Kategorien überhaupt keine Zahlen genannt.

	Warschauer Vertrag	NATO	BRD
U-Boote	228	200	24
(außer U-Boote mit strateg. ballist. Raketen)			
davon kernkraftgetriebene	80	76	–
Große Überwasserschiffe	102	499	16
(Flugzeugträger, Schlachtschiffe, Kreuzer, Zerstörer, Fregatten, Landungsschiffe mit einer Wasserverdrängung von 1 200 t und darüber)			
davon Flugdeckschiffe, Flugzeugträger	2	15	–
Schiffe mit Flügelraketen	23	274	13
Landungsschiffe (1 200 t und darüber)	24	84	–

Als ich diese Angaben durchsah, war ich ziemlich verdutzt, denn bei den Schiffstypen tauchten auf unserer Seite nur sowjetische U-Boote und große Überwasserschiffe auf – mit Ausnahme von 8 U-Booten (aus Bulgarien, Polen und Rumänien) und einem Überwasserschiff (aus Rumänien).

Wenn man schon unsere 3 Küstenschutzschiffe *Rostock, Berlin* und *Halle* (Projekt 1159 mit einem Deplacement von knapp 1 500 t) nicht als »Fregatten« zählen wollte – die 9 Fregatten der *Köln-* und *Bremen-*Klasse der BRD hatten immerhin Deplacements von 2 700 bzw. 3 800 t – so waren doch unsere 12 Mittleren Landungsschiffe (Projekt

108 mit einem Deplacement von 1 745 t) eindeutig über dem Limit von 1 200 t Wasserverdrängung, das der zahlenmäßigen Gegenüberstellung zugrunde lag.

Ich war darüber ziemlich aufgebracht, denn hier stand ja die Zuverlässigkeit unserer Aussagen und damit die Glaubwürdigkeit offizieller Dokumente des Warschauer Vertrages zur Disposition. Mir konnte auch nicht erklärt werden, wie es zu diesen Zahlen kam und welche Flottenexperten an dem Dokument mitgearbeitet hatten – vom Kommando der Volksmarine jedenfalls keiner.

Um den möglichen politisch-moralischen Schaden zu begrenzen – die Angaben über unsere Landungsschiffe waren ja in der internationalen Militär- und Marineliteratur enthalten, die Seeleute und Küstenbewohner der DDR und andere Ostseeanlieger kannten die Schiffe und nicht wenige NVA-Angehörige waren schon auf und mit ihnen gefahren – schlug ich dem Minister vor, die Landungsschiffsbrigade der 1. Flottille früher als ursprünglich vorgesehen in eine Transportschiffsbrigade umzustrukturieren. Armeegeneral Keßler war damit einverstanden, und noch bevor die Tageszeitungen mit der Erklärung der Verteidigungsminister erschienen, war der Befehl über die Umstrukturierung der Landungsschiffsbrigade erteilt.

Wie zu erwarten war, kamen in den ersten Reaktionen auf die veröffentlichten Angaben Fragen aus der Volksmarine, weshalb unsere Landungsschiffe darin nicht enthalten waren. Das spielte auch eine Rolle, als ich auf der Kommandeursberatung in der 1. Flottille am 3. Februar in Peenemünde erfuhr, daß in der Landungsschiffsbrigade mit etlichen Verweigerungen zu rechnen sei, am 7. Mai 1989 an den Kommunalwahlen teilzunehmen. Später gab es noch weitere solche Erklärungen, und auch aus der 6. Flottille.

Die Veröffentlichung des Kräftevergleichs führte generell in der NVA und den Grenztruppen dazu, daß die beträchtlichen militärischen Mittel der NATO und speziell in der BRD nicht mehr so ernst und gefährlich eingeschätzt wurden wie vordem.

Militärsoziologische Untersuchungen bei Soldaten und Unteroffizieren der Landstreitkräfte und der Grenztruppen zeigten im Februar 1989 im Vergleich zum Januar ein deutliches Ansteigen (in anonymen Befragungen um 5 bis 10 Prozent) der Auffassungen: »Sie können uns nicht gefährlich werden, wir sind militärisch stark genug« und »letzten Endes sind doch alle gegen einen Krieg«. Der Anteil der Soldaten, die meinten, wir müßten ständig auf der Hut sein, sank von ca. 55 auf 45 Prozent. Unter den derzeitigen Bedingungen hielten im Februar 1989 45 Prozent der Soldaten und 20 Prozent der Unteroffiziere einen freiwilligen Wehrdienst für ausreichend, 20 Prozent der Soldaten und 10 Prozent der Unteroffiziere den Wehrdienst für überflüssig bzw. waren prinzipiell dagegen.

Aus mehreren Gründen kam es im ersten Halbjahr 1989 in der Nationalen Volksarmee und auch in der Volksmarine zu, gelinde gesagt, Einbrüchen in der »politisch-moralischen Stabilität«, zu einem Nachlassen des Vertrauens in die Partei- und Staatsführung der DDR und zu immer mehr Zweifeln an den Erfolgsaussichten der von ihr verfolgten Innen- und Wirtschaftspolitik.

Auf der Kollegiumssitzung am 5. Juni 1989 wurden vergleichende Angaben militärsoziologischer Untersuchungen zum politischen Denken der Armeeangehörigen vorgelegt. Daraus ergab sich, daß von 1983 bis 1989 der Prozentsatz der Soldaten, die vollkommen bereit waren, sich für die Verwirklichung der Politik der SED einzusetzen, von 29 auf 16 Prozent, bei den Unteroffizieren von 52 auf 42 Prozent abgesunken war. Kaum oder überhaupt nicht dazu bereit waren 1983 bei den befragten Soldaten 9 Prozent, bei den Unteroffizieren 3 Prozent, im Frühjahr 1989 waren es bereits 20 Prozent der Soldaten und 7 Prozent der befragten Unteroffiziere.

Daß der Sozialismus eines Tages in allen Ländern der Welt siegen würde, dessen waren sich 1989 nur noch 12 Prozent der Soldaten und 27 Prozent der Unteroffiziere sicher, 42 Prozent der Soldaten und 23 Prozent der Unteroffiziere glaubten nicht mehr daran. Das war ein rapider Abfall, denn 1986 hielten noch 68 Prozent der Soldaten und 82 Prozent der Unteroffiziere den Sieg des Sozialismus für sicher oder möglich.

Die Bereitschaft, das eigene Leben für den Schutz der DDR einzusetzen – natürlich eine sehr hypothetische Frage, denn in einem bewaffneten Konflikt wirken ganz andere Faktoren auf den Soldaten ein als vor einem Befragungsgerät in einem Schulungsraum – sank bei den anonym befragten Soldaten von 1983 bis 1989 von 75 auf 51 Prozent, bei den Unteroffizieren von 91 auf 76 Prozent.

An dieser Stelle sei nach den vielen Zahlen die berechtigte Frage gestellt, wie die Führung der Nationalen Volksarmee, zu der ich ja gehörte, mit diesen zum Teil recht brisanten Ergebnissen soziologischer Untersuchungen (im Vergleich zu der öffentlich verkündeten politisch-moralischen Einheit des Volkes und der Streitkräfte der DDR) und speziell anonymer Befragungen umging.

Erst in den letzten Jahren wurden diese Ergebnisse überhaupt allen Mitgliedern des Kollegiums zugänglich gemacht – und dann auch noch mit höheren Geheimhaltungsstufen belegt. So fanden zwar manche Wertungen Eingang in die Referate und Artikel des Ministers für Nationale Verteidigung, aber meist in ziemlich verschleierter Form. Im Kollegium hingegen wurden die Gesamtanalysen der Militärsoziologen mehr oder weniger beklommen und ohne Diskussion zur Kenntnis genommen.

Allerdings muß man der Armeeführung und auch den beiden Ministern, Armeegeneral Heinz Hoffmann und Armeegeneral Heinz Keßler, die ja Mitglieder des Politbüros und des Nationalen Verteidigungsrates waren und die Aversion der meisten Mitglieder dieser Gremien gegen die Soziologie und gegen Meinungsumfragen kannten, zugute halten, daß sie allen Versuchen widerstanden, auch in der NVA wie in anderen Bereichen die soziologische Forschung und Lehre völlig einzustellen. Und wer die Stimmungen und Meinungen der Armeeangehörigen wirklich wissen und berücksichtigen wollte, kam ohne die Soziologen nicht aus und mußte unweigerlich in der zweiten Hälfte der achtziger Jahre in ihren Forschungsergebnissen immer ernstere Alarmzeichen erkennen.

So wurde auch die Einstellung zu den eigenen Waffen, Geräten, zur Gefechtsausbildung und der Anlage von Übungen kritischer. Fast 1 400 Berufsoffiziere, Offiziere auf

Zeit und Fähnriche aller Teilstreitkräfte waren im Frühjahr 1989 befragt worden, wie sie die Umsetzung der neuen Militärdoktrin in die militärische Praxis einschätzten – das Kollegium des Verteidigungsministeriums wurde darüber informiert. Bei den Berufssoldaten der Volksmarine gab es dabei mit die meisten Aussagen, daß unsere Bewaffnung, Kampftechnik und Ausrüstung (wie z. B. das Nachrichtengerät) kaum oder überhaupt nicht den neuen Anforderungen entsprechen würden.

Trotzdem erreichte die Volksmarine in den Ausbildungsmaßnahmen des ersten Halbjahres 1989 recht ordentliche Ergebnisse. Die Überprüfung der Gefechtsbereitschaft der 1. Flottille durch das Kommando der Volksmarine Ende März und 3 Mobilmachungsübungen vornehmlich der Rückwärtigen Dienste in der ersten Aprilhälfte, bei denen insgesamt 640 gediente Reservisten alarmiert und eingesetzt werden mußten, verliefen zufriedenstellend.

Auch die große gemeinsame Kommandostabsübung der Vereinigten Ostseeflotte des Warschauer Vertrages Ende Mai/Anfang Juni 1989, bei der die verschiedensten Probleme der Landungsabwehr, des Einsatzes und des Räumens von Minensperren sowie der Sicherung von Schiffsgeleiten aufgeworfen und überprüft wurden, zeigte ein gutes Niveau der operativen und taktischen Fähigkeiten der Offiziere und der Stäbe der Volksmarine sowie einen soliden Ausbildungsstand der darstellenden schwimmenden und fliegenden Einheiten sowie der Küstenraketentruppen.

Nach mehreren Beratungen im Kollegium, im Verteidigungsministerium und im Militärrat der Volksmarine, in denen es schwerpunktmäßig um die Entwicklungsplanung und um die Kürzung der meisten materiellen und personellen Planvorgaben ging, auch um die weitere Reduzierung der Nationalen Volksarmee im Laufe der nächsten 5 bis 6 Jahre um rund 43 000 Mann, 2 100 Panzer, 3 600 Schützenpanzer und SPW sowie 1 400 Artilleriesysteme, trat ich am 22. Juli meinen Jahresurlaub an.

Ich befand mich noch an der Ostsee, in Wustrow, als im August der Ansturm von DDR-Bürgern auf die BRD-Botschaften von Budapest, Prag und Warschau einsetzte. Mich machte es traurig, daß so viele Menschen, vor allem junge Menschen, die DDR verlassen wollten. Ich war in diesem Lande aufgewachsen, erzogen und ausgebildet worden, hatte eine für Landarbeiterkinder im alten Deutschen Reich kaum mögliche Entwicklung genommen, und mir wäre es nie in den Sinn gekommen, meine Heimat zu verlassen.

Ich wußte natürlich, daß nicht alle so dachten und fühlten wie ich, und wußte auch, daß es noch elende Wohnverhältnisse, unzumutbare Belastungen im täglichen Leben, einen täglichen Kleinkrieg vor allem der berufstätigen Frauen um die Befriedigung oftmals elementarer Bedürfnisse, enorme Engpässe bei der Versorgung mit den sogenannten Gütern eines gehobenen Bedarfs gab, wozu sogar Südfrüchte gehörten.

Aber ich hoffte doch, daß es über kurz oder lang dank der Anstrengungen der Wissenschaftler, Techniker und Arbeiter in der Mikroelektronik und anderen progressiven Industriezweigen gelingen würde, diese Lage entschieden zu verbessern. In der Landwirtschaft hatten wir ja schon ein beträchtliches Niveau erreicht, die Eigenversorgung der Bevölkerung und sogar erhebliche Fleischexporte vorzuweisen.

Eines Abends, noch während meines Urlaubs, rief mich der Stellvertreter für Ausbildung, Konteradmiral Grießbach, an. Er war Diensthabender der Führung der Volksmarine und fragte mich, ob schwerwiegende besondere Vorkommnisse sofort persönlich dem Minister gemeldet werden müßten. Diese Frage schreckte mich auf, und ich antwortete nicht nur mit »Ja«, sondern fragte nach dem Inhalt der Meldung. Er wollte mich im Urlaub nicht beunruhigen, rückte dann aber doch damit heraus, daß ein Korvettenkapitän der Volksmarine, Stabschef eines Bataillons, mit seiner Ehefrau (ebenfalls Berufsoldat) über Ungarn und Österreich in die BRD geflüchtet sei.

Ich war erschüttert, kannte ich doch beide persönlich. Dem Konteradmiral sagte ich, daß ich den Vorgang selbst melden würde. Soweit ich mich erinnern kann, war es seit Bestehen der Seestreitkräfte der DDR die zweite vollendete Fahnenflucht eines Offiziers. Der Vorfall hat mich wochenlang nicht in Ruhe gelassen, sollte aber leider nicht der letzte bleiben. Nachdem die Grenze durch Ungarn, die ČSSR und schließlich auch die DDR geöffnet wurde, verließen weitere Armeeangehörige, auch Berufssoldaten der Volksmarine, die Republik, der sie einst die Treue geschworen hatten.

Es mag schon sein, daß die Partei- und Staatsführung den vielen Menschen, die im Sommer und Herbst 1989 die DDR verließen, »keine Träne nachweinte«, wie es Erich Honecker in einen Kommentar der Nachrichtenagentur ADN hineindiktiert hatte. Aber die meisten DDR-Bürger sahen das anders, waren doch ihre Kinder oder Geschwister, Verwandte und Bekannte, von denen sie wußten, daß es keine Asozialen oder Kriminellen waren, unter den »Ausreisern«.

Auch an den Arbeitsplätzen machte sich ihr Weggehen schmerzhaft bemerkbar, besonders im Gesundheitswesen. In solche Stellen und Berufe, die für die Aufrechterhaltung des normalen Lebens der Bevölkerung wichtig sind, mußten zusätzlich Armeeangehörige abkommandiert werden, etwa in die Nahverkehrsbetriebe, Schlachthöfe oder Großbäckereien.

In allen Bereichen der Volksmarine – wie überhaupt der NVA – wurde die sich immer mehr zuspitzende Lage diskutiert und die Sprachlosigkeit der Partei- und Staatsführung zu diesen Vorgängen mehr oder minder offen kritisiert, jedenfalls kaum von jemandem verstanden oder gar gerechtfertigt. In den persönlichen Aussprachen, die von den Leitungen der SED-Grundorganisationen gemäß dem Beschluß des Zentralkomitees zur Vorbereitung des XII. Parteitages (er sollte im April 1990 stattfinden) mit allen Mitgliedern und Kandidaten zum Umtausch der Mitgliedsausweise durchgeführt wurden, war eines der oft geäußerten Urteile: »Wir haben den Eindruck, die Parteiführung hat die Situation nicht mehr im Griff, ist nicht mehr in der Lage, die gesellschaftliche Entwicklung zu steuern, die Krise zu überwinden.«

Dazu trugen dann auch solche hilflosen und geradezu aufreizenden Stellungnahmen bei wie die Berichterstattung über die Massenflucht (ein Mitropa-Kellner sei mit einer Mentholzigarette betäubt und somit bewußtlos nach Österreich gelockt worden) und die Kampagne gegen die oppositionellen demokratischen Persönlichkeiten, Gruppen und Bürgerbewegungen, gipfelnd darin, daß man das »Neue Forum« zu einer überflüssigen, ja verfassungsfeindlichen Organisation erklärte.

Die Parteiführung und auch die Politische Hauptverwaltung der NVA erwarteten von den Mitgliedern und Kandidaten der SED, daß sie diese Einschätzungen akzeptierten und ihrerseits die »negativen« und »feindlichen« Argumentationen der Bürgerbewegungen »offensiv zerschlagen« würden.

Das Peinliche der Lage bestand aber darin, daß wir als Mitglieder und Funktionäre der SED in der NVA die Argumente und Vorstellungen der sich formierenden Bürgerbewegungen und oppositionellen Gruppierungen überhaupt nicht kannten und nicht einmal auf dem Dienstwege, etwa durch die »Militärpolitischen Informationen« oder andere Materialien des Verteidigungsministeriums, darüber in Kenntnis gesetzt wurden.

Noch im Juni 1989 war auf einer Sitzung des Kollegiums die Forderung nach mehr Informationen damit beantwortet worden, man möge das studieren und auswerten, was in der DDR veröffentlicht wird, dann sei man genügend informiert und mit Argumenten versorgt.

Am nachhaltigsten wirkte sich die politische Krise der DDR und die Sprachlosigkeit ihrer Führung wohl auf die Angehörigen der 6. Grenzbrigade Küste aus. Was hatte der von ihnen zu betreibende Aufwand, um jegliche Grenzverletzung zu verhindern, noch für einen Sinn, wenn über Ungarn und die ČSSR täglich Hunderte, schließlich sogar Tausende von DDR-Bürgern in die BRD gelangten oder aus den Botschaften in Prag und Warschau legal über die DDR hinweg ausreisen durften?

Auch der Führung der Volksmarine wurde bewußt, daß die DDR-Bürger nicht durch verstärkte Grenzsicherung im Lande gehalten werden konnten, sondern nur durch echte Verbesserungen ihrer materiellen und finanziellen, kulturellen und politischen Lebensbedingungen, durch mehr persönliche Freiheit, politische Demokratisierung und Freizügigkeit im Reisen. »Weltoffenheit« war angesagt, in jeder Hinsicht – vom Medienempfang bis zur Reisefreiheit.

Deshalb hatten wir die bereits erwähnten Vorschläge zur Änderung des Grenzregimes, zum Seesegeln und Surfen eingereicht und deshalb hatte auch der Chef der 6. Grenzbrigade seit längerem Vorschläge unterbreitet, um Änderungen im unmittelbaren Grenzdienst herbeizuführen.

Trotz allem nahm das Leben in der Volksmarine – abgesehen von den Einschränkungen durch den Einsatz in der Volkswirtschaft – seinen normalen Verlauf, wir erfüllten die Aufgaben des Ausbildungsjahres, bereiteten uns auf den 40. Jahrestag der DDR vor und empfingen Flottenbesuche. So wurde die Volksmarine noch im September 1989 vom Verteidigungsminister des Königreichs Schweden, vom kubanischen Flottenchef und der britischen Fregatte *Achilles* besucht. Der Besuch der Royal Navy bestärkte uns in der Erwartung, daß bald auch Schiffe der Bundesmarine in Rostock-Warnemünde oder Stralsund anlegen würden, Schiffe der Volksmarine in Kiel oder Flensburg.

Zu einem letzten Höhepunkt der internationalen Beziehungen der Volksmarine gestaltete sich der Flottenbesuch sowjetischer und polnischer Schiffe anläßlich des 40. Jahrestages der DDR. Am 5. Oktober 1989 liefen die Schiffe der Verbündeten unter Leitung des Chefs der Baltischen Flotte der UdSSR, Admiral Iwanow, und des Chefs der Polnischen Seekriegsflotte, Konteradmiral Kolodziejczyk, unter reger Anteilnahme der Bevölkerung in Rostock ein.

Für jedes Schiff, das am Flottenbesuch teilnahm, gab es einen Patenbetrieb aus der Industrie oder der Landwirtschaft. Gegenseitige Besuche fanden statt. Rund 1 500 Angehörige der verbündeten Flotten nahmen darüber hinaus an organisierten Begegnungen teil, und mehr als 12 500 Bürger Rostocks und des Küstenbezirks nutzten die Möglichkeit, die im Hafen liegenden ausländischen Schiffe zu besichtigen. Als dann am 7. Oktober die Flottenparade stattfand, säumten mehr als 10 000 Menschen die beiden Ufer der Warnow.

Die Teilnahme der Bevölkerung an den Paraden in Berlin und Rostock sowie die begeisterte Berichterstattung in den Medien konnten vielleicht noch manchen darüber hinwegtäuschen, wie tief die Krise der DDR in Wirklichkeit war. Nach den Feierlichkeiten begannen jedoch die Proteste und damit auch die Anschuldigungen gegenüber den bewaffneten Organen, auch der NVA und der Volksmarine, die ja durch die Paraden, den Großen Zapfenstreich und anderes militärische Zeremoniell an herausragender Stelle zu dem Staatsfeiertag, zur Glorifizierung der DDR und ihrer Führung beigetragen hatten.

Es gab Vorwürfe wegen der Privilegien der Offiziere, die angeblich einen Teil ihres Gehalts in Westgeld erhielten, wegen des besseren Angebots in den Läden der Militärhandelsorganisation, wegen der Sperrgebiete sowie Forderungen nach der öffentlichen Nutzung von sportlichen und kulturellen Einrichtungen der NVA.

Wir konnten diese Anwürfe kaum verstehen. Wir bekamen keine Valuta, die Einrichtungen der NVA wurden durch Schulen, Sportgruppen und Arbeitskollektive aus dem sogenannten »zivilen Bereich« weitgehend mitgenutzt. Ich mochte nicht in Abrede stellen, daß das Angebot des Militärhandels etwas reichhaltiger war als in manchen Gemeinden, das hielten wir aber im Interesse der vielen im Gefechtsdienst stehenden oder auf wirklichen Einödstandorten stationierten Armeeangehörigen und ihrer Familien für gerechtfertigt.

Auch zu den Sperrgebieten hatten wir andere Auffassungen, waren aber bereit, darüber zu sprechen. So wurde das Naherholungsgebiet Darßer Ort von vielen als ein Klein-Mallorca für die leitenden Generale und Admirale der NVA angesehen, war aber in Wirklichkeit im Objekt einer Küstenbeobachtungsstation und eines Ausweichhafens der leichten Flottenkräfte, also in einem echten Sperrgebiet und nicht in einem als Sperrgebiet getarnten Jagdgebiet privilegierter Großwildjäger angelegt.

Die »Privilegien« der Offiziere und der anderen Berufssoldaten der NVA bestanden vor allem darin, dort zu dienen, wo es die Armeeführung für notwendig erachtete, auf Alarmsignal oder Telefonanruf zu jeder Tages- und Nachtzeit schnellstmöglich in der

Dienststelle zu erscheinen und auch bei längerer Abwesenheit der Familie zu verheimlichen, wo und warum man sich wie lange aufhielt und folglich nicht sehen könne.

Was man z. B. an Einrichtungen und Dienstfahrzeugen der NVA und wann man es nutzen durfte, war genau festgelegt. Dazu fällt mir eine Episode ein. Die Besatzung eines Landungsschiffes, das in Rockstock-Gehlsdorf in der Werft lag, hatte mich 1989 zu einem Gespräch über die politische Lage ersucht. Ich empfing die Seeleute unter Leitung ihres Kommandanten, Fregattenkapitän Müller, erläuterte ihnen bei Kaffee und Kuchen die Lage und beantwortete ihre Fragen, soweit ich das konnte.

Zum Abschluß stellte ein Matrose folgende Frage: »Genosse Vizeadmiral, wenn ich morgens am Eingang zur Werft stehe, sehe ich Sie im Volvo zum Dienst kommen. Der Volvo ist nicht mehr ganz neu. Werden Sie, wenn dieser Volvo ausgesondert wird, wieder einen Volvo fahren?«

Ich verstand natürlich, was hinter der Frage steckte. Einige Partei- und Staatsfunktionäre waren schon auf kleinere Pkw umgestiegen. Ich erwiderte, daß ich als Bürger von Rostock innerhalb der Stadt mit der Straßenbahn fahre, und bei Privatfahrten außerhalb von Rostock meinen persönlichen Pkw, einen »Wartburg«, benutze. Während des Dienstes im Kommando und auf Dienstfahrten nutze ich das Fahrzeug, das der Verteidigungsminister dafür festgelegt hat. Sollte dereinst ein »Trabant« festgelegt werden, würde ich den ohne Diskussion fahren. Meine Gegenfrage, ob sich der Matrose einen Chef der Volksmarine wünsche, der beim ersten Protest das Auto wechsle, verneinte er.

Der Rücktritt Erich Honeckers – »aus gesundheitlichen Gründen«, wie es offiziell hieß – und die kommentarlose Abwahl von Günter Mittag und Joachim Herrmann aus dem Politbüro am 18. Oktober 1989 fanden wohl überall in der Volksmarine Zustimmung. Daß es nicht primär um die Gesundheit, sondern um den halsstarrigen, perestroikafeindlichen Kurs des Generalsekretärs des ZK der SED, Vorsitzenden des Staatsrates und des Nationalen Verteidigungsrates sowie seiner beiden wichtigsten Vertrauten ging, war jedem politisch denkenden Menschen klar. Und das Strickmuster der Rücktrittsbegründungen kannten wir schon von der Ablösung Walter Ulbrichts und mancher anderer Politiker der sozialistischen Staaten.

Die Mehrzahl der Angehörigen der Volksmarine, auch der Offiziere, bekannte sich zur Wende und zu grundlegenden Umgestaltungen in Richtung von mehr Demokratie, Offenheit und persönlicher Freiheit, mehr ökonomischer Effektivität und moralischer Integrität, gegen Schematismus, Bürokratie und ungerechtfertigte Privilegien, für die breite Entwicklung der Zusammenarbeit mit den kapitalistischen Staaten und insbesondere mit der BRD. Allerdings gingen wir immer noch von einem längeren Bestehen einer selbständigen, sozialistischen, demokratisch erneuerten DDR neben der BRD und gleichberechtigt mit ihr aus.

Die Haltung der Führung der Volksmarine zur Lage in der DDR und zur Wende habe ich – auch auf Drängen meiner Stellvertreter – in mehreren internen Beratungen und öffentlichen Veranstaltungen im Oktober und November vor Armeeangehörigen und Zivilbeschäftigten der NVA und der Grenztruppen sowie vor Bürgern des Bezirkes Rostock dargelegt. Auch Vizeadmiral Hofmann und Konteradmiral Born haben auf großen Meetings in Rostock und in Wolgast die Unterstützung der Volksmarine für die demokratische Umgestaltung der DDR zum Ausdruck gebracht und versichert, daß es keinerlei Einsatz der NVA gegen das Volk und seine berechtigten Protestaktionen und Demonstrationen geben werde.

Über die Ereignisse des Herbstes 1989 in der NVA habe ich schon in meinem Buch »Das letzte Kommando. Ein Minister erinnert sich« ausführlicher berichtet, ich möchte hier darauf verweisen.

Nachdem ich am 18. November 1989 zum Minister für Nationale Verteidigung in der Regierung Modrow berufen wurde, trat Vizeadmiral Hendrik Born – bis dahin Chef der 1. Flottille – an die Spitze dieser Teilstreitkraft. Er hat sich mit Bravour für die eingeleiteten Reformen, insbesondere die Militärreform eingesetzt und trotz aller Schwierigkeiten erreicht, daß die Volksmarine die im Warschauer Vertrag übernommenen Verpflichtungen bis zum Ausscheiden erfüllte und organisiert in die deutsche Einheit überführt werden konnte.

Ein knappes Jahr später, am 2. Oktober 1990, 24.00 Uhr, hörte die Nationale Volksarmee und damit auch die Volksmarine auf, zu bestehen. Sie hat die Flagge nicht vor einem Feind niedergeholt, sondern hat sich loyal zu den Beschlüssen der Regierung de Maizière und der Volkskammer der DDR, zu dem erklärten Willen der Mehrheit der Bevölkerung nach einem raschen Vollzug der Vereinigung beider deutscher Staaten verhalten, ist mit Würde in die deutsche Einheit gegangen.

Nur wenige Schiffe und ehemalige Berufssoldaten der Volksmarine fahren heute noch unter der Flagge der Bundesmarine. Daß unsere Schiffe und Boote im Bestand der Bundesmarine nur wenig Platz finden würden, war verständlich, denn keine mittlere Marine kann sich in einer Zeit der Reduzierung von Streitkräften und Rüstungen den Aufwand an logistischer Sicherstellung einer so großen Anzahl verschiedenartiger Typen leisten.

Ich hätte mir allerdings gewünscht, daß mehr Berufssoldaten, gut ausgebildete, lernfähige und lernwillige junge Männer Eingang in die Bundesmarine gefunden hätten. Wie die meisten Berufssoldaten der anderen Teilstreitkräfte der NVA mußten sie sich ein anderes Tätigkeitsfeld suchen.

Ich selber habe 38 Jahre in der Volksmarine gedient, vom Matrosen bis zum Admiral, auf Booten und Schiffen, an Schulen und Akademien, auf Gefechtsständen und in Stäben, die längste Zeit in Dranske und in Rostock, in der 6. Flottille und im Kommando der Volksmarine. Dort habe ich Freud und Leid mit den Angehörigen der Volksmarine geteilt, verdanke meine Entwicklung, auf die ich stolz bin, ihrer Hilfe und der Unterstützung meiner eigenen Familie, besonders meiner Frau, die in schönen wie in schweren Stunden immer an meiner Seite stand.

In der Volksmarine habe ich wahre Seemannskameradschaft erfahren, die bis in die heutigen Tage anhält. Naturgemäß überwiegen im Gedächtnis der Menschen die schönen Erlebnisse. Deshalb wünsche ich mir, daß die ehemaligen Angehörigen der Volksmarine – die Soldaten wie die Zivilbeschäftigten – ihren Dienst und ihre Arbeit in dieser »kleinen, aber feinen Teilstreitkraft« der Nationalen Volksarmee in guter Erinnerung behalten. Vielleicht kann dieses Buch einen kleinen Beitrag dazu leisten.

Anlagen

Anlage 1

Zur Vorgeschichte der Seestreitkräfte der DDR bis 1953

Die Abteilung Wasserschutzpolizei bei der Deutschen Verwaltung des Innern konnte zunächst nur mit Posten von Land aus gegen Schmuggelei, das Zerstören von Fischereinetzen und das Absetzen von Agenten vorgehen. Deshalb wurde im September 1948 in Abstimmung mit der Sowjetischen Militär-Administration (SMAD) der Auftrag erteilt, 6 Küstenschutzboote zu bauen und seemännisch vorgebildete Fachkräfte hinzuzuziehen. Bei wechselnder Unterstellung dieser Kräfte (mal Wasserschutzpolizei, mal Grenzpolizei) verblieb bei der Verwaltung für Schulung bzw. der Hauptverwaltung für Ausbildung (HVA) lediglich ein Referat z.b.V. zur Vorbereitung eines wirksamen Schutzes des Küstengebietes, das nach den Anweisungen der Sowjetischen Kontroll-Kommission (SKK) arbeitete. Im Dezember 1949 wurde die Erkundung eines ersten Hafens in Parow (ehemaliger Marinefliegerhorst) durchgeführt.

Mit Wirkung vom 28. Februar 1950 wurde die Hauptabteilung z.b.V. (See) im Bereich der HVA gebildet, um mit dem Aufbau eines Stabes zu beginnen, die Hafenanlagen in Wolgast und in Parow zu übernehmen, die Kursanten für den ersten Lehrgang in seemännischer Ausbildung vorzubereiten sowie die Fertigstellung und Indienstnahme der 6 Küstenschutzboote zu gewährleisten. Im April 1950 gehörten 13 Offiziere und 19 Unteroffiziere bzw. Mannschaftsdienstgrade zu dieser Hauptabteilung.

Am 29. Mai 1950 wurden der Regierung der DDR (Stellvertreter des Ministerpräsidenten Heinrich Rau) durch die UdSSR 6 Räumboote der ehemaligen Kriegsmarine übergeben, anschließend erfolgte die Übergabe von 4 weiteren Booten (vor allem Minensuchboote).

Am 15. Juni 1950 beschloß der Ministerrat die Bildung einer dem Ministerium des Innern unterstellten »Hauptverwaltung der Seepolizei« (HVS) und stellte ihr folgende Aufgaben: »Der Seepolizei obliegt es, an der Seegrenze der DDR die demokratischen Errungenschaften und den wirtschaftlichen Aufbau im Interesse der werktätigen Bevölkerung zu sichern, den Handel vor Schädigung durch Schmuggel an der Küste zu schützen; die Fischereiflotte der DDR, sowie allen anderen in Häfen der Republik aus- und einlaufenden Schiffe durch Kontrolle der Instandhaltung und Markierung der Wasserwege und durch Hilfeleistung bei Havarien in den Küstengewässern Schutz und Sicherheit zu gewähren.«

Daraus ergaben sich solche Konsequenzen wie die Eröffnung der Seepolizeischule Parow mit 280 Kursanten, die Baubelehrung von 80 Besatzungsangehörigen für die ersten Küstenschutzboote und die Ausbildung weiterer 220 Kursanten verschiedener Fachrichtungen. Am 27. Juli 1950 wurde der HVS zusätzlich befohlen, den neu gegründeten »Seehydrographischen Dienst der DDR« einschließlich aller Außen- und Nebenstellen zu übernehmen. Ende 1950 erreichte die HVS folglich bereits eine Personalstärke von 2071 Mann.

Personalbestand (Ist)	1950	1951	1952	1953
Offiziere	320	330	663	921
Unteroffiziere	302	247	722	1 022
Mannschaften	410	1 211	1 369	2 285
Offiziersschüler	1 039	770	3 180	2 204
insgesamt	2 071	2 558	5 904	6 432

Das Anschwellen der Personalstärke 1952 ergab sich vorwiegend aus der Aufstellung mehrerer Lehreinrichtungen, die der Vorbereitung der auf der 2. Parteikonferenz der SED im Juli 1952 angekündigten Schaffung nationaler Streitkräfte dienen sollten. Es waren dies die Seeoffiziers-Lehranstalt, die Nachrichtenoffiziers-Lehranstalt, die Ing.-Offiziers-Lehranstalt und die für Anfang 1953 vorgesehene Eröffnung einer U-Boot-Schule.

Die bis 1953 aufgestellten Schiffbaupläne waren in keinem Jahr erfüllt worden. Insgesamt verfügte die Volkspolizei See 1953 über folgenden Bestand an Schiffen und Booten:

1	Schulflaggschiff (1 100 t)
	(*Ernst Thälmann*, ex. dän. *Hvidbjörnen*)
4	Minenleg- und Räumschiffe *Habicht* (510 t)
6	Räumboote *R-218* (131 t)
20	Küstenschutzboote (26 und 27,8 m Kutter, 72 bzw. 78 t)
3	Räumpinassen *Schwalbe* (83 t)
5	Schulboote
11	Hilfs- und Bergungsfahrzeuge
19	Vermessungs- und Seezeichen-Schiffe

Im Mai 1953 übergab der Chef der VP-See, Vizeadmiral Verner, der SKK die russische Übersetzung des Dokuments »Zeuthen«, das die erforderlichen Maßnahmen für die Durchführung des Marine-Bauprogramms 1954–1956 enthielt.

Demzufolge sollten bis 1957 insgesamt 314 Fahrzeuge gebaut werden, davon 139 »Frontschiffe«, das waren im einzelnen:

10	Küstenwachtschiffe (1 400 t)
55	U-Jäger (240 t)
36	Schnellboote (70 bzw. 100 t)
24	Räumpinassen (60 t)
14	U-Boote (750 t).

Die weiteren Bauvorhaben betrafen:

27	Schulschiffe
29	Versorgungsschiffe
29	Eisbrecher und Schlepper
29	Docks und Schwimmkrane
61	Hilfsfahrzeuge

Diese – angesichts der begrenzten materiellen, personellen und finanziellen Möglichkeiten der DDR ohnehin zu hoch gestecken – Ziele wurden nach den Unruhen vom 17. Juni 1953 und der danach vorgenommenen Reduzierung der bewaffneten Kräfte und ihrer Planungen aufgegeben. Die Vorbereitungen für die Schaffung von Unterwasserkräften wurden völlig eingestellt.

Anlage 2
Kampfschiffe und Boote der Volksmarine
(Auswahl von Daten, Angaben nach H. Mehl/K. Schäfer, Die andere deutsche Marine, Berlin 1992)

Typ Waffen (1)	Bau in	Depl t	L m	B m	T m	Be- satz	Vmax sm/h	Zahl	Lauf- zeit (2)
Schulschiff *Ernst Thälmann Dorsch 147* (1-85 mm, 2-37 mm, 2-25 mm, 4-12,7 mm)	Dän	1100	65,3	9,9	4,7	60	12	1	1952–61
Motorschulschiff *Wilhelm Pieck* (4-30 mm, 4-25 mm)	Pol	1750	72	11,6	4	60	16	1	1976–90
Küstenschutzschiff *50* (3-100 mm, 4-37 mm, 2-533 mm TR, WaBo)	SU	1168	91,5	10,2	3,15	162	28	4	1956–77
Küstenschutzschiff *1159* (4-76 mm, 4-30 mm, 2-2 FK, 2-16 RBU)	SU	1499	96,4	12,5	3,48	110	30	3	1978–90
Kleines Raketenschiff *1241 Ä* (1-76 mm, 2-6/30 mm, 4 FK P 21/22, 1 FK FASTA 4)	SU	420	56,1	11,3	3,87	38	44	5	1984–90
Kleines Raketenschiff *151* (1-76 mm, 1-6/30 mm, 1 FK FASTA 4)	DDR	347	48,9	8,6	2,2	33	35	3	1990–90
Raketenschnellboot *205* (4-30 mm, 4 FK P 15)	SU	209	39,6	7,6	2,9	28	39	15	1962–90
Torpedoschnellboot *183* (4-25 mm, 2-533 mm TR, WaBo)	SU	67	25,4	6,24	1,24	14	45	27	1957–70
Torpedoschnellboot *206* (4-30 mm, 4-533 mm TR, WaBo)	SU	145	34,6	6,8	2,78	24	46	18	1968–90
Leichtes TS-Boot *Iltis* (63.3) (2-533 mm TR)	DDR	16,8	14,8	3,4	1,05	3	52	30	1964–77
Leichtes TS-Boot *Hydra* (68.2) (3-533 mm TR, Minen)	DDR	15,7	17,1	3,6	0,9	3	50	26	1964–75
Kleines TS-Boot *131* (131.4) (2-23 mm, 2-533 mm TR, Minen)	DDR	28	18,9	4,5	1,7	5	48	30	1974–90
Räumboot *R-218* (3-20 mm)	DR	131	39,5	5,7	1,8	31	19	6	1950–56
Räumpinasse *Schwalbe* (2-12,7 oder 20 mm)	DDR	83	28,7	4,4	1,3	13	11	48	1953–86
Minenleg- und -räumschiff *Habicht* (kurz) 1. u. 2. BA (1-37 mm, 4-25 mm)	DDR	510	59,1	8,2	2,5	38	18	6	1953–70
MLR *Habicht* (lang) 3. BauAbsch (1-85 mm, 8-25 mm, WaBo)	DDR	670	65,1	8,2	2,5	38	17	6	1955–70
Minenleg- und -räumschiff *Krake* (1-85 mm, 10-25 mm, WaBo)	DDR	642	66,1	8,2	2,52	38	16	10	1957–76
Minensuch- und -räumschiff *89* 89.1 (2-25 mm)	DDR	339	52,0	7,12	2,4	24	20	21	1969–90

Typ Waffen (1)	Bau in	Depl t	L m	B m	T m	Be- satz	Vmax sm/h	Zahl	Lauf- zeit (2)
Minenleg- und -räumschiff *89.2* (6-25 mm)	DDR	479	56,7	7,5	2,33	30	18	30	1971–90
U-Bootjäger *201 M* (4-25 mm, 4-5 RBU 1200, WaBo)	SU	215	42,2	6,08	1,9	24	27	12	1959–76
U-Bootjäger *Hai (12.4 M)* (4-30 mm, 4-5 RBU 1200, WaBo)	DDR	320	51,7	6,6	2,43	29	32	12	1965–84
Kleines U-Bootabwehrschiff *133.1* (2,57 mm, 2-30 mm, 2-4 FASTA, 4-UAW TR, 2-16 RBU, Wabo)	DDR	792	75,2	9,8	2,73	59	24	16	1981–90
Landungsboot *46* (4-25 mm)	DDR	232	41,1	6,9	1,1	15	10	12	1962–77
Mittleres Landungsschiff »*47*« *Robbe* (2-57 mm, 4-25 mm)	DDR	709	64	11,6	2,48	32	13	6	1964–78
Mittleres Landungsschiff *108* (4-57 mm, 4-30 mm, 4-122 mm Geschoßwerfer/40 Rohre)	DDR	1744	90,7	11,1	3,4	42	18	12	1976–90

(1) Anzahl und Kaliber der Hauptbewaffnung, d. h. Geschütze und Fla-MG, Torpedorohre (TR), Flugkörper (FK), reaktive Wasserbombenwerfer (RBU), Wasserbomben und Minen
(2) Laufzeit = von der ersten Indienststellung eines Schiffes/Bootes des jeweiligen Typs bis zur Außerdienststellung des letzten bzw. der Übernahme durch die Bundesmarine am 3. Oktober 1990.

Anlage 3
Spitzengliederung und Stellenbesetzung
von Führungs-positionen der Seestreitkräfte der DDR und ihrer Vorläufer

(Angaben nach der Dissertation von Admiral Wilhelm Ehm und einem Manuskript von Kapitän zur See Winfried Volland. Die Dienstgrade wurden aus Platzgründen abgekürzt)

Kommando der Volksmarine

(1950 Hauptverwaltung für Seepolizei, 1952 Stab der Volkspolizei-See, 1956 Verwaltung der Seestreitkräfte, 1958 Kommando der Seestreitkräfte, 1960 Kommando der Volksmarine) 1950–53 Berlin, 1953–54 Stralsund, ab 1954 Rostock

Chef:	1950–55	Waldemar Verner (GenInsp, VA)
	1955–56	Felix Scheffler (KA)
	1957–59	Waldemar Verner (VA)
	1959–61	Wilhelm Ehm (KA)
	1961–63	Heinz Neukirchen (KA)
	1963–87	Wilhelm Ehm (KA, VA, Adm)
	1987–89	Theodor Hoffmann (VA)
	1989–90	Hendrik Born (VA)
StvCS:	1950–51	Felix Scheffler (CInsp)
	1951–54	Heinz Neukirchen (CInsp, KA)
	1954–56	Friedrich Elchlepp (KzS)
	1956–61	Heinz Neukirchen (KA)
	1961–63	Wilhelm Nordin (KzS)
	1963–64	Heinz Neukirchen (KA)
	1964–71	Johannes Streubel (KA)
	1971–85	Gustav Hesse (KA, VA)
	1985–87	Theodor Hoffmann (KA, VA)
	1987–90	Rolf Rödel (KA)
StvCPol:	1950	Felix Scheffler (Insp)
	1950–52	Erwin Bartz (Insp)
	1952–56	Heinrich Ißleib (Insp, KzS)
	1956–59	Rudi Wegner (FK, KzS)
	1959–61	Heinz Thude (FK)
	1961–74	Rudi Wegner (KzS, KA)
	1974–82	Günter Kutzschebauch (KA, VA)
	1982–89	Hans Heß (KA)
	1990	Helmut Milzow (KA)
StvCAusb:	1959–61	Felix Scheffler (KA)
	1971–85	Lothar Heinecke (KzS, KA)
	1985–88	Gustav Hesse (VA)
	1988–90	Eberhard Grießbach (KA)
StvCRD:	1950–56	Paul Blechschmidt (Insp, CInsp, GM)
	1956–57	Gerhard Riese (Major, FK)
	1958–59	Wilhelm Ehm (KzS, KA)
	1959–62	Gerhard Riese (FK, KzS)
	1963	Willi Winkler (KzS)
	1964–75	Felix Scheffler (KA)
	1975–89	Hans Hofmann (KA, VA)
	1990	Karl Weiß (KA)
StvTB:	1959	Heinz Müller (KzS)
	1959–61	Franz Pfeiffer (FK)
	1962–63	Felix Scheffler (KA)

Chefs und Kommandeure von Verbänden und Lehreinrichtungen

1. Flottille

(1950 Räumflottille, 1951 Räum- und Küstensicherungsdivision, 1953 Flottenbasis Ost, 1956 1. Flottille) – 1950 Parow, 1951 Wolgast, 1952 Peenemünde

1950	Wolfram Zuch (ORat)
1950	Alfred Schneider (Rat)
1950–51	Heinrich Schunk (ORat)
1951–53	Friedrich Elchlepp (Insp, KzS)
1953–55	Kurt Kmetsch (FK)
1955–57	Heinz Irmscher (KzS)
1957–59	Herbert Bauer (KK)
1960–64	Werner Elmenhorst (FK)
1964–70	Lothar Heinecke (FK, KzS)
1970–74	Hans Hofmann (FK, KzS)
1974–84	Werner Kotte (KzS, KA)
1984–89	Hendrik Born (KzS, KA)
1989–90	Gerd Leupold (FK, KzS)

4. Flottille

(1956 zunächst Flottenbasis West, dann 4. Flottille) – Rostock-Gehlsdorf, dann Warnemünde

1956	Helmut Neumeister (FK)
1956–58	Walter Kühn (FK)
1958–61	Johannes Streubel (FK)
1961–64	Fritz Notroff (FK)
1964–71	Herbert Bernig (FK)
1971–76	Waldemar Richter (KzS, KA)
1976–80	Klaus Kahnt (KzS, KA)
1980–85	Rolf Rödel (KzS, KA)
1985–90	Gerhard Müller (KzS, KA)
1990	Joachim Fechner (KzS)

6. Flottille

(1956 TS-Bootsflottille, dann 6. Flottille, 1959 aufgelöst, 1963 Neuaufstellung) 1956 Sassnitz, 1957 Parow, 1958 Saßnitz, 1963 Stubbenkammer, 1965 Dranske

1956–58	Alfred Schneider (KK)
1958	Fritz Mösch (KL)
1958–59	Werner Elmenhorst (FK)
1963	Helmut Neumeister (KzS)
1963–71	Gustav Hesse (FK, KzS, KA)
1971–74	Theodor Hoffmann (FK, KzS)
1974–83	Hans-Joachim Dönitz (KzS, KA)
1983–87	Eberhard Grießbach (KzS, KA)
1987–90	Werner Murzynowski (KzS)

3. Flottille
(1954 Küstenabschnitt II, 1956 3. Flottille, 1958 aufgelöst) – Saßnitz

1956	Werner Elmenhorst (KK)
1956–58	Fritz Notroff (KK)

7. Flottille
(1956 Schulflottille, dann 7. Flottille, 1957 aufgelöst) – Parow

1956–57	Kurt Hollatz (FK)
1957	Walter Mehlhorn (KK)

9. Flottille
(1956 Baubelehrungs-Flottille, dann 9. Flottille, 1960 Erprobungszentrum) – Wolgast

1956–58	Kurt Jungnickel (KL)
1959–61	Manfred Fritzsche (KL)

Offiziershochschule
(1951 Seepolizei-Offiziersschule, 1953 Seeoffiziers-Lehranstalt, 1956 Seeoffiziersschule, 1958 Offiziersschule, 1971 Offiziershochschule) – Stralsund

1951–55	Wilhelm Nordin (Kdr, ab 1952 KzS)
1955–56	Walter Steffens (KzS)
1956–57	Heinrich Jordt (KzS)
1957	Wilhelm Nordin (KzS)
1958–64	Heinrich Ißleib (KzS)
1964–70	Fritz Notroff (KzS)
1970–76	Heinz Irmscher (KzS, KA)
1976	Kurt Schulz (KzS)
1976–84	Wilhelm Nordin (KA, VA)
1984–90	Klaus Kahnt (KA)

Ingenieur-Offiziersschule
(1952, 1957 aufgelöst) – Kühlungsborn

1957	Karl Nitzsche (FK)

Flottenschule
(1950 Seepolizeischule, 1952 Unterführer- und Mannschaftsschule, 1956 Flottenschule, 1960 Flottenschule I, 1963 aufgelöst und in die Offiziersschule eingegliedert, 1970 Flottenschule) – Parow

1950–55	Walter Steffens (Insp, ab 1952 KzS)
1955–57	Kurt Lehmann (FK)
1957–59	Kurt Kmetsch (KzS)
1960–61	Werner Heim (KK)
1961	Kurt Jungnickel (KK)
1962–63	Hans Frohberg (KK)
1970–73	Heinz Thude (KzS)
1973–74	Egon Nitz (FK)
1974–83	Rudi Wegner (KA)
1983–90	Egon Nitz (KA)

Anlage 4

Chronologische Übersicht über die Entwicklung der Seestreitkräfte

Die letzten Jahre wurden nach Unterlagen des Autors ausführlicher dargestellt.
Als Quellen dienten Arbeiten von W. Ehm, D. Flohr, H. Mehl, I. Pfeiffer und W. Volland.

Abkürzungen siehe am Schluß der Anlage

1950	15. 6.	Bildung der Hauptverwaltung Seepolizei (HVS) im MdI
	27. 7.	Seehydrographischer Dienst wird der HVS unterstellt
	20. 8.	W. Ulbricht besucht die HVS in Parow
	2. 10.	Umzug der Räumflottille von Parow nach Wismar, Hansewerft
	23. 11.	Umzug der Räumflottille von Wismar nach Wolgast, Peenewerft
1951	5. 1.	Beginn der Ausbildung an der Seepolizeischule in Parow
1952	8. 2.	GenInsp Verner eröffnet Offiziersschule (OS) in Stralsund
	Juni	II. SED-Delegiertenkonferenz der Seepolizei
	1. 7.	Umbenennung Seepolizei in Volkspolizei-See
	1. 8.	Räum- und KS-Division verlegt von Wolgast nach Peenemünde
	September	Beginn der Ausbildung von Seeoffizieren in Kaliningrad
	6. 9.	Beginn des Freiräumens eines Seegebietes östlich Rügen
	1. 10.	Einführung militärischer Dienstgrade und Rangabzeichen
	19.–23. 10.	Taktische Übung der VP-See (Geleitüberführung)
	26. 11.	Indienststellung des Schulschiffes *Ernst Thälmann*
1953	10. 2.	Bildung der Flottenbasis Peenemünde
	27. 4.	Indienststellung des ersten MLR-Schiffs *Habicht*
	15. 6.	Verlegung Stab VP-See von Berlin nach Parow
	7. 8.	Unterstellung VP-See unter Chef KVP (GL H. Hoffmann)
	10. 10.	Taktische Übung (Landungsabwehr, Geleitüberführung)
	16. 11.	Indienststellung der ersten Reedeschutzboote *Delphin*
1954	4. 1.	Rettungskationen durch VPS-Angehörige bei Sturmflut
	September	Beginn des Studiums an Seekriegsakademie Leningrad
	September	Taktische Übung (Küstenverteidigung Rügens)
1955	14. 5.	Unterzeichnung des Warschauer Vertrages
	September	Taktische Übung (Küstenverteidigung Rügens)
	20. 9.	Staatsvertrag UdSSR–DDR
	26. 9.	Volkskammer beschließt Verfassungsergänzung
	21. 11.	MdI GO W. Stoph besucht Flottenbasis Peenemünde
	Dezember	Zwei MLR-Schiffe sichern in Greifswald Stromversorgung
	31. 12.	Kampfbestand der VP-See: 12 MLR, 20 KS-Boote, 24 R-Boote
1956	18. 1.	Volkskammer beschließt Schaffung NVA und MfNV
	19. 1.	GO Willi Stoph wird Minister für Nationale Verteidigung
	21. 1.	MLR-Schiff hilft BRD-Schiff *Elisabeth* aus Seenot
	11.–12. 2.	IV. SED-Delegiertenkonferenz der Seestreitkräfte
	21. 2.	Befehl 4/56 über Aufstellung der SSK
	1. 3.	Aufstellung Verwaltung SSK und Schulflottille
	1. 6.	Aufstellung Flottenbasen Ost (Peenemünde) und West (Rostock)
	1. 7.	Aufstellung SeeoffzLehrAnst Stralsund und weitere Einrichtungen
	16.–18. 7.	Gemeinsame Taktische Übung der Floba Ost mit BaltFlotte
	5.–8. 9.	Truppenübung der NVA (GM Dickel) mit Land-, Luft- u. See-SK
	6. 10.	C-HS GL V. Müller übergibt vereinigter See-OS Truppenfahne
	1. 12.	Umbenennung der Flottenbasis Ost in 1., West in 4. Flottille
	15. 12.	Indienststellung von zwei Küstenschutzschiffen *50*

1957	22. 2.	Flottenbasis West erhält Warnemünde als Hauptstützpunkt
	1. 3.	Flottenappell in Rostock, Alter Hafen
	27.–29. 5.	Kdostabsüb (C-SSK VA Verner) mit 1. und 3. Flottille
	25.–27. 6.	Taktische Übung der Ostseeflotten (C-BF Adm Charlamow)
	29. 6.–2. 7.	Schiffsverband (VA Verner) in Gdynia
	27. 7.	Präsident Vietnams, Ho Chi Minh, bei den SSK
	16. 8.	Indienststellung des ersten MLR-Schiffs *Krake*
	8. 10.	Indienststellung der ersten 6 TS-Boote *183*
	1. 12.	Umbenennung KüstenAbschnittsFl II (Sassnitz) in 3. Flottille
	1. 12.	Aufstellung 6. Flottille in Parow (1959 aufgelöst)
1958	1. 4.	Aufstellung Spezialtauchergruppe (ab 1960 KampfSchwKdo)
	1. 5.	Flottenparade in Warnemünde, Neuer Strom
	12.–17. 5.	Gemeinsame Kdostabsüb in Swinoujscie (Swinemünde) (Adm Charlamow)
	21.–22. 5.	V. SED-Delegiertenkonferenz der Seestreitkräfte
	14.–18. 6.	Schulschiff erstmalig in Riga
	28.–30. 6.	Schiffsverband (VA Verner) in Gdynia
	5.–12. 7.	Erste Ostseewoche im DDR-Küstenbezirk Rostock
	19.–21. 7.	Taktische Übung der Ostseeflotten (Adm Charlamow)
	8. 10.	Indienststellung des Wohnschiffs *Grobian* nach Umbau
1959	17. 5.	W. Ulbricht besucht die SSK
	27.–29. 6.	Schiffsverband (KA Scheffler) in Szczeczin
	27.–30. 7.	Taktische Übung der Ostseeflotten (C-BF VA Orjol)
	1. 8.	VA Verner wird Chef der PHV, KA Ehm zum Chef SSK ernannt
	21.–25. 9.	Gemeinsame taktische Übung der LaSK und SSK der NVA
	10. 10.	Indienststellung von zwei weiteren Küstenschutzschiffen *50*
	7. 12.	Indienststellung des ersten U-Bootjägers *201 M*
	31. 12.	Auflösung 3., 6., 7., 9. Fl; Bildung KSS-Br u. TSB-Br aus 6. Fl
1960	10. 2.	Volkskammer beschließt Gesetz über Bildung NVR
	11. 2.	Präsident W. Pieck ernennt W. Ulbricht zum VorsNVR
	1. 5.	Bildung Hs-Kette in Parow (1963 HsSt, 1976 HsG)
	20.–21. 5.	VI. SED-Delegiertenkonferenz der Seestreitkräfte
	24.–28. 6.	Flottenbesuch (C-SSK KA Ehm) in Gdynia
	14. 7.	GO Heinz Hoffmann wird MfNV als Nachfolger von W. Stoph
	23.–26. 8.	Kdostabsüb der SSK (KA Ehm)
	13.–23. 9.	Flottenübung der Seestreitkräfte (KA Ehm)
	25.–29. 9.	Polnischer Flottenbesuch (C-UBr Kom Pietraskiewicz)
	19. 10.	NVR beschließt Namensverleihung »Volksmarine« (VM) an SSK
	4. 11.	Flottenappell und Seeparade im Greifswalder Bodden
	22.–25. 11.	Gemeinsame Übung des Zusammenwirkens (CS-BF KA Alexejew)
1961	29. 3.	Indienststellung des ersten schwimmenden Stützpunkts *62*
	Mai	Überprüfung der 1. Fl durch den Stab der Vereinten Streitkräfte
	23. 5.	Kdostabsüb der Volksmarine (KA Ehm)
	7. 7.	W. Ulbricht besucht Schiffe der 1. Flottille
	20.–24. 7.	Erster offizieller Flottenbesuch (KzS Streubel) in Gdynia
	31. 7.–12. 8.	Flottenübung der Volksmarine (C-VM KA Neukirchen)
	1.–6. 8.	Gemeinsame Reedeübung (CS-BF KA Alexejew)
	20. 9.	Volkskammer beschließt Verteidigungsgesetz
	30. 9.–10. 10.	Operativ-strategische Übung der Vereinten Streitkräfte
	4. 11.	6. Grenzbrigade Küste (6. GBrK) wird dem KdoVM unterstellt
1962	24. 1.	Volkskammer beschließt Gesetz über allgemeine Wehrpflicht
	17.–22. 5.	Gemeinsame Kdostabsüb (C-BF VA Orjol)
	15.–16. 6.	VII. SED-Delegiertenkonferenz der Volksmarine
	16. 6.	Indienststellung des ersten Landungsbootes *46*
	22.–28. 8.	Erster offizieller Flottenbesuch (KA Neukirchen) in Leningrad
	24. 9.–3. 10.	Flottenübung der VM (KA Neukirchen)
	30. 9.	Räumboot *422* sinkt nach Kollision mit britischem Frachter

1962	18.–24. 10.	Sowjetischer Flottenbesuch (C-BF VA Orjol)
	1.11.	Bildung der SpezKüArtAbt (31. 12. 72 aufgelöst)
	20. 11.	Indienststellung des ersten Raketenschnellboots *205*
1963	Januar	Eröffnung der Fakultät SSK der Militärakademie »F. Engels«
	April	Übergang der Volksmarine zum ständigen Vorpostendienst
	1. 5.	Neuaufstellung 6. Flottille in Sassnitz
	10.–14. 6.	Gemeinsame Kdostabsüb (CS-BF KA Bondarenko)
	10.–16. 8.	Gemeinsame Flottenübung »Flut« (FA Gorschkow)
	2.–12. 9.	Erstmaliges Zusammenwirken von RSB- u. TSB- mit KüRak-Kräften
1964	7. 4.	UdSSR-Militärdelegation (Marschall Malinowski) besucht OS
	10. 4.	Indienststellung des ersten mittleren Landungsschiffs *47*
	5.–13. 5.	Erster Raketenschießabschnitt vor Baltisk
	5.–6. 6.	VIII. SED-Delegiertenkonferenz der Volksmarine
	26. 7.	ČSSR-Militärdelegation (AG Lomsky) besucht 1. Flottille
	7.–12. 9.	Flottenübung »Woge« in NVA (VA Ehm)
	7. 10.	Flottenparade in Warnemünde, Neuer Strom
1965	1. 5.	LaSchiffsBr geht von 6. Flottille an 1. Fl, KSS-Abt an 4. Fl
	8. 5.	Einweihung der Dienststelle Bug der 6. Flottille
	25.–27. 6.	Flottenbesuch (VA Ehm) in Gdynia
	5. 7.	Indienststellung des ersten U-Bootjägers *12.4 M Hai*
	6. 7.	W. Ulbricht und W. Stoph besuchen die Volksmarine
	19.–21. 7.	Inspektion der 6. Flottille durch das MfNV
	26.–27. 8.	Gemeinsame taktische Übung der Raketen-und Torpedokräfte
	1. 12.	Aufstellung 1. SiBr in 1. Flottille, 4. SiBr in 4. Flottille
1966	15. 6.	Janos Kadar besucht in Begleitung von E. Honecker die VM
	27. 6.–1. 7.	Gemeinsame Kdostabsüb »Brise« (C-PSKF VA Studzinski)
	21.–27. 7.	Gemeinsame Flottenübung »Baikal« (Marschall Gretschko)
1967	25. 2.	IX.SED-Delegiertenkonferenz der Volksmarine
	8. 5.	Übergabe der ersten Wohnungen im Neubaugebiet Dranske
	19.–23. 7.	AG H. Hoffmann besucht VM auf einer Inspektionsreise
	9. 8.	E. Honecker besucht die Volksmarine
	15.–25. 8.	Flottenübung »Taifun« der VM (VA Ehm)
	29. 10.	Gemeinsame Flottenparade mit BF (SU) in Warnemünde, Seekanal
	27.–29. 11.	Sowjetischer Flottenbesuch (CS-SKF VA Saweljew)
1968	15.–22. 4.	Gemeinsame Kdostabsüb »Rügen« (VA Ehm)
	4.–8. 5.	Polnischer Flottenbesuch (C-PSKF VA Studzinski)
	2. 6.	Jugoslawische Militärdelegation (GO Ljubicic) besucht 1. Fl
	Juni	Inspektion der 6. Flottille durch das MfNV
	11.–19. 7.	Gemeinsame Kdostabsüb »Sewer« (FA Gorschkow)
	19.–24. 8.	Gemeinsame Kdostabsüb »Koralle 68« (VA Studzinski)
	31. 8.	Untergang TS-Boot *Willi Bänsch* nach Kollision mit *Drottning*
	14. 10.	Indienststellung des ersten Torpedoschnellboots *206*
	9. 11.	Flottenparade in Rostock, Stadthafen
	9. 11.	Einweihung des Matrosendenkmals in Dranske
1969	17. 5.	X. SED-Delegiertenkonferenz der Volksmarine
	29. 5.	Indienststellung des ersten Minensuch- u. -räumschiffs *89*
	17.–27. 6.	Inspektion der 4. Flottille durch das MfNV
	14.–18. 7.	Gemeinsame Kdostabsüb »Triton 68« (VA Studzinski)
	18.–20. 8.	Truppenbesuch des MfNV AG H. Hoffmann in der VM
	18.–23. 8.	Gemeinsame Kdostabsüb »Pregrada« (C-BF Adm Michailin)
	21.–27. 9.	Gemeinsames Manöver »Oder-Neiße« (Waffengeneral Jaruzelski)
	3.–8. 10.	Sowjetischer Flottenbesuch (Adm Michailin)
	4. 10.	Flottenparade und Vorführungen in Rostock, Kabutzenhof
1970	16.–18. 3.	Gemeinsame Kdostabsüb »Koralle 70« (CS-PSKF)
	5. 6.	Eröffnung des Hauses der NVA in Dranske

1970	25.–26. 6.	Flottenbesuch (VA Ehm) in Gdynia
	24.–29. 8.	Gemeinsame Kdostabsüb »Baltik« (VA Ehm)
	12.–18. 10.	Gemeinsames Manöver »Waffenbrüderschaft« (AG H. Hoffmann)
	1. 12.	Flottenschule nach Ausgliederung aus OS wieder selbständig
1971	24. 2.	OS der VM wird Status einer Hochschule verliehen
	24. 4.	XI. SED-Delegiertenkonferenz der Volksmarine
	Mai	Begleitung des US-Flugzeugträgers *Intrepid* in der Ostsee
	7.–12. 6.	Inspektion der 6. Flottille durch das MfNV
	24. 6.	Volkskammer wählt E. Honecker zum VorsNVR
	6.–10. 7.	Gemeinsame Kdostabsüb »Sojus 71« (C-BF)
	21. 7.	E. Honecker besucht die Volksmarine
	2. 10.	Chef der Volksmarine wird gleichzeitig StvMfNV
	1. 12.	Umgliederung der 6. Fl in RTS-Brigaden
	1. 12.	Gefechtsdienst der verbündeten Ostseeflotten beginnt
1972	4. 5.	AG H. Hoffmann besucht die Peenewerft Wolgast
	31. 5.–7. 6.	Gemeinsame Kdostabsüb »Baltika« (FA Gorschkow)
	15. 6.	Erlaß der Grenzordnung
	18. 6.	Fidel Castro (Cuba) besucht mit W. Lamberz die Volksmarine
	21. 9.	Gustav Husak (ČSSR) besucht mit E. Honecker die Volksmarine
	6.–8. 11.	Marinedelegation (VA Ehm) in Jugoslawien
	21. 12.	Grundlagenvertrag DDR-BRD in Berlin unterzeichnet
1973	9.–13. 4.	Flottenübung »Taifun 73« der Volksmarine (VA Ehm)
	19.–22. 5.	Chilenisches Segelschulschiff in Rostock
	27.–31. 7.	Flottenbesuch (VA Ehm) in Leningrad
	30. 8.	Einweihung des Gedenksteins für die *Willi Bänsch*
	18. 9.	Aufnahme der DDR und der BRD in die UNO
	5.–9. 10.	Flottenbesuch (VA Ehm) in Gdynia
1974	25. 1.	XII. SED-Delegiertenkonferenz der Volksmarine
	29. 7.	Vereinbarung DDR-BRD über Grenzfragen in der Lübecker Bucht
	3.–13. 9.	Gemeinsame Kdostabsüb »WAL 74« (Marschall Jakubowski)
	13. 9.	Gemeinsame Seeparade nach »WAL 74« vor Sassnitz
	4.–9. 10.	Sowj. (Adm Michailin) und poln. (Adm Janczyscyn) Flottenbesuch
	7. 10.	Flottenparade in Warnemünde, Seekanal
	20. 12.	Indienststellung des ersten Kleinen TS-Boots *131*
1975	9.–13. 6.	Internationales Maritimes Symposium in Stockholm
	27. 6.–1. 7.	Flottenbesuch (VA Ehm) in Gdynia
	1. 8.	Unterzeichnung der Schlußakte der KSZE in Helsinki
	5.–7. 8.	Gemeinsame Kdostabsüb »Delphin 75« (CS-BF VA Kossow)
	22.–26. 9.	Kdostabsüb »Meridian 75« (VA Ehm)
	20. 10.	ČSSR-Militärdelegation (AG Dzur) besucht 1. Flottille
1976	18.–22. 6.	Finnischer Flottenbesuch (Schulschiff) in Rostock
	25. 6.–2. 7.	Übung »Oberlicht« der RückwDienste (KA H. Hofmann)
	6. 7.	Indienststellung des Schulschiffs *Wilhelm Pieck*
	25.–29. 7.	Flottenbesuch (VA Ehm) in Leningrad
	3.–7. 8.	Flottenbesuch (KzS Schulz) in Helsinki
	1. 10.	Büro des Zentralrats der FDJ besucht die OHS Stralsund
	12. 11.	AG Hoffmann stellt erstes Landungsschiff *108* in Dienst
1977	1.–29. 4.	Große Fahrt des Schulschiffs (Gdynia, Riga, Tallinn)
	27. 6.–7. 7.	Gemeinsame Kdostabsüb »WAL 77« (Marschall Kulikow)
1978	15.–20. 5.	Zweites Internationales Maritimes Symposium in Helsinki
	2. 6.	Kubanische Militärdelegation in VM
	29. 6.–7. 8.	Große Fahrt des Schulschiffs (Murmansk)
	13. 7.	C-PHV der Sowjetarmee, AG Jepischew, besucht die 6. Fl
	25. 7.	AG H. Hoffmann stellt Küstenschutzschiff *Rostock* in Dienst

1978	18.–22. 9.	Kdostabsüb »Herbstwind 78« (Adm Ehm)
	5.–10. 10.	Sowjetischer Flottenbesuch (C-BF VA Sidorow)
	13. 10.	Volkskammer beschließt Verteidigungsgesetz
	15. 12.	Fliegerkosmonaut Oberst S. Jähn besucht die VM
1979	Januar	Katastropheneinsatz gegen Schnee und Eis im Küstenbezirk
	1.–24. 4.	Gemeinsame Taktische Übung »Polygon« (Adm Ehm)
	10. 5.	Adm Ehm stellt Küstenschutzschiff *Berlin* in Dienst
	18. 5.–3. 7.	Große Fahrt des Schulschiffs (Sewastopol, Constanta, Warna)
	27.–31. 7.	Flottenbesuch (Adm Ehm) in Tallinn
	5. 8.	Versuchte Entführung eines Schiffs der 6. GBrK scheitert
	1. 9.	Aufstellung KüRakAbt in Schwarzenpfost (ab 1984 KüRakR)
	4.–9. 10.	Sowj. (Adm Sidorow) und poln. (Adm Janczyscyn) Flottenbesuch
	7. 10.	Flottenparade in Rostock, Kabutzenhof
1980	18. 1.	FA Gorschkow besucht 1. Flottille und Peenewerft Wolgast
	10. 5.–4. 6.	Große Fahrt des Schulschiffs (Murmansk)
	24. 5.–6. 6.	Gemeinsame Geschwaderfahrt ins Nordmeer
	27. 6.–1. 7.	Flottenbesuch (Adm Ehm) in Gdynia
	14.–18. 7.	Finnischer Minenleger in Rostock
	19.–23. 7.	Mexikanisches Schulschiff in Rostock
	12. 8.	NATO-Einsatzverband läuft in Ostsee ein, VM begleitet
	4.–12. 9.	Gemeinsames Manöver »Waffenbrüderschaft« (AG H. Hoffmann)
1981	23. 1.	XV. SED-Delegiertenkonferenz der Volksmarine
	17. 3.–7. 4.	Gemeinsame Kdostabsübn »Sojus 81«, »WAL 81« (OK-VS Kulikow)
	28. 3.–7. 4.	Überprüfung der Gefechtsbereitschaft der VM durch Stab-VS
	9. 4.	GO Streletz stellt erstes UAW-Schiff *133.1* in Dienst
	16. 4.	X. Parteitag der SED wählt W. Ehm ins Zentralkomitee
	Juni	Rumänische Militärdelegation (GM Olteanu) besucht 1. Flottille
	16. 6.–5. 8.	Große Fahrt des Schulschiffs (Sewastopol, Split)
	30. 6.–19. 7.	Gemeinsame Geschwaderfahrt ins Nordmeer (KA Heinecke)
	24.–28. 7.	Flottenbesuch (Adm Ehm) in Leningrad
	16. 8.	OK-GSSD, AG Saizew, besucht die 6. Flottille
	25.–29. 9.	Flottenbesuch (KzS Rödel) in Helsinki
1982	22. 1.	1. Beratung mit Kommandanten von Kampfschiffen und -booten
	25. 3.	Volkskammer beschließt Gesetz über die Staatsgrenze
	28. 3.–7. 4.	Inspektion der 6. Flottille durch den Stab der VS/WV
	2.–15. 6.	Gemeinsame Geschwaderfahrt in den Atlantik
	12.–14. 7.	Finnischer Flottenbesuch (Kommandore Tikka)
	9.–14. 8.	Sowjetischer Flottenbesuch (C-BF Adm Kapitanez)
	13.–18. 9.	Kdostabsüb »Herbstwind 82« (Adm Ehm)
	20.–24. 9.	Schwedische Marinedelegation (VA Rudberg) besucht VM
1983	21. 1.	Kollision MS *Völkerfreundschaft* mit BRD-U-Boot *U-26*
	18.–22. 4.	Gemeinsame Taktische Übung »Polygon 83« (Adm Ehm)
	30. 5.–9. 6.	Gemeinsame Kdostabsüb »Sojus 83« (Marschall Kulikow)
	30. 5.	Adm Ehm trifft zu Besuch schwedischer SSK in Stockholm ein
	13. 6.–18. 7.	Große Fahrt des Schulschiffs (Leningrad, Riga, Turku)
	30. 7.–3. 8.	Griechisches Schulschiff in Rostock
	1.–30. 8.	Gemeinsame Geschwaderfahrt in den Nordatlantik
	14.–26. 8.	Übung der RückwDienste der NVA »Testat 83« (GL Goldbach)
	20.–29. 9.	Gemeinsame Kdostabsüb »Okean 83« (FA Gorschkow)
	26. 9.–6. 10.	Inspektion der 4. Flottille durch das MfNV
1984	2.–16. 4.	Inspektion der 6. Grenzbrigade Küste durch das MfNV
	3. 5.–30. 6.	Große Fahrt des Schulschiffs (Tripolis, Sewastopol, Piräus)
	4. 5.–6. 6.	Gemeinsame Geschwaderfahrt in die Barentssee (KA Rödel)
	25. 5.–1. 6.	Gesamtkontrolle der OHS »Karl Liebknecht« durch das MfNV
	19.–23. 7.	Flottenbesuch (Adm Ehm) in Gdynia

1984	24. 7.	E. Honecker besucht die VM, Vorführung von Gefechtsübungen
	20.–26. 8.	Kdostabsüb »Testat 84« der RückwDienste der NVA
	2. 9.	Koreanische Militärdelegation (AG O Dschin U) in 1. Fl
	5. 9.	Indienststellung des ersten schwimmenden Stützpunktes *162*
	10.–14. 9.	Kdostabsüb »Herbstwind 84« der NVA (Adm Ehm)
	5.–8. 10.	Sowj. (Adm Kapitanez) und poln. (Adm Janczyszyn) Flottenbesuch
	10.–15. 10.	VM-Delegation (Adm Ehm) in UdSSR (FA Gorschkow)
	31. 10.	Indienststellung des ersten kleinen Raketenschiffs *1241*
	1. 11.	Aufstellung der Raketenschiffsbrigade in der 6. Flottille
	27. 11.	Aufstellung des Marinefliegergeschwaders 28 in Laage
1985	1. 1.	DDR erweitert ihre Territorialgewässer von 3 auf 12 sm
	4. 1.	2. Beratung mit Kommandanten von Kampfschiffen und -booten
	8.–20. 4.	Inspektion der 1. Fl und des MarHsG-18 durch das MfNV
	27. 5.–22. 6.	Gemeinsame Geschwaderfahrt in den Nordatlantik
	30. 5.–4. 6.	Flottenbesuch (Adm Ehm) in Leningrad
	7.–11. 6.	Sowjetischer Flottenbesuch (C-BF Adm Makarow)
	23. 7.	Truppenbesuch E. Honeckers bei der Volksmarine
	28. 8.–1. 9.	Flottenbesuch (KzS Karnowka) in Stockholm
	3.–7. 9.	Flottenbesuch (KzS Karnowka) in Helsinki
	9.–13. 9.	Kdostabsüb »Herbstwind 85« der NVA (Adm Ehm)
	11. 10.	AG H. Hoffmann besucht die OHS »Karl Liebknecht«
	9.–21. 11.	Marinedelegation (Adm Ehm) in Syrien
	3. 12.	AG H. Keßler wird nach dem Tod von AG H. Hoffmann Minister
1986	28. 1.	KA Hoffmann (CS-VM) stellt KSS *Halle* in Dienst
	6.–8. 4.	Überprüfung der Gefechtsbereitschaft der 6. Flottille
	14. 5.	Schwedische Militärdelegation (OB General Ljung) in VM
	9.–21. 6.	Inspektion der 6. Flottille durch das MfNV
	9. 6.–5. 7.	Gemeinsame Geschwaderfahrt in den Atlantik
	23.–27. 6.	FA Tschernawin, OK-SKF, besucht DDR
	23. 6.	Verteidigungsausschuß des Schwedischen Reichstages bei VM
	21. 6.–1. 7.	Finnischer Minenleger in Stralsund
	2.–5. 9.	Schwedische Minensucher in Stralsund
	5. 9.	Syrische Marinedelegation (DivGen Tayara) in VM
	15.–20. 9.	Übung »Start 86« zum Schutz der Zivilflotte der DDR
1987	24.–30. 3.	Erprobungsübung mit dem Eisenbahnfährschiff *Mukran*
	7.–13. 4.	Griechische Marinedelegation besucht die Volksmarine
	23. 4.	Sowjetischer Flottenbesuch (VA Iwanow)
	29. 5.	Tagung des Politisch Beratenden Ausschusses in Berlin
	2.–26. 6.	Gemeinsame Geschwaderfahrt in die Nordsee (KzS Müller)
	4. 6.–24. 7.	Große Fahrt (Sewastopol, Constanta, Warna, Latakia)
	9.–12. 6.	Gemeinsame Kdostabsüb »Synchron 87«
	17. 8.	Jugoslawische Marinedelegation (VA Grubisic) besucht VM
	20. 8.	Flottenbesuch (KzS Müller) im finnischen Hafen Kotka
	8.–15. 9.	Gemeinsame Kdostabsüb »Sojus 87« (Marschall Kulikow)
	10. 9.	Verteidigungsausschuß der Volkskammer besucht die OHS
	10.–14. 10.	Flottenbesuch (Adm Ehm) in Leningrad
	30. 11.	Militärisches Zeremoniell zur Verabschiedung von Adm Ehm
1988	13. 1.	Kommandeursberatung der Volksmarine an der Flottenschule
	27. 1.	Besuch der Peenewerft (VA Hoffmann)
	28. 1.	Kollegiums-Sitzung im MfNV
	25. 2.	Beginn des Abzugs der sowjetischen Raketen SS-12 aus Waren
	26. 2.	Militärrat und Kommandeursberatung der VM
	7.–10. 3.	Kontrolle der 1. Flottille durch KdoVM
	13. 3.	VM übernimmt ehemaliges Raketenobjekt der GSSD Waren
	16. 3.	WissKonferenz im MfNV zur ÖkonSst der Landesverteidigung
	24. 3.	Beratung des C-VM über Probleme des Schiffbaus

1988	28. 3.	Konferenz in der 6. Flottille zur Gefechtsausbildung
	5. 4.	Beratung des C-VM mit Chef Schiffbau
	6. 4.	Beratung des C-VM in 4. Flottille und KüRR-18
	9. 4.	Training der UAW-Kräfte der Volksmarine
	12.–14. 4.	Stabstraining der Vereinten Ostseeflotten
	12.–16. 4.	VM-Delegation (KA Kahnt) nach Griechenland
	28. 4.	Beratung im KdoVM mit C-1. Fl und K-OHS über Ausbildung
	4.–28. 5.	Gemeinsame Geschwaderfahrt in die Nordsee
	11. 5.	Adm Kapitanez (1. StvOK-SKF) in 4. u. 6. Flottille
	14. 5.	Abschluß des MAW-Abschnitts in 4. Flottille
	16.–21. 5.	VM-Delegation (VA Hoffmann) in die UdSSR (FA Tschernawin)
	25. 5.	Rumänischer MfNV, GO Milea, besucht 6. Flottille
	1. 6.	Kollegiums-Sitzung im MfNV
	3. 6.–15. 7.	Große Fahrt des Schulschiffs (Murmansk, Tallinn, Gdynia)
	6.–18. 6.	Inspektion der 4. Flottille durch das MfNV
	17. 6.	Kollegiums-Sitzung im MfNV
	23.–26. 6.	Finnischer Flottenbesuch (KzS Rantanen)
	24. 6.	Sitzung des Militärrates und des SekrPV der VM
	30. 6.–6. 7.	Kdostabsüb »Lichtloch 88« (VA Hoffmann)
	17.–20. 7.	Gefechtsschießen der Landungsschiffe vor Tallinn
	18. 7.	USA-Inspektoren kontrollieren in Waren den Raketenabzug
	21. 7.	C-VM berät mit Generaldirektor des Kombinats Schiffbau
	13. 8.	Ernennung von Absolventen der OHS zu Seeoffizieren
	15.–19. 8.	Flottenbesuch (KzS Born) in Göteborg
	18. 8.	1. SekrSED-BL Rostock besucht Einheiten der 6. GBrK
	19. 8.	Kdrsberatung der Volksmarine in der SchiffsStammAbt-18
	25.–26. 8.	Beratung zur Ausbildung der VOF in Kaliningrad
	29. 8.–2. 9.	Schwedische Marinedelegation (VA Schuback) besucht VM
	7. 9.	Vortrag des C-VM vor Delegation der schwedischen VertAkad
	14. 9.	Empfang der Absolventen der Militärakademien im Staatsrat
	15. 9.	Militärrat der Volksmarine
	16. 9.	Kdrstagung im MfNV zur Auswertung AJ
	29. 9.	Auswertung des AJ und InstrMethSchulung der VM
	3.–5. 10.	C-VM nimmt an Militärratssitzung VS/WV in Budapest teil
	11. 10.	Zentralrat der FDJ in der 4. Flottille
	14. 10.	Kollegiums-Sitzung in MfNV
	9.–11. 11.	C-VM nimmt an Kontrolle der MAK »Friedrich Engels« teil
	17. 11.	StvMC-TB berät gemeinsam mit C-VM Schiffbaufragen
	18. 11.	GO Goldbach besucht 1. Fl, Erprobungsfahrt
	21. 11.	C-VM empfängt C-BF, Adm Iwanow, und stimmt opDok ab
	23. 11.	Militärrat der Volksmarine
	2. 12.	Kontrolle Dienst- und Lebensbedingungen 6. GBrK durch C-VM
	5. 12.	Kollegiums-Sitzung im MfNV
	8. 12.	MfNV AG Keßler nimmt an SED-DelKonf der 6. Fl teil
	20.–23. 12.	Tagung der Chefs der verbündeten Flotten in Warna
	28. 12.	Militärrat der Volksmarine
1989	5. 1.	Beratung im MfNV über Ergebnisse 23./KomVertMin/WV Sofia
	23. 1.	E. Honecker verkündet einseitige Reduzierung der NVA
	23.–27. 1.	Lektionszyklus zur neuen Militärdoktrin im MfNV
	27. 1.	Östlich Fehmarnbelt kollidiert MAW-Schiff mit BRD-U-Boot
	29. 1.	KomVertMin/WV veröffentlicht erstmals Zahlen über SK/WV
	1. 2.	Kontrolle der Gefechtsausbildung in 4. Flottille
	14. 2.	C-VM nimmt an Beratung beim CHS über Reduzierung NVA teil
	15. 2.	Beratung des C-VM mit C-MBU über Bau- und Unterkunftsfragen
	16. 2.	Militärrat der Volksmarine
	10. 3.	Kollegiums-Sitzung im MfNV
	13. 3.	C-VM berät mit Kdrn der Lehreinrichtungen Reduzierung

1989	28.–29. 3.	Überprüfung der Gefber der 1. Flottille durch das MfNV
	3.–12. 4.	MAW-Übung »Mine 89«
	5. 4.	Kontrolle der Gefechtsausbildung im KüRR-18
	6.–11. 4.	C-VM nimmt zeitweilig an Übung »Testat 89« der RD teil
	13.–14. 4.	Arbeitsbesuch des C-LSK/LV (GO Reinhold) in der VM
	20. 4.	Außerordentliche Kommandeursberatung der Volksmarine
	21. 4.	MiwiKonf der NVA in Strausberg »40 Jahre DDR«
	4. 5.	OK-VS/WV AG Luschew besucht mit AG Keßler die VM
	4. 5.	Militärrat der Volksmarine
	5. 5.	Kollegiums-Sitzung im MfNV
	10. 5.–6. 6.	Gemeinsame Geschwaderfahrt ins Kattegatt
	12.–16. 5.	Flottenbesuch (VA Hoffmann) in Leningrad
	19. 5.	Kdrsberatung im MfNV
	22.–24. 5.	C-VM im MfNV, Teilnahme an Sitzungen Militärrat VS/WV
	22. 5.	Vertrag DDR-Polen über Abgrenzung Territorialgewässer
	23. 5.–14. 7.	Große Fahrt (Algier, Sewastopol, Piräus, Split)
	25.–26. 5.	Übung der 6. Flottille
	29. 5.–3. 6.	Gemeinsame Kdostabsüb »Polygon 89«
	5. 6.	Kollegiums-Sitzung im MfNV
	6. 6.	Inspektion der 6. GBrK durch das MfNV
	9.–12. 6.	Britische Fregatte *Achilles* in Rostock
	19. 6.	Schwedischer VertMin Carlsson besucht 1. Flottille
	22. 6.	Militärrat der Volksmarine
	29. 6.	Parteiaktivtagung der NVA zur Auswertung 8. ZK-Tagung
	7.–8. 7.	Tagung des Politisch Beratenden Ausschusses WV in Sofia
	7. 7.	Militärrat und SekrPV der VM werten 8. ZK-Tagung aus
	17. 7.	StvMC-TB GO Goldbach berät mit C-VM Schiffbauentwicklung
	19.–21. 7.	Raketenschießen im Übungsgebiet der Baltischen Flotte
	15.–17. 8.	Flottenbesuch (KA Müller) in Helsinki
	8. 9.	Kollegiumssitzung im MfNV
	12.–14. 9.	Stabsübung der Volksmarine
	15. 9.	Vortrag des C-VM vor Unterstellten zur internat. Lage
	20.–25. 9.	Kubanische Marinedelegation (KA Betancourt) besucht VM
	21. 9.	Militärrat der Volksmarine
	21. 9.	Österreichische Militärdelegation besucht VM
	22. 9.	Kdrstagung im MfNV zur Auswertung AJ
	25. 9.	AG Heinz Keßler im KüRR-18, Übergabe Ehrenbanner
	26.–29. 9.	Schwedischer Minenleger in Rostock
	26. 9.	Empfang einer syrischen Militärdelegation durch C-VM
	27.–29. 9.	InstrMethodSchulung VM zur Auswertung AJ
	4. 10.	C-VM nimmt an Generalprobe zur Parade in Berlin teil
	5.–9. 10.	Sowj. (Adm Iwanow) und poln. (VA Koloziejczyk) Flottenbesuch
	5. 10.	Einweisung der Kommandeure in Sicherheitsmaßnahmen z. 40. Jahrestag
	6. 10.	Generalprobe zur Flottenparade in Rostock
	7. 10.	Stehende Flottenparade in Rostock
	12. 10.	Außerordentliche Kollegiums-Sitzung im MfNV
	16. 10.	Kommandeursberatung der Volksmarine zur Lage im Lande
	18. 10.	Rücktritt E. Honeckers als Generalsekretär des ZK der SED
	18. 10.	Kollegiums-Sitzung im MfNV
	19. 10.	Militärrat und SekrPV der Volksmarine tagen gemeinsam
	24. 10.	Volkskammer wählt E. Krenz zum VorsStR und VorsNVR
	26.–28. 10.	Marinedelegation (VA Hoffmann) in Jugoslawien
	30. 10.	Empfang der Absolventen der Militärakademien im Staatsrat
	1. 11.	Beratung mit den Parteisekretären im KdoVM zu Lage in DDR
	3. 11.	C-VM erläutert in 1. Flottille die Lage im Lande
	7. 11.	C-VM hält in 6. GBrK Vortrag zur politischen Situation
	7. 11.	Rücktritt des Ministerrates, damit auch von AG Keßler

1989	9. 11.	Vortrag C-VM an OHS zur Lage in DDR und aktuellen Aufgaben
	9. 11.	Kollegiums-Sitzung im MfNV
	10. 11.	Parteiaktivtagung der Volksmarine
	13. 11.	Volkskammer wählt H. Modrow zum Vorsitzenden des Ministerrats
	14. 11.	Kollegiums-Sitzung im MfNV
	18. 11.	Adm T. Hoffmann zum MfNV der DDR berufen
	21.–22. 11.	Übergabe der Dienstgeschäfte und Verabschiedung im KdoVM
	11. 12.	VA Hendrik Born (C-1. Fl) zum Chef der Volksmarine ernannt

Abkürzungen

BF	Baltische Flotte (der UdSSR)
C	Chef
CS	Chef des Stabes
Fl	Flottille
GSSD	Gruppe der sowjetischen Streitkräfte in Deutschland
HS	Hauptstab
MBU	Militärbauwesen und Unterkunft
MdI	Minister oder Ministerium des Innern
MfNV	Minister oder Ministerium für Nationale Verteidigung
NVR	Nationaler Verteidigungsrat
OHS	Offiziershochschule
OK	Oberkommandierender
OS	Offiziersschule
PHV	Politische Hauptverwaltung
PSKF	Polnische Seekriegsflotte
PV	Politische Verwaltung
RD	Rückwärtige Dienste
SKF	Seekriegsflotte (der UdSSR)
SSK	Seestreitkräfte
StR	Staatsrat
Stv	Stellvertreter
TB	Technik und Bewaffnung
VM	Volksmarine
VOF	Vereinigte Ostseeflotten
VS	Vereinte Streitkräfte
WV	Warschauer Vertrag

Dienstgrade

KK	Korvettenkapitän
FK	Fregattenkapitän
KzS	Kapitän zur See
KA	Konteradmiral
VA	Vizeadmiral
Adm	Admiral
FA	Flottenadmiral
GM	Generalmajor
GL	Generalleutnant
GO	Generaloberst
AG	Armeegeneral

(bei Flottenbesuchen und Übungen sind die Leitenden in Klammern angegeben)

OFFENE WORTE

Theodor Hoffmann
Das letzte Kommando
Ein Minister erinnert sich
2. Auflage
336 Seiten, 16 x 24 cm, 28 s/w-Abbildungen, gebunden, mit Schutzumschlag,
ISBN 3-8132-0463-4

Das Ende der NVA ist ein beispielloser Vorgang in unserer Geschichte. Wer wäre besser dazu in der Lage, dieses einmalige Ereignis zu beschreiben, als der Autor, der als letzter uniformierter Befehlshaber der Streitkräfte der DDR tätig war.

Ali Homam Ghasi
Die Kurden - Waisenkinder des Universums
216 Seiten, 16 x 24 cm, 50 s/w Abbildungen, gebunden, mit Schutzumschlag, ISBN 3-8132-0458-5

Das leidvolle Schicksal des kurdischen Volkes, dessen Heimat durch völlig willkürlich gezogene Grenzen zerstückelt ist, wird aus autobiographischer Sicht spannend und dramatisch geschildert.

Volker Rühe
Betr.: Bundeswehr
Sicherheitspolitik und Streitkräfte im Wandel
Mit einem Vorwort von Christoph Bertram
196 Seiten, DIN A5, 11 Abbildungen, gebunden, mit Schutzumschlag, ISBN 3-8132-0431-6

Volker Rühe entwickelt hier eine klare Konzeption für die zukünftige außenpolitische Rolle Deutschlands in der Welt, für den Beitrag in NATO und WEU und für die neuen Aufgaben der Bundeswehr.

Carl-Friedrich Fischer
Riß in der Fassade
Ein Architekt packt aus
184 Seiten, 13 x 20 cm, gebunden, mit Schutzumschlag, ISBN 3-8132-0423-5

Was sich hinter den Kulissen der oftmals glitzernden Fassaden abspielt, liest sich spannend wie ein Krimi und bietet Einblick in die harte Realität der Baubranche unserer Tage.

Annelise Fleck
Workuta überlebt!
Als Frau in Stalins Straflager
168 Seiten, 16 x 24 cm, 23 s/w-Abbildungen, gebunden, mit Schutzumschlag, ISBN 3-8132-0444-8

Die Autorin erzählt über ihre Erinnerungen aus dem Straflager in Sibirien, wie es wirklicher und einfühlsamer kaum darzustellen ist.

Wladimir Ostrogorski/Rita Schick
Kommen die Russen wieder?
Antworten auf eine brisante Frage
168 Seiten, 16 x 24 cm, 10 Karten, gebunden, mit Schutzumschlag, ISBN 3-8132-0476-6

Die Autoren meinen, die Frage ist so aktuell, wie nie zuvor und haben eindeutige Belege dafür. Sowohl das aktuelle Geschehen in den Nachfolgestaaten der Sowjetunion, als auch die Geschichte sprechen dafür.

Klaus Achmann / Hartmut Bühl
20. Juli 1944
Lebensbilder aus dem militärischen Widerstand
248 Seiten, 16 x 24 cm, 47 s/w- Abbildungen, gebunden, mit Schutzumschlag, ISBN 3-8132-0456-1

Widerstand gegen Hitler – auch heute noch ein Thema, das die Gemüter bewegt. Bewußt ist dieses Buch nicht eine historisch wissenschaftliche Abhandlung, sondern ein auf dem neuesten Stand der Wissenschaft basierendes, leicht verständlich geschriebenes „Geschichtsbuch".

NEU ab 15.6.
Wladimir Ostrogorski
Tschetschenischer Knoten
Der russische Bär in der kaukasischen Falle
184 Seiten, 14,5 x 21 cm, ca.12 s/w-Abbildungen, 2 Skizzen, Broschur, ISBN 3-8132-0486-3

Über die Vorgeschichte und den Verlauf des Tschetschenien-Krieges und seine möglichen Folgen informiert dieses von einem Insider geschriebene Buch.

Christian Schwarz-Schilling
Unsere Geschichte - Schicksal oder Zufall?
Ausblick auf das 21. Jahrhundert
160 Seiten, 14 x 21 cm, gebunden, mit Schutzumschlag, ISBN 3-8132-0424-3

Das Buch beschreibt konkret u.a. die Ereignisse, die insbesondere Deutschland und Europa nach der „stillen Revolution"(1982-1991) verändert haben und unsere Welt vor völlig neue Aufgaben stellt.

VERLAGSGRUPPE
KOEHLER/MITTLER
BERLIN • BONN • HAMBURG